더 나은 사고를 위한 교육

좋은 삶을 위한 생각수업, 철학적 탐구 공동체

더 나은 사고를 위한 교육
좋은 삶을 위한 생각수업, 철학적 탐구 공동체

초판 1쇄 인쇄 2025년 1월 16일
초판 1쇄 발행 2025년 1월 29일

지은이 앤 마가렛 샤프, 로렌스 스플리터
옮긴이 김혜숙, 박상욱
펴낸이 김승희
펴낸곳 도서출판 살림터

기획 정광일
편집 이희연·송승호·조현주
디자인 유나의숲

인쇄·제본 (주)신화프린팅
종이 (주)명동지류

주소 서울시 양천구 목동동로 293, 2215-1호
전화 02-3141-6553
팩스 02-3141-6555

출판등록 2008년 3월 18일 제313-1990-12호
이메일 gwang80@hanmail.net
블로그 http://blog.naver.com/dkffk1020

ISBN 979-11-5930-311-1(93370)

I am happy to approve the publication of a Korean translation of my book *Teaching for Better Thinking: The Classroom Community of Inquiry*.
However, as I explained earlier, I think some of the chapters, particularly after Chapter 5, need rewriting or deleting, but this would be up to you.
Some of the material there is quite out of date.

더 나은
사고를 위한
교육

좋은 삶을 위한 생각수업, 철학적 탐구 공동체

앤 마가렛 샤프·로렌스 스플리터 지음

김혜숙·박상욱 옮김

살림터

차례

■ 들어가며 9
■ 서문 12

제1장 사고 : 탐구공동체로서의 교실

1. 합당성 21

2. 사고(생각하기) 23

3. 판단력의 강화 31

4. 생각하기와 스스로 생각하기 37

5. 탐구공동체 교실 41

6. 탐구공동체에 대한 몇 가지 우려 48

7. 문제해결학습, 메타인지학습, 협동학습 56

제2장 탐구공동체의 동력

1. 말하기 61
　가. 자기 인식에서 언어의 역할 ───── 61
　나. 대화에서 토론으로 ───── 64
　다. 생각하기와 말하기 ───── 74
　라. 교육과정에서 토론의 위상 ───── 78
　마. 토론과 삶 ───── 84
　바. 침묵과 토론 ───── 86

2. 탐구를 자극하는 질문하기 88
　가. 일반적 질문, 탐구적 질문, 수사적 질문 ── 91
　나. 수사적 질문에 대한 옹호? ───── 95
　다. 닫힌 질문과 열린 질문 ───── 98
　라. 절차적 질문과 내용적인 질문 ───── 105

제3장 의미 만들기

1. 경험의 가치 116

2. 경험이 주는 기만적 안전성 120

3. 학교 교육은 경험의 가치를 존중해야 한다 123

　가. 경험과 무관한 활동은 무의미하다 ——— 123
　나. 의미의 구성 : 교육의 필수과제 ——— 127
　다. 학교 교육: 학생들에게 연관성이 없고 무의미함 - 129

4. 경험의 기만적 안정성을 넘어서기 139

제4장 생각하기, 철학, 어린이철학

1. 철학과 사고: 견고한 협력 152

　가. '사고에 대한 사고'로서 철학 ——— 153
　나. 의미 탐구로서 철학 ——— 157
　다. 토론으로서 철학적 대화 ——— 160
　라. 열린 질문으로서 철학적 질문 ——— 162
　마. 창의적 사고로서 철학 ——— 163
　바. 가치 내재적 사고로서 철학 ——— 165

2. 어린이철학으로 들어가기 167

　가. 어린이철학에서 이야기의 위상 ——— 168
　나. 어린이철학의 확장 ——— 179
　다. 어린이철학에서 문학작품 활용하기 ——— 180

3. 교육과정을 포괄하는 철학: 전이의 문제 184

4. 철학과 어린이: 자연스러운 결합 194

5. 철학이 주는 자유의 힘 198

　가. 아이들의 지적 자유로움 ——— 198
　나. 철학자의 자유로움 ——— 201
　다. 교사와 교육과정의 자유로움 ——— 202

6. 후기: 곰과 물고기가 정말로 대화할 수 있을까? 203

제5장 교실에서 철학하기

1. 철학적 토론의 특징 207
  가. 추론과 탐구 —————— 209
  나. 개념 형성 —————— 211
  다. 의미 만들기 —————— 213

2. 토론 마무리 217

3. 교사의 개입 221

4. 교실을 탐구공동체로 전환하기 228

5. 평가와 측정 241
  가. 평가 —————— 242
  나. 측정 —————— 246

6. 철학과 유아교육 250

7. 철학을 위한 시간 마련하기 256

8. 후기: 전 세계의 어린이철학 260

제6장 인격 발달과 윤리탐구

1. 윤리적 성장을 위한 기초: 나와 타인에 대한 자각 264

2. 사람이 된다는 것 269

3. 자존감의 발달 276

4. 탐구공동체와 윤리교육 282
  가. 절차와 내용 —————— 283
  나. 균형 잡힌 관점 —————— 285
  다. 인격의 발달 —————— 289
  라. 윤리교육의 딜레마 —————— 292
  마. 개인적인, 그러나 지나치게 사적이지는 않은 —————— 293
  바. 교실 너머의 윤리 —————— 294

제7장 교실에서의 윤리탐구

1. 우정의 함양 299

2. 성(Sexuality) 306

3. 평화와 폭력 312
　가. 폭력의 도덕적 코드? —————— 323

4. 성, 성적 편견, 차별 328

5. 삶과 죽음의 문제 342
　가. 에이즈 교육 —————— 342
　나. 마약과 약물 남용 —————— 351

6. 판단 강화: 일반적인 의견 353

7. 환경윤리 359
　가. 환경 문제의 범위 —————— 359
　나. 탐구공동체 교실의 대응 —————— 363
　다. 환경오염에 대한 선취된 결론 —————— 370
　라. 상호성, 공동체, 환경 —————— 371

8. 결론 380

제8장 어린이철학과 지구촌 공동체

1. '자유'의 재검토 383

2. 전 지구적 탐구공동체를 향하여 392

■ 참고문헌 397
■ 역자 후기 422

◆ 들어가며 ◆

이 책을 완성하는 데 거의 4년이라는 시간이 걸렸다. 책을 쓰는 내내 브라질, 미국 멘담, 싱가포르, 멕시코, 멜버른 등 여러 곳을 돌아다니며 워크숍을 열어야 했기 때문이다. 하지만 더 큰 이유는 이 책을 어린이철학(Philosophy for Children)과 탐구공동체에 관심 있는 사람이라면 누구나 볼 수 있는 일반적인 교재로 만들고 싶었기 때문이다. '철학함'이 항상 그렇듯이, 보기에는 명백해 보이는 내용도 그에 대해 생각하고 글을 쓰다 보면, 처음에는 알지 못했던 여러 가지 당혹감과 질문에 부딪히게 된다. 아이들과 철학을 할 때도 이러한 당혹감이나 질문이 끊임없이 일어난다. 이것은 매우 흥미로우면서도 중요한 일이다. '아이들과 함께 철학함'이 가지는 매력이기도 하다.

이런 점에서 동료들과 학생들은 이 책이 늦어진 것에 대한 일종의 공범이다. 그들은 저자인 우리가 이미 해결했다고 생각한 문제에 대해서 끊임없이 질문을 제기했다. 사실 이런 점이 공동 탐구의 핵심이 아닐까? 그 4년간의 활동과 경험이 우리에게 많은 자극을 주었고, 그 때문에 탐구는 지속될 수 있었다. 적어도 우리는 우리가 하고자 하는 말을 실천하였다. 철학적 탐구공동체의 본질과 위상을 이해하기 위해 노력하면서, 우리 자신의 삶에서 더 많은 연결과 공명을 발견했기 때문이다.

그러나 이제는 긴 탐구에 끝을 맺고 책을 완성할 때가 되었다고 생각한다. 이 책이 아이들과 함께 철학하는 기쁨과 도전에 첫걸음을 떼고자 하는 독자를 열망으로 가득 채우길 바란다. 나아가 연구자와 교사, 학생을 자극하고 일깨워, 그들이 광범위한 영역의 문제들에 대해 좀 더 진지하고 심도 깊은 토론을 할 수 있길 바란다(물론 내적 대화도 좋다). 여기서 광범위한 영역이란 '실제' 영역(어떤 자료를 써야 하는가?, 참여하지 않는 아이들을 어떻게 해야 할까?, 평가는 어떻게 해야 하나?, 학생이 판단을 잘하도록 어떻게 도울 수 있나?)에서부터 좀 더 이론적인 것('학생들의 성향은 바뀔 수 있는가?' '생각하는 것과 말하는 것은 정확히 어떤 관계인가?' '판단을 잘했다', '합당한 행동을 했다', '교실이 민주적이다', '하나의 인격체가 되어 간다'라는 말은 과연 무엇을 의미하는가?)까지를 모두 포함한다.

앞에서 본 목차는 이 책의 내용을 뚜렷하게 보여준다. 주석도 꼼꼼히 달아놓았는데, 인용 원본과 참고서적을 찾아보거나 '좀 더 깊이 있게' 연구하는 데 도움을 주기 위해서다. 참고문헌 목록은 따로 뒤에 소개해 두었다. 직접적인 인용이 불가피한 경우를 제외하고는 우리가 출판한 책은 의도적으로 배제하려고 했으며, 다양한 관점을 제시하는 자료를 수록하였다.

이 책을 만드는 데 도움을 주신 분들께 감사드린다. 많은 사람이 원고를 읽어보고 제언과 논평을 해주었다. 편집자 마고 홀든(Margot Holden)은 매처럼 날카로운 눈으로 원고를 주의 깊게 살펴보고 크고 작은 실수를 찾아내어 수정해 주었다. 그의 경험과 전문적인 도움에 감사드린다. 또한, 시간을 내어 통독하고 부분적으로 초안을 잡아 준 필립 귄(Philip Guin)과 수잔 멜러(Suzanne Mellor)에 감사를 전한다. 교정을 봐 준 룰라 실리아코스(Lula Psiliakos)와 삽화를 넣어준 트리나 우드(Trina Wood)에게도 감사드린다.

마지막으로 매튜 립맨(Matthew Lipman)의 저서들은 이 책을 만드는 데 많은 영감과 영향을 주었다. 이 책이 어린이철학(Philosophy for Children) 30주년 잔치에 초대되기를 바란다.

1995. 5
멜버른과 몽클레어에서
로렌스 스플리터(Laurance J. Splitter)와 앤 샤프(Ann M. Sharp)

참고

이 책에서 '어린이철학(Philosophy for Children, 여기서 P와 C는 대문자)'
이라는 용어는 그 자체의 역사와 전통을 가진 철학의 하위 분과로 사
용되었다. 어떤 특정한 교육과정이나 강의 요목, 교재를 가리키지
않는다.

◆ 서문 ◆

우리는 어려운 시대에 살고 있다. 많은 문제가 산적해 있다. 갈등과 불만이 늘어나고 인종 간의 증오심이 커지고 있으며, 빈부 격차가 어느 때보다 심각하다. 물질적 풍요와 쾌적한 환경 사이의 조화가 깨진 지도 오래되었다.

이런 문제 상황이 계속 악화되면서 인류가 의존해 온 전통적인 제도는 점점 한계에 부딪히는 듯하다. 가족제도는 위기에 처해 있고, 종교는 신도를 잃어간다. 전례 없이 방만해진 도시의 시민들에게 공동체 의식은 거의 사라졌으며, 민주 국가의 참된 이상 역시 빛을 잃어가고 있다.

이런 배경에서 학교가 압력을 느끼는 건 당연하다. 교육시스템 안에서 교사들은 약한 고리로 불린다. 문제투성이 세상에서 성공하는 데 필요한 기술을 학생들에게 준비시키지 못한 책임을 져야 한다는 것이다. 하지만 이러한 비난은 옳지 않다. 교사 대부분은 심각하게 과소 평가받고 있는 교직에서 상당한 기술과 성실한 자세로 열심히 가르치고 있기 때문이다. 문제는 가르치는 '내용'과 '방법'에 있다. 필수적이고 교육적이라기보다는 정치적이거나 경제적인 이유로 비합리적인 요구들이 쏟아지는 것도 문제다. 예를 들어 사람들은 현재의 교육과정이 더 이상 학생들의 흥미나 요구에 부응하지 못하며 '적절'하지도 않다고 한다. 또한 교육과정이 '기초적인' 기술의 획득에서 '직업의 세계'로 가는 확실한 통로를 제공해 주어야 한다고 요구한다. 이러한 대중의 압력은 공적인 논쟁을 계속 부추기고 있는데, 한쪽은 교육에 대한 접근성을 높이고 직업훈련을 강화해 달라고 요구하고, 다른 쪽은 기초 학력 '하락'를 주장하며, '지식과 가치를 한 세대에서 다른 세대로 전수'하라는 상투적인 수사를 밀어붙인다.

우리가 생각하는 교육의 핵심 요소는 지식과 가치, 그리고 좋은 사고이다. 하지만 그것은 단순히 전달되는 것이 아니다. 구성되어야 한다. 그것도 개인의 취향에 따라 단순하게 구성되는 것이 아니라, 체계적이고 협력적인 탐구의 결과로써 구성되어야 한다. 또한 적절성이 중요하며, 기본적인 것과 삶을 가치 있게 만드는 데 필요한 기술이 서로 연결되어야 한다. 적절한 교육과정이란 궁극적으로 의미 있는 교육과정이며, 이를 위해서는 건전한 사고와 좋은 판단, 그리고 합당한 행동을 이끌어 주는 기술과 역량과 성향과 전략을 가르치고 배우는 데 초점을 두어야 한다.

이 책의 핵심은 정규 교육과정에 포함된 모두가(학생들, 교사, 부모, 행정가) 자기 나름의 관점과 문화, 신념과 가치, 즉 '세계관'을 학교 교육에서 얻은 것과 연결하여 자기 경험과 삶을 이해한다는 것이다. 우리는 교육이 본질적으로 의미를 만들어 가도록 도와야 한다고 믿기 때문에, 교육과 교육자는 다양한 세계관을 조화시켜야 한다고 생각한다. 여기서 하나의 딜레마가 생겨난다. 즉, '교육시스템은 어떻게 하면 엄격하고 가치 있으면서도, 동시에 다양한 세계관(심지어 양립 불가능한)에 대응할 수 있는가?'라는 문제이다.

우리는 이 책에서 교육의 과정과 결과를 장기적인 안목에서 바라보는 철학적 관점을 제시한다. 학교 교육은 교실 너머의 삶을 위한 준비이지만, 그 자체로도 의미와 가치가 있는 삶의 한 부분이다.[1] 따라서 우리

---

1 호주 교육연구위원회(Australian Council for Educational Research)에서 발간한 학교 교육의 효과성에 대한 보고서에 의하면, 학생들은 미래의 경쟁사회를 위한 준비로써 학교 교육보다

는 위에서 제기한 질문에 답을 해보려고 한다. 엄격함과 우수함이라는 이중의 의무와 학생들의 세계관을 조화시키는 문제이다.

우리의 관섬은 두 가지 요소를 가진다. '탐구공동체'라는 교실에 대한 아이디어와 '어린이철학(Philosophy for Children)'이라는 아이디어다. 간단히 말해서 이 두 아이디어는 사고력 증진과 그 지도를 위한 내용과 방법의 토대를 제공한다. 여기서 '사고'란 정서적이면서도 인지적이고, 사회적이면서도 개인적인 총체적 활동을 의미한다. 이러한 요소들이 궁극적으로 분리될 수 없으며 상호의존적이라는 점에서, 이 책의 핵심은 철학적 탐구공동체로서의 교실이다.

탐구공동체로서의 교실 개념은 '어린이철학'과 '더 나은 사고와 합당성을 위한 교육'의 중심이다. 우리는 교실을 토론과 신뢰와 존중에 기초를 둔 탐구공동체로 어떻게 전환할 수 있는지 보여줄 것이다. 교실 구성원이 사고와 판단과 행위에 필요한 절차를 스스로 만들 줄 알게 하는 것이다. 아이들은 이런 절차를 배우면서 현재와 미래의 세계 시민으로 자라게 되고, 학교는 물론 사회, 더 크게는 지구 공동체와 관련된 문제 상황을 적절하게 헤쳐 나갈 수 있다. 아이들이 앞으로 만나게 될 사회에서는 이런 문제가 더 많아질 것이며, 이에 대한 대처는 다양한 관점에서 토론을 이끌 수 있는 아이들의 능력에 따라 그 질이 달라질 것이다. 세상에 존재하는 수많은 인종적·민족적·종교적·환경적 갈등 역시 관련된 사람들이 함께 모여 서로 대화를 나눌 때 해결될 수 있다.

아이들의 문제해결 능력을 신장시키는 것만으로는 부족하다. 교육은 아이들이 특정한 문제나 교과 내용을 넘어서 '미래가 우리 손에 달려 있다면, 우리가 만들고 싶은 세상은 어떤 세상인가?, 어떻게 하면 그런 세상에서 살 수 있을까?'와 같은 질문을 할 수 있도록 도와야 하는 임무를 지닌다. 이런 종류의 질문은 탐구공동체 정신을 집중시키고, 탐

는 현재 학교생활 자체의 질에 대해 훨씬 더 많은 관심을 두고 있다(McGaw et al, 1992, 제6장).

구의 목적과 방향에 대한 감각을 이끌어 준다. 그것은 근본적으로 윤리적이고도 미학적인 질문으로 아이들의 창조적인 에너지를 만들어 낸다. 아이들은 이러한 에너지를 가지고 자신이 바람직하고 가치 있다고 생각하는 것에 대해 정의하고 반성하고 창조하기 위해 함께 노력한다.

우리는 부분적인 것에 집중하느라 전체적인 관점이 모호해지는 교육 시스템을 비판한다. 전문성에 대한 집착은 더 빨리 가라는 재촉과 함께 우리 시대의 특징이다(빨리 가라고 재촉할수록 '깊이 파고들 수' 없다). 청소년에게 가해지는 수많은 경제적·사회적·개인적 압력은 쉽게 사라지지 않는다. 그렇다고 교육이 점점 어려워지고 있는 현실을 외면해야 한다거나 교실이 환상 속의 원더랜드가 되어야 한다고 주장하는 것은 아니다. 탐구공동체의 과제 중 하나는 관련된 사람들이 '깊이 파고들어' 정확한 연결을 만들어 내도록 돕는 것이다. 그리고 부분들의 관계 속에서 좀 더 분명한 전체의 그림을 그릴 수 있게 돕는 것이다.

이 책에서 우리는 대부분의 교육 제도가 가진 기본적인 전제 몇 가지를 검토하고자 한다. 문제 중심 접근을 취하든, 넓은 관점에서 보든 학교 교육의 전반적인 핵심에 대해 비판할 필요가 있다고 본다.

우리가 살펴보고자 하는 전제 중 하나는 교실에서 일어나는 상호작용이다. 이 책에서는 대화의 한 형태인 토론을 중시한다. 토론은 공동 관심사나 문제에 초점을 두지만 개인의 관점도 고려한다. 따라서 역사·철학·수학 같은 특정 교과 내용의 맥락이든 사회와 세계 문제라는 더 큰 틀에서든 모든 탐구의 핵심에는 토론이 놓여있다. 이런 점에서 교실은 진정한 탐구가 일어날 수 있는 환경이라 할 수 있다. 왜냐하면 교실은 구성원들이 서로 대화를 나눌 뿐 아니라 그 속에 깔려 있는 서로 다른 세계관을 인식하고 통합할 수 있는 곳이기 때문이다.

이 책을 쓴 의도 중 하나는 아이들과의 철학함이 아이들을 인지적인 활동에만 참여시킨다는 인상을 바로잡기 위해서이다. 흔히 어린이철학을 '사고기술(thinking skill) 프로그램'으로만 생각하는데 이는 오해이다.

왜냐하면 '사고기술 프로그램'은 생각을 키우는 교육에서 기술과 함께 통합되어야 할 사회적, 윤리적, 미학적, 정서적, 정치적 요소들을 무시하기 때문이다. 어린이철학에 대한 우리의 개념과 헌신의 중심에는 탐구 공동체의 절차가 철학의 개념적 풍요와 함께 결합했다는 확신이 있다. 그러한 결합을 통해 인격 발달에 대한 특별하고 결정적인 관점, 자신은 물론 타인과 세상을 바라보는 기초적인 관점을 제공한다는 확신이다.

처음부터 분명히 해야 할 것이 있다. 탐구의 절차(토론에 참여하여 탐색적인 질문을 하는 것부터 자기 생각을 수정하고 다른 사람의 생각을 존중할 준비를 하는 것까지)는 내용이라는 개념적 틀을 가지고 있어야 한다. 그래야 탐구 주제가 참여자들이 가치 있다고 판단할 만큼의 깊이와 유연성을 가지게 된다. 다시 말해, 탐구는 탐구하는 사람에게 감동적이어야 할 뿐 아니라 호기심을 불러일으키고 중요한 것이라고 여겨져야 한다. 우리는 탐구공동체가 모든 학문과 교과를 포괄한다는 이상을 지지한다. 동시에 아이들을 깊이 있는 탐구자로 이끄는 데 철학적 주제들이 특별한 역할을 할 것이라는 점도 믿는다.

이 책의 목표는 '아이들과 함께 철학한다'는 것이 무엇인지를 설명하고 보여주는 것이다. 이를 위해 우리는 다음과 같은 몇 가지 핵심 주장을 정당화하고자 한다. 첫째, 아이들은 철학을 할 수 있다. 둘째, 아이들은 철학을 해야 한다. 셋째, 철학은 교육의 핵심에 놓여야 한다. '더 나은 사고를 위한 교육(teaching for better thinking)'이라는 개념의 탐구를 통해 교육과정에서의 철학의 문제에 접근하고자 한다. 특히 그 의미가 무엇이며 왜 중요한지와 같은 질문에 주목하고자 한다. 따라서 제1장, 제2장, 제3장은 생각하기(사고), 공동 탐구, 토론, 질문하기, 그리고 의미 추구와 관련된 문제들을 다룬다. 제4장, 제5장은 학교 교육을 위한 기반이 되는 철학의 본질과 위상에 초점을 맞춘다. 이어 제6장, 제7장은 윤리교육과 가치교육을 중심으로 다룬다. 마무리에서는 자유와 공동체의 개념에 대해 고찰한다. 왜냐하면 개인과 사회적 구조 사이의 균형을 원하기 때문이다.

이 서문을 세상에 대한 유감으로 시작했다. 우리는 새로운 시대의 입구에 서 있다. 더 나은 세상을 만드는 일이 으레 그렇듯이 인류가 실수로부터 배울 수 있다는 희망은 지나친 것일까? 앞으로도 인류는 지식과 기술의 전례 없는 성장과 동시에 끔찍한 고통과 파괴를 겪게 될 것이다. 그러한 고통과 파괴는 우리들의 성장을 잠식시킬 것이다. 그러므로 인류가 처한 이러한 양면에 대해 숙고해야 한다. 그래야 '교육받은 사람'이라는 자격을 제대로 얻는 것이다. 우리는 여기서 철학이 매우 중요한 역할을 할 것으로 생각한다. 왜냐하면 철학은 사람들이 어떻게 알고 생각해야 하는지와 더불어 서로를, 그리고 세상을 어떻게 대해야 하는지와 같은 근본적인 질문의 틀을 제공하기 때문이다. 특히 철학은 탐구공동체라는 구조 속에서 확립될 때, 학교 교육이 어때야 하는지에 대한 흥미롭고 새로운 패러다임을 제공한다. 또한 철학은 교육자들이 교육과정, 평가, 그리고 교사 교육에 대한 자신들의 견해를 재고해 보게 촉구할 것이다.

철학을 학교 교육과정에 도입하는 것은 다음 세대가 좀 더 나은 세상을 건설할 수 있게 돕는 필수적인 장치이다. 적어도 철학은 그러한 건설에 필요한 끈기 있고 훈련된 사고력을 제공한다는 것을 기억해야 한다.

제1장

사고: 탐구공동체로서의 교실

교육이 사고력 향상에 관심을 가져야 한다는 생각이 우리의 출발점이다. 여기서 사고라는 개념은 가능한 한 폭넓게 해석되어야 한다. 우리는 사고에 대한 탐구를 특정 학문이나 직업교육의 틀로 제한하고 싶지 않으며, 사고를 인격의 다른 측면들과 분리하고 싶지도 않다.

최근에 사고력 교육이라는 말이 자주 쓰이는데, 문제는 사고력 교육이나 더 나은 사고를 위한 교육이라는 말이 대개 속이 텅 빈 수사적 문구에 지나지 않는다는 점이다. 교육자들은 그것을 감당할 수 없다고 치부하거나 단순하게 현재의 교육과정에서도 '사고'가 잘 다루어지고 있다고 가정한다.

더 심각한 것은 재학생이나 졸업생들의 '사고 능력'이 빈약하다는 점이다. 이런 상황에서 우리는 사고력 교육에 대한 피상적인 대응을 벗어나서 다음과 같은 의심스러운 이분법에 직면해야 한다.

◆ 사고를 교육과정에서 하나의 독립된 교과로 다루는 것 vs 현재의 교과 내용에 내재해 있거나 숨어 있는 일련의 과정으로 다루는 것

- 사람에 대한 존경이나 개인의 세계관과 같은 가치를 중시하는 것 vs 기존 교과 내용을 엄격히 하고 그 가르침을 중시하여 인지적 표준을 향상하는 것에 중점을 두는 깃
- 과정을 강조함으로써 내용을 희생시키는 것 vs 내용을 강조함으로써 과정을 희생시키는 것

위와 같은 잘못된 딜레마들이 현재의 사고력 교육을 어렵게 하는 이유 중 하나이다. 사고기술과 문제해결을 다루는 프로그램이 많음에도, 또한 구체적이고 추상적인 사고를 숙달시킬 필요가 있다는 인식이 늘어남에도, 청소년들의 사고나 추론의 질은 그리 만족스럽지 못하다. 고용주나 대학교수들의 관찰에 의하면 고등학교 졸업생들은

- 유연하고 창의적으로 생각하지 못한다.
- 자기 의견에 대한 이유를 찾거나 자신은 물론 다른 사람의 견해를 비판적으로 바라보는 것을 어려워한다.
- 자기 의견에 대한 도전이나 질문을 달가워하지 않는다.
- 지식과 신념을 구별하지 못한다. 좋은 근거를 가진 신념과 단순한 의견 역시 구별하지 못한다.
- 글을 못 쓰고 말을 분석하지 못한다.
- 글쓰기나 토론에서 특별한 이유 없이 주제에서 벗어난다.
- 자기 의견에 대한 객관적인 의문이나 도전을 존중하지 않는다.
- 숨겨진 가정이나 가치의 발견과 일관성의 유지가 중요하다는 것을 알지 못한다.

확장해서 보면, 세상이 좀 더 사려 깊고 합당하고 정의로운 곳이 될 수 있는지 의심스럽다. 어떤 점에서는 그러한 진보가 확실한 것인지, 또한 공교육이 그러한 진보를 보장해 줄 수 있는지도 의심스럽다.

위에서 언급한 딜레마들은 해결될 수 있다. 그러나 그러한 딜레마를 해결하기 위해서는 교육에 대한 인식에 획기적인 변화가 있어야 한다. 지금부터 교육의 몇 가지 핵심 개념들을 새롭게 검토해 보면서, 이러한 변화의 실마리를 찾아보고자 한다.

1. 합당성

'합당한 사람'이라는 개념은 어린이철학, 나아가 교육 그 자체, 민주주의 이념의 핵심 개념이다.[1] 합당성(reasonableness)이란 다측면적이고 광범위한 개념이다. 이것은 추론을 잘하는 기술적인 추론가를 연상시키기도 한다. 합당성은 어느 정도 합리성의 일부이다. 그러나 교육의 이상으로서 합당성은 너무 엄격하고 연역적이며 비역사적이고 비창조적인 합리성을 넘어선다.[2] 합당성이란 근본적으로 사회적 성향이다. 합당한 사람은 다른 사람을 존중하며 다른 사람의 견해와 감정을 고려할 준비가 되어 있다. 또한, 중요한 문제에 대해 자신의 마음을 변화시킬 준비가 되어 있으며, 다른 사람의 관점에 의해서 자신의 관점을 바꿀 수도 있다. 한마디로 합당한 사람은 기꺼이 이성적으로 추론한다. 이런 점은 적극적인 경청과 토론의 중요성을 가리키면서, 추론하는 공동체로서의 교실을 생각하게 한다. 합당한 사람이 되기 위해서는 이러한 공동체의 일원이 되어야 하는 것이다.

합당성이라는 성향은 생각과 행위를 연결해 준다. 합당한 사람은 특

---

1 Matthew Lipman이 말했듯이, 합당성이 꼭 과정중심적 개념은 아니다. 무지한 사람이 합당할 수는 없다(Lipman, 1991, p.92).

2 합당성은 논리 이상의 것을 포함하고 있다. 어린이철학에서 어린이에게 논리를 가르치라는 요청은 합당성을 길러주라는 것으로 해석되어야 한다. 우리는 여기서 Harvey Siegel이 비판적인 사고가의 특징을 '이성에 의해 적절하게 움직인 사람'이라고 한 것에 주목해야 한다(Siegel, 1988).

정한 방식으로 생각하고 그 결과에 따라 판단하고 결정하며, 그에 따라 행동할 준비가 되어 있다. 좋은 판단을 내리지만, 실천으로 옮기지 못하거나 일관성을 갖지 못하는 사람을 합당한 사람이라고 할 수는 없다.

행위의 목표이면서 형식이기도 한 합당성은 탐구공동체의 초석이다. 아이들은 공동의 추론에 참여하여 다양한 자료에서 다양한 의견을 이끌어 내는 능력을 키워나간다. 아이들은 좀 더 잘 생각하여 자신의 의견을 주의 깊게 설명하려 애쓰고, 대안적인 관점을 제안하여 좀 더 철저히 탐색하려는 자신을 발견한다. 실용주의 철학자 퍼스(C. S. Peirce)의 말을 인용하자면, 이상에 의해서 끌림이 이루어지는 것과 마찬가지로 아이디어에 의해 이루어진 끌림이 사고를 이끈다.[3]

앞으로 보게 되겠지만 합당성은 좋은 생각, 의미, 배려, 판단, 인격 등과 밀접하게 연결되어 있다. 이 개념들은 모두 함께 어울려 교육의 인지적 영역과 정의적 영역 사이에 다리를 놓아준다. 추론 간의 관계와 마찬가지로 추론하는 사람 간의 관계를 중시하게 해주며, 교육의 총체적인 그림에 좀 더 가까이 가게 해준다.[4] 합당성에 대한 이러한 견해는 토마스(John Thomas)가 지지한 것이다. 그는 합당성을 '인격의 문제'로 보고, 인격교육은 '아이들에게 추론하는 습관, 추론에 대한 존중, 추론의 가치 등을 증진하는 것에서 시작'해야 한다고 주장했다.[5]

---

3 Sharp(1993) 참고.

4 Glaser(1992a) 참고.

5 Thomas(1992. pp.102-104). 우리는 제6장에서 인격의 발달을 논한다. 현대 철학자 Israel Scheffler는 교육, 특히 도덕교육과 민주주의와 관련하여 합당성의 중요성을 강조했다(Scheffler, 1989, 11장).

2. 사고(생각하기)

우선 '사고'라는 말의 의미를 분명히 할 필요가 있다. 무엇보다 인지를 인간의 마음 혹은 두뇌 속에서 일어나는 경험적 과정으로 연구하고 싶지 않다. 그러한 연구는 우리의 초점을 잃게 할 것이며, 우리의 능력이 다가가지 못할 영역으로 우리를 데려갈 것이다. 우리는 사고에 대한 규범적인 질문을 탐구하고자 한다. 생각이 어떻게 가르쳐지고 길러져야 하는가이다. 이때 사고란 어떤 종류의 정신적인 작용으로써 내적 대화, 상상, 꿈꾸기, 연역 추리하기, 놀라워하기 등이 이에 속한다.[6] 우리의 탐구를 경험적이라기보다 철학적인 것으로 규정짓는 것은 바로 규범적 차원이다. 우리들의 관심은 단지 학생들이 '어떻게 생각하는가'라기보다는 '어떻게 생각해야 하는가'에 있다.

그런데 여기서 아이들을 생각하도록 가르칠 수 있다고 하는 것이 좀 이상하지 않은가? 어쨌거나 아이들은 의식적 존재로서 항상 생각하고 있기 때문이다. 아이들은 머릿속을 텅 비운 채, 어른들의 지식과 개념들로 채워지기를 기다리며 학교 수업에 참여하지는 않는다. 모든 아이들은 자기만의 생각이 있으며, 대부분은 아이들에게 매우 중요하다. 하지만 우리가 염두에 두고 있는 규범적 차원은 사고의 내용이나 사고를 구성하는 경험적 과정을 넘어 사고의 질에 대한 관심이다. 인지적 측면은 명확하게 분리될 수 없다. 사고에 관한 '무엇'과 '어떻게', 그리고 '어떻게 잘'은 기본적으로 연결되어 있다는 말이다. 그러나 누구도 다른 사람의 생각과 신념을 결정할 수는 없다. 그 자체로 규범적인 문제다. 우리가 할 수 있고, 해야 하는 전부는 그들이 잘 생각할 수 있도록 돕는 것이다.

---

6 Costa(1991, pp.32-34).

사고력 교육은 사려 깊고 합당한 행위를 이끄는 기술과 성향 모두를 길러준다(예를 들어 다른 사람을 돕는 것은 그들을 돕고 싶은 마음과 더불어 그들을 왜 도와야 하는지에 대해 생각한 결과일 수 있다). 결국 합당한 행위는 특정한 기술과 그것에 상응하는 성향이나 감성이 함께 길러진 결과로 얻어진다. 성향이 없는 기술은 별 가치가 없다. 의도와 태도가 훌륭하다 하더라도 생각을 잘하지 못한다면 그것 또한 가치가 없다.[7]

만약 사고기술이나 성향이 사려 깊고 합당한 행위를 이끌었다면, 그러한 행위는 기술과 성향이 제대로 갖추어져 있다는 최고의 단서다. 따라서 행위는 합당성을 가르치는 데 가장 중요한 핵심이다. 어쨌거나 우리는 다른 사람의 마음에 직접 접근할 수는 없다. 따라서 '사고', '좋은 사고', '사고력 교육'과 같은 개념에 대해 우리가 제대로 말하기 위해서는, 이러한 관념을 공개적으로 작동시킬 방법을 찾아야 한다. 이것이 사려 깊고 합당한 행위를 통합하고 길러주는 교육이 중요한 이유이다. 그렇다고 기술과 성향이 중요하지 않다는 것은 아니다. 우리가 말하고자 하는 것은 좀 더 잘 생각하도록 가르치는 것의 핵심이 좀 더 나은 사고와 직결되어 있는 행위 즉, 실천을 통해서 길러진다는 점이다.[8]

사고와 추론, 사려 깊음, 합당성과 같은 포괄적 개념이나 관념에 대해서는 저항하기가 어렵다. 하지만 이러한 포괄적 개념은 그 개념을 적용하고 그 관념을 매일 매일의 수업에서 구현해야 할 책임이 있는 교사에게는 별다른 단서를 주지 못한다. 기술, 능력, 성향과 같은 사고전략의

---

7 Perkins et al(1993)은 경향, 민감성, 능력이라는 용어로 성향의 삼각형을 제안했다. 여기에서 "새로운" 항목은 민감성인데, 그것은 특정한 사고를 필요로 하는 상황에 우리가 주의를 기울이게 해준다. 상황에 대한 그러한 민감성은 좋은 사고를 만드는 데 결정적이다. 그들은 또한 좋은 사고는 일곱 가지의 보다 넓은 사고 성향을 반영한다고 주장했다. 즉, 폭넓고 모험적인 성향, 지적 호기심을 유지시켜 주는 성향, 이해를 구하고 명료화하려는 성향, 계획적이고 전략적인 성향, 지적으로 조심하는 성향, 추론하고 평가해 보는 성향, 메타인지적 성향이다(p.6). 따라서 인지적 성향을 말할 때, 우리는 경향과 민감성과 능력을 포함하는 것이다.

8 Dewey는 '교육은 자연과 사람들에 대한 근본적인 성향, 지적이고 감정적인 성향을 형성시켜 주는 과정'이라고 생각했다(Dewey, 1916. p.328).

예시 목록이 더 실용적인 가치를 가진다. 그러한 목록은 좀 더 나은 사고를 가르치기 위해 일반적인 기획이 어떻게 구성되어야 하는지에 대한 감각을 키워준다.

이 목록에 대해 다음 몇 가지 점을 유념해야 한다.

◆ 완전함을 의도하지 않는다. 생각의 모든 요소를 이해해야 한다고 주장하지도 않는다. 우리가 제시하는 목록보다 더 세분화되거나 반대로 더 통합될 수도 있다.

◆ 이 목록을 발생 순서든 개념이든, 정의에 따라 특정한 순서를 가정하는 위계로 제안하지 않는다. 그러한 순서가 실제 수업에서 어쩔 수 없이 적용될 때도 있지만 좋은 사고를 기르기 위한 것으로 한정된다. 예를 들어 우리는 소위 하위 기술과 상위 기술을 나누고, 상위 기술을 익히기 전에 하위 기술을 먼저 익혀야 한다고 생각하지 않는다. 좋은 사고와 관련된 인지적 전략과 정서적 전략은 서로 얽혀있는 것이며, 사고력 교육은 이런 점을 반영해야 한다.

◆ 사고전략 목록을 제안하는 것이 마음에 대한 원자론적이거나 환원주의적 견해를 반영하는 것은 아니다. 개별 기술은 독립적으로 작동하지 않는다. 각각의 기술은 동시에 발생하여 서로 엮인다(Lipman, 1991, p.29). 이런 점에서 우리는 목록 하나하나에 초점을 맞추고 기술을 단련하는 연습이나 활동을 경계한다. 이것은 어린이철학의 '내러티브적' 접근을 정당화해 준다. 내러티브 속에서 아이디어와 사고기술은 아이들이 쉽게 접근하고 다룰 수 있는 '맥락'을 가지고 실감 나게 드러난다(제4장 참고).

이런 점에서 목록의 제시와 실천은 기술이나 성향이 아니라 배우는 학습자에게 초점을 두어야 더 효과적이다. 사람은 자율적이면서도 협력적으로 사고하고 느끼는 개별적 존재이기 때문이다. 마음이나 몸, 느낌 중 어느 한 부분이 아니라 '인격' 전체가 모든 가르침과 배움의 초점이

되어야 한다.[9]

이런 점을 유념하면서 우리는 '사고'라는 제목 아래 다음과 같은 전략목록을 제안한다.

근거를 제시하고 좋은 근거와 나쁜 근거를 구별하기	의미를 명료화하고 의미를 읽어내기
질문하기	개념을 정의하고 분석하기
다른 사람의 말에 귀 기울이기	자신 있고 유창하게 말하기
구별하고 관련짓기	추리하기
관계를 이해하기: 전체와 부분, 수단과 목적, 원인과 결과 등	특정한 사례들과 경험들을 일반화하기
유추하기	예와 반례를 발견하기
논증을 이해하고 평가하기	문장과 진술을 분석하기
가정을 발견하고 질문하고 정당화하기	결과를 전망하고 예상하고 탐색하기
설명하기	모순을 인식하기
일관성을 추구하기	잘못된 추리를 찾아내기
분류하고 범주화하기	가설을 설정하고 검증하기
기준을 세우고 사용하기	열린 마음을 갖기
자기 생각을 수정하기	애매함과 모호함을 찾아내기
증거와 개연성을 찾기	대안과 가능성을 탐색하기
문제를 찾기	(관련된) 논점에서 벗어나지 않기
적절함과 판단오류를 고려하면서 가치판단하기	복합성을 인식하기(검정과 하양 사이의 회색을 볼 줄 알기)
생각해 보아야 할 모든 관련 사항을 고려하기	다른 시각과 견해를 인식하기: 상상하기
맥락에 민감하기(판단 형성에 차이를 가져오는 특수성을 인식하기)	합당함의 중요성을 이해하기
진리의 가치와 탐구에 관심 갖기	다른 사람을 존중하고 그의 관점을 존중하기
지적 용기, 겸손함, 관용, 성실, 인내와 공정의 성향을 계발하기	탐구의 절차에 관심 갖기

9　Glaser(1994)가 지적한 것처럼. 자기수정적 사고와 같은 핵심적인 사고전략은 시간이 지나도 지속되는 생각하는 존재, 즉 한 사람으로서의 인격 그 자체라는 개념을 전제로 한다. Lipman(1991)은 '우리는 고차적 사고를 즉시 가르쳐야 한다. 고차적 사고는 자기 자신을 돌보는 사고이다'라고 주장했다(p.20). 이것이 우리가 아이들과 함께 철학을 하려는 중요한 이유이다.

위 목록에서 몇 가지는 좀 더 세세하게 나눠질 수 있다. 예를 들어, '모순을 인식하기'의 경우 그 전략은 모순을 인식하는 기술, 모순에 민감하고 피하려는 성향, 경우에 따라서는 모순을 활용하려는 성향 등을 포함한다. 문제를 탐색하거나 기준을 설정하는 것과 같이 복잡한 기술이나 성향들도 있는데 그에 대해 분석하지는 않겠다. 중요한 점은 특수하든 일반적이든 반성적 실천을 통해서 가르칠 수 있다는 것이다.

각각의 목록은 규범적 차원을 갖고 있는데, 그것이 바로 궁극적으로 우리가 관심을 가지는 실제 목표이다. 예를 들어 우리는 아이들이 좋은 근거를 가치 있게 여기고, 의미를 일관성 있게 명료화하며, 통찰력 있게 질문하고, 능숙하게 유추하기 등을 할 수 있기 바란다. 나아가 합당성, 존중, 그리고 배려 등의 폭넓은 개념들이 다른 사고의 전략에 스며들 수 있기를 바란다. 그래야 개인 간의 사고의 질을 강화하는 윤리적 토대가 만들어질 수 있다. 위의 목록들은 미래 사회에 필요한 좀 더 전문화된 기술과 지식을 위한 토대가 될 것이다.

아이들에게 구체적 실체를 이해할 수 있는 능력과 경험에 바탕을 두고 생각하는 능력이 있다는 것은 의심의 여지가 없다. 그러나 아이들이 추상적 실체를 이해하고 개념적으로 생각하는 능력에 대해서는 오해가 많다. 아이들이 추상적인 용어로 생각할 수 있으며, 또 생각하고 있음을 강조하고 싶다. 또한 추상적인 사고는 구체적인 사고와 밀접하게 연관되어 있기 때문에, 구체적인 경험을 해석하기 위해서는 추상적인 면을 이해해야 한다고 강조하고 싶다.[10]

추상적인 사고는 사고의 직접적인 대상이 구체적인 것이 아니라 다른 '생각'일 때 일어난다. 그러한 '생각에 대한 사고'는 우리가 좋음, 공

---

10   여기서 우리는 Kieran Egan과 같은 토대에 있다. 그는 교육의 발달이 구체적인 것에서 추상적인 것으로 옮겨간다는 'ad hoc' 원리를 비판하였다(Egan, 1988). 호주의 유아교육에 대한 최근 보고서를 읽어보면, '구체적인 물체를 강조하는 것'과 '복잡한 인지 구조의 다양한 수준'에서 교육할 필요성을 인정하자는 것 사이에 균형을 맞추려고 노력하고 있음을 알 수 있다. School Council(1992. p.42) 참고.

정함, 참, 아름다움과 같은 개념의 의미에 대해 생각할 때 발생한다. 그 뿐 아니라 다른 누군가가 말하거나 썼거나 행한 것에 대해 생각할 때 일어난다. 어른과 마찬가지로 아이들에게도 세상에 대해 추상적으로 생각하는 것은 일상적인 일이다. 이런 점에서 구체와 추상은 모두 경험과 밀접하게 연관된 생각의 방식이다. 추상을 경험과 분리된 것이라고 생각하는 사람들은 아마 추상적인 사고가 아이들의 능력을 벗어난다고 주장하는 회의론자일 것이다.

우리는 흔히 아이들이 경험할 수 있는 구체적인 대상, 즉 애완동물, 음식, 축구 등에 대해서는 자주 생각하지만, 생각에 대해서는 거의 생각하지 않는다고 가정한다. 이러한 가정은 반드시 수정되어야 한다. 예를 들어 우리가 애완동물, 음식, 축구에 대해 생각할 때, 우리는 실제로 무엇에 대해 생각하는가? 아마도 이런저런 개별적인 동물이나, 어제 먹은 햄버거, 혹은 1994년 야구 결승전만은 아닐 것이다. 그보다는 좀 더 지적인 측면에서 지나간 여러 경험을 비교해 보고, 우리의 기억에서 끄집어내어 그 기억들을 현재 생각의 대상과 연결한다. 그런 복잡한 정신 활동은 내 강아지 로버, 오늘 점심, 특정한 그 공 혹은 그 게임처럼 특정적이고 친숙한 대상을 생각할 때도 일어난다. 이 점을 이해하기 위한 열쇠는 우리들의 모든 생각은 개념과 밀접하다는 것을 깨닫는 것이며, '추상적 사고'가 바로 '개념적 사고'라는 점을 깨닫는 것이다.

개념은 생각과 경험을 분류하거나 정리하는 역할을 한다. 순서를 주고, 패턴을 찾고, 통합하고, 배제하고, 수량화하고, 연결하고, 다리를 놓기도 한다. 한 현대 철학자에 따르면 개념은 생각의 매개 수단이며, 생각이 수행되는 실체적 의미 단위이다(Harre, 1966, p.3). 연결이나 다리로써 개념적 기능은 다음과 같다.

◆ 개인의 다양한 경험을 연결함(특정한 대상 로버를 내 강아지로 인식하기도 하고, 이웃집 꽃밭을 망가뜨려서 혼나고 있는 강아지로도 인식하는 것과 같은 경우).

◆ 자신의 경험을 다른 사람의 경험과 연결함(구석에서 잠자고 있는 강아지가 용의
  자라고 모두 동의하는 것과 같은 경우).

◆ 특정한 경험과 일반적인 원칙을 연결해 주고 그를 통해 경험을 기초로 일반화
  를 이끌어 냄.

◆ 하나의 맥락 안(예를 들어 교실)에서 우리가 생각한 것과 다른 맥락(예를 들어 거
  리나 집)에서 생각하고 행한 것을 연결함.

우리는 개념을 이해함으로써 우리에게 제시된 것들을 연결하고, 그
에 대해 생각하고, 그를 통해 의미를 발견한다. 나아가 개념 그 자체는
고정적이거나 독립적으로 작용하지 않고 오히려 이러한 활용에 의해서
형성되고 조정된다. 모든 개념은 그것이 사용되는 공동체와 문화 속에
서 이루어진 협상의 산물이다.

이미 암시한 바와 같이 개념은 추상적 실체이다(나는 사과나 햄버거를 만
지고 보고 냄새 맡고 맛볼 수 있지만, 사과나 햄버거라는 개념 혹은 음식이라는 개념
그 자체를 만지거나 볼 수는 없다). 그러나 추상성에도 수준이 있다. 예를 들
면 사랑이나 참, 공정성과 같은 개념은 애완동물, 음식, 축구보다 더 추
상적이다. 그러나 그렇다고 해서 그런 개념들이 일상과 거리가 멀다고
할 수는 없다. 아이들은 강아지를 쓰다듬거나 축구공을 차는 것처럼,
이야기나 실제의 일상생활에서 공정이나 불공정을 경험한다. 키렌 이건
(Kieran Egan)이 말했듯이 아이들이 자신의 경험을 명확히 표현하고 언
어화하는 것을 어려워하지만 말이다(Egan, 1988, p.12). 아이들이 중요한
개념을 공유된 언어로 명확히 표현하는 일은 탐구공동체의 중요한 목
표 중 하나이다.[11]

---

11 예를 들면, 무엇보다 인과성, 공간, 시간 등과 같은 개념은 근본적이어서, 어떤 다른 경험의
존재에 앞서 존재해야 한다고 독일의 철학자인 Immanuel Kant는 주장했다(Kant, 1787). Kant
에게 이러한 개념들은 경험을 이해할 수 있는 틀을 형성해 준다. 그것들은 탐구공동체에서의 탐
구를 통해 성숙한다. 도구로써 개념의 공동체적이고 문화적인 성격은 Young에 의해 논의되었다
(Young, 1992, p.24).

우리는 사고기술을 강조하여 일반적으로 '기초능력'이라 불리는 문해력, 수리력과 나란히 놓으려고 한다.

우선 문해력과 수리력 교육의 중요성을 무시할 수는 없지만, 점점 복잡해지고 있는 세상과 그에 따른 문제들이(환경, 사회정책, 인권, 삶과 죽음, 약물중독, 착취, 성 문제, 인종차별 등) 점점 증가하고 있는 상황에서 이제 문해력과 수리력만으로는 충분치 않다. 높은 실업률과 경제적 사회적 압력이 증가하고 있는 시대에서 장기적으로 보면, 비판적이고 유연하며 창의적으로 생각할 줄 아는 사람이 한정된 틀 속에서 생각하는 사람들보다 성공할 가능성이 좀 더 크다. 현재 권력을 장악한 사람들에게나 학교에 있는 사람들에게나 세상은 위태로운 상태다. 불쾌한 삶의 현실 때문에 세상은 무분별한 혼란으로 가득하다. 이런 세상에서 동료나 매체의 압력이라는 사회적 악영향에 저항할 수 있는 성향과 민감성, 역량을 가진다는 것은 매우 중요한 일이다.

'생각함에 대한 의무(thinking imperative)'가 사회경제적 특권층이나 지적인 아이들만이 아니라 모든 아이에게 필요하다는 것은 아무리 강조해도 지나치지 않다. 건전한 사고는 더 이상 지적인 소수의 특권이 되어서는 안 된다. 사실 '생각함에 대한 의무'는 불리한 위치에 있는 사람들, 특권을 가지지 못한 사람들에게 더 필요하다.

나아가 문해력을 비롯한 다른 '기초능력'을 깊이 이해한다면, 그 기초능력들이 우리가 '사고전략'이라고 부르는 사고기술과 성향의 복합체라는 것을 깨닫게 된다. 이런 깨달음은 많은 아이들과 어른이 부딪치는 문해의 어려움을 좀 더 깊이 이해하게 해준다. 개별 글자를 인식하지 못하거나 문자와 소리를 연결하지 못하는 아이들은 읽을 수 없다. 문장에서 의미를 찾지 못하는 아이나 자기수정의 전략을 가지고 읽거나 쓰기를 하지 못하는 아이, 선과 악, 참과 거짓과 같은 양극 개념을 이해하지 못하는 아이, 읽은 문장들 사이의 논리적 연관성을 찾아내지 못하는 아이, 낱말에 담긴 가정을 표현하지 못하는 아이 역시 문해력이 향상될 가능성이 거의 없다. 문해력에 대한 우리의 관심은 이해와 지식을 위한 읽기, 말하기, 쓰기와 같은 기계적인 기술을 넘어 확장된다. 이런 점에서 읽기, 생각하기, 토론하기가 서로 강력하게 연결된다는 점은 매우 중요하다.[12]

요약하자면 생각하기를 기초능력 중의 하나라고 인식하는 한에서, 우리는 '기본'으로 돌아가는 것을 지지한다.

우리는 앞에서 사고의 규범적 차원을 강조했다. 사고력 교육에서 중요한 것은 학생들이 만들고 마주하는 생각의 질에 대해 좋은 판단을 내릴 수 있게 준비시키는 것이다. 그래서 우리는 이런 질문을 던진다. '교사와 학생은 잘 생각한다는 것을 어떻게 판단할 수 있는가?' 즉 '좋은 생각의 기준과 규범, 표준은 무엇인가?' 우리는 교사와 학생 모두가 이러한 질문을 고려해 보기 바란다. 좀 더 나은 사고를 가르치는 일의 핵심은 좀 더 나은 판단을 하게 하는 것이다.

3. 판단력의 강화

삶을 어떻게 살아야 할지와 같은 문제에 관해 판단을 잘하는 것은 매우 중요한 일이다. 판단의 오류는 많은 어려움과 문제, 심지어 청소년들이 직면하는 비극의 뿌리이다. 좀 더 나은 사고를 기르는 일에 종사하는 교육자라면, 필수적으로 좋은 판단을 내릴 수 있도록 아이들의 능력을 강화하는 데 관심을 가져야 한다.

듀이는 '판단한다는 것은 생각 안에서 찬반의 무게를 재는 것이며,

---

12 문해력과 사고의 관계에 대해 자세한 것은 Langer(1989) 참고. 교수-학습의 모든 측면에 있어서 이른바 '고차원적 사고'의 관련성은 오늘날 실제적인 것은 아니지만 이론적 측면에서 널리 인식되고 있다. 최근 연구의 요약에 대해서는 Office of Research(1994) 참고.

증거의 균형에 따라서 결정하는 것이다'라고 했다(Dewey 1932, p.90).[13] 립맨은 판단이란 '해결되지 않고 결정되지 않았던 일 혹은 어떤 식으로든 문제가 있는 것에 대한 해결이거나 결정'이라고 하였다. 판단은 '탐구 과정 중에 혹은 탐구 과정의 결과로 나타난다'고 덧붙였다(Lipman, 1991, p.17, p.65). 이 말은 한번 내려진 판단이 바위에 새겨진 것과 같다는 것은 아니다. 최종적으로 안주할 장소라기보다는 우리의 사고에서 의미 있는 순간이거나 하나의 고원이라는 것이다. 탐구의 산물로서, 판단은 여전히 과정의 일부다. 사실 사고의 과정과 판단은 탐구의 모든 발걸음에서 함께 엮인다.

우리의 삶에서 판단은 매우 광범위하게 일어난다. 일상적인 관찰이나 결정으로부터 무엇인가가 어떠하며 어떠해야 하는가에 대한 무게 있는 선언까지 포괄한다. 창밖을 보면서 우산이 필요하지 않다는 결정을 내린다. 좀 더 정확하게 예보를 듣고 판단하기도 한다. 나의 지식과 간단한 계산을 통해 9 곱하기 16은 144라고 판단한다. 다양한 조건과 나의 요구 사이의 균형을 맞추면서, 내가 사기에 가장 적합한 차가 무엇인지 판단한다. 다른 사람의 말이 참인지 거짓인지 판단할 때처럼, 여러 가지 행동 사이에서 갈등할 때마다 혹은 누군가의 의견이나 견해를 검토할 때마다 판단이 필요하다.[14] 삶을 변화시킬 수 있었으나 우리가 알아차리지 못한 채 중요한 판단의 순간이 지나가기도 한다.

생각의 동작으로써 판단은 다른 생각이나 행동을 이끈다. 판단은 우리가 적절하고 건전하다고 선택한 이유나 근거들, 혹은 특수한 상황에 의해 강제되기도 하는 이유나 기준들에 기초하여 내려진다. 근거는 판

---

13 Dewey에게 판단은 반성적인 행위이다. 예를 들어 가치 판단은 가치에 대한 무의식적인 표현이 아니다(Dewey, 1932, p.122).

14 비록 모든 판단이 결정을 만들어 내는 것은 아니지만, 행위와의 연계성은 행위에 대한 결정이 판단의 한 형태라는 것을 상기시킨다. Justus Buchler는 '말하기(대화)'와 더불어 '행하기' 그리고 '만들기'를 판단(능동적 전시적 부과적, 개별적인)의 형태로 범주화하였다(Buchler, 1955, p.20; 1951, p.48). 플라톤의 용어로 볼 때, 이런 범주화는 선, 아름다움, 진의 이데아와 비슷하다.

단의 질이나 힘을 결정한다. 즉, 건전한 판단은 좋은 근거에 기초하여 이루어진다. 우리가 어떤 것을 잴 때 표준이나 척도를 이용하는 것처럼 기준은 문제를 해결하는 데 비교적 결정적인 이유로 여겨진다.

우리 어른들은 판단이나 결정을 내릴 때, 아이들에게 경험의 가치를 강조하길 좋아한다. 지난 경험으로 판단이 강화되기도 하고, 앞으로의 경험으로 확신하거나 부정되기도 한다(경험은 지혜의 한 요소이다). 그러나 아리스토텔레스부터 듀이까지 철학자들은 경험만으로는 충분하지 않다고 주장하였다. 우리 역시 교육이 풍부하고 다양한 경험의 폭을 제공해야 한다고 생각하지만, 그것만으로는 충분하지 않다고 생각한다. 교육이 청소년들의 판단을 강화하는 일에 관심을 가지려면, 좋은 판단이 단순하게 저절로 발전할 것이라는 관념은 재고되어야 한다. 좋은 판단을 하기 위해서는 경험한 것으로부터 배울 수 있는 민감성과 성향, 그리고 능력을 갖추어야 한다. 우리는 기준을 만들고 사용하면서 배운 것을 익힌다.

기준도 판단도 노력하지 않으면 얻을 수 없다. 우리는 교육의 가치가 단지 교사에게서 학생에게로 전달되는 것에 있다는 생각에 동의하지 않는다. 때문에, 좋은 판단력을 기르기 위해서는 각자가 자신의 태도, 가치, 행위를 점검할 줄 알아야 한다. 그러한 점검에는 경험을 돌아보고 숙고하는 일이 포함되며, 필요하다면 자기의 생각을 탐구 과정 속에서 수정할 줄도 알아야 한다. 앞에서 살펴본 대로 탐구를 위해서는 합리적이고 논리적으로 생각하는 것을 포함하여 합당해질 수 있는 능력이 필요하다. 합당성을 잘 추론하는 능력으로 한정 짓고 싶지 않은 것 이상으로, 우리는 탐구를 논리로 한정시키고 싶지 않다. 그보다는 중요한 논증의 구조나 실마리를 찾아가는 능력과 성향을 더 중요하게 생각한다.

판단과 기준의 관계는 매우 복잡하다. 기준을 토대로 판단하지만, 특정한 상황에서 기준을 선택하는 것도 판단의 문제이다. 따라서 그것 또한 다른 기준에 의존하며, 그 기준은 그것을 선택한 판단에 의존한다.

예를 들어 선거에서 어느 정당에 투표할지에 대한 나의 판단은 부분적으로 기준(표준이나 관점, 가치 포함)에 의해 결정되는데, 그 기준들은 더 낮다고 판단되는 또 다른 기본적인 기준들을 토대로 내가 중요하다고 판단한 것이다. 다른 사람들은 다른 판단에 이를 수 있다. 그들은 다른 기준을 사용하거나 같은 기준으로부터 다른 함의를 끌어내기 때문이다. 원칙적으로 이러한 기준들 자체가 하나의 탐구 주제가 될 수 있다. 기준들에 내재한 기본적인 가치나 신념에 대해 깊이 파헤쳐 보는 것이다.

이런 점에서 우리는 판단과 기준이 끝없는 고리로 연결되는 스펙트럼을 떠올린다. 또한 질문을 넘어서는 '가장 기초적인 근거'들에 대해서도 생각하게 된다. 우리가 일상적인 판단을 이어 나갈 수 있는 까닭은 우리의 일상적인 판단이나 그 판단이 기대고 있는 근거들이 그 순간에는 문제 될 게 없는 다른 판단이나 기준에 의존하기 때문이다. 하지만 우리는 우리의 판단이나 기준에 질문할 수 있으며, 때로는 그것이 꼭 필요할 때도 있다. 그러한 질문은 합당한 사람이라는 표시이기도 하다. 그러나 이것은 잠시라도 믿을 만하고 수용할 만한 다른 판단이나 기준이 있을 때에만 가능한 일이다.

판단은 우리의 생각이나 결정, 행동의 발판이 되기 때문에, 우리가 어떻게 살아야 하는가와 같은 기본적인 윤리적 질문과 밀접하다.[15] 합당한 사람은 좋은 판단을 만드는 것 이상이어야 하지만 적어도 좋은 판단을 내릴 줄 알아야 한다. 더구나 윤리적, 미학적, 그리고 개인적이면서도 사회적인 판단을 내려야 하는 실제 상황에서 합당한 사람의 능력은 좀 더 기초적인 판단(유사성과 차이점 판단, 원인과 결과 판단, 적절성 판단, 종합과 분할 등)을 내릴 줄 아는 능력에 달려 있다. 예를 들어 도덕적인 구별 혹은 그러한 구별을 피하는 것에 대해 판단하기 위해서는 먼저 차이에 대

---

15 Compayre(1994)에 따르면, 철학자 Montaigne는 좋은 판단 -스스로 사고하기, 명료하게 사고하기, 행동을 잘 준비하기를 의미하는- 을 일반 교육의 필수 요소로 보았다. 학교 교육은 어린이들에게 판단을 강화해 줄, 즉 지혜를 이끌어 줄 수 있는 다양한 경험을 제공할 필요가 있다.

한 판단을 내릴 줄 알아야 한다(이에 대한 더 깊은 논의는 제7장 참고).

　일상의 경험을 이끌어 주고 채워주는 판단과 근거의 복잡한 연결망이 떠오른다. 어떤 삶의 방식이 다른 삶의 방식보다 더 가치 있다면, 그리고 학생들이 가치 있는 삶을 살기 바란다면, (그렇다고 그런 삶의 진로를 미리 결정하는 것은 아닌) 교육은 반성과 숙고를 격려하는 틀 안에서 판단을 강화하는 것에 관심을 가져야 한다. 실제로 교육이 앎을 행동으로 이어지게 도와야 한다고 생각하는 한, 깊이 있는 탐구와 판단 사이, 그리고 판단과 행동 사이의 관계에 초점을 맞춘 판단의 강화는 지식 그 자체의 습득보다 더 중요한 목표이다. 폴(Richard Paul)은 이성적 판단이 교육의 가장 기본적인 핵심이라고 주장하였다. 어느 쪽도 의문의 여지가 없는 것으로 간주하는, 한쪽의 '명확한 사실'과 다른 한쪽의 '의견' 사이에 적절한 균형을 잡는 것이라 하였다. 전자는 논박을 벗어나 있는 것이며, 후자는 논박의 여지가 없는 주관적인 신념이나 취향의 영역에 속한다(Paul, 1987, p.141). 판단에 있어서 합당해진다는 것은 나와 반대되는 관점을 포함한 다양한 관점에 대해 이해하고 평가하려는 성향을 지닌다는 의미를 포함한다.[16]

　좋은 판단이란 부분적으로 판단을 유보할 때를 아는 것을 의미하기도 한다. 아이들은 성급한 판단이 될 수도 있는 말을 하기 전에 상대의 생각이 어디에서 왔는지를 이해해야 한다. 이러한 이해를 위해서는 윤리적이고 메타인지적인 기본 전략으로서 감정이입이 필요하다.

　감정이입은 인지적이면서도 정서적인 사고전략의 좋은 예이다. 배려는 또 다른 것이다. 이 두 가지 요소는 공동의 탐구라는 개념에서 매우 중요하다. 사고력의 향상과 관련해서 인지와 정서는 서로 얽힌다. 우리

16　추론된 판단은 기술이나 기능 이상이다. Ludwig Wittgenstein에 의하면 '여기에서 사람이 얻는 것은 기술이 아니다. 그는 정확한 판단을 배운다. 거기에는 또한 규칙이 있으나, 일정한 틀을 형성하고 있는 것이 아니기에 경험이 있는 사람만이 그것을 올바르게 적용할 수 있다(Wittgenstein, 1953, II.xi, p.227).'

는 우리가 무엇을 어떻게 생각하는지에 대해 강한 느낌이 있으며, 그 느낌에 대해 생각하고 반성한다(예를 들면, Scheffler, 1981; Siegel, 1988, 제2장; Paul, 1987. 참고).

경험과 기준에 의한 사려 깊은 탐구는 판단 형성의 기초 과정이다. 바로 이 점이 교육과정의 중심에 철학을 두어야 하는 이유이다. 각 교과에는 이성적 판단이 필요한 논쟁적이고 흥미로운 주제들이 많다. 하지만 경험, 근거, 판단들 사이의 상호관계에 대해 면밀한 질문들을 계속 유지할 수 있게 해주는 것은 철학뿐이다. 따라서 철학은 판단력 강화를 위해 적절한 교과 내용의 틀을 구성한다(제4장 참고).

아이들은 다른 친구들과의 협력을 통해서 사려 깊은 탐구 특히 판단을 강화하는 과정을 가장 잘 배울 수 있다. 결정과 판단이 공동의 사고 과정을 거치면서 좀 더 사려 깊을뿐더러 가치 있게 되는 것이다.

기준에 기초해서 판단을 내린다는 것은 스스로 생각할 준비가 되어 있다는 징후 중의 하나이다. 아이들이 스스로 생각하도록 가르쳐야 한다는 것을 적절한 교육적 이상으로 가정할 수 있다. 적어도 민주사회에서는 꼭 필요한 일이다. 그러나 이러한 가정은 실제로 무엇을 뜻하는가? 스스로 생각하기의 개념에 대해 탐색하다 보면, 스스로 생각할 줄 아는 기술과 성향은 모두 탐구공동체에 참여하여 얻어진다는 것이 좀 더 분명해질 것이다.

4. 생각하기와 스스로 생각하기

『해리 스토틀마이어의 발견』 5장에서[17] 마크는 학교에서 생각하는 것은 배웠지만 스스로 생각하는 것은 배우지 못했다고 불평한다. "선생님은 탐탁해하시지 않지만, 내겐 내 생각이 있어. 선생님은 언제나 쓰레기 같은 걸로 내 머리를 가득 채우려고 하시지. 내 머리가 동네 쓰레기통이 아닌데, 정말 미치겠어(H/N, p.24)." 해리는 선생님에게 "아이들도 어른만큼, 아니 그보다 더 스스로 생각할 자유가 필요해요"라고 말한다 (p.47). 여기서 마크는 자기가 배워야 할 내용의 성격에 대해서뿐만 아니라 다른 사람이 자기의 머릿속을 가득 채우려고 시도하는 과정에 대해서도 불만을 표현한 것이다.[18]

'스스로 사고하기'라는 말은 통제되거나 의존적이 아니라 자율적이고 독립적으로 생각하는 것을 의미한다. 스스로 생각하는 사람은 자유롭다. 그는 세상 속에서 자신이 처한 상황과 경험한 것에 대해 반성할 수 있다. 자신이 가장 가치 있다고 생각하고 헌신하는 것에 대해, 그리

---

17 Matthew Lipman과 IAPC 동료들이 만든 어린이철학 교육과정은 다음과 같다.

소설(이야기-교재) (N)	교사용 지침서 (M)
엘피	함께 생각하기
기오와 거스	경이로운 세상
픽시	의미 찾기
해리 스토틀마이어의 발견	철학 탐구
리자	윤리 탐구
수키	쓰기: 어떻게 왜
마크	사회탐구

　상세한 사항은 이 책 뒤에 있는 Lipman 아래에 있다. 우리는 책의 제목을 다음과 같이 줄여서 사용한다. 엘피(소설)는 E/N. 함께 생각하기(지침서)는 E/M.

18 사실, 마크는 학교 교과목이 원래 흥미 있는 것인데, 그것을 '지루하고 쓸모없는' 방식으로 가르친다고 믿는다(p.25). John Dewey는 '스스로 사고하기'를 "만일 스스로 생각하지 못한다면, 그것은 생각하는 것이 아니다"라고 강조한다(1916, p.303). 사고와 스스로 사고하기 사이의 구별은 M/N, p.63에서 볼 수 있다.

고 자기 자신에 대해서도 재검토할 준비가 되어 있다. 물리학에서 관찰 대상이 우리의 관찰에 영향을 받듯이, 스스로 생각하는 사람은 탐구 주제가 탐구자로서 자신과 완전하게 분리될 수 없다는 것을 이해한다. 그렇다고 주관주의나 상대주의를 옹호하려는 것이 아니다. 개별적 관점의 힘을 인정하려는 것이다. 스스로 생각하고자 하는 사람이 다른 관점을 고려하고 자기수정을 하는 탐구 과정에 헌신하는 것은 이런 이유에서다.

스스로 생각하는 사람은 확실하고 견고한 판단을 내리기 위해 좀더 믿을 만한 기준을 탐색한다. 논증을 만들고 자신의 관점을 지지하는 결론을 내릴 줄 안다. 그러나 그는 자신의 주장과 동떨어진 새로운 의견과 가능성을 따를 준비도 되어 있다. 반성적인 사고가로서 그는 적어도 자기 생각의 성격과 과정을 결정하고 조절할 수 있다.

스스로 생각하기는 즉흥적이거나 충동적으로 생각하는 것과 다르다. 물론 즉흥적인 사고는 좋은 사고, 특히 창의적인 측면에서 필요하다. 그러나 스스로 생각하는 사람은 자기의 생각을 검토한다. 판단을 내리기 위해 기준을 만들고 사용하는 데에 익숙하다. 이러한 기준은 경험에 대한 반성에서 나오며, 역으로 세상에 대해 우리가 생각하는 방식을 안내하고 다듬어 준다.

생각해 보아야 할 점이 더 있다. 개인주의와 경쟁주의가 가혹하리만큼 강조되고 있는 기술 만능의 세상이다. 스스로 사고하기가 혼자 생각하기일 수도 있지만, 그보다는 다른 사람과 함께 생각하는 연습의 결과로 얻어진다는 것을 우리는 반드시 이해해야 한다. 스스로 잘 생각하는 것은 다른 사람과 기꺼이 토론하고 숙고하려는 것에 비례한다. 왜? 스스로 생각하기 위해서는 협력적인 공동체에서 바로잡는 기회가 반드시 필요하기 때문이다.

일반적으로 생각하듯 스스로 사고하기는 기술의 문제가 아니다. 좋은 사고가는 대상에 관심을 가지고 가치 있게 여기며 소중히 여긴다.

좋은 사고는 그것을 진정으로 가치 있다고 여기는 공동체 안에서 만들어진다. 권(Philip Guin)은 '스스로 사고하기'라는 글에서 다음과 같이 썼다. '탐구공동체에서는 진지한 모든 신념과 제안이 환영받는다. 탐구공동체의 이런 우호적인 특징은 아이들을 독창적이고 풍부하고 다양하게 생각하도록 만든다(Guin, 1992, p.84).

소통이 교사와 학생 사이에서만 일어나는 환경에서는 스스로 생각하기를 배울 수 없다. 그런 상황에서 학생은 다른 사람을 위해서 혹은 다른 사람이 생각하는 방식으로 즉, 교사나 평가자 혹은 교재가 제시한 대로 생각해야 한다는 압력을 받게 된다. 그러면서 생각과 의견을 열고 친구들과 함께 탐구해야 가능한 자기수정이나 검토의 가능성을 잃는다.

권은 과학적 탐구는 공동체적이어야 한다는 포퍼(Karl Popper)의 논의를 언급하였다.

포퍼는 우리에게 과학 실험실과 풍부한 실험 도구들로 가득한 섬에 살고 있는 로빈슨 크루소를 상상해 보라고 한다. 그의 발견이나 연구의 성실함과 주도면밀함에 관계없이 그는 우리에게 확신을 주지 못한다.

'거기에는 과학적 방법의 구성 요소가 결여되어 있다. 왜냐하면 본인을 제외하고는 그의 결과를 검토해 줄 사람이 아무도 없기 때문이다. 즉, 그의 독특한 정신적 행적에서 비롯되는 피할 수 없는 편견을 수정해 줄 사람이 아무도 없는 것이다. 우리가 '과학적 객관성'이라고 부르는 것은 과학자 개인의 불편부당성이 아니라 사회적이고 공적인 과학적 방법의 산물이다. 과학자 개인의 불편부당함은, 그것이 존재한다면, 사회적이고 제도적으로 만들어진 과학적 객관성의 원천이 아니라 그 결과이다.'[19]

---

19 Guin(1992, p.82) 또는 Guin(1993a) 참고. 인용은 Popper(1966, pp.219-220).

다른 학문도 과학과 마찬가지이다. 학교 교육, 특히 교실 수업을 생각할 때 포퍼의 입장은 그 함의가 매우 깊다. 현재 학교는 개별화 학습을 강조하면서 컴퓨터 기술을 남용하고, 아이들 개개인의 '경쟁심'을 부추기고 있다. 이것은 개인이나 개인 간의 성장에만 문제를 일으키는 것이 아니라(이것만으로도 심각한데), 학습의 기초를 이루는 교과 내용의 통합에서도 문제를 일으킨다. 따라서 개별화 학습을 향한 이러한 추세는 저지되어야 한다.

우리는 여기서 중요한 지점에 다다른다. 교실에서의 가르침과 배움이 사고력 증진과 아울러 학교 교과가 구현하려는 지식의 통합성에 대한 존중, 둘 다를 종합하여 이루어져야 한다는 점이다. 이런 점에서, 앞에서 언급한 사고전략과 성향을 상기하게 된다. 만약 합당성, 배려, 존중이 좋은 사고에 중요한 요소라면, 합당하지 않고 배려하지 못하며 존중받을 수 없는 환경이나 방법은 자멸할 것이다. 만약 질문을 만들고 가능한 대안을 고려하는 것이 중요한 전략이라면, 논쟁적인 문제를 무시하고 무의미한 것으로 간주하는 수업의 틀은 무력해질 것이다. 만약 판단 강화와 스스로 사고하기가 중요한 목표라면, 학생들에게 독립적으로 생각하거나 기준을 가지고 판단하기를 요구하지 않는 교육과정은 무익한 것이다.

사고력 교육에서 중요한 요소는 좋은 사고를 구성하는 기술과 성향과 배려가 모델이 되고 길러지고 실천되는 교실 환경을 세우고 키워나가는 것이다. 탐구공동체 교실이 바로 그런 환경이다.

5. 탐구공동체 교실

우리는 '탐구공동체'에 대해 명확한 정의를 내리지 않으려 한다.[20] 그 핵심 개념 중에서 중요한 하나가 교사와 학생이 자기들의 목적에 맞게 적용하고 다듬어 가면서 새로운 측면과 차원을 만들어 가는 것이기 때문이다.[21] 탐구공동체는 내재적이면서 동시에 초월적이다. 그것은 참가자들의 일상적 삶에 스며드는 틀을 제공하며, 추구해야 할 이상을 동시에 제공한다. 그것은 어떤 특정한 분야에 한정되지 않는다. 미학적, 윤리적, 인식론적 즉, 철학적 탐구의 공동체가 있는 것처럼, 과학적, 역사적, 문학적, 환경적 탐구를 위한 공동체도 있다. 이러한 공동체는 한 분야의 학생들이 실천하는 탐구가 다른 분야의 탐구와 서로 얽히면서 작동한다.

그럼에도 탐구공동체는 공동체와 탐구라는 양면에 기초한 일정한 구조를 지닌다. 공동체는 협력과 배려, 신뢰와 안전이라는 정신과 공동의 목표에 대한 정신을 불러일으킨다. 탐구는 흥미 있고, 문제적이며, 혼란스럽고, 애매하고, 단편적인 것을 참가자들이 만족할 만한 것이 되도록 전체로 모아서 비록 잠정적이라 할지라도 판단을 해보려는 자기수정의 연습이다. 이 두 가지 측면이 분리될 수 있다고 볼 수도 있다.[22] 모든 공동체가 탐구에 초점을 맞추는 것은 아니며, 모든 탐구가 공동으로

---

20 '탐구공동체'라는 표현은 프래그머티즘의 전통, 특히 C. S. Peirce, G. H. Mead 그리고 John Dewey에서 유래한다. 처음에는 어른들 사이에서의 과학 탐구를 지칭하는 말이었다. 그러나 지금은 어린이철학을 이해하는 중심이 되었으며, 오늘날 '포스트 모더니스트'들의 글 속에도 나타나는 개념이다. 유용한 요약으로 Hosteller(1991)와 Young(1992) 참고. 공동체의 개념은 인지론의 공동 주제이다. Resnick과 Klopfer(1989) 참고.

21 그럼에도 이러한 이상은 인간 경험의 영역 안에 있는 것으로 프래그머티스트들의 글에서 중시된다. 예를 들면. Dewey(1934, p.50) 참고.

22 Dewey는 다음과 같이 썼다. '탐구는 불확실한 상황을 확실한 상황이 되도록 조정하고 관리하는 일종의 전환이다. 원래 상황의 요소가 통합된 전체가 되도록 구별하고 연관을 짓는다.' Dewey(1938a, pp.104-105), Reed(1992b) 참고.

이루어지는 것도 아니기 때문이다. 그러나 탐구와 공동체가 함께 만날 때, 그 둘은 깊이 있고 풍부한 하나의 개념을 형성한다.[23]

새로운 교수법의 초석을 세워 주는 말이나 개념은 단순한 슬로건으로 변질될 위험이 있다. 그것을 옹호하는 글은 진정한 반성이나 변화를 가져올 만한 알맹이가 없는 수사가 되기도 쉽다. 그러나 그간 우리의 안내를 받았던 교사와 학생들은 탐구공동체를 적용하고 내면화하면서, 그것이 사소한 것이 아니라는 것을 깨달았다고 한다. 우리의 안내는 대개 탐구공동체가 의미하는 것이 무엇인지를 직접 보여주는 활동이었다. 그럼 여기서, 이론과 실제가 만나는 현장으로서 하나의 탐구공동체가 되어가고 있는 교실을 상상해 보자. 우리는 무엇을 보게 될까?

참가자들이 소그룹으로 둥근 탁자에 둘러앉아 있다. 함께 소통할 기회를 극대화하고 서로에게 민주적으로 대하기 위해서이다. 때때로 부모나 동네 사람들이 '외부 전문가' 자격으로 참여하기도 한다(만약 아이들이 이런 수업에 적극적으로 참여한다면, 매우 장려할 만하다).

참가자들은 흥미 있는 주제에 초점을 유지하면서, 자기 마음대로 이야기하기보다는 탐구가 이끄는 대로 따라간다. 서로의 의견을 세워 주고 다듬어 주고 조절해 준다. 교사와 아이들은 질문하고 답하고 가설을 세우고 숙고하고 설명하면서 열린 탐구의 본질을 보여준다. 각각의 내용이나 주제는 일반적이면서도 특수한 역할을 하는 논리로 다듬어진다. 바닥이 깊이 있다는 것을 깨달으면서 균형을 잡고, 그 바닥에 다다르려는 인내도 발견한다. 이것은 탐구공동체의 구성원들이 자신의 관점을 조정하거나 다른 사람의 추론에서 발견되는 오류를 수정하는 것을 두려워하지 않는다는 것을 의미한다. 그들은 기꺼이 자신들이 원하는 의견이나 답을 포기한다.[24]

---

23 탐구는 비판적일 뿐 아니라 창조적이기도 하다. 우리는 탐구에서 예술가들이 참여하는 형태나 가능성을 배제하고 싶지 않다.

24 탐구공동체 개념에 담긴 학습의 사회적, 반성적, 문제적 차원은 Robert Glaser가 강조하였

탐구공동체 안에서 우리는 다음과 같은 지적인 덕의 조화를 발견한다.

◆ 자기 의견을 제시하며, 잘못된 추론에 근거한 반대나 다른 친구들의 압력에 맞서서 자신의 의견을 옹호하는 용기와 인내
◆ 가장 확실한 진리라고 느껴지는 자신의 의견에 대한 겸손, 관용 그리고 공정성

합리성을 자유롭게 하는 것은 … 정확히 어떤 특정한 전통을 승인하는 한에서만 가능하다. 이러한 합리성은 다음과 같은 사항을 우리 일부로 받아들이고 기꺼이 받아들일 준비가 되어 있을 때 얻어진다. 즉, 지금까지 우리 자신의 전통 안에서 꿋꿋이 버텨오던 이론과 실제가 미래에 구현되기 힘들다는 것, 그러한 패배가 낯선 것에 의해 일어날 수 있다는 것, 어쩌면 이해하기 힘든 전통적인 사고와 실행에 의해 일어날 수 있다는 것, 또한 우리가 물려받은 전통이 그리 유용하지 않을 수 있다는 것을 인정할 준비가 되어 있을 때 얻어지는 것이다 (Macintyre, 1984, pp.19-20).

매킨타이어(Alasdaire Macintyre)가 미국 철학협회 회장 연설문에 쓴 것처럼 탐구공동체가 아이들에게 길러주고 싶은 것은 바로 이 '준비'라는 성향이다. 이러한 덕과 성향은 탐구의 핵심적인 부분이다. 탐구는 문제적이고 논쟁적인 질문이 주는 일종의 창조적 긴장에 의해 이루어지지만, 그 목표는 공동의 이해와 동의이다. 대부분의 학생들에게 문제는 제거되어야 할 장애물이며, 문제를 만났을 때 느껴지는 지적 긴장감은 피해야 할 어떤 것이다. 따라서 문제가 심각해지면 선생님에게 질문하여 지름길을 찾거나 포기하려 한다. 이런 전통적인 배움은 탐구와 차이가 있다.

다. 그는 '그룹은 개인의 외부에 있는 인지적인 불만족에 대한 방아쇠를 제공해 줌으로써 자기조절 능력의 입지를 확장할 수 있다'고 주장했다(Glaser, 1992, p.74).

탐구공동체에서는 사고전략을 확장하여 사려 깊게 그리고 자기 의식적으로 적용한다. 또한 탐구의 절차에 관심을 갖고 헌신하려 하며, 다른 사람을 존중한다. 즉, 서로의 의견을 경청하고 세워 주며, 논생을 신전시킬 수 있는 근거를 제공하고 분석한다. 또한 다른 사람이 질문을 하고 관점을 넓혀갈 수 있도록 도와준다. 예를 들어가면서 다른 사람의 가설을 뒷받침해 주고, 반례를 들어가면서 서로의 의견에 도전한다. 또한 자신 없던 목소리가 자신의 소리를 만들어 가고, 공격적인 소리가 좀더 반성적이고 사려 깊게 되는 시간과 공간을 창조한다. 아이들이 탐구의 내용과 마찬가지로 탐구의 구조와 절차에 관심을 가지고 있다는 것이 다양한 측면에서 드러난다.[25]

어떤 내용이나 주제에 대한 탐구의 1수준과 탐구의 절차에 대한 탐구의 2수준 모두에 참여하는 것이 탐구공동체의 특징이다(만약 공동체가 메타인지적 활동을 보여준다면, 그 공동체는 3수준이거나 4수준이다.[26]). 실제로 이

---

25 이 책에서 우리는 사람에 대한 배려가 이성이 순수한 감성으로 대치된 '비합리적 감성주의'에서가 아니라 '탐구 자체의 절차와 주제'로부터 이끌어진 관심에서 나와야 한다고 반복한다. Popper(1966, p.236)는 감성주의에 대한 이성을 방어하기 위해 플라톤의 『대화편』에서 소크라테스가 제시한 모델을 보여주고 있다. 또한 Alderman(1973)은 변증법으로 알려진 소크라테스적 토론 모형은 '다른 사람을 배려할 때 우리 자신을 배려하게 되는 것이라는 배려의 모형'이라 주장했다(p.219).

Martin Heidegger는 관심(배려)은 -존재론적 속성으로서- 합당성의 전제 조건이라 했다(Heidegger, 1927, p.227). Erik Erikson은 Heidegger가 말했던, 관심에 대한 이런 성향을 어린이 발달의 첫 단계로 두었다(Erikson, 1963, 1964, 1968). 세상에서 일어나는 일에 대한 관심 혹은 배려는 모든 진지한 탐구에 있어서의 필수 선결 조건이다.

여기서 탐구공동체 구성원 간에 일어나는 어떤 상호성에 주목해 보자. 이것은 상호 협력적 탐구로서 윤리적 차원의 기초를 이룬다. 앞으로 다른 장에서도 계속 논의될 것이다.

배려를 생각이나 판단의 한 형태로서 좋은 사고와 판단의 선결 조건으로 가정하는가(이 맥락에서 '사려 깊은'이란 낱말의 의미를 생각해 보라)? 우리는 여기서 이 질문에 대한 대답을 하지 않으려 한다. 탐구공동체가 배려의 환경이라는 것으로 충분하다. Nussbaum(1990), Fuller(1992), Noddings(1984), Frankfurt(1988), Solomon(1983), Bateson(1994, 1990, 1988) 등 많은 페미니스트들은 Simone Weil의 작품 속에서 배려와 주의를 기울이는 것 사이의 관계를 다루고 있다(Simone weil 1952-1955, 참고).

26 교육은 단순히 객관적 '사실'에 대해 배우는 것이라는 개념을 거부하면서, Jerome Bruner는 반성적인 사고와 초인지의 중요성을 강조했는데, 그것은 우리가 생각하고 진행해 온 것들을 '다

런 수준들은 공동체가 만들어 내는 탐구 속에 서로 얽혀 있다. 우리가 '고차적' 혹은 '저차적' 사고라는 용어를 좋아하지 않는 이유가 여기에 있다. 탐구공동체 안에서의 사고전략들은 서로 얽히며 상호보완적이기 때문이다. 아이들은 탐구공동체 안에서 이러한 사고전략들을 발전시키고 확장해 나간다.

탐구공동체는 수줍거나 공격적인 아이들에게 함께 탐구하는 시간과 공간을 제공함으로써 그들의 인격 발달에도 기여한다. 청소년들의 행동을 보면, 그들이 '나는 누구인가?'에 대해 답을 찾을 필요가 있다고 생각하게 된다. 개인은 궁극적으로 이런 질문에 대해 자기만의 길을 발견해야 하는데, 탐구공동체에서는 개인의 자아가 드러나고, 인격적 성장에 대한 전망이 극대화되는 환경이 만들어진다. 탐구공동체의 구성원으로서 아이들은 자신을 가치 있는 개인으로 인식해 나가면서, 동시에 공동체의 성취를 기뻐한다. 탐구에 참여하는 아이들은 자신들에게 가장 중요한 질문에 매달린다. 교실공동체는 아이들이 다양한 종류의 관계를 맺을 수 있도록 도와준다. 아이들과 아이들의 의견 사이, 자신의 생각과 다른 친구의 생각과의 사이, 그들 자신의 경험과 그러한 경험을 해석하도록 도와주는 개념과 기준들 사이, 개인으로서 그들 자신과 개인으로서 다른 친구들 사이 등의 관계를 만들어 주는 것이다. 역으로 이러한 관계를 통해 아이들은 자신에게 맞는 창의적이고 협력적인 작업을 하게 된다.

학생들 사이에서 탐구를 자극하는 일은 어렵지 않다. 특히 호기심과 경탄이라는 고유의 성향을 지니는 어린이들에게는 더욱 그렇다. 더구나 탐구의 절차와 습관을 내면화하고 있는 공동체 구성원들에게는 자극이 더 쉽게 일어난다.

배려와 존중과 함께 신뢰의 분위기가 탐구공동체에 스며있다. 학생

시 돌아보고 재고하게' 만들었다(Bruner, 1986, p.129).

들은 서로를 믿는다. 인지적으로나 정서적으로 서로를 지지하며, 서로 존중한다는 것을 믿는다. 교사는 학생들이 탐구의 절차를 지키고, 자신들의 생각에 책임을 질 것이라고 믿는다.[27] 아이들은 선생님이 자신들의 아이디어를 존중하며, 강점과 약점을 알고 있다고 믿는다. 그러한 신뢰는 자신감을 낳는다. 창조적인 위험을 무릅쓰도록 해주며, 그들이 정말로 생각하는 것을 드러내게 해준다. 신뢰는 상황에 따라 자기 관점을 수정하거나 포기하게 한다. 공동체에 신뢰가 없다면, 아이들은 진실로 자신이 생각하고 느끼는 것을 말하지 않는다.[28]

탐구공동체를 만드는 과정에서 교사는 신뢰와 배려를 이끌어 내야 할 책임을 지며, 때가 되면 모든 참여자가 그 책임을 받아들인다. 교실 공동체는 사고력 교육을 위한 도구 그 이상이다. 그것은 참여하는 아이들을 위한 삶의 한 형태이며, 다른 수업활동과 대조를 이룰 수도 있다.[29] 특히 그것은 배려하고 믿고 존중하고 잘 생각하는 것이 함께 어우러지는 윤리적 실천의 장이다(Pritchard, 1992 참고). 탐구공동체에서는 행동이 생각이나 말과 글만큼 중요하다. 아이들은 그들의 생각과 말을, 그리고 생각과 행동을 연결하도록 배운다. 뒤에서 다시 다루겠지만, 연결하기는 의미와 전이의 핵심이다. 결국 이러한 요소들은 사고력 교육이 효과적인지를 보여주는 리트머스 테스트와 같다.

우리가 교실을 탐구공동체로 전환하는 것이 가장 중요한 교육적 의

---

27 책임은 인식론에 관한 페미니스트들의 저작의 핵심 주제이다(Addelson, 1993, p.288). 그는 '어떤 인식의 척도는 그것이 지식 생산자에게 얼마나 잘 책임질 수 있게 해 주는가'에 있다고 주장했다(Code, 1991 참고). 책임이라는 개념은 인식론적으로도 윤리적으로도 해석될 수 있다. 국가는 자기 행위에 대한 책임을 지도록 범죄자를 처벌하지만, 사회는 행위자에게 책임감 있게 행동할 것을 명령한다. 탐구공동체는 이런 두 가지 형태의 책임을 모두 성장시킨다.

28 현대의 한 교육 철학자는 신뢰와 존중을 일깨우는 문제를 '철학을 가르침에 있어서 가장 중요한 문제'로 간주했다(Wilson, 1992, p.18). 물론, 신뢰와 배려 사이에는 관계가 있다. 예를 들면, Buber(1947), Erikson(1963) 참고.

29 대부분의 아이들에게 교실 탐구공동체는 다른 교실들의 경쟁적이고 권위적이고 억압적인 분위기와는 대조가 된다.

무라고 생각하는 이유는 합당하고 책임 있는 사고와 함께 신뢰와 배려를 기르는 것이 중요하기 때문이다. 탐구공동체에서 아이들은 자신을 수동적인 학습자가 아니라 능동적인 학습자로, 저장소가 아니라 발견자로, 자원이나 상품이 아니라 가치 있는 사람으로 생각하게 된다.

전통적인 교실 수업이 초래한 손실 중 하나는(아이러니하게도 현대 기술의 덫에 의해 악화된) 진정성이라는 아이들의 감각이다. 전통적인 교실에서는 논쟁적인 주제들에 이미 정해진 답이 있으며, 아이들이 배우는 대부분의 내용이 그들의 생각이나 감정, 세계관과 상관이 별로 없기 때문이다. 탐구공동체에서 아이들은 진정한 경험을 통해 이런 어려움을 극복한다. 아이들이 생각하고 말하고 행하는 것이 그들 주변에서 일어나는 일에 영향을 끼치기 때문이다. 예를 들어 교실공동체에서는 좋은 이유가 뒷받침되지 않은 의견은 주의 깊게 다루어져야 한다고 판단한다. 성편견이나 인종 비하 같은 것은 받아들일 수 없다고 판단한다. 이러한 판단은 최종적이거나 불변의 것은 아니지만, 구성원들의 행동을 규제하는 특정한 결정을 이끌게 된다. 우리는 이런 아이들이 교실공동체를 넘어 어디서나, 행동 방식에 대해 민감하고 비판적이기를 기대한다.

진정성이라는 개념은 탐구공동체 안에서 형성되는 개인 간의 관계에도 적용된다. 아이들은 인지적, 감정적, 윤리적, 미적이라는 새로운 관점과 방식으로 서로에 대해 알게 된다. 그들은 처음으로 스스로를, 그리고 서로를 보고 알기 시작한다.[30]

---

30 많은 교사들은 현재의 교실 학습이 이미 위의 특징들을 실천하고 있다고 믿는다. 다시 말해, 그들은 교실이 이미 탐구공동체로 전환되었다고 믿는다. 우리는 그런 주장을 문제 삼고 싶지 않다. 우리가 할 수 있는 일은 그들에게 사고의 질을 높이려는 노력을 반성해 보는 수업 모델이나 프로그램을 추천하는 것이다. 반성적 실천가로서, 교사는 이 모델을 제대로 이용할 것인지 아닌지를 스스로 결정할 수 있다.

6. 탐구공동체에 대한 몇 가지 우려

탐구공동체로서 교실의 이상에 대해 비판적인 사람들이 많다. 따라서 탐구공동체가 학교에서 실현되기 위해서는 지금까지 제기되었던 혹은 제기될 만한 몇 가지 논쟁에 대해 신중하게 생각해 볼 필요가 있다.

1. 스위스의 심리학자 피아제가 제시한 발달심리학의 전통은 매우 강력하다. 이 전통에서는 아이들이 사고를 단계별로 발달시키며, 각 단계에는 한계가 있다고 주장한다. 때문에 사고력 교육 혹은 논리 교육도 필연적으로 제한이 따르게 된다. 예를 들면 13세 이전의 아이들은 관계를 만드는 사고, 즉 논리적이고 추상적인 사고를 하지 못하기 때문에, 상호적인 사회적 관계를 형성하기 어렵다고 본다. 만약 어린아이들이 논리적으로 개념적으로 생각할 수 없다면, 그러한 사고가 중심인 탐구공동체 교실이라는 이상이 무슨 소용이 있는가?

피아제는 논리적 사고를 탐구공동체의 특징인 상호작용, 특히 다른 사람의 관점에서 사물을 볼 준비와 관련지으면서, 어린아이들은 너무나 자기중심적이기 때문에 일반적인 탐구나 논리적 사고에 필요한 사회적 준비가 부족하다고 주장했다.[31]

우리는 아이들의 개념 이해에 대한 피아제의 본질적으로 보수적인 관점을 분석하고 싶지 않다.[32] 우리의 주장은 어린이들도 추상적인 사고를(구체적 사고와 추상적 사고의 연결을 포함하여) 할 수 있고 또 하고 있다는 것이다. 이것은 친구들과의 사회적이고 언어적인 상호작용을 보면 명백히 드러난다. 6-8세 아이들로 구성된 탐구공동체가 존재하며 활성화되

---

31 Braaten(1990)은 논리학이 요구하는 인지적인 '탈중심성'과 도덕 발달의 기초를 이루는 사회적인 '탈중심성'은 서로 연관이 있다는 Piaget(1928)의 관점을 논했다. 인지와 도덕, 또는 윤리 발달의 관계는 제6장과 제7장에서 논한다.

32 현대 Piaget 비판에 대해서는 Thomas(1992) 그리고 Siegal(1991) 참고.

고 있다는 사실은 이와 반대되는 가설과 이론들을 물리친다.

그럼에도 피아제 학파의 전통에는 무시할 수 없는 어떤 진리가 있다. 아이들에게 별 의미가 없는 '어른'의 낱말과 이론으로 질문을 퍼붓는 것은 도움이 되지 않는다는 사실이다. 아이들은 자신의 경험 안에서 예를 들지 못하거나 보여줄 수 없는 개념은 제대로 파악하지 못한다(우리 어른들 대부분도 마찬가지일 수 있다). 반면에 보존, 인과, 마음, 실재, 인성, 그리고 진리와 관련된 추상적 개념도 어린이들이 가진 좀 더 구체적인 경험에서 출발하는, 혹은 그러한 경험으로 가는 통로를 통해 아이들도 이해하게 된다.[33] 이러한 통로를 만들기 위한 토대를 놓는 일은 탐구공동체에서 교사가 가져야 할 주요 관심사 중 하나다.

또 다른 몇 가지 비판이 있는데, 그중 하나는 심리학적이라기보다 논리적이고 인식론적인 근거에 기초한다. 그들의 비판은 대강 다음과 같다. 비판적으로 생각하려면 먼저 생각할 줄 알아야 한다. 이때, 생각하기 위해서는 생각할 무언가가 있어야 한다. 이 생각할 무언가를 x라고 하고 논의를 계속해 보자. x는 어린이들이 제대로 알지 못하거나 내면화하지 못한 교과 내용이거나 지식일 것이다. 이러한 관점에서 그들은 어린이들이 철학적 사고를 포함한 추상적 사고를 할 만큼의 충분한 지식을 가지고 있지 않다고 반박한다.[34] 이러한 반대에 대한 우리의 대답은 두 가지이다.

첫째, 만약 우리가 앞에서 이야기했던 것이 옳다면, 추상적 사고는 정보를 배우고, 쓰기와 읽기를 연습하는 것과 같은 좀 더 '기초적'인 활

---

[33] Siegal(1991)은 Piaget와는 반대로 어린이들은 추상적 개념에 대한 본질적이고 잠재적인 지식을 갖고 있지만, 질문에 숨겨져 있는 논점, 목적 등의 의미에 대한 잘못된 해석 때문에 어른들의 질문에 부정확한 대답을 하고 그것을 이해하지 못한다고 주장하는 연구물들을 검토해 보았다. 이것은 질문과 다른 연구 방법을 구성하고자 할 때, 어린이에게 친숙한 언어 -이것은 어린이에게 낮추어 말하는 것과는 다르다- 를 사용하는 것이 중요하다는 것을 밝혀 준다.

[34] "초등학교 아이들이 비판적인 사고를 할 수 있다 하더라도 그것을 시간표상에 우선적으로 배치하면 안 된다. 왜냐하면 초등 교육에서는 '기본'과 세계에 대한 지식을 배우기 때문이다"라고 말한 학자도 있다. MCpeck(1981; 1990) 참고.

동과 함께 엮여 있다. 그것은 구체적인 지식이나 정보를 사전에 완벽히 알아야만 할 수 있는 과정이 아니다. 만약 그들의 비판이 맞다면, 우리는 아이들의 추상적 지식이 그들의 구체적 지식에 의존하기 때문에 아이들은 어떤 것도 배울 수 없다는 결론에 다다르게 된다. 물론 그 역도 성립한다.

둘째, 아이들은 지식 외에도 다양한 것들을 배우기 때문에, 이렇게 추론하는 것에는 분명히 뭔가 잘못이 있다. x의 논의로 돌아가 보자. 물론 추상적인 사고라 할지라도 모든 사고는 그 대상으로 x를 가져야만 한다. 대상 없이 생각할 수 있는 사람은 없다. 그런데 왜 x는 지식의 위상을 가져야만 하는가? 다시 말해서 왜 사고는 반드시 지식에 의존해야 하는가?[35] 분명 문제는 다른 데 있다. 진짜 지식은 단순히 습득된 정보나 자료가 아니라, 지식을 구성하는 과정의 일부로 얻어지는 것이다. 아이들에게는 지식이 부족하다. 그러나 생각할 때 지식이 꼭 필요한 것은 아니다. 왜냐하면 아이들은 생각의 대상인 x의 역할을 하기에 충분한 아이디어, 신념, 가설, 흥미, 가치와 관점들을 갖고 있기 때문이다.

교육자들은 학습에 대한 전통적 견해를 벗어나 추상적 사고에 대한 아이들의 역량을 인정하는 쪽으로 천천히, 그러나 확실하게 방향을 전환해야 한다. 아이들은 추상적으로 생각할 수 있으며 생각하고 있다. 세상에 대해 더 많은 것을 배울 때조차 추상적 사고기술은 필요하다. 사고기술 교육을 중등교육이나 그 이상으로 미루는 것은 자신의 경험을 이해하고자 애쓰는 아이들을 부정하는 것이다. 또한, 그러한 노력에 필요한 가장 강력한 도구를 부정하는 것이다. 그러한 부정이 개념적, 추론적, 탐구적인 기술이 형편없는 미숙한 어른을 만들어 왔다. 이러한

---

35 사고가 지식 의존적이라는 것은 Nickerson(1984)이 명백하게 언급하였다(1984, p.35). 한편 Brutian(1993)은 지혜에 대한 아이들의 직접적인 경험 능력에 대한 책에서 아이들의 언어는 어른들보다 더 논리적이며, 더 정확하다고 주장했다. 왜냐하면 그들은 지식에 대한 부담을 갖지 않고 비판적, 창의적으로 생각하는 사람들이기 때문이다(1993, p.22).

기술이 학교 교육에서 체계적으로 관심을 받아본 적이 거의 없다는 점에서 놀랄 일도 아니다. 이런 청소년들의 삶은 황폐해질 수 있다. 왜냐하면, 곧 그들을 압도하고 위협하는 문제에 직면하게 될 텐데(환경, 폭력과 갈등, 삶과 죽음, 인간으로서 그들의 권리 등), 청소년들에게는 그런 문제를 다룰 만한 적절한 비판적 도구들이 없기 때문이다.

교육과 인지심리학적 입장에서 러시아의 사상가 비고츠키(Lev Vygotsky)의 관점은 교실을 탐구공동체로 전환하는 일에 좀 더 우호적이다. 비고츠키는 아이의 실제적인 지적 수행과 적절한 도움을 통해 얻을 수 있는 수준 간 차이를 강조하는 '근접 발달 영역(zone of proximal development)'이라는 용어를 사용했다(Vygotsky 1934, p.187). '아이들의 생각이 어디 있는지'를 이해해야, 아이들이 새로운 것을 이해할 때 좀 더 효과적으로 개입할 수 있다. 모어하우스(Richard Morehouse)는 그것을 탐구공동체와 연결하여, '수행을 돕는 다차원적이고 다중적인 도움'이라고 하였다.

> 탐구공동체는 이해의 경계에 있는, 즉 근접 발달 영역에 있는 학생을 돕는 데 매우 적합하다. 탐구공동체의 장점은 토론에서 한 학생이 알고 있는 개념이나 전략이 다른 학생을 도울 수 있다는 것이다. 그리고 그 학생은 다른 학생의 도움을 받는다. 도움의 순환이다. 교사는 특히 인지적 구조를 모델링해 주거나 제공함으로써 이러한 과정을 도와줄 수 있다(Morehouse, 1993, p.9).[36]

---

36 공동체 속에서 공부해야 하는 인식론적 필요성은 현시대 페미니스트들의 주제이다. Lynn Hankinson Nelson은 '개인으로서 우리가 알 수 있는 인식은 유래이다. 여러분의 인식이나 나의 인식은 어떤 우리를 위한 우리의 인식에 의존하고 있다. 지식이 어떻게 생기는가에 대한 연구는 역사, 사회관계 그리고 공동체의 활동 등에서 시작해야 한다(Nelson, 1993, pp.124-126; Code, 1991, 제6장).' Robert Young에 따르면, Habermas는 '나는 어떻게 어떤 것이 참이라는 것을 알 수 있는가?'라는 질문 대신, '공동체의 구성원들은 어떻게 어떤 것이 참이라는 것에 일치할 수 있는가?'라는 질문에 동의했다.

아이들은 본성적으로 이기적이라기보다 사회적이라는 비고츠키의 견해를 고려할 때, 이런 연결은 더욱 의미가 있다.

2. 우리가 고려해야 할 두 번째 우려는 과정과 내용이라는, 교육에서의 오래된 이분법이다. 사람들은 우리가 대부분, 혹은 모든 관심을 교수학습의 과정에 집중하고, 그 내용에 대해서는 거의 관심을 두지 않는다고 말한다. 이에 대한 우리들의 답은 역시 두 가지이다. 첫째, 그렇다. 이미 언급했듯이 탐구공동체는 탐구의 다양한 수준들이 한데 어울려 있는 과정과 절차에 특별한 관심을 기울인다. 그러나 둘째, 내용 없는 과정은 공허하고 무의미하다. 탐구공동체는 의미 구성에 깊은 관심을 갖고 있기 때문에 당연히 내용에도 관심을 가질 수밖에 없다. 그러나 그 내용은 책이나 교사의 머릿속에 있는, 미리 포장된 정보에 한정되지 않는다. 그러한 정보는 학생들의 머리로 정해진 코스를 통해 전달된다. 하지만 이렇게 전달된 내용은 활력을 잃어버려 학생들을 스스로 생각하도록 자극하지 못하며, 탐구를 이끄는 질문을 만들어 내지도 못한다. 의미 있는 내용을 창조하고 활력을 갖도록 만드는 것은 다음과 같다.

◆ 교사의 강의 내용과 학생들의 의견, 신념, 느낌, 관점을 연결해 주기
◆ 학생들의 생각을 자극할 만한 방식으로 내용을 제시하기. 그래야 학생들의 호기심과 논쟁을 불러일으키기 때문이다. 만약 정보와 공식들이 서로 단절되어 효과적이지 못하면, 교사는 해당 교과의 핵심 개념이나 아이디어를 드러낼 방법을 찾아야 한다. 왜냐하면 앞에서도 언급했듯이 개념은 본질적으로 문제적이기 때문이다(Bruner, 1960).
◆ 학생들에게 제공된 자료가 완제품이 아니라 앞으로의 탐구를 위한 자료 정도라고 이해하기. 이것은 학생들이 배우고 외우는 데 필요한 완벽한 지식꾸러미를 전달해야 한다는 압박을 느끼는 교사들의 짐을 덜어줄 것이다.

3. 우리가 언급하고 싶은 세 번째 쟁점은 모든 교과와 주제의 수업이 탐구공동체로 전환될 수 있다는 아이디어에 대한 도전이다. 이 책에서 우리의 관심 중 하나는 철학을 탐구의 형태로 가르치기 위한 사례를 만드는 것이다. 그렇다면 우리는 모든 교과를 그렇게 가르칠 수 있다고 말하려는 걸까?

우리는 모든 교과가 탐구의 형태로 가르쳐질 수 있다고 믿는다. 비록 이런 변화가 각 교과내용이나 영역에서 어떻게 이루어져야 하는지를 모두 이해하지는 못하지만 말이다. 성인 연구원, 연구자와 실천가는 자신의 작업과 관련된 과학적, 종교적, 역사적, 문학적, 예술적 탐구의 공동체를 넘나든다. 우리는 교수학습을 탐구에 기초하여 재정의함으로써, 아이들과 교사들이 이러한 과정에 참여할 수 있다고 제안한다. 이러한 재정의는 모든 학생들의 사고를 증진하는 데에 결정적인 역할을 할 것이다.

게다가 우리의 지식과 이해를 다듬어 주는 교과 내용은 그 자체로 탐구의 형태를 띠고 있다. 이때 탐구는 우리가 앞에서 이미 보았듯이 내용 없이 이루어지는 과정이 아니라, 탐구가 진행됨에 따라 그 내용이 활기차고 풍부해지는 과정이다. 이러한 과정과 내용의 상호 얽힘 안에서 교과 내용의 필수적인 개념들이 매우 중요한 역할을 하게 된다. 공통적인 사고 전략이 모든 교과 내용에 그렇듯이 말이다.

실제로 이것은 과학교사, 역사교사, 수학교사, 예술교사, 그리고 문학교사가 자기 교과의 개념적 기초와 친숙해야 하며, 학생들이 제기하는 논쟁적인 문제들을 마음껏 탐구하도록 허용해야 한다는 것을 의미한다. 과학적으로 역사적으로 생각한다는 것의 의미를 이해함으로써, 학생들은 과거 세대가 가치 있다고 여겼던 교과 지식의 측면들을 잘 통합할 수 있을 것이다. 그리고 이러한 지식이 완전히 분리된 것이 아니라

다양한 방식으로 상호 연결되어 있다는 것을 느끼게 될 것이다.[37]

따라서 개념 탐구는 탐구 기반 교과 교육의 핵심이다. 아이들에게는 그러한 탐구가 매우 자연스럽다. 그러나 분명히 연습과 노력도 필요하다. 특히 개념 탐구가 자신이 지금 무엇을 하고 있는지 제대로 이해하기 위한 과정이기 때문에, 아이들의 삶에서 가능한 한 빠르게 시작되어야 한다. 이런 점에서 탐구공동체는 아이들이 공식적인 학교 교육을 시작하는 바로 그 순간부터 시작되어야 한다.

4. 네 번째이자 마지막 관심사는 탐구공동체의 탐구과정이 교육 방법으로서 적절한지의 문제이다. '탐구과정이 계속 열려 있다면, 탐구공동체에는 실제적인 진전이 있는가? 탐구공동체는 상대주의와 끝없는 자기수정을 운명으로 하는 거 아닌가?' 결국 우리가 참가자의 견해와 흥미에 지배되는 과정을, 그리고 최종 결론에 다다르기 힘든 과정을 옹호한다고 볼 수도 있다.[38]

첫 번째로 주목할 점은 이 문제 제기에서 핵심 용어가 애매모호하다는 점이다. 만약 상대주의가 모든 사람의 의견이 똑같이 타당하고 그래서 결코 변하거나 검토하거나 수정할 수 없다는 관점이라면, 우리는 상대주의를 전적으로 거부한다. 그러나 만약 상대주의가 삶의 수많은 문제들에 대한 최종적인 답은 없으며, 절대적 확신과 자기비판의 부재를 부적절하다고 여긴다면, 그것은 분명히 고려할 가치가 있다. 협력적 탐구는 참가자들의 견해나 흥미에 의해 지배된다고 말할 수 있다. 그러나 탐구공동체는 이런 것들에 의해 활성화되고 자극된다고 말하는 것이 더 적절하다. 듀이와 다른 사람들이 되풀이했듯이, 개인적 견해와 흥미

---

37 철학은 교과목들을 서로 연관시키는 데 대단히 중요한 역할을 할 수 있다. 왜냐하면 철학의 중심 개념들 중 대부분이 다른 과목에 나타나 있거나 반영되어 있기 때문이다. 제4장 참고.

38 이와 관련하여 탐구공동체의 학생들이 어떻게 결론이 열린 듯한 토론에서 일정한 결말의 감각을 얻게 되는가 하는 실질적 질문이 생길 수 있다. 이런 문제는 5장에서 다룰 것이다.

는 탐구공동체에 제시되는 다른 자료나 정보와 같은 인식론적 지위를 갖는다. 그것은 공동체가 만들어 내는 최종상품이 아니라 탐구의 출발점이다.

여기서 중요한 점은 협력적 탐구가 진전을 만들 수 있고 또 그렇게 하고 있다는 것이다. 그러나 립맨의 은유를 빌리자면, 그것은 미리 정해진 목표를 향해 한 치의 오차도 없이 내달리는 화살이 아니라 바람 속에서 이리저리 흔들리면서 전진하는 요트이다. 그 요트는 끝이 있는 경기에 참여하는 것은 아니지만 결국 어딘가에 다다른다. 그러나 이 종착점은 도착하기 전에 미리 결정된 것이 아니다.

이처럼 탐구공동체는 '탐구가 이끄는 대로 탐구가 되어 가'야 한다. 협력적 탐구는 '앞으로 한 걸음, 뒤로 한 걸음, 옆으로 두 걸음' 식의 과정이다. 그 안에서 참가자들은 그 모든 방향에 책임을 진다. 내 의견에 대해 누군가 반례나 반대 근거를 들어 재검토하게 하고, 나아가 신념이나 가설을 포기하게 만든다고 해서 탐구가 망가지지 않는다. 그는 자기 의견으로 다른 사람의 의견을 뒤집으려는 것이 아니다. 마찬가지로 자기 생각이나 친구의 생각을 수정하려는 것도 아니다. 자기수정적 사고는 대놓고 상대적이거나 자의적인 것이 아니다. 그와 반대로 자기수정적 사고는 다른 누군가의 추론을 이해하는 능력과 그 적절성 판단을 위해 기준을 적용하는 능력 같은 상당한 기술과 용기가 필요하다. 더구나 협력적 공동체 생활 속에서 학생들이 실수를 수정하고, 잘못된 방향을 확인하고, 혼란스러운 생각을 명료히 하며, 자신의 사고 과정을 인식할 수 있다는 사실은 그들이 개인적 사고의 제한된 시공간을 넘어서는 표준과 기준을 구성하고 적용하는 능력이 있다는 점을 확증해 준다.

협력적 탐구는 그다음 탐구를 점화시킨다. 공동체에서 시작한 사고는 그 공동체 안에서뿐만 아니라, 각 개인 안에서, 또한 그 구성원이 미래에 속할 다른 공동체에서도 지속된다.

7. 문제해결학습, 메타인지학습, 협동학습

우리는 지금까지 건전한 사고, 좋은 판단, 그리고 탐구의 절차와 내용 모두에 대한 배려의 감각이 격려되고 키워지고 연습되는 탐구공동체 교실의 그림을 그려왔다. 또한, 우리는 탐구공동체가 모든 교과와 주제를 포괄하는 가르침과 배움을 위해 적절한 틀을 구성한다는 점을 주장해 왔다. 탐구공동체를 문제해결학습, 메타인지학습, 협동학습과 같은 현재의 주류 학습 방법들과 비교해 보면 이 점이 좀 더 분명해질 것이다.

문제해결학습은 말 그대로 탐구공동체에서 다루는 사고보다는 좀 더 협소하고 원자적인 과정을 제안한다. 불확실성의 시대에 내용에 의존하는 교사도 있을 수 있다. 가르치는 내용이 현재 직면하고 있는 특정한 문제를 해결하기 위한 공식이나 알고리즘을 제대로 다룰 수 있다면 말이다. 그러나 좀 더 사려 깊은 교사와 행정가는 비판적 사고와 창의적인 사고가 함께 협력하여 문제를 해결하기를 바란다. 이때 사고란 통찰력 있는 질문을 하고, 대안적 가능성을 보여주면서, 문제 상황을 탐색하는 사고이다. 그리고 사고와 성향의 풍부한 그물망을 이끌어 내는 사고이며, 가치 있는 삶을 살 수 있는 세상과 관련된 광범위한 문제들에 대한 사고가의 관심과 배려를 반성하는 사고이다. 그들은 문제해결을 위해서는 협력적이고 사려 깊은 대응이 필요하다는 것을 이해한다.

탐구공동체와 비교에 있어서, 메타인지 개념은 언급하기가 다소 조심스럽다. 메타인지에 관심을 갖는 것은 좋다. 그러나 충분하지는 않다. 우리는 아이들이 반성과 자기 점검의 과정을 통해 그들 자신의 생각을 인식하기를 원한다. 그러나 또한, 그들의 생각을 수정하고 조절하기 위한 표준과 기준을 구성하기를 바란다. 그래서 그들의 능력이 좋은 판단을 할 수 있도록, 그리고 서로를 이성적으로 존중하면서 대하기를 바란다. 탐구공동체에서 사고와 그 과정에 참여한 사람들 모두가 변화되고 또 힘을 갖길 바란다.

협동학습은 많은 교육시스템에서 다양한 방식으로 활용되고 있으며, 그 가치를 인정받고 있다.[39] 협동학습은 기본적으로 소그룹을 강조하는데, 그 안에서 각자는 분명하게 정해진 역할이나 과제를 갖고 있으며, 진행에 대한 전체적인 책임은 구성원 모두가 나누어 갖는다. 협동학습의 이점은 개인 내, 개인 간 모두 지적인 활동이 일어난다는 것이다.

탐구공동체와 마찬가지로 협동학습은 개인적이고 경쟁적인 상황에서보다는 또래들과의 협력적인 상호작용을 통해 어린이들에게 가장 가치 있는 배움이 일어난다고 가정한다. 두 방법론은 구성원이 함께 활동하고 성취하는 소집단을 기본적인 단위로 중시한다. 그렇다고 협동학습과 탐구공동체가 같지는 않다. 특히 협력과 협동학습의 다른 요소가 탐구공동체 안에서 필수적인 전략인 반면, 그 역은 성립되지 않는다. 즉, 협동학습 전략을 기반으로 하는 교실 수업은 필수적으로 탐구공동체를 구성하지도 포함하지도 않는다.

여기서 협동학습 교실에서는 탐구가 거의 일어나지 않거나 부차적인 역할도 이루어지지 않는다고 말하는 것이 아니다. 우리는 교실에서의 모든 활동이 탐구 기반이어야 한다고 주장하지도 않는다. 그보다는 오히려, 협동학습 개념은 그 자체로 탐구의 핵심적인 요소를 드러내지 못한다는 것이다. 예를 들어 학생은 열린 주제의 토론에 참여하지만, 어떤 자기수정도 없고 기준을 사용하지도 않으며, 따라서 어떤 판단의 강화도 없다. 그러한 토론도 가치는 있지만, 탐구에는 미치지 못한다. 탐구란 기준과 표준에 따른 움직임이나 진전이라는 감각을 주는 어떤 동력과 구조를 전제로 한다(이때 기준이나 표준은 그 자체가 탐구의 산물이기도 하다).

실제로 협동학습에서는 학생들이 소집단으로 활동한다. 항상 그런

---

39 협동학습에 관한 선구적인 연구는 미국 Robert E. Slavin과 Johnson, 그리고 호주의 Joan dalton에 의해 이루어져 왔다. Slavin(1980; 1985), Johnson과 Johnson(1975), dalton(1985) 참고. 협동학습과 탐구공동체의 관계에 대해 더 많은 것을 알고 싶다면 Daniel(1994)을 참고하라.

것은 아니지만 때때로 탐구자, 낭독자, 독려자, 시간계측자 등 특정한 역할이 부과되기도 한다 (Dalton, 1985, p.14. 참고). 그러나 우리는 교실 전체가 하나의 탐구공동체로 전환되는 것을 말한다. 이러한 두 가지의 그림은 양립 가능하지만 일치하는 것은 아니다. 소그룹은 여전히 협력적으로 활동하는 좀 더 큰 그룹이 될 수 있다. 또한 교실공동체는 탐구에서의 개인의 참여 방법을 달리해 볼 목적으로 여러 개의 소그룹으로 나누어질 수 있다.

그러나 하나의 교실공동체는 탐구를 공유하는 데 부수적인 것이 아니라 결정적인 것이다. 아이들이 탐구의 과정을 이루는 다양한 전략과 동력을 그들 스스로 발휘할 것 같지는 않다. 이러한 요소들을 교사가 보여주고 강화해 주지 않는다면 말이다. 물론 하나의 단일 교실공동체가 반드시 항상 성공적인 것은 아니다. 하지만 교사가 이러한 전략들을 전체적으로 조절해 주는 위치에 있을 때, 그리고 학생들이 스스로를 관찰하고 반성하는 탐구공동체의 일부로 느낄 때, 교실 탐구공동체는 발전할 수 있는 좀 더 나은 기회를 갖게 된다. 실제적인 관점에서 공동체를 통해 탐구의 절차를 쉽게 이해하고 내면화하게 돕는 것은 소그룹 학습이나 협동학습을 쉽게 하는 하나의 방법이다. 우리가 말하고 싶은 것은 협동학습이 탐구공동체를 보장하는 것은 아니라는 점이다.[40]

교실 탐구공동체의 구성원은 말하고 질문하고 듣는 것에서부터 쓰고 읽고 그리는 것, 그리고 드라마와 연극 활동까지 다양한 활동에 참여한다. 그중에서 말하기, 질문하기, 듣기는 다른 활동과 함께 섞이는데, 그것은 매우 중요하다. 우리가 여기서 말하고 있는 것은 사고와 밀접하게 그리고 본래 연결되어 있는 대화이다. 또한 다양한 시각을 평가하고

---

[40] 이런 결론은 교실을 소규모 그룹으로 나누고 나서 어린이들 관리를 제대로 하지 못한 채 철학을 가르치려다 실패했던 교사의 경험으로 강화된다(Nicol, 1991 참고). 탐구공동체에는 읽기에 대한 '전체론적 언어접근'과 유사한 점이 있다(Morehouse, 1993, pp.9-11 참고). 특히 Portelli and Church(1994).

면밀히 검토하도록 요구하는 보다 사려 깊고 반성적인 대화이며, 좀 더 깊이 있는 이해를 이끌어 주는 그런 종류의 대화이다. 이것은 공동체 구성원들이 문제시하는 주제에 대한 1차적 탐구에 참여하고 있을 뿐 아니라, 1차적 탐구에서 사용한 사고의 과정을 살피고 반성하고 면밀하게 검토하는 2차적 탐구에 참여하고 있다는 것을 나타낸다. 그러한 대화는 탐구공동체를 통합하는 신뢰와 배려의 핵심적인 부분이다.

우리는 탐구공동체에서의 특징적인 대화를 '토론'이라고 부르려고 한다. 따라서 다음 장에서는 토론의 본질과 중요성에 대해 질문을 제기하고, 그것이 일상적인 대화와 어떻게 다른지 보여줄 것이다.

탐구공동체의 동력

1. 말하기

말하기를 흔히 언어 발달의 '꽃'이라고 한다. 하지만 우리는 말하기를 당연시하거나 무시한다.

존 달톤(John Dalton)

자기 언어의 한계는 자기 세계의 한계를 의미한다.

루드비히 비트겐슈타인(Ludwig Wittgenstein)

가. 자기 인식에서 언어의 역할[1]

이 책에서 다루는 중요한 주제 중의 하나는 상호성(reciprocity)이다. 상호관계나 '주고받기'의 개념은 사고, 특히 탐구공동체에서 일어나는 상호 협력적이고 자기수정적인 사고의 기본이다. 사회적·윤리적 차원에서, 다른 사람에 대한 우리의 행동을 규제하는 규칙과 절차 역시 상호

---

1 철학, 사고, 공동체, 의미, 인간성, 그리고 인간 조건의 다른 모든 측면과 관련된 언어와 토론이라는 논제는 John Dewey와 C. S. Peirce, G. H. Mead, Lev Vygotsky, Martin Buber, Ludwig Wittgenstein, Jürgen Habermars, Paulo Freire 외 다수가 있다.

성과 매우 밀접하다. 예를 들어 감정이입을 생각해 보자. 그것은 우리 자신을 다른 사람의 입장에 놓고, 그 사람의 관점에서 보려고 시도하는 과정이다. 자기 자신에게 하는 것처럼 다른 사람에게도…[2]라는 '황금률'과 비슷하다.

자기 인식과 자기 정체성이 상호성에 기초를 두고 있다는 것은 논쟁이 될 수도 있다. '나는 누구인가?'라는 질문은 다른 사람의 존재를 인정할 준비가 되어 있을 때, 또한 그들이 나에게 신체적·감정적·미적·지적으로 영향을 줄 수 있는 잠재적인 가능성이 있다는 것을 인정할 준비가 되었을 때만 의미가 있다.[3] 개념적으로 말해, 나와 비슷한 또는 나와는 다른 사람의 존재를 가정하지 않고서는 이 질문의 '나'가 누구인지 명료하지 않다. 실제적으로 이 질문은 '다른 사람의 견해나 아이디어를 고려하지 않고, 내가 누구인지 말할 수 있을까?'로 재진술될 수 있다. 여기가 바로 탐구공동체와 연결되는 지점이다. 퍼스가 말했듯이 '자기 자신이 된다는 것은 어떤 공동체의 일원이 되는 것이다.'[4]

의사소통(특히, 언어를 이해하고 사용할 수 있는 능력)은 나와 다른 사람들 사이에 존재하는 상호성과 상호 의존성의 필수 요소이다. 사실, 우리 인류가 언어를 공유해 왔다는 가정은 상호 협력적인 집단이나 공동체 개념에 내재해 있다. 언어를 통해 상호 의존과 상호성 그리고 상호 협력의 관계가 만들어지고 유지되었다고 볼 수 있다. 다시 말해, 각자의 중요한 욕구와 욕망이 언어를 통해 서로에게 전달된다. (명백한 음성 언어가 아닐 수도 있지만) 그뿐 아니라, 아이들이 자기 경험의 양극성 즉, 유사성과 차이점, 선과 악, 옳음과 그름, 존재와 비존재, 과거와 미래, 현실과 상상 등

---

2 그러나 우리가 제6장에서 설명할 것이지만, 상호성은 감정이입을 넘어선다.

3 Cogito ergo sum(나는 생각한다. 그러므로 나는 존재한다)이라는 유명한 말을 남긴 철학자 Descartes는 우리가 이 장에서 다루고 있는 방향성에 동의하지 않을 것이다. 그러나 안티-데카르트적 정서가 페미니스트 철학을 포함하여 마음에 대한 현대의 철학적, 심리학적 이론들에서 두드러지게 나타나고 있다.

4 Sharp(1993, p.53)에서 인용

을 탐색할 수 있는 것도 언어를 통해서이다(Egan, 1988). 아이들이 반성하고 소통하는 것도 언어를 통해 가능하다. 언어가 사람과 세계를 연결해 준다. 이런 점에서 언어는 우리가 세상의 일원이 되는데, 나아가 세상과 조화를 이루는 데 핵심적인 역할을 한다.[5]

탐구공동체에서 학생들은 의사소통이라는 상호작용에 참여하게 되는데, 그 안에서 각자의 아이디어나 생각이 서로 만나고 공유된다. 그들은 자기 생각이 중요한 것(비록 반드시 참은 아니지만)과 마찬가지로 다른 사람의 생각도 중요하다는 것을 이해한다. 뿐만 아니라, 공동체가 성장하면서 구성원들은 이런 모든 생각들이 다양하게 연결되어 있다는 것을 깨닫게 된다.

교육에서 언어 발달의 중요성은 다시 강조될 필요가 없다. 학교 교육 과정 전반에 걸쳐 언어활동이 활발히 이루어지고 있기 때문이다. 그러나 우리는 읽기와 쓰기, 역할극, 철자와 문법 같은 언어적 활동에 비해 교실에서의 대화가 그렇게 주목받거나 친숙하지 않다는 점이 걱정된다. 이런 편향적인 강조로 대부분의 학생들은 (특히 8세 이후) 말하기나 대화도 진지한 학습 활동이 될 수 있다는 점에 매우 놀라워한다. 시야를 넓혀 보면, 진지한 대화에 참여할 마음도 능력도 없다는 것은 정도는 좀 달라도 세계 곳곳에 퍼져 있는 사회적 특징이다. 따라서 주요 논쟁자들이 함께 토론에 참여하면 세계의 많은 갈등이 사라지고 해결될 것이라고 말하는 것은 거의 꿈같은 일이다.

만약 한 인간이 되어 간다는 것의 중심에 다른 사람들과의 언어적 활동이 있다면, 대화의 낮은 위상은 재고되어야 한다. 왜냐하면 상호성을 더 정확하게 보여주는 것은 글보다는 대화이기 때문이다(반드시 음성

---

5 Nowell(1992)은 '자신을 정의하는 과정은 참여하고 있는 대화와 토론을 통해 이루어진다'라는 보편적인 이론을 각자 나름의 방식으로 지지했던 Paulo Freire, Carol Gilligan 그리고 Jane Roland Martin의 저작을 인용하면서, 반성적 사고와 토론의 관계, 타자에 대한 인간성의 발달을 탐색했다(p.24).

언어일 필요는 없다. 신호 역시 언어이다). 사람이 자기의 생각과 주장을 영원히 간직하고, 시대를 초월하여 다른 사람들에게 전달하려면 글을 쓰는 것이 필요하다. 그러나 영원을 얻는 대신 글은 경직되거나 인위적일 가능성이 높다. 글은 사고의 결과를 보여주는 반면, 대화는 사고의 과정 그 자체를 보여준다(또는 더 잘 표현한다).[6] 이것은 탐구공동체 방법론을 연구하는 사람들이 왜 아이들과의 실제 대화를 기록하여 그것을 기초로 연구하는지를 보여준다. 이러한 대화들이 사고 과정의 기록이나 재현을 통해 보존된다.

나. 대화에서 토론으로

일상적인 대화에서 사고는 대개 깊이가 없거나 비형식적이고 비연속적이다. 그래서 우리는 일상적인 '대화'와 구조화된 대화로서의 '토론'을 구별하려 한다. 이 용어는 어떤 종류의 '완제품'과 '만들어지는 과정 중에 있는 것'을 구별하기 위한 것이 아니다. 왜냐하면 어린이철학에서 이루어지는 아이들의 대화 기록을 보면, 잘못된 전환이나 잘못된 출발, 머뭇거림, 자기수정과 자발적인 개입 등과 같은 과정들도 토론의 의미 있는 부분으로 드러나기 때문이다. 대화와 토론을 구별하는 이유는 일상적인 삶의 부분으로서의 대화, 즉 '탐구'라고 할 만한 반성적이고 구조적인 측면이 부족한 대화와 토론의 차이를 드러내기 위해서이다.

---

6 우리가 결코 기초 기능으로서의 쓰기의 중요성을 경시하거나 낮게 평가하는 것이 아니다. 우리의 관심은 교육과정에서 대화(어떤 양식)의 위상을 적어도 쓰기의 위상으로 끌어올리는 것이다. 이런 상향 조정은 플라톤의 『대화편』인 파이드로스에 나오는 소크라테스와 같은 선구자가 없었으면 이루어질 수 없었을 것이다. 그는 우리가 토론이라고 부르는 '생생한 발언'의 덕과 '이미지의 한 종류라 불러도 무방한 서면 대화'의 덕을 찬미했다. 쓰인 것들은 기껏해야 우리에게 우리가 이미 알고 있는 것을 상기시킬 뿐이다. 반면 구어적 담화는 지식과 더불어 '순수한 사유'와 함께하며, '정의와 아름다움, 선을 영혼에 새기는' 유일한 방법이다(Plato, pp.521-523).' 플라톤의 『대화편』이 우리에게 문어체의 형태로 나타난다는 명백한 답변에 대한 논평은 Nussbaum(1993) 참고.

토론은 탐구공동체의 본질적인 부분으로, 다른 어떤 특징보다도 한 공동체가 탐구공동체로서 얼마나 성장했는지를 보여준다. 토론은 공동체에 활기를 불어넣어 일정한 형태와 방향을 갖게 한다. 아이들이 이미 말을 할 줄 아는데, 탐구공동체 일원으로서 토론을 배워야 한다는 것이 납득하기 어려울 수도 있다. 그런 아이들에게 우리는 일상적인 대화와 토론을 구별하자고 말하고 싶다. 대부분의 개인은 다른 사람과의 상호작용을 통해 성장한다. 자기 가족을 시작으로 의사소통의 범위를 확대한다. 생각할 수 있는 아이들이 사고를 향상할 수 있듯이, 말할 수 있는 아이들이 말하기의 질적 수준을 높일 수 있다. 여기서 우리는 탐구공동체의 사고를 특징짓고 대표할 수 있는 대화의 형태로써, 토론에 대해 보다 상세히 분석하고자 한다. 사실 토론은 탐구하는 공동체의 사고를 드러낸다. '소리 내어 생각하는' 공동체를 보여주는 것이다.

이제 대화를 토론이라고 부를 수 있는 필요충분조건을 다음과 같이 제시한다.

조건 1. 문제적이고 논쟁적인 주제나 질문에 초점을 맞춤으로써 구조화된 대화이다.

조건 2. 자기 규제적이거나 자기수정적인 대화이다. 참가자들은 다른 사람이 제기한 견해나 근거에 대해 질문을 하고, 공동체에서 나온 질문이나 반례에 대해 자기의 입장을 진술할 준비가 되어 있어야 한다.

조건 3. 평등한 구조를 갖는 대화이다. 참가자들은 어떤 관점을 지니든지 토론의 목적을 위해 자기 자신과 다른 사람의 가치가 동등하다는 것을 보여준다.[7]

---

7 Hannah Arendt는 '논쟁은 정치학의 정수'라고 주장하면서, '평등한 사람들 간의 자유스럽고 열린 논쟁'의 중요성을 강조했다(Bernstein, 1983, p.209 참고). Walzer(1989-1990, p.195. p.194)는 '이상적인' 대화에 관한 비슷한 조건을 인용했다. 한편, Walzer는 John Rawls와 Jurgen

조건 4. 구성원들의 공통적인 흥미에 따라 진행되는 대화이다. 탐구
　　　　공동체에서 주제를 정하고, 그 주제를 다룰 절차를 결정하는
　　　　것은 참가자들이다(이런 점에서 교사도 참가자의 한 사람일 뿐이다).

　위 조건들은 탐구공동체의 중요한 특징이다. 토론이 공동체에 적합
한 대화의 형식으로 개념화되어야 한다는 것이다.[8] 예를 들어 우리는
제1장에서 탐구의 두 가지 측면을 언급한 적이 있다. 즉, 탐구는 주제에
관한 탐구(1수준 탐구)와 탐구의 절차에 대한 탐구(2수준 탐구)가 서로 엮
인다. 이 엮임의 과정이 토론을 통해서 이루어지는 것이다. 우리는 주제
에 대해 말하고, 주제에 대해 말하는 방법에 대해서도 말한다. 그것은
탐구공동체 토론에서 다음과 같이 '표현'된다. '난 칼라의 의견에 동의/
동의하지 않아, 왜냐하면, ……', '난 곽이 한 말에 대해 물어보고 싶은
게 있어', '아니타의 말과 연결해서 네가 말하고 싶은 말의 요점이 무엇
이니?', '네가 지금까지 말한 것을 내가 요약해 볼까?' 등이다. 학생들에
게 이런 종류의 발언을 언제 어떻게 사용하는지 가르치는 것은 그들이
토론에 참여하는 데 중요한 부분이 된다.
　더구나 탐구는 대개 '진리에 도달하고자 하는' 열망으로 진행되지만,
동시에 여전히 그 해결과 통찰에는 의문의 여지가 있다.[9] 이것은 탐구
공동체 토론이 가진 특정한 창조적 긴장감을 보여준다.
　위에서 언급한 네 가지 조건에 대해서는 좀 더 분명하게 설명할 필요

Habermars를 인용하면서 논자들이 자신의 특별한 흥미와 가치로부터 자유로워지는 대화의 도
식을 제안했다(p.186) 토론을 이끌어 가는 흥미의 상호작용과 관련된, 우리의 조건 4는 Walzer
의 이상적인 대화와는 동떨어진 것이다.

8 　조건 3과 4가 모든 탐구에 적용되지는 않을 수 있다. 그러나 우리는 탐구가 공동체 속에서 수
행될 때는 그와 같은 조건이 적용되어야 한다고 주장한다.

9 　이런 열망으로 모든 측면의 동의를 이끌 필요는 없다. 여기에서 다시 한번, 우리는 Wal-
zer(1989-1990)가 논의한 이상적인 대화와 결별한다. 흥미롭게도 Walzer는 궁극적으로 '언제나
결론이 없고 불안정한', '현실적 소통'을 선호하면서 이러한 이상적인 형태(평등 조건 제외)를 궁
극적으로 포기했다(pp.194-195).

가 있다. 조건 1에서 문제의 개념은 넓게 해석되어야 한다. 우리는 분명한 '문제' 없이, 학생들의 창의적 표현 기술을 연습하는 토의도 배제하지는 않는다. 그런 토의의 목적은 문장과 줄거리를 이해하는 것이다. 한편, 토론이나 탐구에서는 문제가 정확히 밝혀져야 한다. 물론 토론 하나에 문제가 하나라고 주장하는 것은 아니다.

참가자들은 주어진 문제에 주목하면서 그 문제가 가진 쟁점의 여러 측면을 보게 되는데, 이런 경우 토론에서 건설적인 지적 갈등이 만들어지기도 한다. 물론 꼭 그런 것은 아니다. 왜냐하면, 참가자들이 문제 자체에 관여함으로써 변증법적인 상황이나 긴장감을 함께 경험하기 때문이다. 이런 점은 탐구공동체 토론이 찬반토론은 아니라는 것을 상기시킨다. 왜냐하면 찬반토론은 반드시 참가자들이 서로 다르거나 상반되는 관점을 가져야 하기 때문이다(그런 척하기도 한다).[10]

토론에서 조성되는 긴장감은 그 자체가 갈등은 아니지만, 갈등을 일으키기도 한다. 이것이 탐구공동체가 다른 교실 수업 환경과 대조되는 점이다. 사고가 문제를 끌어안고, 자기 이해를 넘어 그 문제가 만들어내는 긴장감을 인정하게 될 때, 반성적 사고는 풍부해지고 생생해진다. 우리의 관심이 학생들을 스스로 사고하도록 자극하는 것에 있다면, 문제성이 있고 논쟁적인 문제를 무시하고 그럴듯한 동의나 '기존 지식'으로 덮으려 해서는 안 된다.

다양한 가능성을 가진 논쟁적인 문제를 토론하는 것은 창조적인 일이다. 적당한 탄력을 가진 바이올린의 현이 아름다운 음악을 만드는 것처럼 토론이 주는 긴장감은 새로운 견해나 관점을 창조해 낸다. 이런 긴장감이 토론을 이끌고 목표와 방향에 대한 감각을 준다.

사실, 토론의 길은 거칠고 불확실하다. 학생들은(그리고 교사들도 마찬

---

10 논쟁에서 참가자들이 믿고 가치 있게 여기는 것을 끊어내는 것은 사고교육의 수단으로서 형식적인 찬반토론을 강화하려는 사람들의 관심사이다. 찬반토론에 관한 수사학적 측면과 득점 획득의 측면들은 저해 요소가 되기도 한다.

가지로) 자기의 소중한 믿음과 가치가 의심받고 방해받고 도전받는 것이 힘들다고 알게 된다. 그럼에도 토론의 목적 중 하나가 참가자들의 이해를 향상하는 것이라면, 그들이 가진 많은 가정들을 자유롭게 뒤흔들어 주는 과정은 피할 수 없다. '자유롭게'라는 용어를 의도적으로 사용했는데, 그것은 자기중심주의와 편견, 선입견, 독단으로부터의 해방을 암시하기 위해서다. 학생들이 탐구의 결과로 자신의 견해를 재구성하는 것이 궁극적인 목적이라면, 자신의 전제를 한 발 뒤에서 바라보고 반성해 보는 과정은 본질적이다. 이것을 통해 우리는 조건 2에서 언급한 자기수정 또는 자기규제의 개념에 접근하게 된다.

제1장에서 살펴보았듯이, 자기수정은 반성과 메타인지 이상으로 중요한 개념이다. 자기수정은 기준에 따라서 적절하게 수정하고 규제한다. 다른 사람이 말한 것을 바탕으로 자기 마음을 바꿀 수 없고, 바꾸고 싶지도 않은 사람은 토론에 참여할 수 없다. 또한 자기 마음을 왜 수정해야 하는지 이해하지 못하는 사람들도 마찬가지이다.[11] 토론의 참석자들은 자기수정을 통해 자신의 생각이 성장한다는 것을 깨달아야 한다. 그러한 성장이 없다면 가치 있는 배움은 일어날 수 없다.

조건 3은 평등주의라는 토론의 본질에 주목한다. 평등이라는 개념에는 문제성이 있으며, 사람은 평등하고, 평등해야 하며, 심지어 평등할 수 있다는 생각도 논쟁이 분분하다. 특히 공적인 부분이나 정치 분야에 있어서는 더욱 그렇다. 그러나 우리는 이 개념을 포기할 수 없다. 왜냐하면 평등에 대한 인식이 교실 탐구공동체의 본질적인 요소이기 때문이다. 공동체의 이상은 모든 구성원들이 비록 같은 방식은 아니지만, 이런저런 방식으로 함께 참여한다는 것이다. 탐구과정에서 어떤 사람

---

11 학교에서 논리를 가르치는 것은 아이들에게 자기의 사고를 평가하고 수정할 수 있는 기준을 만들고 적용하는 법을 가르쳐야 할 필요성을 포함하여, 몇 가지 근거로(대부분의 교육과정에서 사실상 부재한다는 것이 개탄스러운 것처럼) 지지받을 수 있다. 토론을 함으로써 아이들은 상호 협조적이고 반성적 활동을 하며, 이를 통해 논리를 습득하게 된다.

도 다른 사람보다 더 힘 있고 중요한 역할을 하는 것으로 간주할 수 없다. 이것은 모든 견해가 똑같은 타당성이나 정당성을 가진 것으로 여겨져야 한다는 말이 아니다. 공동체 구성원이 말한 의견이 어떤 내용이건 간에, 비록 논제와 관련이 없고 일관성 없으며 심지어 부적절한 의견으로 판단이 된다 해도, 모든 의견은 그 나름대로 순수한 공헌으로 받아들여져야 한다는 것이다.

평등의 조건은 탐구공동체의 근본이 되는 공정성, 상호성, 타인 존중에 기초를 두고 있다. 의견을 편견 없이 평가해야 하는데, 탐구와 전혀 관련 없는 성별이나 인종, 나이, 지위, 사회경제적 배경, 개인적인 친분 등에 의해 좌우되면 안 된다. 이 조건의 요점은 토론을 비인간화하거나 개인적 관점을 무시하는 것이 아니라, 부당한 차별을 피하자는 것이다. 토론의 사회적, 민주적 차원과 탐구공동체를 모두 강조하는 것이다. 토론하는 과정에서 우리는 다른 사람들과의 연관성뿐 아니라 그 존재를 인정하는 방법도 발견한다.

공정성과 상호성, 타인 존중 등을 고려하다 보니, 토론의 냉철한 인지적 측면은 부분에 지나지 않음을 상기하게 된다. 토론에서 논의되는 아이디어는 어느 정도 체화된 것이다. 그 의견은 합당하게 느끼고 생각할 줄 아는, 혹은 그러고자 노력하는 사람들의 아이디어다. 물론 자기가 거부당하거나 소외당했다고 느끼면, 생각하고 배우는 일에서 낙담하게 된다. 아이들을 토론에 참여하도록 가르치는 것은 인지 발달과 함께 존중과 배려, 진실성과 같은 태도를 길러주는 일이다. 우리는 여기서 인지와 정서를 구별하지 않으려 한다. 오히려 인지 발달은 이런 태도 없이는 이루어지지 않는다고 본다. 반대로 덜 명백하긴 하지만 지적인 성장 없이 존중과 배려, 진실성과 같은 태도도 길러지지 않는다고 본다.

토론과 타인 존중의 연결은 매우 중요하다. 자기가 배운 것에 대해 의문을 제기하듯이, 누군가에게 근거를 요구하거나, 그럴 권리가 자신에게

있다는 것을 인식하는 것은 상대를 한 사람으로서 인정하는 것이다.[12]

토론을 이해하는 데 필요한, 좀 더 문제가 되는 개념은 흥미이다. 조건4는 상호적 흥미가 토론을 구성하는 모든 대화의 바탕이 된다는 것을 보여준다. 여기에서 상호성은 논의되고 있는 주제에 적극적으로 참여하는 사람들이 다른 참여자들의 흥미를 고려해야 한다는 의미이기도 하다. 비록 그런 흥미가 분명한 구두 참여라기보다 주의 깊은 경청으로 표현될지라도 말이다. 여기에서 특히 주의해야 할 점은 교사의 역할이다. 교사는 자신의 흥미와 주제(혹은 교수요목을 비롯하여 외부에서 규정한 것)를 학생들의 그것보다 우선시하지 말아야 한다.[13]

구성원 각자의 흥미가 곧 교실공동체의 흥미가 아닐 수 있다(Phillips, 1994, p.19). 공동체가 성장하고 성숙해 감에 따라 그 정체성이 성장하지만, 그렇다고 구성원 모두가 성장하는 것은 아니다. 따라서 불가피하게 어떤 구성원이 제기한 문제와 안건이 공동체에서 탐구할 가치가 있는지를 결정해야 할 때가 있다.

연구에 의하면, 주어진 주제가 학생들에게 흥미가 없으면 어떤 수준의 토론도 촉진되지 않는다. 따라서 흥미는 토론을 이끄는 필수적인 요소이다. 만약 교사에게 중요하다고 생각하는 주제가 있다면, 반드시 학생들이 흥미를 느끼게 할 방법을 찾아야 한다. 대개 사람들은 자기의 흥미를 발견하기 전까지는 자신이 실제로 무엇에 흥미를 느끼는지 몰랐다고들 한다. 그런 발견은 토론 주제와 그들이 기존에 갖고 있던 어떤 흥미를 연결하는 데서 시작된다. 아니면, 일상적인 경험이나 욕구를

---

12 Siegel(1988, p.56)은 인간 존중의 개념을 18세기의 철학자 Kant까지 소급하여 추적하고 있다.
13 교사와 학부모들은 자기 아이들에 대해 진심으로 큰 관심을 지닌다고 말한다. 이런 관심의 개념은 우리가 교과서에서 사용하고 있는 관심의 개념과 다르다. 우리는 학생들의 학습 동기는 심리적인 문제일 뿐 아니라, 지적이고 인식론적인 문제라는 점을 지적한 Macmillan과 Garrison(1988, pp.209-11)의 주장에 동의한다. 교수-학습의 목적에 비추어 볼 때, 학생들과 교과목 간의 관계를 설정하는 것이 그들의 머릿속에서 일어나고 있는 것을 탐구하는 것보다 더 중요할 수 있다.

연결하는 것일 수도 있다. 교사의 관점에서 볼 때, 그것은 어디서 시작해야 할지를 알게 해준다. 이런 이유에서 우리는 아이들에게 풍부한 자극, 즉 그들이 이미 흥미를 느끼고 있는 문제와 관련된 자극을 제공하여 탐구가 일어나게 하는 교재에 특별한 관심을 가진다. 아이들은 이런 자료를 접하면서 이전에 알지 못했던 다양한 흥미들을 발견하게 된다.

그렇다고 학생의 흥미가 토론을 이끄는 충분조건은 아니다. 여기에서 명심해야 할 것이 두 가지 있다. 첫째, 흥미, 열정, 호기심과 같은 정의적인 요소가 토론에 있어 매우 중요하지만, 토론은 보다 넓은 범위의 기술과 전략이 작동한다는 점이다. 따라서 정의적인 요소가 이미 갖추어져 있어도, 아이들은 이러한 기술과 전략을 사용하는 능력을 길러야 한다. 만약에 아이들이 돌아가면서 말하기, 생각한 것을 말로 표현하기, 인내하기 등과 같은 기술과 성향을 지니지 못한다면, 아이들의 본성적인 열정은 오히려 토론과 탐구에 방해가 될 수 있다.

학생들의 흥미만으로 충분하지 않은 두 번째 이유는, 학생들에게 흥미 있는 모든 주제들이 교실 탐구공동체에 적합한 것은 아니라는 점이다. 한 아이가 다른 친구의 가정에서 일어난 시시콜콜한 일에 대해 흥미를 가질 수 있지만, 그런 사적인 부분들은 어떤 다른 조건(예를 들면, 주제와 직접적인 관련이 있고, 문제가 된 아이의 허락을 받을 경우)이 없는 한, 교실공동체에서 다루어질 수 없다. 오히려 우리의 논점은 듀이가 말한 대로 토론이 참가자들의 흥미를 전제로 하여 그 위에서 이루어진다는 것이다. 리드(Ronald Reed)는 다음과 같이 말했다.

우리가 아이들의 흥미에 빠져 있는 것이 아니다(Dewey도 이렇게 말하지 않았다). 교육은 주어진 것을 변화시키고 변형시키는 것인데, 여기서 기억해야 할 것은 그 주어진 것이 아이들의 특별한 흥미라는 점이다.[14]

---

14 Reed(1992b, p.153. 1992a, p.36)는 흥미가 토론의 출발점에서 필요한 것이지만 그것으로 충분하지 않다고 하였다. John Dewey 철학에 대한 Reed의 이해는 아이들과 함께한 노작과 대

주제를 바꾸기 전에, 탐구공동체에서의 흥미는 내용적 측면에서만이 아니라 절차적 측면에서도 생길 수 있다는 점을 강조하고 싶다. 협력적인 탐구에 참여하는 아이들은 자신과 동료들이 탐구 자체에 대한 흥미를 함께 공유해 가고 있다는 것을 알게 된다. 이런 자각은 흥분을 느끼게 하면서 그다음의 탐구를 자극한다.

다시 강조하지만, 우리가 생각하는 토론은 개인적이고 일화적인 측면이 배제된, 순전히 언어적이거나 논리적인 토론과는 다르다.[15] 리드는 교사들이 교실 대화에서 '일상적인 일화'를 추구할 것인지 아닌지를 결정하는 데 도움이 되는 다소 헐거운 기준을 제안했다. 즉, 탐구의 일반적인 방향과 거리가 있는 사적인 이야기나 전달은 경계해야 한다는 것이다(Reed, 1992e). 너무 늘어진 일화는 토론의 흐름을 방해할 수 있다. 그러나 효과적인 일화는 시의적절한 사례나 재조정을 만들어 낼 수 있다. 비록 일화가 지금까지의 흐름을 조금 손상한다 해도, 아이들이 가치 있는 판단을 할 수 있도록 방향을 전환해 주는 것이다. 토론에 대한 우리의 연구 결과는 모두 그런 점을 보여준다. 리드는 다시 다음과 같이 말한다.

> 토론은 기술과 같은 것이다. 방법론적이고, 단계적이고, 기준-논리적인 노력이 필요하다. 그러나 그렇다고 단지 기술과 같은 것만도 아니다. 어느 정도 토론은 예술이기도 하다. 매우 직관적인 어떤 것이다. 그 생명력은 일종의 허용되는 도약과 그 도약의 질에 달려 있다(Reed, 1992d, p.95).[16]

화의 경험과 전문적 판단이 결합한 것이다. Reed(1983; 1992c,d) 참고.

15 이런 점은 탐구공동체의 활동에 대한 설명에서 중요하다. 어떤 저자들(예를 들면 MacCall, 1992)은 대화의 세속적이고 인간적인 측면을 간과하고 있다고 경고했으나, 우리는 토론 그 자체의 개념이 적절하게 규정된다면, 그 목적에 충분하다고 주장한다. 더구나 그것이 여전히 토론과 일상적 소통을 구별하는 데 유용하다고 주장한다.

16 탐구공동체에서 도약의 질에 관한 판단은 교사들뿐만 아니라 학생들도 할 수 있다.

여기서 리드는 토론의 미적 구조를 언급하고 있는데, 탐구공동체를 이끄는 교사는 그 구조를 인정할 필요가 있다. 학생들이 서로 주고받는 예술과 같은 창조적인 차원이 쉽게 간과되지만, 그들의 대화를 주의 깊게 들여다보면 깜짝 놀랄 것이다.[17]

교육적인 관점에서 볼 때, 위의 네 가지 조건이 서로 독립적이라는 점이 흥미롭다. 대화는 문제 상황을 맴돌지만, 모두가 평등하지 않고 흥미 있어 하지 않을 수도 있다. 이런 현상은 주제가 선택 없이 주어졌거나, 해결책이 어떤 특정 소수(특히, 교사나 교과서)에 의해 미리 결정되었을 때 벌어진다. 나아가 참가자들의 자기수정적인 사고가 없는 문제 상황은 그것이 아무리 평등하고 흥미 있는 것이라 해도 토론이 되기 힘들다. 이런 점에서 '문제 해결 학습'이나 '브레인스토밍'과 같은 익숙한 교실 활동은 그 자체로 토론이나 탐구 기반의 자격을 얻지 못한다.

지식 전달 강의에 익숙한 교사는 학생을 토론에 참여시키기 힘들다. 더구나 이런 교사가 통제나 지배까지 한다면 문제가 심각해진다. 무엇보다도 학생들이 자신의 지식을 드러내지 않는데, 왜냐하면 늘 교사가 자신의 생각을 '이미 추측'하고 있다고 생각하기 때문이다. 그 결과, 한 학생이 학습 과정에서 무슨 생각을 하는지는 다른 학생들뿐 아니라 교사에게도 수수께끼이다. 주제를 제대로 이해하려 할 때, 이런 연결의 부족은 토론과 탐구 과정에 심각한 영향을 끼친다(제3장 참고).

평등이나 공통된 흥미를 바탕으로 한 대화가 좋은 토론으로 발전하기 힘들 수도 있는데, 그 이유는 주로 학생들이 진정한 문제에 초점을 맞추지 않기 때문이며, 자기수정적인 사고를 하지 않기 때문이다. 이웃끼리, 학교 운동장에서, 친구나 연인과, 혹은 축구 경기를 보면서 하는 대화를 생각해 보라. 초등학교 교실, 브레인스토밍, 보여주고 말하기(show-and-tell) 활동, 그리고 아이들끼리 하는 소규모의 상호 협력 학습

---

17 이런 점 때문에 어린이철학에서 아이들의 토론을 분석하는 연구가 많아지고 있다. 제5장 (평가와 측정 부분) 참고.

등도 이런 범주에 속한다. 그렇다고 우리가 이런 종류의 활동을 비판하는 것은 아니다. 단지 탐구와 토론에 적합한 것은 무엇이고 적합하지 않은 것은 무엇인지를 분명하게 해야 한다는 것을 강조하려는 것이다.

다. 생각하기와 말하기

이 장을 시작하면서 우리는, 자신을 다른 사람과의 관계 속에서 바라보는 '자기 인식'과, 대화나 토론을 통해 다른 사람과 의사소통할 수 있는 능력이 서로 연결되어 있다고 했다. 사실 여기에는 두 가지 연관성이 들어 있다. 즉, 자신의 (반성적) 사고와 관련된 다른 사람의 사고 사이의 연관성,[18] 그리고 반성적 사고와 토론 사이의 연관성이다. 첫 번째 연관성을 가능하게 해주는 것은 두 번째의 연관성이다. 다시 말해, 어떤 사람의 사고가 다른 사람의 사고와 어떻게 연결되는가에 대해 우리가 가진 평범한 가정은 ('나도 같은 것을 생각했어.', '넌 내 생각이 이해되니?', '내가 너를 정확하게 이해하고 있는 거니?' 등) '생각하기와 말하기'에 근거를 두고 있다. 이런 가정은 생각하기와 대화(또는 토론)가 상호의존적이라는 사실을 보여준다. 어떤 특정한 방식으로(예를 들어 반성적으로, 자기수정적으로 등) 생각하는 사람들만이 토론에 참여할 수 있고, 역으로 토론에 참여하는 사람만이 이런 방식으로 생각할 수 있다. 우리는 다른 사람의 마음을 직접 읽을 수 없다. 따라서 이런 가정은 본질적으로 개인적인 것에 속하는 생각하기와 본질적으로 공적인 것에 속하는 말하기 사이에 필요한 다리를 놓아준다.

그럼, 이 가정의 양면을 차례로 살펴보자. 우리가 제시한 토론(문제적이고, 자기수정적이며, 평등하고, 공통의 흥미에 기초를 두고 있는 대화)의 성격은 토론이 사고에 의존한다는 것을 분명하게 보여준다. 그것은 '소리 내어 생

---

18 Peirce: 어떤 정신도 다른 사람의 정신이 없이는 한 발도 내디딜 수 없다(Sharp, 1993b, p.53, 재인용).

각하기'이다. 결국, 구조적인 연결과 자기수정적인 사고가 토론과 일상적인 대화와 구별 짓는다.[19]

또한 우리는 사고가 토론에 의존한다고 주장한다. 단지 사고의 어떤 부분이 구조에 있어서 언어적이라고 말하는 것이 아니다. 말을 할 수 없으면 생각할 수 없다고 말하는 것도 아니다. 우리가 말하려는 것은 토론이 '소리 내어 생각하기'라는 형태이듯이, 어떤 종류의 생각하기는 '자신에게 혹은 자신과 말하기'라는 것이다.[20] 우리는 토론과 발언하기(사회적이고 공적인 사건)가 단지 사고(개별적이고 사적인 사건)의 피상적인 현상(메아리)에 지나지 않는다는 단순한 견해에 반대한다. 토론 속에는 토론하지 않으면 나타나지 않을 새로운 사고의 창조성이 잠재되어 있다.

여기서 우리가 생각하는 사고의 형태는 위에서 언급한 토론의 특징으로 설명될 수 있다. 즉, 문제 중심적 사고, 자기수정적 사고, 평등하고 공통의 흥미에 기초를 둔 사고로 탐구 기반의 사고이다. 만약 탐구공동체가 탐구를 위한 사고전략의 발달과 실천에 적합한 환경으로 인정받고, 토론이 탐구공동체 구성원들 간의 기본적인 교류 매개체라면, 탐구 기반 사고가 토론에 의존한다는 우리의 주장은 좀 더 명료해진다. 탐구가 공동체에 기초를 두건 두지 않건, 그런 실천에 필요한 표준과 규범을 세워주는 공동체에서 토론을 연습하는 것이 탐구를 익히는 데 중요한 역할을 할 것이다.

탐구공동체에서의 토론이나 그 안에서의 사고 활동은 개인의 언어적, 정신적 행위의 집합으로 환원될 수 없다. 우리는 이런 식의 환원주의를 부정한다. 오히려 토론은 공동체 전체의 사고를 대표한다.

사고와 탐구가 토론에 의존한다는 점에 대해, 최근 많은 학자들이 다양한 방식으로 해석하고 있다. 특정한 사고는 사회적(토론) 환경과 독

---

19 생각 없이 말하는 앵무새처럼 문자 그대로 '사고 없는' 대화도 있을 수 있다.
20 이런 개념은 H/N, 제6장에 나오는 등장인물들이 검토하고 있다.

립해서 일어나지 않는다는 경험적 주장도 있고, 대화공동체에 속하지 않고서는 생각할 수 없다는 개념적 주장도 있다. 또한 사고의 발달은 다양한 사고기술과 성향이 반성적이면서도 공개적으로 실천되고 강화되는 토론공동체 안에서 이루어져야 한다는 규범적, 교육학적 주장도 있다.

심리학자인 비고츠키와 철학자인 퍼스, 미드, 라일(Gilbert Ryle)은 생각하기를 내면화된 대화(토론)라고 말하는데, 그들 각자는 분명 위의 해석 중 한두 가지 정도를 마음속에 가지고 있었을 것이다.[21] 여기서 우리는 그들 간의 차이점이나 상호 연관성을 따지지 않으려 한다. 왜냐하면 우리의 관심은 규범적, 교육학적 해석이기 때문이다. 우리는 탐구공동체 토론에 참여하는 것과 탐구를 해나가는 사고기술의 성장이 서로 연결되어 있다고 확신한다. 이런 연관성은 아이들이 전통적인 교사 중심의 수업을 받거나 강력한 개별학습을 받는다면 제대로 이어지지 않을 것이다.

아이들이 어릴 때부터 탐구공동체 토론에 참여하는 것은 앞으로의 학습은 물론 그들의 삶을 위해서도 중요하다. 사려 깊은 사람은 자기의 마음속에 대안적 관점을 설정하고, 융통성 있게 사고하는 내면화된 대화의 과정을 수행한다. 최근 고등학교 교육에 '탐구'를 중요한 기초학습 능력으로 포함하라는 요구에 대해 생각해 보라. 이러한 요구는 학생들이 탐구를 위한 문제적이고 자기수정적인 사고가 그 구조에 있어서 토론과 다르지 않다는 것을 이해하고 적용할 수 있어야 결실을 맺는다. (그들이 실제로 토론을 하든, 아니면 관련된 논쟁이 갖는 토론 구조를 스스로 보여주든 관계없이)[22] 그런 연구를 준비하는 가장 좋은 방법은 어려서부터 탐구

---

21 Ryle(1979), Lipman(1991) 참고.

22 탐구의 바탕이 되는 대부분의 교재가 토론 구조로 되어 있지 않아서, 학생들의 활동을 힘들게 한다. 반면, 플라톤과 흄, 비트겐슈타인과 같은 철학자는 독자들을 그들과 함께하는 토론의 장으로 끌어들이는 방식으로 글을 쓴다. 우리는 어린이철학에서도 그렇게 하고 싶다. 제4장 참고.

공동체 토론에 계속 참여하는 것이다. 특히, 건전한 사고(반성적 사고와 자기수정적 사고를 포함한)의 실천과 습관은 토론의 실천과 습관이 내면화될 때 이루어진다.[23] 토론의 절차를 내면화하는 것이 토론을 내면화하는 열쇠이다.

그 절차가 탐구의 주제가 된다는 것은 탐구공동체의 특징이다. 뒷장에서 예를 살펴보겠지만, 아이들은 서로 말하고 듣고 반성하는 과정에서 또 다른 탐구 주제인 언어에도 초점을 맞추게 된다. 쉐플러(Israel Scheffler)에 따르면, 탐구공동체에서 함께 생활할 때, 우리는 서로를 끊임없이 비추어 주는 거울이 된다(Scheffler, 1985, p.21).

교수 전략으로써 토론적 사고 즉, 탐구와 학생들의 탐색적 질문을 연결한 논문이 많다. 그중에서 철학자이며 비판적 사고 운동가인 폴은 '단선 논리적' 사고와 '복선 논리적' 사고를 구별한다(Paul, 1987, p.21). 이 구별은 우리에게 유용하다.

교실 수업에서 흔한 단선 논리적 사고는 하나의 관점이나 준거 틀에서 일어나는 사고이다. 특히 그런 사고는 명료하게 설정된 방법이나 논리를 통해 주어진 문제에 대한 단 하나의 해결책에만 집중된다.[24] 반면, 복선 논리적 사고는 '다양한 관점에서 감정을 이입하고, 생각하고, 근거를 찾는 사고'이다(Paul, 1990a, p.562). 복선 논리적인 사고는 문제의 표면 아래에 놓였고 실제로는 일치하지 않을 수도 있는 전제와, 관점, 개념적인 구조를 검토해 보는 사고이다. 그것은 탐구공동체에 적합한, 깊이 있는 사고 중 하나이다.

토론에서의 사고가 단선 논리적인 것이 아니라 복선 논리적이라는 것을 명백히 해야 한다. 각각의 토론 조건(문제적이고, 자기수정적이며, 평등하

---

23 Lipman, Sharp, Oscanyan(1980, pp.22-25), Morehouse(1993, p.8) 참고.

24 Paul은 단선적인 문제에 관한 예시를 다음과 같이 제시하였다. 즉, "요일 이름 중에서 세 번째 알파벳이 알파벳 순서상 그 요일 이름의 첫 번째 알파벳 다음인 요일은 모두 몇 개가 있나요?" (Paul 1987, p.128) 이 장의 뒷부분에서, 교사들과 퀴즈왕들의 사랑을 받고 있는 RheQs(수사적인 질문)와 같은 이런 종류의 질문들에 대해 정리해 볼 것이다.

고, 공유된 흥미에 따라 움직이는 것)은 다양한 시각과 관점에서 서로 얽힌다. 폴은 만약 아이들이 스스로 생각하도록 가르치려 한다면, 단선 논리적 문제(예를 들면 표준화된 교과서나 시험에 나오는 문제)라도 복선 논리적 사고를 통해 접근시켜야 한다고 말한다. 그것은 토론을 통해 접근해야 한다는 것을 의미한다. 그의 말을 그대로 옮기면, '학생들이 새로운 개념에 대해 통찰력을 얻기 위해서는 원래 갖고 있던 믿음을 평가하고 탐색해야 한다(Paul, 1990a, p.562).' 우리가 아이들에게도 자기 관점이 있다는 것을 인정하면, 문제의 표면 아래에 놓인 대안적인 전제와 관점, 개념들이 늘 드러날 것이다. 토론의 환경(탐구공동체) 속에서 아이들은 문제를 해결하는 다양한 사고 방법이 있으며, 문제가 무엇인지를 정의 내리는 것도 문제 해결의 일부라고 새롭게 인식하게 된다. 단선 논리적 환경 속에서는 결코 발견할 수가 없는 것들이다.

폴의 주장은 부분적으로 화이트헤드(A. N. Whitehead)의 철학뿐 아니라 수학교육이나 과학교육 연구자들의 최근 연구물을 토대로 한다. 그 핵심에는 두 가지의 중심 생각이 있다. 즉, 아이들은 학교에서의 정규 교육과정과 관계없이 세계에 대한 관점과 개념을 발달시킨다는 것과 만약 아이들이 자신의 소박한 이해에 직면하고 평가하여 재구성할 수 있는 환경을 교사들이 만들어 주지 않는다면, 아이들은 새롭고 익숙하지 않은 어떤 개념에도(어른들이 제시하는 개념이 사실이라 하더라도) 둔감하고 냉담해질 것이다.[25]

라. 교육과정에서 토론의 위상

학교 현장의 교사들이 토론의 중요성을 인정하는 게 어려울 수도 있

---

25 이런 두 가지 개념은 다음 장에서 더 깊이 논의될 것이다. 토론적 사고(탐구)나 복선 논리적 사고의 중요성을 이야기한다고 해서 우리가 도덕적이고 윤리인 문제를 탐구함에 있어서 조잡한 유형의 상대주의를 지지한다는 것은 아니다. 제6장 참고.

다. 또한 사고보다는 학습에 가치를 두는 현재의 교육시스템 속에서 토론의 여지를 발견한다는 것도 쉽지는 않다. 그럼에도 토론과 사고의 상호 연관성을 바탕으로 아이들에게 스스로 사고하기를 가르치려는 목표와 탐구공동체 교실이 제시하는 수업모델을 소중히 여기는 사람들이 있다. 우리는 그들을 지지한다. 먼저 두 가지의 전통 교과 영역 안에서 토론이 차지하는 위치를 간단하게 살펴보고자 한다.

1) 과학

과학 교과에는[26] 토론과 분명한 연관을 가진 '구성주의' 교수학습 이론이 있다.[27] 화이트(Richard White)는 구성주의를 '사람이 의사소통과 경험에 대해 개인적인 해석을 함에 있어, 이전의 지식을 적용하는 원리'라고 정의했다.[28] 이러한 특징은 바로 앞에서 이야기한 것과 긴밀히 연결되어 있다. 구성주의는 문제가 되는, 특히 세상에 대한 과학적 이해와 관련된 주제에 대해 아이들이 이미 믿고, 알고, 소중히 여기는 것들에 대해 주목한다.

적어도 이론에 있어, 구성주의적 접근 방법이 오랜 전통의 교화보다 더 낫다고 본다. 교화에서는 교사나 교과서가 과학의 '진리'를 대표하고 있으며, 자기 믿음이나 이해(오해)와 관계없이 학생은 그런 진리를 배워야 한다고 본다. 오늘날 과학교사의 본질적인 임무는 이러한 믿음을 과학 수업에 포함하고 통합할 방법을 찾아서 학생들이 과학을 더 잘 이해할 수 있게 하는 일이다. 과학교육에 대해 구성주의자들은 다음과 같은

---

26 우리의 목적에 비추어 볼 때, 비록 연구자들 사이에서 과학에 대한 아이들의 개념이 수학에서만큼 발달되어 있지 않다 할지라도, 과학은 수학을 포함할 수 있어야 한다.

27 여기서 구성주의의 모든 형태에 대해 전적으로 승인하려는 것은 아니다. 독자들은 제1장에서 기술된 Piaget 이론에 대한 한계를 상기해야 한다.

28 White(1991, p.3), Young(1992, p.23), Masters and Mislevy(1993) 참고; White의 개념에는 의문의 여지가 있다. 특히, '지식'이라는 용어를 사용하는 데 있어서 더욱 그렇다. 철학 용어에서 그것은 '신념'이나 '의견'과 같지 않다. 이러한 점에 대한 명료한 논의는 Treagust(1991, p.63) 참고. 우리는 아이들이 그들의 학습을 위해서 자신의 신념과 이해를 가져온다고 말하고 싶다.

교수 전략을 언급한다.

◆ 학생들에게 특정 문제나 현상에 대해 자신의 견해와 신념을 분명히 하라고 요
구한다.
◆ 학생들에게 대안적 관점이 가능함을 알리고 격려한다. (예를 들면, 학생들이 다
른 관점을 가질 수 있도록 촉구한다.)
◆ 학생들에게 가능한 여러 가설 중에서 하나를 고르고, 그 가설을 설명력, 관련
성, 일관성, 타당성 등을 기준으로 다른 가설들과 비교하게 한다.
◆ 학생들에게 자기 견해나 대안적 견해에 대한 근거를 제시하라고 요구한다.
◆ 학생들을 자기수정적 사고로 초대한다. (예를 들어, 당면 문제를 적절한 역사적
맥락 속에 놓고 재검토하게 한다.)[29]

위에서 언급한 각각의 항목은 과학 수업에서 토론이 중요함을 함축
하고 있다. 사실 위의 전략은 의사소통을 기본으로 한 토론을 강조하는
수업 구조 안에서만 의미가 있다. 이미 말했듯이, 토론은 글쓰기보다 더
기본적이다. 왜냐하면 글쓰기에는 학생들의 사고를 두드리고 탐색할 수
있는 유연성과 자발성이 부족하며, 모든 학생들은 이미 어느 정도 고착
된 견해를 갖고 있기 때문이다. 위의 항목에 따르면 과학에 있어서 구
성주의적 사고는 우리가 앞에서 규정했던 네 가지 조건 즉, 문제적이고,
자기수정적이고, 평등하며, 관련된 사람들의 흥미(관점, 신념)에 기초를
두고 있다. 따라서 구성주의적 사고는 토론적 사고이다.

교사와 이야기하다 보면, 구성주의 학습과 토론 간의 관계가 이론적
으로는 이해하고 있지만, 교실에서는 여전히 실천되지 않음을 알 수 있
다. 아마 말하기가 지배적인 유치원 교실은 별도로 하더라도, 대부분의
교실 수업에서는 '쓰기, 암기, 상기 등의 정적인 모델'이 우세하다. 그렇

---

29 이 항목들 대부분은 Northfield와 Symington(1991)의 목록에서 가져왔다.

다면 구성주의적 이론을 실행에 옮기는 핵심 열쇠는 과학 교실을 토론하는 탐구공동체로 전환하는 데 있다.[30]

그리노(James Greeno)는 우리의 주장을 지지하는 듯한데, 그는 '교실이나 다양한 상황 속에서 수학적이고 과학적인 사고'라는 글에서 전통적인 과학 수업의 특징인 전통적인 일방적 강의와 다음의 수업을 비교하고 있다.

질문에 대한 자신들의 이해를 표현하는 대화에서 학생들은 다른 사람의 견해와 다양한 의견이 기초하고 있는 가정들에 대해 토론한다. 또한 다른 의견을 이해하려 노력하고, 수학적 개념이나 과학적 개념은 물론 관련된 다른 문제에 대해서도 상호 이해에 도달하고자 한다(Greeno, 1992, pp.41-42; Schoenfeld, 1985).

가치 있는 방법론이 대개 그렇듯이, 위에서 언급한 구성주의와 토론은 다른 교과로 확장될 수 있다. 모든 참가자의 견해를 수렴하고 탐색하기 위해, 토론을 이용하는 일반적인 원리는 교육과정 전반에 걸쳐 교수학습을 개선하는 데 필수적인 열쇠이다.

2) 언어와 문학

의사소통은 오랫동안 읽기와 쓰기를 배우는 가장 좋은 선행 조건으로 인식되어 왔다. 그러나 이러한 언어 발달 이론이 일상적인 교실 학습 상황에서 어느 정도까지 받아들여지고 있는지는 의심스럽다. 간단히 말해, 우리는 교육에 대한 다년간의 논쟁, 특히 중학교 문학 수업의 질적 수준에 대한 논쟁을 해결하는 데 토론이 중요한 역할을 한다고 생

---

30 구성주의 이론에서 토론의 중심은 다른 관점에서도 나타난다. 즉, 동료들과 탐구공동체를 형성한 과학 교사들 간의 대화의 역할, 그리고 학생 면접, 학습 활동의 비디오 분석 등과 같이 토론에 초점을 둔 방법론 연구의 역할이 포함된다. Treagust(1991) 참고.

각한다.

이 논쟁에서 한쪽은 학생들에게 실제적인 지적 자극을 주기보다는 오히려 일시적인 기쁨과 만족을 주는 가벼운 교재를 강조한다는 비난을 받고 있다(앞에 언급한 문구대로 표현하자면 '아이들의 흥미에 집착하는'). 반면, 다른 한쪽은 정형화된 교재로 기술도 동기도 없는 학생들에게 표면적인 이해와 흥미만을 줄 뿐이라는 비난을 받고 있다.[31]

문학의 질과 같은 미학적 측면의 논쟁도 있고, 글의 의미구조에 관한 의미론적 측면의 논쟁도 있다. 우리가 주로 관심을 갖는 것은 후자이지만, 그렇다고 전자를 무시해서는 안 된다. 왜냐하면 그 두 측면은 서로 밀접히 연관되어 있기 때문이다. 정서를 고려하지 않고서 시나 산문을 올바로 이해할 수 없다. 문학에서의 의미 구성은 단순한 개념 분석의 과정이 아니다. 문학작품이 그 안에 미적, 지적 장점을 가졌다 하더라도, 어떤 작품을 보고 자신의 경험에서 나오는 감동이 없다면, 그 작품을 제대로 감상하거나 이해할 수 없다.

만약 우리가 문학의 장점과 학생들의 감상이나 이해 사이의 관계에 대해 다음의 두 가지 주장을 받아들인다면, 우리는 이 논쟁의 양극단 사이를 좁힐 수 있다. 그 주장은 다음과 같다.

(ㄱ) 만화책이나 싸구려 잡지에서부터 셰익스피어와 헨리 제임스에 이르기까지 (영화와 텔레비전은 할 것도 없이) 모든 교재는 어느 정도 체계적인 사고와 탐구를 자극하는 기능을 갖고 있다.

(ㄴ) 전통적이고 고전적인 문학작품 속에도 어느 정도 학생들이 흥미를 느낄 만한 주제가 있다.

---

31 여기서 다시 한번 흥미라는 애매한 개념이 드러난다. 즉, 평범한 교과서가 학생들에게 흥미를 줄 수도 있지만, 고전 문학 공부가 더 큰 흥미를 줄 수도 있다. 우리의 의도는 흥미에 대한 이런 두 가지 개념의 사이를 좁히는 것이다.

(ㄱ)을 받아들이면 미심쩍은 문학도 활용할 수 있다. 그러나 그것은 교사에게 일종의 도전이다. 왜냐하면 학생들이 그런 교재를 진지하고 조심스럽게 그리고 엄격하게 다룰 준비가 되어 있어야 하기 때문이다. (ㄴ)을 받아들이면 아이들에게 접근시키기 까다로웠던 문학을 활용할 수 있다. 그러나 그것 역시 교사에게는 일종의 도전이다. 왜냐하면 학생들의 배경과 관련 상황을 고려하여 수업계획을 현명하게 짜야 하며, 학생들이 흥미 있어 하는 문제를 탐색할 자유도 주어야 하기 때문이다.

그렇다면 해결책은 논쟁의 양면을 모두 고려하는 것이다. 학생들이 자신들에게 흥미 있는 글을 읽고 말할 수 있도록 격려하라. 그러나 그들이 이런 일을 비판적이고 엄격하게 할 수 있도록 가르쳐라. 한편 학생들에게 전통적이고 고전적인 작품도 소개하라. 그리고 그 내용 속에서 학생들이 관심 있어 할 만한 문제나 개념을 발견하도록 도와라.

결국 핵심은 토론이다. 교실 수업에서 어떤 교재가 주어지더라도 우리는 학생들을 토론에 끌어들여 그 본질적인 내용이 그들의 사고와 개념에 연결되도록 해야 하며, 그들이 읽은 것에서 의미를 찾을 수 있도록 스스로 사고할 수 있게 해야 한다. 그러한 참여의 과정에서 학생들은 다른 사람의 작품을 수동적으로 받아들이기보다는, 오히려 창작의 과정에 참여하고 있는 자기 자신을 발견하게 될 것이다. 간단히 말해 언어와 문학 수업은 교사와 학생이 작품의 세계에 몰입하는 문학적 탐구공동체가 되어야 한다.[32]

---

32 언어와 문학에 대한 '총체적 언어접근'을 기술하는 과정에서 Gardner는 교사들을 '우수하고 문학적인 사람들'로 묘사했는데, 그들은 자기들의 삶에서 문학 탐구의 가치를 구현시킬 수 있으며, 학생들은 도제로서 그들과 관계를 맺을 수 있다고 했다. 우리는 제4장에서 문학과 철학과의 관계를 더욱 상세하게 다룰 것이며, 제5장에서는 탐구공동체에서 교사의 역할에 대해 다룰 것이다. 어린이철학 교재인 Suki의 등장인물들은 문학의 의미론적 도전(의미 만들기)에 직면하게 된다. 의미를 추구해 나가는 이런 계속적인 도전은 학생들(소설 속의 학생들과 현실의 학생들 모두)을 고무시켜 스스로를 시와 산문으로 표현할 수 있게 해준다(Gardner, 1991, p.211).

마. 토론과 삶

대화는 (대부분의) 아이들에게 사연스러운 것이다. 반면 토론은 계발
되고 내면화되어야 하는 성향일 뿐 아니라, 모델이 필요하며 가르쳐지
고 연습해야 하는 기술이다. 토론에 참여하는 것은 단순하지 않다. 왜
냐하면 토론은 실제로 매우 섬세하게 균형 잡힌 활동이기 때문이다. 또
한 토론에는 진리라고 믿는 것을 면밀하게 따져 보고, 다른 사람의 견
해를 합리적이고 배려적으로 다룰 수 있도록, 자기중심적 관점에서 벗
어난 사고가 필요하기 때문이다. 그 과정에서 사고전략들을 연계적으
로 적용할 수 있는 능력도 필요하다. 토론의 이런 특징은 자기수정적인
사고라는 개념을 생각하게 해준다. 자기수정적인 사고는 우리가 다른
사람의 사고를 비판하는 것과 같이 우리 자신의 사고도 비판할 수 있
고, 우리 자신의 견해를 존중하는 것과 같이 다른 사람의 견해도 존중
할 수 있는 준비가 되어 있을 때만 가능하기 때문이다.[33]

우리는 모든 인류가 토론공동체의 일원이 되는 세상을 꿈꾼다. 보통
사람들의 세속적인 일상 수준에서조차 진지하게 토론이 이루어질 수
있다. 그렇다고 해서 세상의 갈등과 마찰, 투쟁이 마법처럼 사라지는
않겠지만, 소수의 사람이라도 그것을 해결할 동기와 수단을 가질 수 있
다. 불가피한 수많은 어려움과 불일치에도 불구하고, 교육자들은 상호
협력적인 토론에 참여할 학생들을 이끌 귀한 기회를 갖고 있다. 근본적
인 문제에 관한 일치가(항상 바람직한지는 의문이지만) 늘 가능한 것은 아니

---

33 우리가 처음에 논의한 단선/ 복선 논리의 구별뿐만 아니라, Richard Paul은 '약한(weak
sense)' 비판적 사고와 '강한(strong sense)' 비판적 사고를 구별했다(Paul, 1990a). 약한 비판적
사고가는 기술적이고 좀 더 이성적인 사고가이지만, 그들은 우리가 합리적이라고 부를 수 있는
사람은 아니다. 왜냐하면, 그들은 그들 자신의 개인적인 틀이나 관점에서 벗어나려 하지 않기 때
문이다. 강한 비판적 사고는 우리가 여기에서 언급하고 있는 탈중심성을 특징으로 한다. 약한 비
판적 사고가는 토론에 참여하기 힘들다. Walzer(1989-1990, p.191)는 토론에서 '자기와 소원하
고 정반대되는 의견의 타당성을 허용할 필요성'에 대해 언급한 Hans-Georg Gadamer를 지지한
다. Gadamer는 비판적 사고가를 옹호한다고 볼 수 있다.

지만, 관련 당사자들은 토론을 통해 쟁점이 되는 전제들을 확인하고, 의견 불일치의 문제들을 해결할 기회를 갖는다. 그러면서 그들은 서로를 한 인격으로 인정하고 존중하게 된다.

토론에 제대로 참여하는 것은 어렵다. 특히 불일치와 갈등이 깊은 경우에는 더욱 어렵다. 이론과 현실을 모두 고려할 때, 토론을 가능하게 하는 중요한 실마리 중 하나는 토론에 참여한 모든 사람이 토론의 기본 문제나 핵심 개념의 의미, 전제 등에 대해 어떤 공통의 기반을 마련하는 것이다. 예를 들면 인종차별 문제에 대한 논쟁을 이끌어 가야 할 상황에서, 교사는 모든 참여자를 격려하여 그들이 공유한 인간적 유산에 대해, 나아가 타인 존중에 대해 다양한 측면에서 인식하고 이해할 수 있도록 해야 한다. 물론 공통의 기반을 발견하기는 어렵다. 하지만 일단 학생들이 이런 절차의 가치를 발견하게 된다면 더 쉬워질 것이다.[34]

> 그것은 사람들이 이런저런 정책에 동의하는 경우가 아니라, 사람들이 대략적인 틀에서 삶의 방식과 세계관에 깊이 있게 동의해야 하는 경우이다. 그들이 함께 이해해야만 하는 어떤 문제들, 그렇지 않다면 비동의로 갈등이 생길 것이고, 논쟁조차도 불가능할 것이다. …… 삶이나 그것의 특성, 흥미, 열정 등과 같은 주제에 대해 공유된 개념 없이 공유된 삶을 유지할 수는 없다(Walzer, 1989-1990, p.191).

우리가 주장하는 토론의 개념은 윤리적 차원에서도 중요하다. 평등하고 자기수정적인 대화는 개별적인 관점을 서로 엮어 주면서 탐구공동체를 포함하여 모든 공동체를 형성하는 핵심이다. 이것은 토론이 다른 사람과의 관계 맺음과 자기 인식의 원천인 상호성을 결합해 주기 때

---

34 철학자 Richard Rorty는 상호 협력 탐구에 필요한 조건과 탐구와 토론의 관계에 대해 상당한 논의를 자극해 왔다. Rorty의 견해에 대한 비판적 견해나 좋은 참고서적을 원한다면, Hostetler(1992) 참고.

문이다. 토론의 상호적인 절차들은 입장을 바꾸어 보는 것, 서로 주의 깊게 경청하는 것, 다른 사람이 말한 것에 의거해서 자신의 사고를 형성해 보는 것 등인데, 이는 도덕 발달과 윤리 발달의 핵심적인 측면이다. 제6장에서 이와 관련된 사항들을 다룰 것이다.

바. 침묵과 토론

논쟁하고 주장하고 제안하고 평가하는 것만이 토론의 전부가 아니다. 예를 들어 대부분의 탐구를 이끄는 것은 질문이다. 토론의 차원에서 질문하기에 대해서는 다음 절에서 논의될 것이다. 질문뿐 아니라 토론의 저변에서 그것을 면면히 지탱해 주는 것은 침묵의 시간이다. 사고와 토론의 상호작용에서 침묵의 역할은 간과되기 쉽다. 탐구공동체에서 침묵은 활력의 부족을 나타내는 신호가 아니다. 토론에 제대로 참여하려면, 말하는 것과 마찬가지로 언제 어떻게 들어야 하는지를 알아야 한다. 다른 사람이 전달하고자 하는 것의 의미를 스스로 구성할 시간을 가질 수 있어야, 다른 사람에게 귀 기울이는 법을 배운다. 그리고 자신이 한 말의 의미를 성찰할 시간을 가질 수 있어야, 나 자신에게 귀 기울이는 법을 배운다. 듣기의 중요성을 제대로 이해하려면, 침묵의 가치를 배워야 하고, 침묵이 열린 토론에서 하는 역할을 알아야만 한다.

침묵은 인지 발달과 타인 존중의 양면을 갖는다. 예를 들어 우리가 다른 사람의 말을 경청하는 것은 그들의 생각을 세워 주는 일이다. 또한 그들이 말하는 것을 가치 있게 여기는 일이다. 공간을 채우려는 듯 끊임없이 말하는 것은 다른 사람의 세계가 우리의 세계관에 영향을 줄 기회를 박탈하는 것이며, 우리의 세계관을 재구성할 기회를 놓치는 것이다.

침묵은 소리의 부재이지 언어의 부재가 아니다. 사실 침묵은 의미 있는 토론과 질문이 일어날 수 있는 길을 열어 놓는다. 그리고 그것은 탐구공동체가 실제로 생각하고 있는지를 나타내는 중요한 지표이기도 하다. 왜냐하면 그것은 반성하고 심사숙고하고 경이로움을 느끼고, 앞으로 어떻게 진행되어야 하는지를 고려하기 위한 시간이기 때문이다. 성숙한 탐구공동체에서는 역할이 자주 바뀐다. 즉, 화자와 청자의 구별이 사라지고, 침묵이 탐구에 통합되는 순간이 온다. 그런 환경에서는 누군가 토론을 통제할 필요가 없다. 오히려 토론은 모든 참여자의 임무가 되며, 그들 각자는 대화와 그것의 결과에 대해 어느 정도의 책임을 나눠 갖는다.

성숙한 교실 탐구공동체를 관찰하려면, 말하기와 침묵이 서로 엮이는 활동을 관찰해야 한다. 침묵은 모든 참가자의 말을 '탐색하는 질문자'이다. 따라서 침묵은 존중되어야 하고, 토론이라는 틀 안에서 진지하게 고려되어야 한다. 또한, 질문과 문제해결의 과정에서 반드시 수반되어야 할 필수적인 '기다림의 시간'으로 간주되어야 한다. 관찰자들은 탐구가 진행됨에 따라 침묵의 시간이 늘어난다는 것을 발견하게 될 것이다.[35]

물론 침묵은 단지 집단적 현상만이 아니다. 그것은 개인 차원에서도 일어난다. 개인적인 필요일 수도 있고, 활동에 대한 일종의 몰입일 수도 있다. 알다시피 한 명 또는 다수 학생의 침묵을 정확하게 해석하는 것은 어려운 일이다. 사실 토론이 진행되는 동안 줄곧 침묵만 지키고 있는 사람들이 무엇을 하고 있는지를 알기는 힘들다.[36] 부끄러움을 느끼는 것일 수도 있고, 견해 표명을 두려워하는 것일 수도 있고, 토론의 주제가 지루하거나 흥미가 없는 것일 수도 있고, 단순히 할 말이 없는 것일 수도 있다. 그러다가 토론의 내용에 대해 생각하고 검토하고 놀라움을 느

---

35 P/N 속에 나오는 Brian은 비록 다른 사람들에게 말을 하지 않는다 해도 탐구공동체를 형성해 가는 데 중요한 역할을 할 수 있다는 좋은 예이다(나는 동물들과 이야기를 그만둔 적은 없었어. p.61). 교실을 성숙한 탐구공동체로 전환하는 문제는 제5장에서 논의된다.

36 아이러니하게도 이것은 계속 방해하는 학생들에게도 해당하는 말이다.

낄 수도 있을 것이다. 이때 아이의 침묵을 해석하고 의사소통의 실마리를 열어주는 것은 교사에게 달린 일이다. 토론에서의 소통과 참여가 반드시 말로 이루어지는 것은 아니지만, 교사는 모든 아이들과 함께 소통할 수 있는 길을 찾아야 한다.

침묵의 다양한 경우들을 해석하고 그 이유를 찾기 위해서는, 교사가 교실공동체의 모든 구성원들을 존중하고 세심하게 대해야 한다. 이때 몸짓과 같은 비언어적 표현이(예를 들어 용기를 주는 끄덕거림 또는 인정을 의미하는 미소 등) 도움이 된다. 그것이 아이들의 침묵이나 격정의 표현에 대한 친밀하고 적절한 대응이 될 수도 있다. 한편 공개적으로 참여하는 것을 싫어하거나 그럴 능력이 없어서 침묵하고 있는 아이에게는 말하려 하지 않는, 혹은 말하지 못하는 이유에 대해 스스로 말해보도록 도와주어도 좋다. 한 가지는 분명하다. 즉, 교실공동체는 공개적인 참여를 고통스러워하고 두려워하는 아이들을 인정하고 받아들여야 한다. 그러려면 듣지는 않고 말만 하려는 사람들이 뒤로 좀 물러서서 다른 사람들에게 기회를 줘야 한다.[37]

2. 탐구를 자극하는 질문하기

우주의 위대한 질문에 대한 답은 무엇인가?

답: 42

그렇다면 그 질문은 무엇인가?

답: '6 곱하기 9는 얼마인가'?

더글라스 아담스에게 사과의 마음을 담아

---

[37] 여기에서 Merleau-Ponty의 철학에 대한 정의를 주목해 보자. 그에 의하면 철학은 세계에 대한 물음이며, 침묵과 발언의 상호전환이라는 용어로 정의된다(Merleau-Ponty, 1973, p.46). 우리는 이런 정의를 탐구 일반에 적용되도록 확장하려 한다(Sharp 1995b 참고).

우리는 왜 질문을 해야 하는가?

답: 왜냐하면 우리는 질문을 통해 문제를 더 잘 이해할 수 있기 때문이야.

해리 스토틀마이어의 발견 L/N, 제1장

지혜에 이르는 최고의 열쇠는 끊임없는 질문하는 것이다. … 의심을 통해 우리는 탐구에 이르고, 탐구를 통해 우리는 진리를 인식한다.

애버라드(Peter Aberlard), 1079-1142

　　우리는 교실수업과 교사 교육을 하면서, 탐구공동체를 만들고 유지하기 위해서는 질문을 만들고 그에 대답하는 것이 매우 중요하다는 것을 알게 되었다. 사실 교실을 탐구공동체로 재구성하는 것은 대개 교사와 학생들이 하는 질문의 성격과 질에 달려 있다.

　　일반적인 수업 기술로서 좋은 질문은 교수학습의 내용과 과정에 대한 이해를 바탕으로 한다. 가장 가치 있는 질문은 한편으로는 우리의 지식을 이끌어 주고 확장해 주며, 다른 한편으로는 지식과 사고 그 자체를 가능케 하는 '논리를 탐색'하게 해준다. 우리는 지금부터 토론을 진행하는 과정에서 상호 협력적인 탐구를 촉진하는 질문과 질문하기에 대해 탐색할 것이다.

　　몇 가지 기본 사항을 되새겨 보는 것으로 우리의 작업을 시작해 보자. 우리는 왜 질문을 하는가? 물론 우리가 답을 원하기 때문이다. 그러나 이런 일반적인 대답으로는 만족이 되지 않는다. 우리가 왜 질문하는지 그 이유를 탐색하기 위해서 몇 가지 예를 들어 생각해 보자.

　　(ㄱ) 여행객이 내게 묻는다. "로즈 가로 가려면 어느 쪽으로 가야 하나요?"

　　(ㄴ) 노숙자가 물었다. "좀 더 먹어도 되나요?"

　　(ㄷ) 아이가 묻는다. "참(선 또는 아름다움)이 무슨 뜻이에요?"

(ㄹ) 교사가 이미 답을 알고 있으면서 묻는다. "브라질의 수도가 어딘가요?"

위 예문의 질문은 방향에 대한 정보를 묻는 것에서부터 중심 개념에 대한 의미를 묻는 질문까지 광범위하다. 학생들이 알거나 기억하는 지식을 묻는 질문도 있고, 한 그릇 더 먹기를 간청하는 질문도 있다. 이 질문들에 대해 좀 더 분석해 보자. 질문자가 답을 모르는 경우도 있고, 이미 알고 있는 경우도 있다. 모든 경우 질문자는 호기심을 갖고 있다. 호기심이나 당혹감과 질문은 매우 밀접하다. 만약 어떤 것에 대해 당혹감을 느꼈다면, 그것은 적어도 그에 대해 풀리지 않는 하나의 질문을 갖고 있는 것이다. 그러나 그 역은 분명하지 않다. 질문한다는 것이 반드시 당혹스럽기 때문만은 아니다.[38]

질문에 대한 응답이 특별한 도움이 되지 않을 때가 있다. 가령 첫 예문의 질문에 대해 단순히 '예'와 '아니요'로 대답을 들었을 때이다. 질문 (ㄷ)에 대한 답은 논쟁이 분분한 개념의 의미를 명료화하고 분석하는 것이 될 것이다. 어떤 대답이 주어지든 더 깊은 질문과 대답, 다시 말해, 토론으로 이어질 것이다. 이런 종류의 질문은 탐구에 '초대'하는 질문이며(Lago Bornstein, 1992), 그에 대한 답은 절대적인 완결이라기보다는 탐구의 과정에서 하나의 '만족스러운 단계'로 볼 수 있다(Lipman, Sharp과 Oscanyan, 1980 참고).

질문(ㄹ)은 적어도 질문자의 관점에서 볼 때, 문제적인 것도 아니고 답을 알지 못하는 것도 아니라는 점에서 다른 질문들과는 다르다. 그런 질문은 교사가 주로 하는데, 질문을 받은 학생이 원래의 정보를 아는지 모르는지 알아보려는 의도에서 나온다(물론 교사의 주목적이 내용에 있지 않고 일종의 벌칙에 있을 수도 있다. 주로 산만한 학생들의 주의력을 '수업'으로 되돌리기

---

38 Macmillan과 Garrison(1988) 비교. 아이들은 가끔 호기심이나 당혹감 때문이 아니라 관심을 끌기 위해 질문을 한다. 그런 동기로 그들의 질문이 존중받지 못할 수도 있지만, 여전히 순수하다고 할 수 있다.

위해 사용한다).

가. 일반적 질문, 탐구적 질문, 수사적 질문

우리는 처음 두 종류의 질문을 일반적 질문(Ordinary Question)으로 부르고자 한다. 그 이유는 우리가 대개 그런 종류의 질문을 많이 하기 때문이다. 일반적인 질문은 우리가 모르는 어떤 정보, 방향, 음식 등을 알고자 하는 상황에서 사용된다. 그래서 우리는 그 답을 갖고 있을 것 같은 사람에게 질문한다. 일반적 질문을 했을 때, 어떤 특정한 답이 제시되거나 모른다고 하면 질문은 종결된다.

일반적 질문은 대개 간과되기 쉽다. 아마 질문 유형(ㄷ)과 질문 유형(ㄹ)의 비교가 좀 더 흥미롭기 때문일 것이다. 그러나 우리는 아이들이 일반적인 질문을 자주 하며, 교사나 어른들은 모르는 자신들만의 상상 속에서 이런 종류의 질문을 계속 이어 나간다는 점에 주목해야 한다. 일반적 질문이 학습에는 유용하지만 탐구를 진전시키는 데에는 도움이 안 된다고 보는 것은 지나치게 단순한 견해이다.

그뿐 아니라 어떤 질문이 누군가에게는 즉각적인 대답을 요구하는 일반적인 질문으로 보이지만, 다른 사람에게는 그렇게 보이지 않을 수도 있다. 모든 질문이 그렇듯이 일반적 질문도 (숨겨져 있든 드러나 있든) 어떤 가정을 수반하고 있다. 만약 교사가 "지금 몇 시니?"라고 물었는데 학생이 "선생님이 말하는 시간이 뭐예요?"라고 대답했다면, 철학적 탐구가 시작될 수 있다. 그러나 그 질문이 일반적 질문으로 다루어진다면 즉, 즉각적이고 확정된 답을 요구하는 것으로 다루어진다면, 그 역할은 제한된다. 일반적 질문이 철학적 질문으로 변하는 이런 과정은 정보가 '알고 있는 사람'에게서 '알지 못하는 사람'에게 즉각적으로 전달되는 것을 넘어서 좀 더 넓고 깊게 확장된다.

질문(ㄷ)은 탐구적 질문(Inquiry Question)이다. 일반적 질문과 마찬가지로 탐구적 질문은 질문자가 (대개는) 자신이 알지 못하는 어떤 것을 요구한다는 의미에서 진정한 질문이다. 그러나 탐구적 질문은 질문을 받는 사람이 답을 알고 있다고 전제하시 않는다는 점에서 일반적 질문과는 구별된다. 그뿐 아니라 질문에 대한 답이 주어지더라도 그것은 탐구의 끝을 알리는 신호가 아니라 더 깊은 탐구의 시작을 의미하는 신호가 된다.[39]

위에서 몇 시인지 답하는 대신 시간 자체의 정의를 묻는 것으로 주제를 변경한 아이는 교사의 일반적 질문을 탐구적 질문으로 (재)해석한 것이다. 물론 그 역도 가능하다. 예를 들어, 아이가 어른에게 시간의 본성에 대해 질문했는데, 그 어른이 "이리 와 봐, 내가 시계 읽는 법을 가르쳐 줄게"라고 답했다면, 아이의 탐구적 질문을 어른이 일반적 질문으로 해석한 것이다.

탐구적 질문으로 탐구할 때, 만약 그 질문 자체를 분석해야 할 필요가 있다면, 탐구는 그 질문을 검토해 보는 것에서 시작된다. 그러나 질문을 명료화하는 과정이 탐구를 진행하는 데 꼭 필요한 준비는 아니다. 탐구의 과정에서 질문에 대해 다시 되짚어 보아야 할 때가 생기는데, 그것은 참여자들의 필요와 관심에 달려 있다. 탐구적 질문은 아이들이 적극적으로 어떤 것을 이해하려는 과정에서 묻는 그런 종류의 질문들이다.

우리는 질문(ㄹ)과 같은 질문을 수사적인 질문(Rhetorical Question)이라고 부를 것이다.[40] 질문자가 이미 답을 알고 있다면, 어떤 의미에서 그것은 전혀 진정한 질문이 될 수 없기 때문이다. 그럼에도 수사적 질문은 옛날부터 교사들이 사용하는 흔한 레퍼토리이다. 수사적 질문은 전

---

39 Young(1992, p.100), Macmillan과 Garrison(1988, p.113) 비교. 탐구는 질문을 던진 사람들의 가정을 포함하여, 질문 그 자체의 논리적 구조를 드러내거나 발견하게 해주는 것이다.

40 여기서 우리는 Parrott(1988)이 사용한 용어를 확장하고 있다. Macmillan과 Garrison(1988)은 이런 질문을 진단적이고 교육적인 질문이란 용어로 사용한다.

통적인 교수학습에 대한 비판 중 하나이다. 특히 탐구 중심 학습과 기계적인 반복 학습 간의 차이를 드러낼 때 더욱 그렇다. 수사적 질문은 학생들에게 어떤 종류의 게임이 진행되고 있음을 알려주는 신호가 되는데, 그 게임의 주목표는 학생들의 일차적 지식을 교사의 이차적 지식으로 향상시키는 데에 있다. 교사의 관심(이차적 지식)은 학생들이 정보를 알고 있는지 또는 모르고 있는지이다. 반대로 학생들의 관심은 교사가 원하는 답을 말함으로써 그에게 만족을 주고 칭찬받는 데에 있다. 강력한 교사 중심 수업을 보여주는 수사적 질문은 탐구와는 거리가 멀다. 특히 수업이 진행되는 동안 교사의 인정이 필요하기 때문에, 토론이 학생 중심으로 진행되기는 어렵다.[41]

수사적 질문이 적절할 때도 있다. 예를 들어, 어떻게 수업을 진행해야 할까를 결정하고, 학생들의 진척 정도를 측정해야 할 경우이다. 좋은 교사는 학생들이 알고 있는 것과 모르는 것, 이해하는 것과 이해하지 못하는 것을 알아야 하기 때문이다.[42] 그럼에도 수사적 질문은 학생들의 독립적인 사고를 향상시켜 주지 못한다. 결국 이 질문은 교사가 알고 있는 것을 학생들이 알고 있는지 물을 뿐이다(만약 교사가 답을 모른다면 절대 질문하지 않을 것이다. 또한 교사가 이미 생각하고 있던 것을 학생들에게 말하도록 강요하는 것처럼 보일 수도 있다). 따라서 우리는 교실에서 수사적 질문이 많

---

41 수사적인 질문과 대답에 관련된 사고는 거의 단선 논리적 사고와 관계가 있다. Siegal(1991)의 비판은 아이들의 개념 능력에 대한 피아제 학파의 연구가 수사적인 질문에 지나치게 의존적이라는 점을 암시한다.

42 여기서 평가를 위한 수사적 질문을 비난하려는 것이 아니다. 사실 수사적 질문은 'IRE(시작, 반응, 평가)' 또는 QAR (질문. 대답. 반응)'로 알려진 낯익은 교수 전략 중 하나다(Perrott 1988; Young 1992). 그러나 평가(특히 그런 단순 평가)는 좋은 수업과 같은 것은 아니다. IRE 전략이 교사가 평가한 것에 대한 답을 공식적으로 요청하는 것은 아닐 수 있다는 것을 명심하라. '친구란 무엇인가?'와 같은 질문에 대한 기발한 대답들을 수집하고, 다음 아이로 넘어가기 전에 각 대답에 대해 '좋음'이나 '흥미로움'으로 평가하는 교사들은 아직 탐구를 촉진한다고 볼 수 없다. 그의 질문은 탐구적 질문처럼 보이지만 일반적 질문이다. 그는 우정의 본질에 대해서보다는 오히려 아이들의 의견을 목록화하여 정리해 놓은 데에 더 큰 관심을 가진다고 볼 수 있다(Young, 1992, 제6장, 제7장 참고).

이 활용되고 있는 것에 대해 회의적일 수밖에 없다. 수사적 질문은 탐구를 자극하지 못할 뿐 아니라 학생들을 수업에 몰입시키지도 못한다. 교사들이 좋아하는 질문 형태일지 모르지만, 학생들의 입장에서는 그들에게 무력감을 심어주는 질문 형태일 뿐이다.

교실에서 권력과 통제의 대부분이 교사에게 있다는 것을 부인할 사람은 없다. 이런 불균형은 대체로 교사가 질문을 독점하는 것에서 생겨난다. 왜냐하면 그들은 자신들이 이미 답을 알고 있는 것을 질문(수사적 질문)하고, 답을 알지 못하는 학생들이 던진 질문(일반적 질문)에 답하기 때문이다.[43] 이런 두 종류의 질문은 질문 속에 담겨 있는 질문 그 자체나 문제에 대한 관심보다는 정보의 획득에 더 큰 관심을 두고 있다. 여러 연구와 관찰, 혹은 사례들을 보면 교실에서 하는 대부분의 질문은 대개 위의 두 가지 질문 유형이다.[44] 겉으로 보기에는 열려 있으나, 실제로는 닫혀 있는 질문들도 해당한다.[45] 이런 식의 수업은 개인적인 단순한 기억에 의존하는 '정답'에 보상을 주는 퀴즈 쇼만큼이나 빈약한 수업이다. 그것은 교육이 대체로 교사와 학생 간의 즉흥적인 대답 게임이라는 인상을 준다. 일반적으로 수사적 질문은 교육이라기보다는 주입이라는 인상을 주는데, 왜냐하면 그 대답에 의문의 여지가 있어도 문제제기를 거의 하지 않기 때문이다. 교사의 질문에 대한 즉흥적인 대답은 비판적 사고와 면밀한 탐색이 이루어지지 않는 게임이다.

일반적 질문과 수사적 질문은 탐구를 자극하는 토론을 촉진하지 못한다. 사실 그것들은 대개 토론과 양립할 수 없다. 그런 질문들은 종료

---

43 Young(1992, p.101)의 보고서에 의하면, 교사는 일 년에 10,000개의 질문을 하지만, 학생들은 평균 10개의 질문을 한다.

44 예를 들면, Sullivan과 Clarke(1991, p.8), Perrott(1988, p.118) 그리고 Dantonio(1990, p.13) 참고.

45 Young(1992, p.91)은 '남북 전쟁의 원인은 무엇인가?'와 같은 질문은 '기능적으로 닫힌' 질문이라 언급하면서, 교사와 학생 모두에게 이 질문은 실제로 '선생님이 지난주에 가르쳐 준 교과서에 있는 남북 전쟁의 다섯 가지 원인은 무엇인가?'라는 것을 의미한다.

의 수단으로 쓰일 수는 있지만, 본래의 가치를 갖지는 않는다. 물론 우리의 일상에서는 문제가 되지 않는다. 관광객과 노숙자는 각각 방향과 음식을 원하는 것이지, 삶의 의미를 원하는 것이 아니기 때문이다. 그러나 교실에서 문제가 되는 이유는 아이들의 질문 행위가 대개 일반적 질문과 수사적 질문을 중심으로 묻고 대답하는 것에 한정된다는 것이며, 그로 인해 질문이 탐구의 핵심과 도구가 될 가능성을 놓친다는 점이다.

나. 수사적 질문에 대한 옹호?

> 브래들리 선생님은 교실에서 답을 모르고 있는 학생이 해리뿐이라는 것을 알고 있으면서, 왜 해리에게 질문을 했을까요? 왜죠!
>
> H/N, p.1 참고

수사적 질문의 단점에 대해 지나치게 성급했던 것 같다. 교수학습에서 수사적 질문의 지위를 방어할 두 가지 방법이 있다. (ㄱ) 단순 이해나 복기와 같은 저차적 수준의 기술이 교수학습에서, 특히 조기 교육에서 나름의 역할을 한다는 것과 (ㄴ) 수사적 질문이 고차적 수준의(복합 논리적인) 사고와 학습을 자극하는 역할을 한다는 것이다.

우리는 (ㄱ)에 동의한다. 하지만 여전히 현재 교육 현장에서 복기에 초점을 둔 수사적 질문이 우세하다는 점은 매우 안타깝다. 교육자들은 더 이상 이런 질문이 적절하다고 생각하지 않을 것이다. 학생들이 탐구와 반성, 토론의 근저에 놓인 여러 인지 과정에 참여할 능력이 없다는 견해는 그와 반대되는 교사들의 경험적 증거들이 많아짐에 따라 차차 사라질 것이다. 학습을 위한 학습보다는 사고를 위한 학습이 강조됨에 따라, 탐구와 반성을 비롯한 토론이 이해와 복기를 포함한 모든 영역의 인지 기능을 포괄할 것이라는 인식이 생겨난다. 간단히 말해, 바른 사고와 추론을 요구하는 질문은 자연스럽게 이해와 기억도 이끌지만, 그

역은 성립하지 않는다. 역사 시간에 학생들이 제2차 세계대전이 종결된 시기를 히로시마에 원자 폭탄을 투하하고 일본이 연합국에 항복한 시기로 정의하는 것이 적절한지, 아니면 평화 협정에 서명한 시기로 하는 것이 적절한지에 대해 탐구한다고 해 보자. 그들은 탐구의 과정에서 관련 사건들의 시기와 장소와 관련하여 많은 것을 배울 것이다. 그러나 역으로 단순히 사건의 나열만을 배운 학생들은 인간 행위의 우연성과 같은 재미있고 논쟁적인 문제에 대해서는 생각할 수 없을 것이다.

(ㄴ)은 최근 주목받고 있는 고차적 사고력 교육과 관련하여 더욱 흥미롭다. 그것은 우리에게 고정관념은 오해받기 쉬우며, 오래된 교수법이라고 아무 생각 없이 폐기해서는 안 된다는 것을 일깨워 준다. 예를 들어 주어진 문제를 쪼개어 좀 더 쉽게 접근할 수 있는 문제들(복잡한 원리들도 보다 작은 연역적인 단계들로 분석될 수 있다.)로 구성한 다음, 학생들을 도와 각각의 단계를 해결하도록 도와주고, 그것을 상호 연결하여 전체적인 것에 접근하도록 해주는 수학 교사를 생각해 보자.[46] 그의 질문은 아마 거의 전부가 수사적인 질문이 될 것이다. 교사가 미리 모든 작업을 이해하고 있고, 그에 따른 나름의 방식으로 아이들을 가르치고 있기 때문이다(일반적으로 주제와 문제를 선택하는 것은 교사이지 학생들이 아니다). 수학적인 이해를 길러주는 것이 목표라면, 그러한 목표가 수단을 정당화시키지는 않을까?[47]

---

[46] 훌륭한 교사가 사용하는 열 가지의 '방법과 도구, 그리고 전략'의 목록에서, Gilbert Ryle은 수사적 질문을 지지하는 듯이 보이는 다음을 언급하였다.

(4) 그들은 소크라테스처럼 질문으로 학생들을 괴롭힌다. 학생들이 대답하면 그에 대해 좀 더 심화된 질문을 갖고 괴롭히며, 우리는 이에 답해야 한다.

(9) 그들은 복잡한 문제를 쪼개어 보다 단순한 요소로 나누어 학생들이 조금은 쉽게 문제를 풀게 한다. 그런 다음, 푼 것들을 다시 짜 맞춘다(Ryle, 1979, p.20).

[47] 이것은 Macmillan과 Garrison(1988)의 주장인 듯하다. 이들은 탐구적 질문의 존재와 가치를 인식하지 못하고 있다. 왜냐하면, 수업에 대한 그들의 정의는 교사가 학생들의 질문에 대답하거나, 또는 그들이 이미 갖고 있는 정보를 이해(여기서 이해한다는 의미는 내가 어떤 것을 그렇게 본다는 것을 의미한다)시키기 위해 학생들에게 질문하거나 또는 그들이 (인식론적으로) 질문을 받아야 하는 질문에 초점을 맞추도록 그들을 도와주는 것이기 때문이다. 일반적으로 그 답이 알

이 질문에 대한 대답은 명료하지 않다. 왜냐하면 문제 자체는 고차적 사고와 관련되어 있지만, 학생들이 그런 사고에 적극적으로 (그리고 의식적으로) 참여했다고 볼 수는 없기 때문이다. 아마 교사는 그렇게 참여했을 것이다. 결국 교사는 문제를 전체적으로 이해하였으며, 따라서 그 부분 간의 상호 관련성을 완전히 파악하고 있을 것이다. 그러나 만약 학생들의 관심사가 교사의 수사적 질문에 답함으로써 교사를 만족시키는 것에 있었다면, 학생들이 이런 종류의 문제해결을 통해 진정한 탐구와 이해를 구성하는 사고 과정에 몰두했을까? 그것은 아무래도 의심스럽다.

수학에 있어 전이의 문제에 대한 다음과 같은 연구는 우리의 의심을 더욱 강화한다. 주어진 영역에서 문제를 해결하는 학생들이 새로운 영역에서 비슷한 문제를 접했을 때 상당히 어려움을 겪는다는 연구이다. 이는 많은 학생이 자기가 하는 것을 제대로 이해하지 못하고 있다는 의미이다. 수학적 이해에 꼭 필요한 주요 요인은 연관성에 대한 이해인데, 그렇게 하려면 부분과 전체가 어떻게 연결되는가를 알아야 하고, 맥락의 중요성을 알아야 한다. 이러한 연관성에 대한 이해 없이, 학생들이 자기가 이해한 것을 새로운 문제와 맥락에 전이시키기는 어려운 일이다.[48] 자신이 하고 있는 것을 이해할 수 있어야만 수학적으로 사고할 수

려져 있지 않은 질문에 대한 탐구가 아니라 오히려 여전히 정보를 구하기 위한 것이라고 여긴다. 그들은 다음과 같이 말한다.

> 비록 정상적인 교육 환경 속에서 교사가 답을 알지 못하거나, 또는 답을 알지 못하는 척하는 질문을 하는 것이 교육적으로 좋다 하더라도, 그 교사의 질문은 정보를 수집하기보다는 오히려 다른 목적을 추구하는 것으로 간주된다(p.167). 교수법적 질문은 정보 수집보다는 오히려 정보 배열로 간주될 수 있다. 왜냐하면, 그들의 초점은 학생들이 염두에 두고 있다고 가정하는 정보에 질서를 부여하는 것이기 때문이다(p.170).

그들은 계속해서 교수법적(수사적) 질문은 학생들이 스스로에게 '질문해야 하는 질문'이라고 주장한다. 이런 주장이 합당하다면, 그것은 탐구적 질문에도 동등하게 적용되어야 할 것이다.

48 수학과 과학 교과에서 전이의 문제에 대해서는 참고서적 Halpern(1992) 참고. 인지적 이해의 지표로서 전이에 대한 중요한 문제는 제3장과 제4장에서 좀 더 깊이 논의된다.

있다. 즉, 부분과 전체, 전체와 다른 전체와의 연관성을 파악하고, 학습된 패턴을 새로운 맥락에 적용하고, 전혀 해 본 적이 없는 새로운 유형을 이끌어 낼 수 있는 것이다. 학생들이 이러한 탐구를 하게 되면, 교사들이 던지는 수사적 질문의 역할은 감소할 것이다.

앞에서 일반적 질문으로 보이는 질문들이 종종 탐구적 질문으로 재해석될 수도 있다는 점을 지적한 바 있다. 마찬가지로 수사적 질문이 탐구적 질문으로 받아들여지고 해석될 수도 있다. 예를 들어 학생들에게 얼음이 녹고 있는 컵 표면에 물이 왜 생기는가를 질문하는 교사를 생각해 보자. 학생은 '응결'이라 대답할 것이고, 교사는 이 대답을 정답으로 받아들여 진행할 것이다. 그러나 만약 교사가 그 학생에게 자기의 답에 대해 설명하라고 한다면, '응결'의 의미에 대하여 재미있는 토론이 시작될 수 있을 것이다(물론 일반적 질문과 수사적 질문을 통해 '숟가락으로 떠먹이는' 교육을 받아 온 학생들은 탐구적 질문의 수업에 저항하기 쉽다).

우리는 특별한 경우에는 수사적 질문이 본질적인 탐구적 질문을 이해하기 위해 선행되어야 한다는 점을 인정한다. 교사는 연속적인 수사적 질문을 던져 학생들을 복잡한 주제로 끌고 갈 수 있을 것이다. 중요한 용어와 개념의 의미를 명료화함으로써 탐구적 질문에 이르는 길을 분명히 할 수 있다. 이런 상황에서 교사는 학생들이 하나의 수사적 질문으로도 탐구를 시작할 수 있다는 가능성을 열어 놓아야 한다.

다. 닫힌 질문과 열린 질문

보다 익숙한 '닫힌 질문', '열린 질문'과 앞에서 제시한 질문 분류 사이에는 연관성이 있다. 일반적 질문과 수사적 질문이 닫힌 질문인 반면, 탐구적 질문은 열린 질문이라는 것을 직관적으로도 알 수 있다. 이에 대해 좀 더 알아보자.

1) 질문에 대한 명확한 답이 실제로 있음 혹은 없음(답의 실질적 존재 혹은 부재)

2) 참여자들의 인식 상태 : 질문자가(답변자) 답을 알고 있는가? (혹은 답을 알고 있다고 생각하는가?), 그리고 답변자(질문자)가 답을 알고 있다는 것을 질문자가 (답변자) 알고 있는가? (혹은 믿고 있는가?)

3) 질문과 답이 일어나는 특수한 환경

이러한 특징들을 생각하면서 '닫힌 질문'과 '열린 질문' 간의 구별을 다시 살펴보자. 닫힌 질문은 정확한 답이 있기 때문에 질문을 종료시킨다. 그렇다면 무엇이 질문을 종료시키는가. 위의 1)에서의 명확한 답인가, 아니면 2)에서의 질문과 답에 대한 질문자의 인지 상태인가. 만약 닫혔다는 것이 대답 그 자체와 관련되어 있다면, 닫힌 질문은 명확하고 최종적인 답이 있는 질문이며, 반면 열린 질문은 명확한 답이 없는 질문이라고 볼 수 있다. 한편 만약 닫혔다는 것이 질문자가 이미 알고 있는 것과 관련되어 있다면, 닫힌 질문은 질문자가 답을 알고 있는 (그가 답을 알고 있다고 믿는) 질문들이고, 열린 질문은 질문자가 그 답을 모르는 (혹은 모른다고 믿고 있는) 질문이 될 것이다.

하지만 닫혔다는 것에 대한 이런 설명 중 어느 것도 만족스럽지 않다. '존재 여부'를 기준으로 볼 때, 닫힌 질문은 명확한 답이 있다는 의미이지만 한편으로는 모든 질문이 답을 가진 건 아니라는 것을 상정하기도 한다. 우리가 단지 답을 못 찾은 것이 아니라 질문 자체가 확정적인 답을 갖고 있지 않을 수 있기 때문이다. 우리는 다양한 방식으로 질문에 답하지만, 존재하지 않는 어떤 것을 찾고 있다는 생각도 한다. 교사들은 질문에 확정된 답이 없기 때문에, 또한 어떤 답이 더 좋은 답이라고 쉽게 판단하기 어렵기 때문에, 학생들을 격려하고 철학 토론에 자유로이 참여시킬 수 있다고 말한다. 하지만 학생들이 그런 토론을 시시한 것으로 달가워하지 않을 수도 있다. 왜 처음부터 답이 없는 것으로 가정된 질문에 대해 고민하고 생각해야 하는가? 모든 질문에 답이 있다고 주장할 필요는 없다. 그러나 탐구는 질문에 대한 답을 찾으려는 열정으로 진행되며, 교실공동체는 스스로 답을 구성해 내려 노력한다.[49]

닫힌 질문과 열린 질문을 구별하기 위해 제시된 두 번째 기준은 닫힌 질문은 그 답을 알고 있는 (또는 믿고 있는) 질문들이고, 반면 열린 질문은 그 답이 알려져 있지 않은 (혹은 알려지지 않았다고 믿고 있는) 질문이라는 것이었다. 그러나 이 기준 역시 제대로 적용되지 않는다. 교사가 마음속에 일정한 답을 가지고 "제2차 세계대전이 언제 끝났지?"라고 묻는다고 해 보자. 그러나 위에서 언급한 대로 학생들의 대답은 다양할 것이다. 그들이 어쩌면 "선생님, '끝났다'라는 말이 무슨 뜻입니까?"라고 질문할지도 모른다. 이때 교사가 이 질문으로 수업을 진행한다면 진정한 탐구가 시작될 것이다. 교사가 '답'을 갖고 있으면서도 그 질문을 열린 질문으로 허용한 것이다.

한편, 교사가 질문에 대한 신념이나 지식이 없으면서도 토론을 허용하지 않은 채 매우 닫힌 방식으로 학생들의 반응을 다룰 수도 있다. 따라서 열렸다는 것이 단지 믿음이나 지식의 관점에서만 인식되어서는 안 된다.[50]

첫 번째와 두 번째의 제안을 결합한 세 번째 제안은 다음과 같다. 열린 질문이 답을 갖고 있지 않거나, 질문자나 답변자 중 한편이 혹은 양편 모두가 (또는 그 밖의 모든 사람이) 답을 모르는 것이 아니라, 열린 질문에 대한 답이 본질적으로 논쟁의 여지가 있다는 것이다. 즉, 열린 질문은 완전한 만족을 주지 않으면서 우리를 계속 생각하게 만든다는 점에서 흥미롭다. 그러나 계속해서 '대답'에만 너무 초점을 두는 것은 잘못

---

49 우리는 이런 견해에 대한 지지를 Hare(1976, pp.388-391)에서 찾을 수 있다.

50 두 번째 (인식적) 기준을 거부하는 우리의 설명은 Young(1992)이 제시한 것과는 다르다. 만약 우리가 닫힌 질문은 적어도 그 분야나 교과와 관련된 전문가들에 의해서 답이 알려진 질문이라는 것을 받아들인다면, 우리는 여기서 얻을 것이 아무것도 없다. 이런 질문은 직감적으로 열린 질문으로 다루어질 수도 있다. 역으로 교사들은 아무도 정답을 모르는 때조차 탐구와 토론을 방해할 힘을 갖고 있다.

이다. 논쟁적인 반응에 위협을 크게 느껴 탐구를 차단하고 싶은 교사는 열린 질문을 하지 않는다. 그렇다고 과학의 열린 탐구에서 과학적 질문에 대한 대답이 반드시 본질적으로 논쟁적이어야 한다는 것은 아니다. 사실 이 기준은(그 대답이 본질적으로 논쟁적인 질문) 과학과 철학의 구별을 보여주는 것인데, 철학적 질문의 답은 본질적으로 논쟁적이기 때문이다(제4장 참고). 이 기준에 따르면 '철학적인 질문'에 확정된 답(또는 적어도 그 분야의 전문가들이 받아들일 수 있는 답)이 제시되었다면, 그것은 과학이 된다.[51]

열린 질문과 닫힌 질문 간의 구별에 대해 우리가 선호하는 기준은 위의 세 번째 기준에 가깝다. 교과나 연령과는 관계없이 정말로 닫혀 있게 하는 것은 질문이나 대답이 아니다. 참가자들의 인지 상태도 역시 아니다. 그것은 질문과 대답이 이루어지고 있는 환경이다. 그 자체로 중요한 활동인 질문의 형성을 격려하고, 그를 위해 탐구에 필요한 전략과 성향을 격려한다면, 그때에만 우리는 질문이 열려 있다고 말할 수 있다.

교실 탐구공동체는 질문이 열려 있는 환경에서 이루어진다. 여기에서 탐구를 자극하는 교사의 태도는 결정적인 요소가 된다. 그것은 단순히 질문을 하고 대답이 나오는 환경이 아니다. 주어진 문제를 심사숙고하고 질문을 구성할 수 있도록 학생들을 격려하여, 그들이 탐구 그 자체에 대해 기초적인 책임을 질 수 있게 하는 것이다. 대부분의 질문과 대답이 교사에게 의존하고 교사에게서 나오는 환경은 탐구공동체라 할 수 없다.

이런 점에서 우리는 질문을 개인적이고 언어적인 실체로 보지 않고, 언어 그 자체로서 맥락에 민감한 과정으로 본다. 수업의 실패와 성공은 우리가 흔히 배경으로서 쉽게 간과하는 요소들에 달려 있다. 특히 궁

---

51 최근 2학년 아이가 '철학이란 …… 답이 제시된 적이 없는 질문'이라는 관점을 제시했다 (NSW 어린이철학 연합회, 1993, p.3). 사실 철학적 질문에 대답하기 위해 서로 합의한 절차도 없다.

금증을 가지고 공동탐구자로서 행동하는 교사의 성향, 서로 귀 기울여 듣고 서로를 진지하게 받아들이고, 서로 믿으려는 학생들의 성향 등에 달려 있다.[52]

요약하면 탐구공동체를 창조하는 결정적인 요인은 열린 질문이 지배적인 환경을 만드는 것이다. 이런 점에서 탐구를 격려하는 환경에 적합한 열린 질문의 예를 살피는 것이 도움이 될 듯하다. 폴은 비판적 사고를 교육과정에 도입하고 접목하는 방법을 설명하면서 '소크라테스적 질문' 즉, '사고의 근저에 놓여 있는 논리와 구조를 탐색하는' 질문을 중시했는데 그런 질문이 합당한 판단을 내리는 데 유용하다고 하였다. 폴은 다음과 같이 소크라테스적 질문을 분류하여 소개하고 있다.

1) 명료화 질문

○○○은 무슨 뜻인가요?

○○○라고 말하는 건가요?

그 단어를 ○○○한 뜻으로 사용하고 있는 건가요?

○○○에 대해 예를 들 수 있나요?

가브리엘의 질문에 대해 더 설명이 필요한 사람 있나요?

2) 가정을 탐색하는 질문

가정하고 있는 것은 무엇인가요?

그 가정이 믿을 만하다고 생각하나요?

왜 그런 가정을 했나요?

그 질문에 숨겨진 가정이 있나요?

---

52 아이들은 부모와 교사 혹은 다른 권위자 중에 누군가가 특정한 종류의 질문을 받아준다는 것을 인지할 때 상황에 대한 민감성을 보여준다.

3) 근거와 증거를 탐색하는 질문

그 생각에 대한 사례나 반례를 들 수 있나요?

그렇게 말하는 근거는 무엇인가요?

그 증거는 충분한 것인가요?

무엇을 기준으로 그런 판단을 내렸나요?

자료가 믿을 만한 것인가요?

4) 입장이나 관점에 대한 질문

이 문제를 다른 관점에서 바라볼 수 있을까요?

이 주제에 대해 다른 신념이 가능할까요?

그 견해가 틀릴 수 있는 상황은 없을까요?

첸과 마리아의 생각은 어떻게 같은가요?/다른가요?

그 의견에 동의하지 않는 사람들이 있다면, 그들이 뭐라고 반박할 수 있을까요?

만약 어떤 사람들이 ○○○라고 주장한다면, 여러분은 뭐라고 말할 건가요?

상대의 관점으로 이 쟁점을 바라볼 수 있나요?

5) 함축과 결과를 탐색하는 질문

그 말에서 어떤 결과(결론)가 따라 나올까요?

그 의견이 비도덕적이라고 말하는 것에 대해 어떻게 생각하나요?

그와 같이 행동하면 결과가 어떻게 될까요?

그런 결과를 받아들일 준비가 되어 있나요?

이런 경우에 성급한 결론을 내릴 수도 있을까요?

6) 질문에 대한 질문

그것이 적합한 질문이라고 생각하나요?

그 질문이 주제와 어떤 관련이 있나요?

그 질문이 가정하는 것은 무엇인가요?

그 문제에 대해 또 다른 측면을 살펴보게 해 줄 질문이 있을까요?

그 질문이 우리에게 어떤 도움을 줄까요?

문제를 해결하거나 질문에 답을 찾는 데 우리가 좀 더 가까워지고 있나요?[53]

이 목록에 제시된 질문들의 특징에 주목해 보자. 첫째, 그것들은 모두 절차상의 질문으로, "그 문제에 관한 당신의 의견은 무엇입니까?", "당신은 무엇을 생각하고 있습니까?"와 같은 표면적인 질문보다 더 깊이 있게 나아가는 것이다. 이런 질문들은 사실 열린 질문으로서 학생들의 견해를 이끌어 낼 수 있을지 모르지만, 그 자체로 더 깊은 탐구를 자극하지 못한다.

둘째, 이런 질문들은 모두 '불완전'한 질문이다. 단순한 틀이나 구조이므로, 주제 내용으로 채워져야 한다. 따라서 교과수업이나 주제통합 시간 모두에 활용될 수 있다.

소크라테스적인 질문들은 탐구에서 중요한 열린 질문의 좋은 예이다. 그러나 이런 질문들을 기계적인 방식(예를 들면, 목록에서 그것들을 읽어 내는 방식)으로 사용하려는 교사는 실망하게 될 것이다. 그것에 너무 의존하는 토론은 만족스럽지 못할 것이다.

그런 점에서 이제 다른 형태의 열린 질문을 살펴보자. 이 질문들은 소크라테스적 질문과 달리 일정한 구조로 표현될 수 없는데, 특정한 맥

---

53 Paul(1990a, 제19장); Paul et al(1989a,b; 1990b,c)에서 채택. 또한 Lipman, Sharp과 Os-canyan(1980) 제7장 참고.

락 안에 매우 깊이 내재해 있기 때문이다. 그것은 특정 분야나 주제에 대한 이해를 바탕으로 한다. 해당 분야의 전문가들이 그 분야의 역사에서 서로 어떻게 대응했는지에 대한 이해도 중요하다. 그러나 이런 질문들은 앞서 언급한 교실 환경에 따라, 여전히 열린 질문으로서 기능할 수 있다.

예를 들어 철학 교사가 '진', '선', '미'와 같은 개념의 의미를 묻는 질문에 대해 생각해 보자. 물론 교사가 지침서나 교과서에 나와 있는 질문들을 그대로 활용할 수 있겠지만, 학생들의 생각을 이끌 수 있는 질문을 적절하게 연속적으로 한다는 것은 상당히 어려운 일이다. 그리고 그런 질문을 스스로 만들어 보려고 노력하는 학생들에게 실제적인 도움을 주기도 쉽지 않다. 우리가 다음에서 주목하고자 하는 것은 이런 어려움에 도움을 줄 만한 연속질문이다. 그것은 열려 있는 동시에 내용적이다. 특히 그 질문들은 전적으로 절차적인 것이 아니다(Dantonio, 1990, p.15와 비교).

라. 절차적인 질문과 내용적인 질문

살펴보아야 할 질문들 사이에는 하나 이상의 차이가 있다. 한편으로는 열린 질문과 닫힌 질문 사이의 구별이고(일반적 질문, 수사적 질문과 탐구적 질문 사이의 구별도 관련된다) 한편으로는 절차적 질문과 내용적 질문 사이의 구별이다.[54] <그림 1>은 이런 구별을 보여준다.

---

54 플라톤의 주인공들은 소크라테스식 질문을 통해 어떤 특정 이슈에 대해 완벽하게 이해했다고 확신한다. 우리는 열린 절차적 질문과 열린 내용적 질문을 구별하면서 절차적 질문을 '소크라테스식'이라고 하는 것에 대해 조정이 필요하다고 생각한다. 소크라테스는 특히 초기 『대화편』에서 수없이 많은 열린 내용적 질문(InQs)을 했다. 반대로 특수한 방향으로 청중들의 대답을 이끌어 가기 위해 닫힌 질문과 수사적 (RheQs)을 했다. 예를 들면, 메논편에서 소크라테스는 기하학에서의 고전적인 수사적 질문 문답이 진행되고 있을 때에도 노예 소년에게 '항상 자기가 생각한 대로 답하라'라고 촉구하고 있다. Plato 대화편 pp.365-70과 Walzer, 1989-90, p.182. 비교. Macmillan과 Garrison 1988, p.157. Young 1992, p.100은 '소크라테스식'이라는 용어를 차용

이 그림이 절대적인 것으로 해석되어서는 안 된다. 왜냐하면 이 좌표가 질문 유형과 일치하지 않을 수 있으며, 정도보다는 종류의 차이만을 드러내고 있기 때문이다. 그럼에도 다음의 네 가지 유형의 질문은 중요하다.

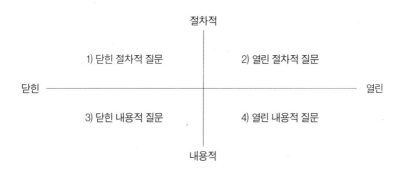

〈그림 1〉 질문의 4가지 유형

1) 닫힌 절차적 질문

<예>

시험을 보려면 이 부분을 공부해야 합니까?

샘, 너는 토론에 집중하고 있니?

2) 열린 절차적 질문

<예>

앞에서 언급한 소크라테스적 질문들은 여기에 해당한다.

해서 쓰고 있다.

3) 닫힌 내용적 질문

<예>

7 더하기 13은 얼마입니까?

멜버른에서 퍼스까지의 거리는 얼마나 됩니까?

금의 원자 무게는 얼마나 됩니까?

칸트의 '정언 명법'은 무엇입니까? [55]

4) 열린 내용적 질문

<예> (연속질문에 주목하라.)

여러분은 '진리'라는 말을 어떤 의미로 사용하나요?

[가능한 답 ; '진리는 사물들이 실제로 있는 방식을 의미합니다.']

그렇다면 진리가 그것을 말하는 사람과 독립되어 있다고 가정하는 건가요?

생각은 토론에 어느 정도 의존할까요?

[가능한 답 ; '생각한다는 것은 바로 자신에게 말하는 것과 같아요.']

그럼, 낱말보다 이미지를 사용하는 생각에 대해서는 어떻게 생각하나요?

리자가 왜 갑자기 "나도 역시 강아지야."라고 말했을까요? (L/N, p.2)

[가능한 답 ; '일종의 감정이입이지요.']

그렇군요. 그런데 감정이입이 뭐지요? 감정이입과 공감의 차이점은 뭔가요? [56]

---

55 우리가 앞에서 언급했던 것을 되새겨 보면, 이런 질문은 어떤 상황 속에서는 열린 질문으로 전환될 수 있다.

56 소크라테스적 질문뿐만 아니라, Paul은 적어도 우리가 열린 내용적 질문이라 부르고 있는 것의 시작을 표시해 주는 '다중 논리적 질문' 목록을 제시했다. 이 목록에는 다음과 같은 질문들이 있다. 즉, '나는 다른 사람들과 얼마나 같은가?', 같지 않은가?' '친구란 무엇인가?', '나는 나

열린 질문을 만드는 기술도 중요하지만, 타이밍도 매우 중요하다. 즉 교실의 토론과 활동 속에 그런 질문을 언제, 어느 곳에, 그리고 어떻게 끼워 넣는가를 파악하는 것이다(그 때문에 열린 내용적 질문의 사례 목록을 만드는 것은 어렵다). 더구나 질문의 내용적 요소가 커지면 커질수록 (비례적으로 절차적인 측면이 적어질수록), 질문자는 그 질문이 속해 있는 교과와 주제, 그리고 그 대화에 대해 더 깊이 이해하고 있어야 한다. 또한 질문이 열려 있음을 잊지 않고, 수사적 질문과 일반적 질문으로 빠져들지 않도록 경계해야 한다.

교실에서는 네 가지 유형 모두에 속하는 질문이 있을 수도 있다. (질문의 네 가지 유형은 실제로 연속선의 극단에 있는 것이고, 대부분은 맥락에 따라 중간쯤에 속할 수 있다.) 그럼에도 열린 절차적 질문과 열린 내용적 질문의 성격과 중요성에 대해 미묘한 차이점을 이해하는 것은 교실에서 탐구를 키우고 발전시키는 데 매우 본질적인 부분이다. 교실 탐구공동체의 중요한 특징 중 하나는 학생들이 열린 절차적 질문과 열린 내용적 질문을 만들고 서로 나눈다는 것이다. 이 부분은 매우 중요하다. 왜냐하면 탐구공동체에서 소크라테스적인 역할은 교사뿐 아니라 학생들도 담당할 수 있기 때문이다.

우리가 앞에서 살펴보았듯이 열린 절차적 질문은 사실상 모든 교과에서 활용할 수가 있다. 열린 내용적 질문 또한 마찬가지다. 예문과 연습을 통해 그런 질문을 잘 이해하고 수행할 수 있도록 하는 것이 교사와 학생 모두에게 매우 중요한 목표가 된다. 나아가 교육자들에게 이러한 이해가 그저 당연하게 여겨져서는 안 된다. 어떤 분야에서 교육받았

의 삶을 어떻게 살아야 하는가?', '나는 항상 내가 원하는 것을 얻어야 하는가?' 등(Paul, 1987. p.129). 비록 이런 질문에 대한 아이들의 대응 방법이 나중에 그들이 어른이 되었을 때 직면하게 될 중심 문제를 정의하고 설명하는 방법에 심오한 영향을 끼친다고 할지라도, 우리는 아이들이 상호지지의 대화적 공간에서 이런 질문을 수업 시간에 성찰해 볼 기회는 극히 드물다고 한 폴(Paul)의 견해에 동의한다(1987, p.129. 1990a, p.206). Paul의 질문 목록들이 대체로 철학적 질문이라는 것에 주목해 보는 것은 흥미 있는 일이다.

다는 것은 무엇보다도 질문을 해야 할 때와 그 방식을 안다는 것을 의미한다.[57]

---

57 이런 주제를 다루고 있는 학술지 중 하나는 『Questioning Exchange』이다. Multidisciplinary Review. Beginning with vol. 1.1, 1987.

의미 만들기

우리는 과거도 미래도 아닌, 우리가 생활하고 있는 바로 이 시간 속에 살고 있다. 우리가 해야 할 일은 이러한 현재의 매 순간에서 당면하는 개개의 경험으로부터 의미를 충분히 도출해 내는 것이다. 그래야만 미래를 제대로 준비할 수 있다. 이러한 태도야말로 장기적으로 의미 있는 유일한 준비이다.　듀이(J. Dewey)

오직 연결하라!　　　　　　　　　　　　　　　　　　　포스터(E.M. Forster)

　우리는 아이들의 직관적인(이론적 토대가 없는) 관심과, 그들의 성장을 책임지는 어른들의 관심 사이에 차이가 있다는 것을 알고 있다.[1] 기술의 발달은 이런 차이를 계속 증대시키고 있다. 따라서 아이들은 이전의

1　관심에 대해 말하는 것은 흥미에 대해 말하는 것만큼이나 모호하다. 이것은 본 장에서 해결해야 할 문제 중 하나다. 아이들의 관심을 채워주는 교육과정 구성에 대한 흥미 있는 접근에 대해서는, Silin(1992)를 참고하라. Silin의 관심은 우리와 똑같지 않지만, 그는 교실 안과 밖의 생생한 경험을 중요하게 받아들이고, 그 두 영역에 연관을 지음으로써 '학생들에게 시간의 의미를 가르치는' 교육과정 구성의 중요성을 강조한다. John Dewey와의 밀접한 관계는 이 장의 첫 인용구에 나타난 것처럼 분명하다.

어느 세대보다도 더 많은 것을 배워야 한다. 그래서 현실의 학교는 도전받는다. 다양한 관심사를 한데 모아야 하는 것은 물론, 사회의 광범위한 관심에 호기심을 갖도록 아이들을 '변화'시켜야 하기 때문이다. 아이들도 힘겹기는 마찬가지이다. 좋든 싫든 고단한 교육의 과정을 견뎌내야만 한다.

먼저 우리는 이 변화 과정의 유효성뿐만 아니라 적절성에 대해서도 의심한다. 왜 아이들은 변화의 주체가 아니라 객체이어야 하는가? 왜 아이들은 능동적인 변화의 주체가 되지 못하는가?[2] 우리는 이 물음에 대해 진지하게 생각해 볼 만한 다음의 관찰 결과로 대답을 대신하고자 한다. 바로, 세상 만물에 대한 아이들의 직관적인 호기심, 흥미, 경이감이 13세 정도가 되면 점점 사라진다고 한다. 한때는 모험과 발견, 탐험의 연속이었던 것들이 '학교 공부'라는 성가신 일이 된다. 미래를 위해서는 꼭 해야 하는 것이지만 대체로 고된 일로 여겨진다.[3]

이와 비슷한 맥락에서, 교육 문제를 다루는 작가인 코스타(Arthur Costa)는 호기심이나 탐구에 대한 열정의 관점에서 보면, 놀이 중인 어린이들은 학교 학생들보다는 전문적인 작업에 몰두 중인 과학자, 역사학자, 작가, 철학자, 예술가 등과 더 가깝다고 말했다.[4] 많은 학생들이 특성한 학문 분야의 지식인이나 학자가 되지 못한다는 점에서, 도중에 잃

---

2 이런 문제들은 대부분 변화되는 것이 무엇인가에 달려 있다. Johnson(1989)은 소크라테스적 모델에 기초를 둔 변화에 대해 묘사했는데, 그것은 이 책에서 다루고 있는 접근법과 전적으로 일치한다. 그 아이디어는 아이들을 변화시키는 것이고 그래서 아이들이 변화시키는 자가 되는 것이다.

3 Dewey는 이런 견해를 보인 사람 중의 하나다. 그의 저서 Dewey(1916; 1938b), Dewey(1989, pp.442-454)를 참고. McDermott(1991)는 이 장에서 논의된 것들과 유사한 관심을 표명해 왔다.

4 Costa(1991, p.31), Tamny(1984), Gardner(1989). 우리는 한편으로는 열정적이고 호기심으로 가득 차고 전문적이면서, 다른 한편으로는 매력 없고 호기심 없고 미숙한 것이 청소년기의 캐릭터처라는 것을 안다. 어떤 전문과학자들은 학교 학생들이 견디어 내는 것만큼 아니 그보다 더 심한 압박 속에서 작업하며, 어떤 학생들은 탐구에 대한 열정을 절대 잃지 않는다. 후자의 경우, 그것이 학교 교육의 효과인지는 미지수다.

어버린 열정과 호기심을 회복하기는 쉽지 않은 듯하다.

우리가 이러한 점진적인 환멸의 과정과 관련된 모든 요인을 연구하려는 것은 아니다. 우리의 주된 관심은 공식적인 학교 교육이다. 의심의 여지 없이, 학생들은 자신들도 성장하여 어른들처럼 사회에서 자리를 잡아야 한다는 압박감으로 나름의 대가를 치른다. 여기서 학교와 관련된 중요하면서도 결정적인 요인 하나를 검토해 보고자 한다. 아이들의 관심과 사회(또는 사회의 성인 구성원들)의 관심에는 차이가 있으며, 이것이 해결의 실마리가 될 수도 있다는 점이다. 여기서 중요한 것은 아이들이 생각, 아이디어, 태도, 느낌 그리고 (다소 낮은 수준이겠지만) 세계가 어떻게 작동하는지에 대한 관점, 그 외의 많은 것들에 대해 진정 나름의 관심을 가지고 있다는 것이다.

게다가 코스타의 관찰에 따르면, 이러한 아이들의 관심은 어떤 분야를 전문적으로 탐구하는 성인들의 모습과 연결된다. 우리는 학교 교육이 이러한 관심과 필수적인 지속성 두 가지 모두를 이해하고 통합하는 데 실패하였으며, 그로 인해 학교 교육이 진정한 교육이 되지 못하였다고 생각한다.

'관심'이라는 용어에는 아이들이 세상과 그 안에서의 자기 위치를 어느 정도 이해하고 있으며, 나아가 그들의 호기심과 경이감은 삶을 더 잘 이해하려는 열망에서 비롯된다는 우리의 생각이 반영된다. 이것은 결국 아이들의 관심사가 왜 아이들에게 관심의 대상인지를 보여준다. 학교 교육을 받으며 호기심, 경탄, 이해에 대한 열망이 줄어들면서, 아이들은 점점 더 자신의 관심과 다른 이들의 관심을 (특히 그가 속한 사회의 관심사를 대표하는 사람들의 관심을) 조화시키기 어려워한다. 따라서 아이들은 점점 더 세상과 자기 경험의 복잡성을 이해할 수 없는 현실에 맞닥뜨린다.

이러한 문제의 첫 번째 희생자는 '진실'이다. '의미'도 마찬가지이다. 이 장에서의 주된 관심은 학교 교육으로 인한 학생들의 '의미의 상실'에 대해 탐색하고, 교실을 탐구공동체로 바꾸기 위한 핵심 아이디어를 제공하는 일이다.

교육에 대한 다음의 서술은 우리의 생각에 하나의 틀을 제공한다. 교육은 학생들이 자신들의 경험이 지닌 가치를 존중하면서도, 그 경험이 가진 기만적인 안전지대에서 벗어나도록 돕는다는 것이다.

이 언급에 함축된 질적인 진전이라는 관념은 이 책의 관심사인 '의미 구성'과 밀접한 관련이 있다. 사고와 탐구와 철학은 모두 의미 구성과 관련이 있다. 의미 구성(즉, 중요한 사실들을 이해하는 것)은 교육의 가장 중요한 목표이다. 의미 구성의 핵심은 관련짓는 활동을 통해 자신의 고유한 경험의 경계를 확장하고, 그로써 이 경계를 넘어 진전을 이루는 것이다.

지금까지 논의에는 다음과 같은 이중성이 숨어 있다. 한편으로는 개인의 사적인 경험이나 생각, 감정이고, 다른 한편으로는 문제를 객관적으로 판단하는 좀 더 공적이고 공정한 관점이라는 이중성이다.[5] 이러한 공과 사의 이중성을 통해 길을 찾는 것은, 세상 속에서 자기 자리를 찾는 데 필요한 근본적인 질문을 성찰하는 모든 사람에게는 하나의 도전이다.

제1상에서 우리는 사고기술을 기초로 언급하였다. 그리고 우리는 '사고'와 문해력 같은 다른 기초 학습 능력들 사이에 상호 의존성이 있음을 강조했다. 의미도 비슷하다. 의미가 중요한 이유는 아이들이 학교 안팎에서 일어나는 자신의 경험을 이해하고 싶어 하기 때문이다. 의미 구성이 '기초능력'과 관련이 없다고 생각하는 것은 위험하다. 기초적인 학습 능력을 키우기 위해서는 의미를 구성하는 연결과 관계들을 이해할 수 있어야 하기 때문이다.

사적인 것과 공적인 것의 이분법은 (다시 말해 아이의 주관적인 세계와, 아

---

5 '사적 관점이 아니라고(Non-private)' 해서 결코 개인과 무관한 관점은 아니다. 우리의 공동체 개념을 위해서는 이 점을 분명히 해야 한다. Hostetler(1991) 참고.

이가 속한 거대한 세계를 대비하는 관점은) 긍정적 측면과 부정적 측면을 모두 지닌다. 아이들이 대단히 귀중하여 함부로 건드릴 수 없는 자발적 생명체로 여기는 관점은 어른들로 이루어진 외부의 세계를 파괴적으로 본다. 외부의 세계가 아이들을 사회적 틀 안에 '맞추기' 위해 교묘하게 조종하고 교화하려 든다고 보기 때문이다. 한편 외부 세계를 진리와 지식이 축적된 곳으로서 '객관적'이고 '공평한' 곳으로 여기는 관점은 아이를 '이기적이고, 고집이 세며, 자기중심적이고, 성장이 필요한' 존재로 본다. 이러한 언어적 과장은 우리의 생각을 왜곡하고 이분화하는 말의 힘을 상기시킨다. 사실 아이의 성향을 어느 하나로 규정할 수는 없다. 아이들은 가치 있는 생각을 하는 자발적 사색가이지만, 동시에 우리 모두가 그렇듯이 이기적이고 자기중심적인 사고를 하는 경향이 있다. 따라서 비록 학생들이 지식과 진리를 그들에게 억지로 강요하는 것으로 보거나, 자신들의 개인적인 관점과 매우 다른 것, 심지어는 대립하는 것으로 여김에도 불구하고, 지식과 진리는 가치가 있다.

여기서 우리는 대립하는 두 힘의 균형을 맞추기 위해 양쪽의 입장을 모두 수용하고자 한다. 아이들이 성장함에 따라 드러나는 갈등을 부인하지 않는다. 실제로 이러한 갈등이나 긴장을 통해 교육이 가능해진다고 할 수 있다. 현재의 논의를 좀 더 분명히 이해하기 위해, 교육은 학생들이 자기 경험이 가진 가치를 계속 존중하면서, 동시에 자기 경험이 가진 기만적 안정성을 넘어서도록 돕는 것이라고 생각해 보자.[6] 이제부터 이러한 생각의 핵심적 요소들을 탐색하고자 한다.

---

6 경험 중심은 또다시 Dewey를 상기시키는데, 왜냐하면 그에게 있어 교육은 재구성의 과정이며, 그 속에서 하나의 경험이 지성이 되기 때문이다. Dewey(1916, p.76; 1938b) 참고.

1. 경험의 가치[7]

생각이나 감정과 같이 '경험'은 그 소유자에게 사적이고 개인적이다. 나는 당신의 경험을 가질 수 없고, 당신도 나의 경험을 가질 수 없다. 우리는 경험을 공유했다고도 하고 다른 이와 똑같은 생각을 가졌다고도 말한다. 그러나 이런 표현은 올바르지 않을 수 있다. 왜냐하면 내 정신적 활동의 결과물은 우연적인 것이 아니며, '나'와 긴밀히 연결되는 독자성을 지니기 때문이다. 물론 당신과 내 생각은 같은 내용을 지니고 있거나, 혹은 같은 방식으로 설명될 수도 있다(우리는 동시에, 같은 방식으로, 같은 것에 대해 생각할 수도 있다). 그러나 나의 생각은 나의 생각이고, 당신의 생각은 당신의 생각이라는 것은 여전히 변함없는 사실이다. 실제로 한 개인의 정신적 데이터에 대한 소유권은 그 개인 정체성의 핵심이다.

이러한 분석은 겉보기에는 충분히 그럴듯하지만 곧 의문이 생긴다. 우리의 정신적 한계를 넘어 무언가를 정확히 파악하는 게 가능한가? 즉, 만약 경험이 본질적으로 주관적인 것이라고 가정한다면, 우리는 단지 실제로 경험한 내용밖에는 파악할 수 없다. 누군가 다음과 같이 말했다고 생각해 보자. "저 소음은 엉망진창으로 연주하는 밴드 소리처럼 들려." 하지만 그 소음이 누구에게나 소음으로 들리는, 객관적으로 마음 밖에 실재하는 것이라고 주장할 수는 없다. 또한 실제로 악단이 엉망진창으로 연주하고 있었다고 주장할 수도 없다. 그런데 이렇게 생각하다 보면 일상적인 상식의 한계를 넘어서서 극단적인 형태의 회의주의나 '유아론'으로 알려진 철학적 입장으로 향하게 된다. 즉, 우리가 알 수 있는, 혹은 존재하는 유일한 것은 내 마음속 내용뿐이라는 것이다. 이러한 입장은 전적으로 믿을 수 없으며, 나아가 개인들 상호 간의 의사

---

7 우리는 '경험의 소중함'이란 말을 즐겨 쓰는데, '소중함'이란 낱말의 부정적인 함축을 염두에 두고 있다. 그것은 만질 수 없거나 신성한 어떤 것을 대표하는 것으로 받아들여진다. 이 점은 아래에서 다룬다.

소통을 핵심으로 하는 탐구공동체의 정신에도 위배된다.

우리는 의미나 토론, 그리고 교육에 대한 생각의 기초로서 유아론을 지지하지 않는다. 오히려 유아론이 틀렸다고 주장하고 싶다. 우리는 자신의 마음 너머에 있는 것들에 대한 지식이 가능할 뿐 아니라, (대부분의 철학적, 심리학적 전통의 관점은 물론이고 상식적인 관점으로도) 다른 사람에 대한 지식을 포함한 수많은 지식을 가질 수 있다. 그러나 재차 강조하고 싶은 점은, 누군가의 개인적인 경험이나 생각, 아이디어는 본질적으로 주체와 긴밀하게 연관되어 있다는 것이다. 게다가 그것은 주체와의 본질적인 연결 속에서 비로소 가치를 지니게 된다.

아이들은 개인의 고유한 사고가 얼마나 중요하며 어떤 가치를 지니는지에 큰 흥미를 느낀다. 『철학적 탐구』(『해리 스토틀마이어의 발견』의 교사용 지도서)에서는 마음에 대한 논의가 '생각하기와 생각은 그 자체로 중요하고 소중하다'라는 아이디어로 시작된다(H/M, p.44).[8] 『해리 스토틀마이어의 발견』 해당 장면에서는 등장인물들이 정신의 실체에 대해 논쟁한다.

> "하지만 생각은 진짜가 아니야"라고 질이 말했다. "내 말은, 그것이 너의 방 안에 있는 사물들처럼 진짜로 있는 게 아니라는 뜻이야. 샌디에 대한 나의 생각은 실제의 샌디라고 할 수 없어. 현실의 샌디는 온통 털로 뒤덮여 있는걸. 하지만 샌디에 대한 나의 생각에는 털이 전혀 없단 말이야."
> "그래, 그게 진짜 생각이야"라고 안쿠나가 대답했다.(H/N, p.10)

안쿠나는 생각이 외부 세계에 존재하는 것들과의 일치 여부와 상관없이 진짜라고 주장한다. 이러한 입장에서는 아이디어를 '참', '거짓', '정확' 또는 '애매'가 아니라 '생생한', '흥미로운', '굉장한', '창의적인',

---

8 H/M, p.44 '탐구공동체에서 각자의 견해는 진리의 가능한 원천으로서 환영받는다.'

'가치 있는', '귀중한'과 같은 말로 표현한다. 아이디어의 진위를 묻는 것이 때로 중요하지만, 그 의미와 생명력에 대해 묻는 것 역시 언제나 중요하다.

어떤 의미에서는 모든 생각과 아이디어는 유일무이하다. 어떤 것을 생각할 때, 아무도 이런 생각을 한 적이 없다고 여기게 되면 생각이 더 활발해진다. 물론 여기에는 약간의 긴장감이 있다. 왜냐하면 자기 아이디어를 공유하면서, 자기 생각의 대부분이 실제로는 이전에 다른 사람들이 이미 생각했던 것임을 이해하게 되기 때문이다.

이 긴장을 더 잘 이해하기 위해서 '발견'이라는 단어의 의미를 생각해 보는 것이 좋겠다. 대부분의 아이들에게 발견은 유명한 사람이나 하는 것이고, 자기들은 학교에서 그것을 '재발견'하는 것뿐이라고 생각한다. 어린이철학에서는 학생과 교사가 자신의 아이디어와 생각에 주의를 기울임으로써 발견의 기쁨을 깨닫게 한다. 여기서 취학 전 아이들에게 친숙하며, 탐구공동체에서 재창조하고 길러주려고 노력하는 경향이나 성향의 사례를 살펴보자. 놀이 중인 어린아이들은 혼자 놀든 친구와 같이 놀든 항상 무언가를 '발견'한다. 하지만 그들은 이전에 누군가가 '그곳에서 자기들과 똑같은 것을 했다'는 식의 생각을 하지는 않는다.

누군가는 아이들의 발견을 진정한 발견이 아니라고 말할지도 모른다. 그러나 왜 우리는 스스로 무엇인가를 '찾은' 사람들에게 (비록 그것이 다른 사람에 의해 이미 발견한. 것이라 할지라도) '발견자'라는 명칭을 허용하면 안 되는가? 생각과 아이디어가 그 모습 그대로 드러나는 곳이 '바로 여기'이다. 황금은 한 번 이상 발견되지 않지만, 생각과 아이디어는 반복적으로 발견될 수 있다. 왜냐하면 생각과 아이디어는 그 특성상 그것을 가진 사람과 밀접하게 연관되어 있기 때문이다.

저학년 선생님들은 아이들의 관점을 교실 생활에 통합해야 한다는 것을 잘 알고 있다. 아이들의 창의력을 바탕으로 하는 활동은 자신의 생각이 무언가를 위해 중요하다는 인식을 강화한다. 일화를 바탕으로 하는 '보여주고 말하기(show and tell)' 활동은 아이들에게 자신의 경험이 가치 있으며, 자신도 교육활동에서 중요한 역할을 가지고 있다는 것을 알게 해준다. 이는 아이들의 자존감 형성에 중요한 요소이다.

이러한 활동들이 꼭 구체적인 대상에 초점을 맞추어야 하는 것은 아니다. 예를 들어, 자가용 바퀴에 휘말린 상태로 죽어있는 뱀을 리비의 엄마가 발견했던 일이나, (H/N, p.11) '지난 일요일에 우리는 할아버지의 농장에 다녀왔다'와 같이 구체적인 경험이 아니어도 좋다는 말이다. 아이디어 역시 활동의 주제가 될 수 있다. 무엇인가를 보여주고 박수를 받을 수도 있다. 이 활동에서 아이들이 꼭 앞에 나와 발표할 필요는 없다. 하지만 교사의 격려는 늘 필요하다. 교사의 격려가 없다면 아이들의 참여가 위축될 수 있기 때문이다. 여기에 탐구공동체의 또 다른 특징이 있다. 교사와 학생들이 서로의 아이디어에 진지한 관심을 보인다는 것이다. 아이들이 '자기 생각'을 가지고 있다는 것에 대해 칭찬받는 것은 중요하다. 특히 그 아이가 평소에 칭찬을 많이 받지 못한 경우는 더 그렇다. 칭찬은 아이디어에 대한 일종의 존중이며 사람에 대한 존중이다. 우리는 타인의 말을 경청함으로써, 또한 협력적으로 사고함으로써, 누군가의 아이디어에 대한 존중을 보여준다. 이런 점에서 칭찬과 존중은 교사의 전유물이 아니라, 교실공동체 전체의 반응을 통해서도 이루어진다.

이처럼 아이들은 탐구의 과정에서 스스로 아이디어와 이해를 만들어 낸다. 이것은 교수학습에서의 구성주의를 지지한다. 듀이의 말대로, 탐구의 거친 원료와 완제품을 구별한다면, 우리는 아이디어가 탐구를 구성해 나가는 중요한 요소라고 알게 될 것이다. 아이디어는 탐구의 기초가 되는 경험에 대한 반성적 과정에서 그 내용이 된다. 즉, 반성이 탐구의 기본 형식이라면 아이디어는 그 내용이다.

이런 생각을 인정하면, 아이들의 생각이 비실제적이어서 무가치하다고 보는 관점과 모든 생각은 똑같이 바르기 때문에 문제 될 게 없다는 관점, 이 두 가지 극단적인 관점 사이에서 균형을 유지할 수 있다.

2. 경험이 주는 기만적 안전성

우리 각자의 경험과 생각이 가치 있다는 인식은 자칫하면 더 이상 검토나 수정이 필요 없다는 오해로 이어질 수 있다. 생각과 아이디어는 외부로부터 주어진 조건을 만족하지 못할 수 있다. 비록 이러한 조건과 상황들에 문제가 많더라도 말이다. 현재의 지식으로 보았을 때, 2 더하기 3이 6이라는 주장이나, 지구가 평평하다는 주장은 터무니없다.[9] 두 번째 주장이 약 800년 전에는 보편적인 확신 속에 믿어졌음에도 불구하고, 이 두 주장은 언제나 맞지 않다. 우리는 누군가의 신념 체계에 속한다는 이유만으로, 모든 생각을 '참' 또는 '타당한 것'으로 보는 조야한 상대주의와 관련을 맺고 싶지 않다. 물론 민주주의 사회에서는 모두가 자신의 의견을 가지고, 온당한 범위 내에서 이를 표현할 수 있다. 그러나 의견은 단지 신중한 탐구의 시작일 뿐이며, 이러한 탐구가 자신의 아이디어를 책임지는 데 필수적이라는 것을 늘 기억해야 한다.

탐구공동체는 아이들의 창의성과 상상력을 존중하고 장려한다. 그러나 탐구공동체의 구성원들은 자신의 사고와 세계관 너머에 더 많은 인류의 지식과 이해가 존재한다는 것을 깨달아야 한다. 우리는 아이들이 자신과 자신의 생각을 가치 있고 소중하게 여기기를 바란다. 그러나 동시에 자신이 옳거나 참이라고 믿는 것들이 그렇지 않다고 판명될 수 있다는 사실을 아이들이 인정하기를 바란다.

아이들이 자기 생각의 한계와 오류 가능성을 어느 정도 인지하는지는 여러 요인에 달려 있다. 많은 요인 중 유년 시절의 '자연스러운' 상태에 관한 하나의 가정을 떠올려 보자.[10] 다소 극단적인 상황을 가정하여,

---

9 이 두 개의 주장이 똑같은 방식으로 잘못되었는가는 분명하지 않으며, 인식론에서 계속 관심을 갖고 있는 문제이다.

10 Glaser(1992a)는 아이들의 사고에 대한 피아제식 접근 대 비고츠키식 접근은 Richard Paul과 Matthew Lipman의 글 속에 나타나 있다고 주장한다. Dewey는 비고츠키식의 방법 속에서 어떤 사람의 삶도 다른 사람의 삶에서 분리될 수 없다는 것을 상기시킨다. 만약 이 사실이 무시된

여기 자기가 '우주의 중심'이라고 생각하는 자아 중심적 아이가 있다. 이 아이의 태도와 행동은 반성적 판단보다는 즉흥적인 기분과 충동에 의해 좌우된다. 또한 그는 자신의 의견이나 가치관에 대해 어떤 질문도 받으려 하지 않기 때문에, 인간관계가 제한적이다. 이러한 아이를 자율적이고 합리적인 인간이라고 할 수는 없다. 그는 자신의 주관적인 관점에 대해 병적으로 애착을 가진다. 즉, 그의 내면에 있는 세계관의 방에는 자기 자신 외에는 어느 누구도 존재하지 않는다.

물론, 이것은 하나의 극단적인 예이다. 그러나 우리 모두는 이와 비슷한 아이를 떠올릴 수 있다. 그리고 우리는 이러한 아이가 자라서 어떤 학생이 되는지 목격한다. 물론 성인이 된 후의 모습은 말할 것도 없다. 그들은 '사실'을 벗어난, 깊이를 알 수 없는 주관적 견해의 구렁 속에 있는 것처럼 보인다. 이런 학생들이 이성적인 판단과 토론이 필요한 탐구에 참여한다는 건 불가능하다. 논쟁적인 문제를 다루는 토론에 참여했을 때, 그들은 타인의 관점을 존중하지 않는데, 이는 타인의 말을 전혀 듣지 않는 태도로 이어진다. 뿐만 아니라 자신의 관점을 반성할 필요도 느끼지 못한다. 이유를 설명해달라는 요구가 있을 때면, 그들은 '글쎄, 내 생각은 그냥 그래'라는 말로 상황을 빠져나간다.

만약 아이들이 자기 관점에 대한 질문을 거부하고, 자기수정은 장점이 아니라 약점이라고 생각하면서 성장한다면, 그들은 다른 의견과의 충돌에서 오는 갈등을 이성적으로 다룰 준비를 갖추지 못할 것이다. 그들은 설득에서 중요한 기술은 합리성보다는 힘이라고 여기며, '힘은 곧 정의'라는 말을 지지할 것이다. 그리고 그들은 또래의 압력이 주는 긍정적인 영향을 배제하고 부정적인 영향에만 관심을 기울일 것이다.

프랜시스라는 아이의 부모나 교사가 되어 우리의 입장을 검토해 보

다면, 경험은 마치 개인의 몸과 마음속으로 배타적으로 스며드는 어떤 것으로 다루어지게 된다. 경험은 진공 상태에서 일어나지 않는다. 개인의 외부에 경험을 불러일으키는 원천이 있다. 그 경험은 이런 원천들로부터 끊임없이 생겨난다(Dewey, 1938b, pp.39-40).

자. 프랜시스는 우리에게 케이틀린이라는 한 아이를 상상해 보라고 한다.[11] 케이틀린은 자기 인형이 진짜 사람이라고 생각하며, 인형과의 우정이 사람들 사이의 우정과 질적으로 차이가 없다고 믿는 아이이다. 케이틀린의 친구 중에는 그녀와 같은 생각을 가진 친구도 있고, 반대로 인형은 단지 장난감에 불과하다고 생각하는 친구도 있다. 두뇌도 없이 철사들로 연결된 '그냥' 플라스틱일 뿐이라고 여긴다. 만약 이 아이들이 인형의 머리가 '부서져서' 인형병원에서 의사가 '새' 머리를 달아주었다는 이야기를 듣는다면, 분명히 저마다 매우 다른 반응을 보일 것이다. 특히 케이틀린은 인형이 실제 사람이 아니라는 사실에 매우 놀랄 것이다. 프랜시스는 케이틀린의 세계관이 충격받을 것을 걱정한다. 우리는 프랜시스의 이런 걱정을 탐구공동체 교실에서도 종종 마주하곤 한다. 우리는 어린아이들이 서로의 세계관을 부수도록 장려해야 할까? 케이틀린과 친구들이 진실을 받아들이기 위해 정서적으로 준비가 될 때까지 기다리는 것이 바람직하지 않을까?

탐구공동체 교실은 아이들이 흥미 있어 하는 문제와 개념을 탐구하는 데 비교적 안전하고 자연스러운 환경이다. 아이들이 서로 배려하고 존중하는 것을 배우는 장소이기도 하다. 또한 대안에 대한 민감성을 가지고 세상에 내해 자신들이 만든 개념을 다듬고 또 다듬어 나간다. 교실공동체의 비교적 안전한 환경은 교사도 분명한 지침도 존재하지 않는 놀이터와 대조를 이룬다. 이런 놀이터 같은 환경에서는 잔인하고 무감각한 방식으로 신념이 파괴된다. 그러나 교실공동체에서는 케이틀린 같은 학생이 자신의 관점을 포기하도록 강요하지 않는다. 그 대신 인형이 사람인가 아닌가에 대한 수많은 논의가 오간다. 탐구공동체는 아이들에게 그들의 의견을 분명히 표현할 기회를 주며, 동시에 대안의 존재와 중요성에 대해서도 생각해 볼 기회를 준다.

---

11 Frances의 관심은 Sharp의 작품인 『The Doll Hospital』에 나오는 하나의 에피소드에 대해 토론하는 과정에서 나타났다.

3. 학교 교육은 경험의 가치를 존중해야 한다

학생들의 욕구와 흥미를 고려하지 않은 교수 방법은 효과적이지 않다.[12] 우리는 탐구공동체로서의 교실이 학생 중심 접근이라는 것을 강하게, 하지만 책임감을 가지고 지지한다. 교실공동체는 아이들이 스스로 중요하다고 생각하는 것을 체계적이고 신중한 방식으로 다룰 수 있게 하는 기술과 태도를 길러준다.

'학생 중심'이라는 개념을 제대로 이해하지 못하면, 아이들은 학교 교육과 멀어질 것이고, 결국에는 '지식'과 '이해'를 배우고 상기하도록 강요받는 것에 좌절감을 느낄 것이다. 그 지식과 이해는 학생들의 경험과 동떨어진 것으로, 그들에게 별 의미를 가져다주지 못하기 때문이다. 이런 점에 대해 다음의 세 가지 주장으로 나누어 좀 더 자세히 살펴보자.

◆ 경험과 관련지을 수 없는 활동은 무의미하다.
◆ 의미 구성은 일종의 교육적 명령으로서, 반드시 필요하다.
◆ 많은 아이들의 학교생활 경험이 서로 적절히 연결되지 못해 무의미한 것이 된다. (특히 처음 몇 년이 지난 후에)

이제 이 주장들을 자세히 살펴보자.

가. 경험과 무관한 활동은 무의미하다

존 듀이는 다음과 같이 말했다. '하나의 행동이 가진 의미는 한계가 없다. 그것은 행동이 일어나는 맥락에서 어떤 연결이 인식되느냐에 달

---

12 우리는 제2장에서 언급한 흥미 개념에 내재한 애매성과 (그들이 흥미를 느끼는 것인지 그것이 그들의 흥미에 맞는 것이지) 아이들의 흥미를 인정하는 것이 대화나 탐구를 일으키는 데 충분하진 않지만 필수 사항이라고 주장한다.

려 있다. 이 연결을 실현하는 데 대한 상상의 범위는 무한대이다.'[13] 일반적으로 말해서 어떤 것의(단어, 이야기, 개념, 진술, 활동, 사건, 심지어는 삶까지도) 의미를 찾는다는 것은 그것들을 우리 자신의 경험과 연결하는 것이며, 우리가 이미 이해하고 있는 것들과 연결하는 것이다.[14] 예를 들면 우리는 자신에게 더 친숙한 단어들로 새로운 단어를 정의하려고 하고, 이해하기 어려운 영화를 분석할 때도 영화의 요소들을 우리 삶과 연결해서 생각하려 한다. 이미 친숙한 대상을 정의하거나 이해할 때도 연결이 이루어진다. 예를 들어 '우정의 의미가 무엇인가?', '정당하다는 것은 무엇인가?'[15]와 같은 질문을 생각해 보자. 이때 우리는 우리 자신의 경험과 관련된 사건과 상황에 의존할 수밖에 없다. 대부분의 아이들은 우정과 공정함(혹은 불공정)에 대한 경험을 가지고 있다. 우정의 개념에 대해 토론하고 있는 5학년 아이들을 살펴보자.

카를라 : 나는 친구가 많아. 하지만 다른 사람들보다 조금 더 좋아할 뿐이야.

아담 : 나는 그렇게 친구가 많지는 않아. 하지만 나에겐 여러 친구가 있어. 학교 친구들도 있고, 가족과 교회에도 친구가 있지. 가장 좋아하는 최고의 친구들도 있어.

콘 : 가끔 나는 형들과 친구가 되기도 하지만, 항상 그렇지는 않아. 싸우거나 누군가가 힘들어질 때처럼 말이야.

메간 : 내게는 자주 만날 수 없는 친구들이 있어. 친구가 5년 전에 이스라엘로 이민을 갔는데, 그래도 우리는 여전히 친구야. 우린 편지나 선물을 주고받아.

---

13 의미와 경험의 연결은 듀이주의자에게서 좀 더 강하게 진전된다. 우리가 여기서 주장하고 있는 것은 구체적인 활동이나 경험만이 아이들에게 의미 있다는 것이 아니다. 어린이철학은 이런 함축에 대해 설득력 있는 반례를 가지고 있다(Dewey, 1916, p.208.).

14 삶의 의미를 발견한다는 것은 의미 있는 삶을 구성하는 것은 무엇인가 하는 문제와 관련되어 있다. 이 문제는 규범적인 요소를 강하게 갖고 있다. 가치 있다고 판단되는 그런 생생한 경험들에 대해 생각할 필요가 있다.

15 우정과 공정은 어린이철학에서 반복되는 토론 주제들이다.

엘레나 : 너희들은 아담이 최고의 '친구들'이라고 한 말이 이해가 가니? 글쎄, 난 동의하지 않아. 최고의 친구라는 건 이 세상에 단 한 명밖에 없어.

[여러 아이들이 동의하지 않는다면서 목소리를 높였다.]

선생님 : 엘레나, 대부분 네 의견에 동의하는 것 같지는 않구나.

엘레나 : 글쎄요, 제가 틀릴 수도 있죠. 하지만 '최고'라는 말은 '단 하나'라는 의미가 아닌가요? 만약 애블렛이 최고의 축구선수라면, 그는 이 세상에 딱 하나뿐인 특별한 존재라는 거잖아요. 그렇지 않나요?

아담 : 엘레나, 축구나 그와 비슷한 다른 일에 대해서는 네가 맞을 수도 있어. 하지만 내게는 최고의 친구가 한 명 이상이야. 정확히는 세 명이야.

선생님 : 아담, 그 세 명의 친구가 어떻게 해서 가장 친한 친구들이 된 거니?

아담 : 저는 그 친구들이 다른 친구들보다도 훨씬 더 좋아요. 우리는 가장 많은 시간을 함께 보내고, 비밀을 서로 지켜주거든요.

콘 : 저는 어떤 친구들도 믿지 않아요. 완전히 못 믿는 건 아니지만 어쨌든요. 그래도 저는 친구가 좋아요. 친구들도 저를 좋아하고요. 그래도 서로 숨기고 싶은 비밀까지 털어놓을 정도로 믿는 건 아니에요.

선생님 : 사하르, 다시 혼란스러운 표정이구나. 어떤 생각을 하는 거니?

사하르 : 음… 아이들이 모두 '친구'의 의미를 아는 것처럼 말하고 있어서요. 그니까, 지금 최고의 친구라는 말을 다들 아무렇지 않게 하잖아요. 물론 우리 모두에게는 친구가 있지만, 친구가 되기 위해 중요한 게 무엇인지 확신이 들지 않아요. 콘은 싸울 때는 친구가 될 수 없다고 말했고, 메간은 이스라엘에 사는 친구가 있다고 했어요. 그럼, 한 번도 본 적 없는 사람과도 친구가 될 수 있을까요?

이처럼 아이들은 익숙한 개념의 깊이와 경계를 탐구하고, 이를 통해 자연스럽게 그 개념을 폭넓게 이해할 수 있게 된다. 이러한 과정은 아이들이 의미를 탐구하는 여러 방법 중 하나이다. 그리고 아이들이 중요하게 여기는 아이디어와 쟁점에 대한 탐구의 일부이다. 탐구 그 자체가 아이들의 이해를 향상시키는 생생한 연결로서의 하나의 경험이 된다.

교실에서 아이들은 일반적인 용어의 의미에 대해 탐색할 수도 있고, 특수한 용어의 의미를 탐색할 수도 있다. 아이들이 세상을 이해하기 위해 알아야만 하는 수많은 신조어, 정보, 사실, 사건에 관한 것일 수도 있다. 탐구의 성공은 아이들이 그들의 교실 경험과 지금까지 형성되어 온 이해를 얼마나 잘 연결 지을 수 있는지에 달렸다.

의미의 구성과 이해는 '순환적인' 절차를 통해 일어난다. 즉, 새로운 의미를 구성하고 이해하고자 할 때, 우리는 이를 기존에 조금이라도 알고 있던 것과 적극적으로 관련짓고자 한다. 다시 말해 우리는 '어렵고, 생소하고, 불가사의한' 것들을, 개인이 지닌 (혹은 우리가 공유하고 있는) '경험, 지식, 신념의 네트워크'에 포함함으로써 이해하고자 한다. 이 과정에서 네트워크는 본래의 상태 그대로 유지되지 않는다. 우리가 무엇에 대해 처음으로 이해하게 되면, 그동안 확실하고 익숙하게 여겨왔던 것의 일부가 수정되어야 하기 때문이다. 그리고 이것이 바로 우리가 강조해 온 탐구공동체의 특징이다. 우리가 참이라고 믿었던 것을 변경할 수 있는 능력과 그렇게 준비된 자세가 이해의 공유를 가능하게 한다.[16] 여기서 마음에 떠오르는 그림은 중심이 고정된 채로 외부 표면만 확장되는 형태가 아니라 단 하나의 변화조차 전체를 관통하여 공명을 일으키는, 즉 상호 연관성을 통해 확장되는 네트워크의 형태이다.

---

16 균형은 다른 방향에서 주어질 수도 있다. 오랜 시간 동안 소중히 간직해 온 것들을 바꾸는 다소 위압적인 시각에 맞서기보다는 오히려 그들에의 도전을 포기하는 것이 쉬울 때가 있다. 이것이 갈릴레오에게, 그리고 자신들의 생각이 지배 집단의 특권에 도전하게 되는 '저항자들'에게 일어났던 일이 아닌가?

나. 의미의 구성 : 교육의 필수과제

어떤 활동이 학생들에게 아무런 의미를 주지 못하는데도 교육적으로 중요한 가치가 있다는 생각은 불합리하다. 그러나 지금껏 이런 불합리한 교육이 이루어져 왔으며, 우리 모두는 이러한 교육에 익숙해져 있었다. 아이들은 산술 표와 철자 목록을 반복 연습하고, 기계적인 방식으로 공식을 외워야 했다. 이러한 교육을 주장하는 사람들은 학생들이 학습 과정에서 자신이 무엇을 배우고 있는지 이해하지 못한다고 해도, 결국엔 기계적인 반복 연습을 통해 기술과 지식을 학습하게 되므로, 이런 식의 교육이 가치 있다고 주장한다. 실제로 이러한 입장에서는 아이들이 뭔가를 이해하기에는 너무 어리다는 주장까지도 한다. 그래서 당장 이해가 안 되어도 일단 배우면, 나중에 이해하게 될 거라고 말한다.

이해를 돕는 관계, 공명, 연관성들이 이런 식으로 미루어지는 것이 과연 현실적인가? 우리가 보기에는 그들이 이해를 영원히 미루기만 할 것처럼 느껴진다. 학교에서 '성공한' 아이의 수행조차도 어떤 의미에서는, 그 아이가 배웠다고 생각하고 평가받아 온 것들이 그 아이가 진짜로 이해한 것이 아닐 수도 있다는 다소 불편한 진실로 보이기도 한다.[17]

훈련의 형태를 띤 기계적 학습이 연습과 습관화가 필요한 학습 상황에서는 제 기능을 발휘할 수도 있겠다. 그러나 교사는 아이들이 이해할 수 있도록 활동을 구성해야 한다. 교과서를 만들 때도 마찬가지이다. 복잡한 교육과정 속에 당당히 자리 잡을 만큼 가치 있는 주제들이 특정한 반복 연습 행위로 단지 아이들에게 주입된다면, 이는 생기 없는 '죽은' 내용이 될 뿐이다. 생기 없고 죽은 것으로 여겨지는 주제들은 그 주제 자체를 위해, 그리고 그 주제와 맞물려 있는 것들을 위해 살아나야만 한다. 만약 학생들이 이런 주제들을 탐구할 만한 가치가 있는 것으로 여

---

17 Gardner(1991, pp.5-6)는 이 견해를 지지하는 개인적인 경험에 대해 주장한다.

긴다면, 게다가 이런 학생들의 발언에 힘이 실리기만 한다면, 학생들은 학교가 제공하는 주제들에 대해서도 기꺼이 탐구하고자 할 것이다.

이처럼 학습이 새롭고 예상할 수 없는 영역이 되도록 전환되었을 때, 아이들은 새로운 연결을 통해 의미를 구성할 기회를 갖게 된다. 비록 효과적인 전환을 돕는 모든 요소에 대해 명확히 이해하고 있는 것은 아니지만, 우리는 그중 다음 두 가지에 주목하고자 한다. 첫째, 사고기술과 사고성향의 적정 범위를 조직하고 적용하는 능력과 둘째, 어떤 주제를 탐구할 때 그 기저에 놓인 (단순히 학습되기보다는 신중하게 사고해야 하는) 개념과 원리에 대한 강조이다.[18] 이러한 요인들은 반성적 사고와 토론이 핵심적 역할을 하는 배움의 환경이 필요하다. 이러한 환경 속에서 의미의 구성이 구조적으로 배제되는 학습은 결코 일어날 수 없다.

좀 더 실제적인 관점에서 논의를 이어가 보자. 아이들도 의미를 갈구한다는 것에 동의하지 않는 사람들조차 의미가 동기와 관련이 깊다는 사실까지 부인할 수는 없다. 물론 학생들은 '좋은 시험 결과, 취직, 대학 입학' 등의 보상, 그들이 존경하는 선생님을 위해 잘 수행하고자 하는 열망, 또래와의 경쟁 등을 통해서도 학습 동기를 가질 수 있다. 하지만 이러한 외재적 동기는 자신의 활동에 대해 진정으로 느끼는 흥미에서 비롯된 내재적 동기와 비교하자면 부차적이다.[19] 내적 동기가 발현되어야만 학생들은 비로소 과제를 지적으로 해결하고자 애쓴다. 또한 자신이 듣고, 읽고, 말하고, 행한 것에 대하여 생각하는 반성적 과정에 참여하게 된다.[20]

---

18 여기에 나타난 아이디어는 Bruner(1960)에서 볼 수 있다. 최근의 보충에 대해서는 Crittenden(1992), Johnson(1989) 참고. 사고기술과 철학의 관련에 대해서는 제4장에서 다룬다.

19 그와 같은 (학생과 교과에 관한) 진정한 흥미는 또한 훌륭한 교사의 특징이다.

20 H/N, 5장에 등장하는 Mark는 학교에서 배우는 주제들이 자신에게 본래적 동기를 부여해 주기를 바라는 학생이다. Young(1992, p.89)은 동기의 두 가지 형태와 우리가 제2장에서 논의한 질문-응답들 사이의 연관에 대해 설명하고 있다. 수사적 질문(RheQs)은 외부적인 동기를 끌어내는 반면, 탐구적 질문(InQ)은 내적 동기를 이끌어 낸다.

여기서 우리는 다음 두 가지 중요한 결론에 도달한다. 첫째, 의미가 한 개인의 고유한 경험, 또는 개인 간에 공유된 경험에 기반을 둔 '관계'와 '연결'을 통해 구성된다는 점에서 의미는 나뉘거나 전달될 수 없다. 친한 친구에게도 마찬가지이다. 의미는 스스로 구성되어야 한다. 물론 그렇다고 반드시 혼자 힘으로 이루어져야 하는 것은 아니다. 협력적인 의미 구성이야말로 탐구공동체 교실이 지닌 임무 중 하나이다.

두 번째 결론은 지금까지 강조해 온 이야기들의 반복이라고 할 수 있는데, 바로 교수학습 활동은 아이들의 경험과 명확하고 반복적으로 연결되어야 한다는 것이다.[21] '그들이 있는 곳에서 시작하라'는 격언의 의미를 되새겨보자. 시작이라는 말도 주목해야 하지만, 여기라는 지점도 중요하다. 아이들의 세계와 연결하는 것은 바로 공동 탐구와 의미 구성의 시작점이다.[22]

다. 학교 교육: 학생들에게 연관성이 없고 무의미함

이 장의 시작 부분에서 우리는 아이들의 열정, 호기심, 경이감이 학교 교육을 거쳐 어떻게 사라져 가는지 주목하였다. 이러한 현상은 초등학교 시절 내내, 또 그 이후에도 아이들의 성장과 함께한다. 이런 경향이 전적으로 학교 탓이라고 할 수는 없다. 그러나 우리는 다음의 이유를 들어 학교 또는 교육과정과 관련이 있다고 믿는다.

---

21 교수법과 관계 만들기 사이의, 그리고 경험 사이의 연결에 대해서는 McDermott(1991) 참고. 이러한 주제들은 어린이철학에서의 지속적 기초적 탐구 거리이다.

22 우리가 여기서 주장해 온 논점은 다음과 같은 폭넓은 정책에 반영되어 있다.

배운다는 것은 질문하고 연결하는 것을 의미한다.
배운다는 것은 정보를 흡수하는 수동적 과정이 아니다. 그것은 끊임없이 의미를 찾는 능동적인 과정이다. 우리는 일상생활의 경험 속에서 보고, 듣고, 질문하고, 탐색하고, 실험하고 우리가 발견한 것을 우리가 이미 알고 있었던 것과 연결하면서 의미를 발견한다. 이상적인 교육과정은 이런 종류의 끊임없는 탐구를 격려해야 하며, 학생들이 사람, 사물, 사건, 과정 그리고 여러 생각들 사이의 관계를 볼 수 있도록 도와주어야 한다(온타리오 교육청, 1993, p.7).

1) 초등학교 이후의 학습은 대개 고도로 조직화된 과정을 통해 이루어진다. 이 과정에서 학생들은 내내 불연속적인 시간 동안, 불연속적인 주제를 통해 개개의 교과를 배운다. 예를 들면 한 명의 교사가 40분 동안 역사를 가르친 뒤 쉬는 시간을 알리는 종이 울린다. 그다음엔 수업 시간을 알리는 종이 울리고 또 다른 교사가 들어와 40분간 수학을 가르친다. 어쩌면 수업 시간마다 모둠까지 달라질지도 모른다. 교과 내용은 단지 몇 가지 특정한 주제로 쉽게 정의되며, 교과의 정보와 기술들은 생기 없이 일괄적으로 학생들에게 제시된다. 이 정보와 기술들은 교사로부터 학생에게 넘겨지고, 그 이후에는 평가를 통해 학생으로부터 교사에게 넘겨진다.

이러한 교육은 학교에서 다루는 각각의 교과와 주제들이 완전히 서로 별개의 것이라는 일반적인 믿음에 기초한다. 하지만 이 믿음은 역사적으로, 인식론적으로 그리고 교육학적으로 옳지 않다. 탐구와 학문은 질문, 가설 설정, 추론, 개념화 과정을 거친다. 그리고 이 과정은 모든 교과에 공통적으로 작용한다. 게다가 인격, 가족, 진리, 지식, 인과관계, 시간, 진실, 아름다움 등의 개념은 여러 교과의 공통적인 관심사로 개개의 교과들은 적어도 개념적, 구조적 뿌리의 일부를 공유하고 있다.[23]

여기서 잠시 평가에 대한 까다로운 질문에 답해보고자 한다. 우리는 사고를 질적으로 평가할 방법을 만들어 내야 한다는 도전을 가볍게 여기지 않는다. 특히 기술의 전이가 반드시 포함되어야 한다는 주장을 고려하면 더더욱 그렇다. 하지만 내용 평가에 집착하는 것은 반성적 사고와 탐구를 중시하는 교육과정에 집중하는 데 걸림돌이 된다. 특히 매우

---

23   일반적 사고 전략 대 특수 영역적 사고 전략 간의 문제는 현대 교육학자들 사이에 논쟁거리가 되어왔던 문제였다. 비록 여기에는 이분법이 문제시되어 있지만 말이다(Pritchard 1991 참고). 이 주제와 관련된 최근의 사고에 대한 요약에 대해서는 Hager(1991, 1992) 참고. 철학은 분명 그 방법을 다른 모든 과목에서도 작동시킬 수 있는 절차와 개념을 가지고 있다. 많은 학교에서 '통합 교육과정'이 실행되어 왔는데, 그것은 이와 같은 공통적인 과정과 주제들을 반영한다. 통합 교육과정의 아이디어는 탐구공동체의 방법과 어린이철학 모두에 밀접한 관계를 맺고 있다.

특정한 교과주제 중심의 평가가 중등학교에서 초등학교로까지 확장되고 있는 현실 속에서는 더욱 그렇다.[24] 실제로 많은 교사들은 교육과정에 짜인 대로 진도를 나가고 시험을 준비해야 하는 압박 때문에, 학생들이 어떤 주제에 큰 관심을 보여도 이를 탐구하지 못한 채 그냥 넘어가야만 하는 좌절을 느낀다. 한편 학생들은 답이 정해지지 않은 토론에 대해 시간 낭비라며 불평한다. 정작 시험은 사실적인 내용에 대한 지식만을 평가하기 때문이다.

2) 학교 교육의 비연관성이라는 주제로 돌아가 보자. 앞에서 인용한 코스타 논평의 이면에는 과학이나 역사 같은 교과 내용에 대한 교수학습과 과학자나 역사가의 실제적인 '실습' 사이를 잘못된 이분법으로 나누고 있다. 여기서 '실습'이라는 단어 선정은 적절하다고 할 수 있다. 전문가들의 연구 활동은 일종의 훈련에 참여하는 과정이며, 조심스럽고 불완전하게 이루어지기 때문이다. 만약 학교에서 다루는 과목들을 넓은 의미의 탐구로 이해한다면, 학생들과 교사는 전문가가 하는 것과 거의 유사한 방식으로 실습할 기회를 얻게 될 것이다. 이때 가르침과 배움은 그 자체로 생각하기, 말하기, 행동하기, 만들기, 실험하기, 극화하기, 놀기, 자기수정에 기초한 활동들의 집합체로 녹아든다.[25]

3) 교육과정의 파편화와 그로 인한 비연관성은 전통적인 방식의 교

---

24 Alan Bishop 교수는 영국과 호주에서의 교육 경험에 대해 다음과 같이 썼다. Melbourn Age(1994b).

시험은 항상 중등 교육과정의 용어로 정의된다. 이것은 주제 통합학습이나 교과 통합학습을 하려고 했던 초등학교가 스스로 불이익을 발견하고 그만두어야 함을 의미한다. 우리는 지금 학교 교육과정이 매우 좁고 매우 특정한 용어들로 빠르게 정의되어 가고 있는 것을 보고 있다.

25 Michael Norman은 '다시 살아봄(reliving)'이라는 말로 역사를 멋지게 표현하듯이, 각 교과도 그래야 한다고 말했다. Norman(1992) 또는 Gardner(1991) 참고.

육으로 인해 더욱 악화되고 있다. 전통적 교육 환경에서 학생들은 학교에 다니는 동안 주변 친구들과 생각이나 아이디어를 공유할 기회가 많지 않다. 일반적으로 특정 과목을 위한 교수요목은 학습자의 관점을 제대로 고려하지 않은 채 짜인다. 학생들은 소통을 위한 시간에서조차 다른 학생의 견해를 듣기(말 그대로 '듣는' 활동) 힘들어한다. 이와 대조적으로 학생들이 탐구공동체에 참여함으로써 얻는 많은 이점 중 하나는 현재 다루고 있는 주제에 대한 다른 이들의 생각에 귀 기울이는 능력을 기르게 된다는 것이다. 아이들은 자주 다음과 같은 말을 하곤 한다. "나는 우리 반 친구들을 알고 있다고 생각했어요. 하지만 친구들이 어떤 생각을 가졌는지는 전혀 모르고 있었어요."

4) 학생들은 배워야 할 것이 자신들의 학교 밖 경험, 생각, 관심사와 연관성이 적다는 사실을 알고 있다.[26] 이러한 비연관성을 좁은 의미의 관련성으로 파악하는 것은 이 문제의 중요한 의미 하나를 놓치는 것이다. 비관련성에 대한 비난은 주로 교육과정이 자신들의 미래, 즉 직업인으로서 자신들의 미래를 제대로 준비시키지 못한다고 생각하는 학생들에 의해 제기된다. 그러나 침체된 고용시장은 불충분한 교수요목보다는 세계 경제 상황과 더 관련이 있다. 따라서 우리는 그 교수요목이 지적으로 감정적으로 윤리적으로, 그리고 미학적으로 풍성하고 다양한 경험에 필요한 기초를 제공하는지 여부에 다시 주의를 기울이고자 한다. 이러한 조건을 만족시키는 교육과정은 그것이 비록 사회적·경제적 문제를 해결하는 데 기여하지 못하더라도 '교육적'이라고 할 수 있다.[27]

네 번째 항목을 더욱 확장해 논의해 보자. 제1장에서 우리는 중요한

---

26 Silin(1992, p.258)은 이런 인식을 교사의 측면에서도 설명한다. 즉, '교사 스스로가 교육 내용에서 중요한 것들을 발견하지 못하면서 학생들을 그것에 반응하게 하는 것은 힘든 일이다.'

27 이 장 처음 부분에 있는 Dewey의 인용구를 상기하라. 이런 점에 대해 우리는 교육이 일종의 직업훈련이라는 개념과 전통적인 교육과정이 모든 학생의 필요를 충족하기에 적합하다는 반대 의견 모두를 거부한다.

문제에 대한 아이들의 판단력을 강화해야 한다고 주장하였다. 여기서 말하는 중요한 문제에는 교육과정상의 공식 교과 안팎의 주제나 관심이 필연적으로 포함된다. 왜냐하면 판단(그리고 이유 대기나 기준 세우기 같은 관련 활동)은 본질적으로 관계 만들기, 연결하기와 밀접하기 때문이다. 따라서 아이들은 판단을 내리고, 비교하고, 평가하는 연습을 통해 의미를 발견한다고 볼 수 있다. 이는 아이의 학습에 대한 전통적인 관점과 대조된다. 전통적인 관점에서 볼 때, 학습이란 서투른 이해의 형태로 의미가 먼저 오고, 판단을 내리는 형태인 적용이 나중에 온다. 이 견해는 학생들의 학교 교육에 대한 요구를 정당화하지 못하는 빈약한 의미 개념을 전제로 한다.

학교를 처음 다니기 시작할 때의 긍정적인 상황을 기억하는 학생들은 학년이 올라가면서 마주하는 학교 교육의 부정적인 현실을 견디기 힘들 것이다. 우리가 관찰한 바에 따르면, 저학년 때는 학생들의 개인적인 관점과 경험을 고려하여 구성된 활동들이 학생들의 자존감을 높이는 데 기여한다. 그러나 학년이 올라감에 따라 학생들은 동시대 사회의 요구에 따라 짜인 교실 시간표에 따라 학교생활을 하게 된다. 그 결과, 개개의 아이는 활력 있고 동적인 존재가 되기보다는 자신을 고려하지 않은 채 돌아가는 시스템의 구성 요소로 전락한다. 이런 상황에서 학생들은 교육과정을 자신과 대립하는 것, 혹은 적어도 자신과 상관없는 것으로 인식한다. 뿐만 아니라 자신의 고유한 아이디어와 생각을 합당하게 표현하고자 하는 욕구를 거의 잃게 된다.

가상의 한 아이를 생각해 보자. 이 아이는 또래 집단의 압력과 날마다 반복되는 수업 시간표에 길들어졌다. 자신의 의견을 말할 때는 다른 사람들의 생각을 되풀이하는 경우가 대부분이다. 게다가 자존감도 낮아서 자율적이고 합당한 사람이라고 할 수 없다. 이런 아이에게 개개의 주체가 지닌 고유한 아이디어와 생각이 교육적으로 중요하다는 것은 아주 먼 이야기이다. 이 아이는 스스로를 주체라기보다는 객체로, 그리고 타인들의 결정에 의한 피해자로 자신을 인식한다.

아이들이 무엇을 생각하고 무엇을 가치 있게 여기는지 이해하고자 하는 최근의 입장은 다음과 같이 주장한다. 일반적으로 아이들도 '자연의 세계, 수(數), 역사적 사건, 경험'에 대한 명확한 관점을 가지고 있으며, 이를 통해 세상이 어떻게 작동하는지 설명한다는 것이다.[28] 우리가 여기서 다루고 있는 소외와 비연관성은 아이들의 세계관을 평가절하하고, 심지어는 무시하는 우리 어른들의 경향과 정비례한다. 어른들은 대개 특정한 질문이나 문제에는 단 하나의 정답이 있다고 생각한다. 그리고 직관적인(이론적 토대가 없는) 아이들의 생각처럼 자신과 반대되는 생각은 틀렸다고 여긴다. 그러나 아이들과 함께 활동한 우리의 경험에 따르면, 이러한 어른들의 생각은 재고되어야 한다. 아이들도 자신의 관점에 대해 깊이 생각하고 근거를 댈 수 있다. 이 근거들이 어떤 의미에서 혼란스럽고 실수가 있더라도, 아이들 나름의 사고체계 안에서는 이치에 맞다. 만약 우리가 아이들의 생각을 주의 깊게 들으려 하지 않고, 그들의 사고체계를 이해하려 노력하지 않는다면, 우리는 아이들의 생각을 단순히 수정하게 하는 게 아니라, 아예 막아버리는 위험에 빠지게 된다. 어떤 대상을 있는 그대로 정확하게 묘사해야 한다는 명목으로 어른들이 아이의 생각을 함부로 수정하거나 조정하려 한다면, 아이들은 자신의 세계관과 이를 형성하는 사고체계가 전적으로 부정당했다고 여길 것이다. 그러나 아이의 관점과 어른의 관점 사이의 전이는 두 관점 사이에 어떤 연속성(연결)이 없이는 일어나지 않는다. 아이는 다른 길로 가라고 요구하는 사람들에 의해 자신의 길이 막혀버린 것을 발견한 여행자와 똑같은 곤경에 지적으로 감정적으로 직면한다. 그들은 두 길 사이의 길이 막혔기 때문에, 아이가 하나의 길에서 다른 길로 건널 수 없다는 것을 너무나 잘 알면서도 새 길을 가리키며 건너오라는 제스처를

---

28 하버드 대학교의 유명한 심리학자인 Robert Coles는 어린이들의 견해와 관점들을 주제로 하여 광범위한 글을 써 왔다. 다음을 참고하라. Coles(1977; 1986a,b; 1990; 1992).

취한다.

일반적으로 어떤 사람이 특정 견해가 옳다고 강하게 확신하는 경우, 그는 단순히 그것을 믿는다고 주장하기보다는 다른 사람들에게 자기 견해가 옳다고 설득하려는 자기 합리화 요구에 집착한다. 왜일까? 고집이 적절해 보일 때도 있지만, 그것은 어떤 지식도 이해도 만들어 내지 못하기 때문이다.[29] 더구나 만약 자신의 주장을 우기기만 하는 사람이 교사가 된다면 어떨까? 우리는 다음 두 가지의 부적절한 결과가 단독으로, 혹은 모두 일어날 것으로 예상한다. 첫째, 학생들은 구체적 상황 속에서 합당한 분별력이 아니라 권위의 힘에 의존해서 배우게 될 것이다. 둘째, 학생들은 습관적으로 그러한 권위를 거부하고, 그들 자신의 무비판적이고 무반성적 견해에 매달릴 것이다.

매달린다는 것은 그것에 대한 절박함을 보여준다. 자신의 견해나 아이디어 혹은 신념이 도전받고 있음을 감지하는 아이들은, 특히 새로운 지식이나 이해에 연결할 방법이 없다고 생각하는 아이들은 자신의 신념을 포기하지 않으려 한다. 잠시 종전의 예로 돌아가 보자. 가던 길이 막힌 아이는 아마 그 자리에 그냥 머물기로 결정할 것이다. 그래서 아이들은 자신만의 피난처에 안전하게 머물면서(비록 이 피난처가 제한적이고 기만적이더라도) 자신이 지닌 일련의 가치와 신념을 고집하려 할 것이다. 내용이 콘크리트처럼 쏟아지는 현재의 학교 교육과정을 상상해 보자. 신념과 정보라는 두 번째 층이 첫 번째 층과 통합하지 않고 경쟁한다. 앞에서의 유추를 이어가 보자. 자신이 도달할 수 없는 새 길이 '저기 먼 곳에' 건설되는 동안, 우리의 여행자는 오래된 길 위에서 신음하고 있다. 학교에서 배우는 어떤 소중한 것도 진정으로 이 아이들에게 와닿지

---

29 교실의 물리적 안전을 넘어서서 이해보다 행동이 더 긴급한 환경 속에서는 고집이 합리적 설득 위에 군림할 것이다. 수영장에 발을 들여놓으려는 어린아이는 먼저 붙잡고 나중에 따져야 한다. 이것은 필연적으로 삶과 죽음의 문제에 있어 더 좋은 판단을 내리도록 어떻게 가르쳐야 하는가에 관한 질문을 일으킨다. 제6장과 제7장 참고.

않는다. 즉, 그것이 만들어진 교육시스템 바깥에 있는 아이들의 삶과는 아무런 연관성이 없다.

철학자 화이트헤드는 공교육에서 얻어지는 '지식'의 비연관성과 그로 인한 비활성적 본질을 언급하기 위해서 '무기력한'이라는 용어를 사용하였다. 폴은 이러한 무기력한 지식이 새로운 영역으로의 전환을 방해한다고 주장한다. 왜냐하면 학생들은 이미 아래와 같이 설정된 신념과 아이디어에 묶여 있기 때문이다.

> 학교 교육이 아이의 '활성화된 무지(activated ignorance)'[학생이 고수하는 조야한 믿음과 가치들을 일컫는 폴의 용어] 위에 단순히 포개어지는 한. 그 무지는 아이의 삶을 계속해서 지배할 것이다. 학업 역시 매우 무기력하게 유지될 것이다. 아마도 이것은 부분적으로 고위직을 포함한 많은 어른들이 종종 자기중심적인 아이인 양 말하고 행동하는 까닭을 설명한다.[30]

우리 자신의 생각이나 신념, 그리고 가치를 소중히 여기는 것은 잘못이 아니다. 오히려 이것은 세계 내의 존재가 되어가는 일이다. 그러나 우리 존재의 많은 부분을 차지하는 인지적이고 감정적인 요소들을 비판적으로 바라보고자 하는 의지와 능력 또한 필요하다. 비판적 성찰이 없다면 우리는 다른 사람들과의 관계 속에서 균형 잡힌 시각을 가질 수 없다.

우리가 여기서 말하고 있는 것을 명확히 하기 위해, 의견(opinion)과

---

30 Paul(1987, p.134), Whitehead(1929), Masters와 Mislevy(1993)는 '활성화된 무지(activated ignorance)'의 문제를 탐구한다. 호모 사피엔스의 후손이라는 신념은 종종 활성화된 무지를 이끌어 낸다. 최근의 보고서에 의하면 호주의 모나쉬 대학교에 다니는 5명의 의과 대학생 중 한 명은 아담과 이브의 존재를 믿으며, 거의 4명 중 한 명은 다윈의 진화론을 거부한다. 뿐만 아니라, 이러한 신념은 진화론에서도 지배적인 추세이다(Melbourne Age, 1994a). 일반적으로 과학교육 연구에 의하면, '복잡한 시험 문제를 잘 푸는 학생들이 비과학적인 설명에 의존하며, 실생활 문제에 직면할 때는 민간 신앙에 의지한다고 한다'(Doig et al, 1993, p.4).

관점(point of view)을 구분하고자 한다. 우리 대부분은 의견을 갖고 있고, 그것을 표현한다. 두통과 환각처럼 의견은 외부의 힘(특히 다른 사람들의 의견)에 기인하거나 자극받는다. 그러나 의견은 그 자체로 완전히 주관적이고 자기중심적이다. 우리 대부분은 이런저런 방식으로 편견이나 선입견을 가진다. 따라서 의견에 대해 반성적 성찰과 정당화를 거치지 않는다면, 그것은 '단지' 의견일 뿐이다. 의견은 대체로 무해하지만 때로는 해롭기도 하다. 편견과 선입견은 종종 폭력의 씨앗이 되기 때문이다. 어떤 사람들은 자기 의견이 지닌 지적 가치에 비해 과한 열정을 보이기도 한다.

관점도 의견처럼 열정적으로 유지될 수 있지만, 용어 그 자체가 시사하듯이 관점은 자신이나 다른 사람의 비판적 분석을 피해 갈 수 없다. 왜냐하면 그 관점은 소유자가 다양한 관점 중의 하나를 중요한 것으로 이해하고 받아들였기 때문이다. 대안적 관점들을 고려하면서 자신의 관점이 형성되는 것이다. 이때 관점은 일관성을 지녀야 한다. 따라서 누군가의 관점이 다른 사람의 견해와 일관성이 없거나 자신의 견해들과 조화를 이루지 못하는 경우, 관련된 사람들은 스스로의 관점을 반성하고 대안적 관점을 고려해야만 한다. 이런 의미에서 관점은 늘 자기수정적이다. 앞서 강조했듯이, 단 하나의 관점으로 인해 이전까지 받아들여졌던 견해들의 전체 연결망을 재고해야 하는 경우도 생긴다.[31] 이것은 자신의 견해에 늘 가능성을 열어두는 합당한 사람들의 특징이다. 또한 이것은 학생들에게 자기수정적 성향이나 증거와 논증에 적절히 반응하는 성향을 제대로 길러주지 않는 학교 시스템으로는 만들어지기 어려운 특징이다.

자신의 관점을 갖고 이를 표현하는 아이들은 좋은 사고에 있어 판단이 얼마나 중요한 역할을 하는지 잘 알고 있다. 그리고 그들은 판단의

---

31 W.V.O. Quine은 무신념이나 신념은 미래의 경험에 의해 수정되지 않는다고, 그의 고전적인 에세이 「Two Dogmas of Empiricism」에서 주장하였다(Quine, 1953).

근거가 되는 기준들을 세심하게 만들어 내고 면밀히 따질 수 있다. 쉽게 이야기하자면 관점은 판단의 문제다.

개인적 가치는 그것이 어떤 한 사람의 믿음과 관련되는 한, 단순한 의견이 아니라 하나의 관점이다. 그 개인적 가치들은 전적으로 주관적이거나 비판으로부터 자유롭다고 보아서는 안 된다. 실제로 개인적 가치들은 인지적 과정의 산물이어야 한다(제6장 참고).

자신의 의견을 관점으로 전환하지 못하는 학생들은 그들의 고유한 시각과 다른 사람들의 시각 사이에 조화를 이루지 못하고, 그 결과 세계관을 형성하는 데 어려움을 겪는다. 우리가 이 장에서 묘사해 왔던 경향을 지닌 아이들이다.

폴은 토론을 통해 단순 논리적 사고를 복합 논리적 사고로 전환할 수 있다고 보았다(제2장 참고). 이때 그는 '합리적 열정'이라는 용어를 사용하곤 했다. 합리적 열정이란 자신의 관점뿐만 아니라 탐구의 절차에 대해서도 강한 열정을 지닌 상태이다. 여기서 탐구의 절차란 여러 사람이 자신의 견해를 수정 가능한 잠정적 상태로 둔 채, 서로의 생각을 활발하게 나누는 과정이다.[32] 합리적 열정은 이성과 지성, 정서와 감성 사이의 보이지 않는 틈을 연결하는 다리 역할을 한다. 우리는 학생들이 이러한 열정을 발달시킬 수 있다고 한 폴의 말에 동의한다. 다음은 합리적 열정이 추구해야 하는 구체적인 항목이다.

> 명료함, 정확성, 공정한 마음, 무언가의 근원에 도달하고자 하는 열의 …… 자신과 반대되는 관점에 공감하며 귀 기울이기, 증거 찾기에 몰두하기, 모순 지양하기, 대충 생각하지 않기, 일관된 기준 적용하기, 사욕보다는 진실에 초점을 두기 - 이것들은 합리적인 사람에게 필수적인 요소이다(Paul, 1987, p.142).

---

32 Paul(1987, pp.141-2; 1990a, p.566)은 '합리적 열정'이란 낱말을 R.S. Peters에서 찾고 있다. 또한 Scheffler(1981)는 듀이 또한 이성과 감성을 동시에 말하는 것에 대해 주저하지 않았다고 했다.

그러나 실제로 학생들은 자신이 믿는 것을 조직하고 표현하기 위해서 어떤 방식으로 읽고, 쓰고, 생각하고, 듣고, 말해야 하는지 알지 못한다. 특히 그들은 비판적 읽기를 어려워한다. '합리적 열정'이 없는 것이다. 실제로 또래 집단의 흥미를 넘어서서, 자기가 진정으로 관심을 가지는 것도 별로 없고, 순수한 몰입을 느끼는 경우도 거의 없다. 그들은 세계 자체와 단절되어 있다고 말할 수 있다.

4. 경험의 기만적 안전성을 넘어서기

아이가 열정에 대한 적절한 감각(우리식으로 표현하면 관심)을 계발하도록 도와야 한다는 폴의 주장은 교실을 탐구공동체로 만들어야 한다는 생각과 통한다. 이러한 주장의 핵심은 제2장에서 다루었던 토론의 구성 요소와 같다.

- ◆ 상호성의 원리와 개인에 대한 존중을 바탕으로 하는 평등주의적 환경
- ◆ 각 구성원이 지닌, 혹은 탐구하면서 공유한 관심과 흥미에 민감한 환경
- ◆ 폐쇄적 분위기와 확정적 결론의 지양 : 여전히 불안정하고 해결되지 않은 채 (문제적이고 논쟁적인 채) 남겨지는 문제가 늘 있을 수 있다는 감각
- ◆ 자기수정적 사고
- ◆ 눈에 띄는 움직임과 성장

학생들이 자기 경험의 기만적 안전성을 넘어서도록 도와주어야 한다는 것은 교육을 통해 의견을 관점으로, 미숙한 열정을 합리적 열정으로 전환할 수 있도록 도와야 한다는 말이기도 하다. 이러한 전환을 위해서는 교실을 '토론하는 탐구공동체'로 재규정해야 한다.

이때 교사는 교실을 탐구공동체로 만드는 과정에서 다음과 같은 해

결 과제와 마주한다. 우선 모든 학생들의 활발한 참여를 이끌어 내는 교육과정을 구성해야 한다. 그렇게 함으로써 수동적인 정신에 무기력한 수업 내용을 쏟아붓는 극단이나, 반대로 교과 내용과 지나치게 단절된 활동이 고무되는 극단을 피해야 한다. 이를 위해 교사는 아이들이 자신의 경험과 관점을 다른 사람들과 잘 조화시킬 수 있도록 도와야 한다. 여기서 '다른 사람'이란 아이들의 삶 속에서 직접적인 관계를 맺는 사람일 수도 있고, 과거 세대로부터 축적된 지혜나 지식 혹은 전통을 대변하여 주장하는 사람들일 수도 있다.[33] 이러한 조화의 과정에서 탐구 공동체에 참여하는 것은 필수적이다. 협력적인 탐구를 통해 학습하는 아이들은 지적으로 좀 더 만족해한다. 왜냐하면 그들은 자기 사고와 경험을 인간 탐구의 그물 속에서 짜고 있기 때문이다.

앞에서 우리는 의미의 탐색이 교육의 필수과제이며, 의미의 형성은 관계나 연결을 만드는 것과 밀접하다고 주장하였다. 존슨(Tony Johnson)은 가르침과 배움을 예술적 노력으로 묘사한다. '예술가로서의 교사는 "학생에 대한 존중과 가르쳐야 할 것에 대한 존중"을 조화시킨다. 또한 예술가로서 학생 개개인의 사적인 세계와 관념적인 좀 더 넓은 세계를 연결하는 다리도 놓아준다.'[34]

존슨은 교사를 '번역가'에 비유하기도 한다. 교과의 주요 개념을 학생들이 이미 가지고 있는 용어와 연결하여 표현하기 때문이다.[35] 이것은 하나의 언어를 다른 언어로 번역할 때처럼, 의미를 단순히 보존하는 것이 아니라 의미를 구성하고 확장한다. 이런 점에서 번역은 공동의 언

---

33 우리는 Jonathan Silin(1992, p.159)의 학교에 관한 비전에 공감하는데, 그는 학교를 사람들이 의미를 추구하고, 교과목 속에 기호화되어 있는 과거 사람들의 지혜에 점점 다가감으로써 그 의미를 더 풍부하게 하는 공간으로 보고 있다.

34 Passmore(1980)의 말을 인용한 Johnson(1989, p.35).

35 Johnson(1989, p.35) 우리는 탐구공동체에서 다리를 놓는 번역의 역할을 교사와 학생이 함께 가진다고 덧붙인다. 존슨은 탐구공동체에서 '학생들이 발표 내용을 듣고 그것을 자신의 준거 틀에 연결하는 번역을 스스로 한다'라는 점을 지적하면서 한 걸음 더 나아간다(p.37). 철학적 탐구에서 번역의 중요성, 혹은 '의미 만들기'의 중요성은 제5장에서 다룰 것이다.

어를 나누거나 나누려고 시도하는 사람들 사이에서도 이루어진다. 탐구공동체에서 각자 자기 생각을 만들어 갈 때도, 혹은 다른 사람의 생각이나 말을 이해하려고 애쓸 때도 번역은 일어난다.[36] 일상적 의미에서의 번역이 언어 소통을 가능하게 한다면, 우리가 사용하고 있는 좀더 풍부한 의미에서의 번역은 토론에 필수적인 조건이다. (역도 가능하다. 토론이 없다면, 번역도 없다.)

짜기(weaving)의 과정을 통해 만들어지는 연결이라는 우리의 용어는, 가르침을 예술에 비유하는 존슨의 이미지와 잘 어울린다. '엮어 짜기(interweaving)'라는 말이 더 적절해 보이는데, 왜냐하면 우리는 아이들이 자신의 관점과 다른 사람들의 좀 더 공정한 관점 사이를 오가며, 개인적 관점을 초월하거나 넘어서려는 과정을 그리고 있기 때문이다. 이런 점에서 '엮어 짜기'는 의미 구성의 핵심적인 부분이다.

엮어 짜기는 역동적인 과정이다. 여러 방향으로 짜이며, 작은 부분들이 좀 더 커다란 전체 속으로 통합되기도 한다. 이런 과정은 의미의 구성적 본질을 반영한다. 한 사람의 관점이 다른 사람의 관점과 통합되면서 더 큰 관점에 의해 변화되기도 하고 변화시키기도 한다. 아이들은 크든 작든 개인적인 시각 안에 자신의 고유한 관점을 위한 여지가 있다는 것을 느껴야 한다. 하지만 자신의 관점 안에서 좀 더 큰 그림을 위한 여지를 찾는 법도 배워야 한다.

엮어 짜기는 작은 실낱들을 엮어 전체로 통합하는 일이다. 이것은 의

---

36 또한 탐구공동체에서 번역은, 예를 들어 하나 이상의 언어가 사용될 때, 또는 아이들이 상징적인 표현과 그림 형태의 표현 사이를 오갈 때, 또는 일상어와 표준화된 논리 언어 사이를 오갈 때(예를 들면, H/M 2장 참고) 좀 더 친숙하다. 탐구공동체는 한 가지 방식에 약한 아이들이 더 강한 다른 아이들의 방식을 참고하도록 도울 수 있는 이상적인 체재이다. 번역은 다양한 방식들이 가진 의미론적 원천 또는 언어적 원천이 심각하게 부족하면 덜 효과적이다. 이는 아주 나이 어린 아이들이 처음으로 말하는 것을 배우는 것과 마찬가지이다. 그런 아이들은 의미 획득을 위해서 더 직접적이고 명시적인 접근이 필요하다. 이것은 사람은 완전한 혼돈과 무지 위에서 어떻게 어떤 것을 이해하기 시작하는가에 대한 의미론적 당혹감을 불러일으킨다. 다행히도 탐구공동체에서는 공유된 개념들의 토대가 -끊임없이 의심하고 재구성해야 함에도 불구하고- 탐구를 위한 하나의 출발점이 되어준다.

미를 만드는 과정이 특정한 항목들 즉, 단어, 경험, 사건들에 초점을 두는 반면, 엮어 짜기는 문장, 이야기, 삶, 세계와 같이 더 넓은 패턴들을 이해하는 일이다. 전형적인 예로 철학은 전체를 이해하고자 하는 일반적인 기획이지만, 실제로는 일반인이 보기에 현학적이고 무의미해 보이기도 하는 진리, 실재, 선, 아름다움과 같은 좀 더 특정한 질문들을 다룬다. 철학에 참여하는 아이들이 조금씩 깨닫는 것처럼, 더 큰 목적을 향해 가는 길은 멈칫거리면서도 세심하게 작은 걸음을 떼는 것 외에는 없다.

이 장의 앞부분에 나오는 토론은 우리가 말하는 엮어 짜기의 예를 보여준다. 아이들이 친숙하면서도 흥미로운 '우정'이라는 개념을 다루면서, 어떻게 예와 반례를 활용하여 서로 다른 관점들을 지지하거나 도전하는지 주목해 보라.[37]

이 장의 일반적인 접근에 따라, 우리는 우리의 분석이 가져올 수 있는 철학적 문제를 우회하고자 한다. 예를 들어 각 개인의 경험을 넘어서는 일반적인 관점에 대해 일관된 무언가를 말하는 문제이다. 주어진 쟁점에 대해 어떤 한 사람이 생각한 것보다 훨씬 더 많은 논의가 가능하다는 것은 의심의 여지가 없다. 그 사람이 실수했을 수도 있고 아니면 적어도 전체적인 그림을 보지 못했을 수도 있다. 누군가가 생각한 것이 사실로 판명될 수도 있다. 이런 접근에 의하면, 결국 '그래, 하지만 우리가 말한 것이 정말 사실일까, 그럴듯한가?', '반례나 대안적인 관점이 없을까?' 등과 같은 질문의 여지를 남기면서도, 우리는 개인의 관점과 시각에 무게를 두고 가치를 부여할 수 있게 된다.

지금까지 발견되지 않은 반례로 타인의 관점을 수정하거나 문제 삼기 위해서는, 그런 자신의 수정과 조정이 보다 더 완벽한 지식과 이해를

---

37 이 책에서 우리가 다루고 있는 토론은 아이들이 개념에 대한 자신들의 이해를 확장하고 예를 들고 또 도전하기 위해 자신들이 가진 명료하고 생생한 경험을 끌어내면서 얼마나 일반적인 개념에 초점을 잘 맞출 수 있는지 보여준다.

부단히 찾는 노력 속에서 이루어져야 한다는 것을 이해해야 한다. 이를 위해서는 자신의 개인적인 관점이라는 (기만적인) 안전지대로의 후퇴와 경험의 제한을 무릅쓰고 대상의 '진짜 모습'을 결정해 보려는 도달할 수 없는 목표 사이의 균형을 찾는 도전이 필요하다. 바로 지적 용기와 겸손이 결합된 균형이다. 다시 말해 자신의 신념을 정당화하려고 노력하면서도 그 정당화에 문제가 있을 수 있다는 것을 아는 것이다. 이러한 균형을 통해 우리는 한편으로는 지구가 평평하다거나 노예제도는 좋은 것이라고 주장했던 사람들이 잘못이라고 말하면서도, 다른 한편으로는 그 반대에 대한 우리들의 신념도 언젠가는 책임져야 할 것이 될수 있다는 점을 염두에 두게 되는 것이다.

우리는 이러한 균형이 이루어진, 또는 최소한 의식적으로 추구되는 교실을 마음에 그린다. 여기서 학생들은 자신은 물론 다른 사람들의 개인적 경험과 성찰을 가치 있게 여긴다. 왜냐하면 그 원료들을 가지고 아이들은 실제의 그림을 그리기도 하고 한 개인의 경험을 넘어서는 그림도 그려 보려고 시도할 수 있기 때문이다. 이러한 교실에서는 개인, 개인 상호 간 그리고 '개인적 초월'이 위태롭기는 해도 점점 더 만족스러운 조화를 이루며 혼합된다. 그런 교실을 우리는 '탐구공동체'라고 부르는 곳이다.

탐구공동체는 다음의 두 가지 사이에서 완충재 역할을 한다. 하나는 개인적이고 주관적인 것이다. 다른 하나는 특정한 개인이나 사회적 신념에 좌우되지 않는 관점에 이르는 길을 제공하는 일련의 표준이 필요한, 도달하기 힘들고 객관적이고 중립적인 실제이다(Hostetler, 1991, p.3). 다음 네 가지 사이에서 무엇을 택해야 하는지 곤란한 교사들에게 이러한 완충재는 반드시 필요하다. 즉, (자신이 생각한 것은 무엇이든 옳거나, 적어도 중요한 단 하나라는) 주관주의, (모든 관점은 동등하게 옳기 때문에 어떤 것도 비판할 필요가 없다는) 조야한 상대주의, (모든 관점을 넘어 '사실'을 파악할 수 있는 척하는) 중립성, (특정한 관점을 강요하고 그것이 '객관적'이라고 주장하는) 편파성 사이의 딜레마이다. 탐구공동체 안에서 아이들의 의견은 다른 사람들의 관점과 영향을 주고받으면서도 자신의 고유한 진정성을 유지하는 진정한 관점으로 변환된다.[38]

해리가 탐구공동체에서 안쿠나의 은유를 수정하였을 때 마음속에 가지고 있던 생각이 이것인 것 같다(H/N, p.94). 안쿠나는 교실에서 선생님이 앞에 서 계실 땐 선생님이 학생들의 얼굴을 보게 되지만, 뒤에 계실 땐 학생들의 뒤통수를 보게 된다는 비유를 들면서, 모든 사람들은 자신만의 시각에서 사물을 본다고 주장한다. 그러나 해리는 안쿠나의 주장은 진실의 부분일 뿐이라고 주장한다.

> 중요한 것은, 선생님이 교실 앞에 계시면 우리들의 얼굴을 보게 되고, 교실 뒤로 가시면 우리의 뒤통수를 보게 된다는 사실이야.[39]

안쿠나는 의견의 차이에 초점을 두어 은유적으로 설명하고 있다. 한편 해리는 다른 관점도 서로 관련이 있으며, 이러한 관련을 인식하고 이해하는 것은 이 세계 속의 우리를 이해하는 데 매우 중요하다고 생각한다. 그러한 인식과 이해로 나아가는 것, 그래서 의미를 만드는 것은 탐구공동체의 중요한 목표이다.[40]

---

38 상대주의와 객관주의의 이원론을 묘사하기 위해 받아들일 만한 말을 찾는 것은, 특히 포스트 모더니스트의 사고의 영향 아래서는, 철학적으로 논쟁적인 문제이다. Code(1991), Rorty(1989) 그리고 Nagel(1986)은 신만이 가능한 '전지적 관점'을 채택하는 객관주의의 아이디어를 거부한다. Rorty(1989)는 '연대'를 우연적이지만 그럼에도 동의를 가능하게 하는 실제적인 연결 감각이라는 관점에서 말한다. 그리고 그런 연대는 우리를 '그들'이 아니라 '우리'로 생각하게 한다고 한다. Code는 좀 더 조심스럽게 '완화된' 그리고 '비판적인' 상대주의에 대해 언급한다 (Code, 1991, p.320).

39 이야기에서 Harry는 자기가 한 말에 대한 Lisa의 해석에 찬성한다. 즉, '우리는 다른 사람들의 관점에서 사물을 보도록 노력해야 한다'라는 것이다. 그러나 감정이입의 중요성에 대한 이런 윤리적 관점이 문제의 다가 아니다. 지식과 이해의 가능성은 광범위한 영역의 견해나 관점들을 함께 고려하는 데에 달려 있다.

40 공동체의 역할에 대한 이 견해는 지지를 얻고 있다. Dewey, Kuhn, Rorty, Arendt, Bern-

따라서, 우리는 탐구공동체가 세상을 '있는 그대로' 드러낼 수 있다고 주장하지 않는다. 마치 탐구 과정에 무언가가 예정되어 있거나 심지어 이미 정해진 결과가 존재하는 것은 아니라는 말이다. 그 대신 우리는 탐구공동체의 일원들이 자신이 경험한 바에 따라, 그들 자신을 포함한 세상을 심도 있고 폭넓게 이해할 수 있다고 말한다. 그들은 자신의 관점이 비록 중요할지라도 여러 관점 중 하나에 불과하다는 사실을 이해하게 된다. 또한 그들은 그 자체로 공동체의 산물이거나 발견물인 실제에 대한 개념을 향해 나아가게 된다. 퍼스의 표현에 따르면, 그러한 개념은 '나와 너의 변덕과 독립'되어 있지만, 구성원들에게 지속적 준비가 되어 있는 한 공동체의 울타리를 벗어나지는 않는다.[41]

제2장에서 우리는 탐구공동체의 핵심적인 동력으로 토론을 소개하였다. 그리고 아이들에 대한 존중과 함께 교사를 포함한 모든 구성원이 진정한 토론에 참여하는 공동의 탐구가 교수학습의 중심이 되어야 한다고 주장하였다(여기서 진정한 토론은 피상적이고, 아집으로 가득 차고, 작위적인 수사적 질문과는 대조된다).

이러한 제2장의 결론은 이번 장의 중요한 주제들로 강화되고 있다. 바로 연결하기와 엮어 짜기를 통한 의미 구성이다. 토론은 연결을 위한 고리들과 짜임을 위한 실을 제공한다. 우리가 앞서 강조했던 것처럼, 토론에서는 교사뿐 아니라 학생들도 번역자로서 탐구공동체에 참여한다. 물론 토론이 없다고 의미 있는 배움이 일어나지 않는 것은 아니다. 하지만 토론이 존재할 때 의미 있는 배움이 일어날 가능성이 높다고 말할 수 있다. 그 이유는 간단하다. 동등한 사람들끼리의 직접적인 의사소통이야말로 다른 사람의 관점을 자신의 개인적인 관점에 통합하려는 사람들이 사용할 수 있는 유일하게 신뢰할 수 있고 조직적인 역동성을 가

---

stein 등의 언급은 Hostetler(1991)를 참고.

41 Sharp(1993b, p.56)에서 인용.

지기 때문이다.

탐구공동체에서의 토론은 엮어짜기를 드러내면서 동시에 창조한다. 토론은 개개인의 생각을 반영하고 또 창조해 내기 때문이다. 공동체 안에서 표면화된 (혹은 생각으로서 내면화된) 토론은 필연적으로 공동체 구성원들이 인지적, 정서적, 신체적, 미학적으로 상호작용할 수 있도록, 일종의 대인 관계적 성찰을 이끌어 낸다. 뿐만 아니라 구성원들이 구체적인 것과 경험적인 것, 추상적인 것과 개념적인 것 사이를 오가도록 돕는다. 이러한 오고 감이 적절한 이유로 지지받는다면, 그것은 개념과 규칙, 원리들이 구성되고 조정되고 적용되면서 생각의 질을 향상하는 탐구의 본질적인 부분을 이룬다. 단지 개인적 일화나 경험의 진술로는 인지 발달이 충분히 이루어질 수 없다. 하지만 한편으로는 친숙하고 구체적인 경험이 없다면, 우리의 일반적인 개념과 원리는 빈 구조물이거나 채워지기만을 기다리는 구멍처럼 내용이 없는 형식으로 남게 된다.[42]

우리에게 의미를 만들고 세계를 이해할 수 있는 능력이 있다는 관점에서 볼 때, 추상적인 사고와 개념을 통해 구체적인 대상과 경험을 엮어짜는 일은 매우 중요하다. 교육을 통해 아이들이 그들의 세상을 이해하도록 돕기 위해서, 교사와 교육과정은 아이들의 경험이 지닌 개별적인(구체적인) 면과 개념적인(추상적인) 면을 모두 중시할 필요가 있다. 바로 이 점에서 탐구공동체가 진가를 발휘하게 된다. 탐구공동체 안에서 아이들은 그들의 구체적인 경험 안에 개념적으로 함축된 내용 혹은 숨어 있는 가정을 탐색하기 때문이다. 그러면서도 아이들은 그들의 경험을 공유하고 가치 있게 여기며, 자신의 경험을 다른 사람들의 경험과 연결한다. 우리가 제1장에서 언급한 바와 같이 탐구공동체의 일원으로서 성

---

42 Kant를 좀 의역하자면 내용 없는 개념은 공허한 것. 개념 없는 경험은 눈먼 것이다. Kant(1787): A51-B75. Van der Leeuw(1993)가 암스테르담에서 어린이철학을 가르친 자신의 경험을 쓴 글은 이 견해를 확증한다. Silin(1992)은 '더 넓은 세계를 이해하기 위한 힘은 항상 특수한 경험 속에 내포되어 있다'(p.263)라고 말하는 Dewey의 후계자들을 지지한다.

장해 가는 것은 아이들에게 그 자체로 매우 의미 있고 중요한 경험이다.

이러한 말들이 지극히 당연한 내용을 되풀이하는 것처럼 보인다면, 우리는 독자들에게 그들의 교실에서의 경험을 되돌아보라고 권유하고 싶다. 여러분이 학급의 모든 아이들과 함께 최소 하루에 한 번이라도 진정한 토론을 해본다면, 이 책에 깔려 있는 걱정의 상당 부분은 눈 녹듯이 사라질 것이다.

이 장에서 우리는, 아이들이 세상을 더 잘 이해하기를 바라는 교사가 교육과정과 학교 교육에 적용할 수 있는 몇 가지 조건들을 구체화하려고 노력했다. 다음 장에서는 생각하기와 공동체의 관련성 그리고 철학과의 관련성에 대해 탐색할 것이다. 또한 철학이 넓게는 '의미 있는 교육', 부분적으로는 '더 나은 사고를 위한 교육'의 중심에 놓여 있다는 논지를 펼치고자 한다.

사고, 철학, 어린이철학

답을 찾는 방법이 명확하지 않지만, 철학적 질문은 특별히 깊이 있고 재미있다.

맥긴(McGinn), 1993, p. vii

'거울에 비치는 것은 진짜인가요?'

제인이 말했다. '선생님이 우리에게 준 것을 보기 전까지는 그 질문을 이해했다고 생각했어요.… 물론 그건 진짜 거울이에요 … (그녀는 손을 흔들면서 말했다.) … 지금 거울에 내가 보여요. 그런데 거울을 이렇게 돌리면 사라가 보여요 … (이때 모든 학생들이 손을 흔들었다) 하지만 나는 여기 있으니까 진짜 나를 보는 것은 아니에요. (모든 아이들이 동시에 그 거울에 포착되려고 아우성을 쳤다. 제인은 필사적으로 자신의 눈으로 그 허상들을 포착하려고 애썼다.)

이 아이들은 단순히 '정답'을 얻는 것 이상의 활동을 하였다. 그들은 철학적인 어떤 것을 시도하고 있다. 자신의 생각을 언어 능력 안에서 혹은 언어 능력의 한계를 넘어서까지 표현하려고 애쓰고 있다. 이런 유사한 활동을 보면서 내가 확신하게 된 것이 있다. 생각하기 어려울 때, 아이들에게는 몸짓 언어가 매우 중요하다는 점이다. 추측하건대 여러분도 그렇게 생각할 것이다.

제임스 베티(James Battye), 개인적인 편지 1993[1]

우리는 사고 그 자체를 하나의 교과로 가르칠 수 없다고 본다. 왜냐하면 기본적으로 사고기술이나 문제해결 전략은 진정한 주제나 교과로 여길 만한 개념적 풍부함과 깊이가 없기 때문이다.[2] 사고를 교과의 구조 밖에서 가르치려는 시도는 과학이나 역사 같은 교과를 과학적 사고 혹은 역사적 사고와 무관하게 개념화할 수 있는 것인 양 사고와 분리하는 것이다. 이는 (한 맥락에서의 사고가 다른 맥락으로 전이되거나 적용되는) 인지적 전이의 문제를 불확실하거나 불가능한 것, 혹은 그 둘 다가 되게 한다. 여기에서 기억해야 할 점은 사고가 발생하는 맥락과 그것에 실재를 부여하는 내용은 모두 의미의 중요한 측면이라는 점이다. 내용 없이 생각한다는 것은 의미 없이 활동한다는 것과 같다. 사고에 관한 논의에서 실제 생각과 아이디어를 제외하는 것은 언어를 묘사하면서 어휘를 없애 버리는 것과 같고, 가계도의 구조에서 가족 구성원을 없애 버리는 것과 같다.

만약 '사고' 그 자체를 하나의 교과로서 다루지 않는다면, 사고를 교육과정 전체와 관련하여 어떻게 다루어야 하는가? 사고와 탐구가 모든 전통적 학교 교과에 속한다고 생각하여, 각 교과에서 '사고'의 차원을 끌어내어 주의 깊게 가르치는 것이 남아 있는 유일한 선택인 듯이 보인

---

1 1993년 6월 5일. 참여자들은 뉴질랜드의 파크랜드 초등학교에 다니는 9살 아이들이다.

2 이 점에 대한 더 깊은 토론은 Splitter(1995a) 참고.

다. 개별 과목의 입장에서 사고를 가르치자는 이 제안은 매우 효과적인 방법으로써 귀가 솔깃해진다.

우리 역시 전통적인 학교 교과가 가진 '사고'의 차원을 끄집어내어 가르치는 데 동의한다. 사실 우리는 모든 교실 수업이 탐구공동체가 되어야 한다고 주장해 왔다. 그러나 여기에는 몇 가지 문제점이 있다.

첫째, 교육목표를 말하기는 쉽지만, 결실을 보기는 어렵다. 이 책을 쓰게 된 동기는 지금까지 학교 교육의 주 흐름이 사고의 질을 체계적으로 개선하지 못해 왔다는 것을 인정한 데서 나온 것이다. 목표와 관련하여 지금 우리가 집중하고 있는 질문은 '어떻게 이런 변화를 가져올 수 있는가'이다. 졸업 이후의 삶과 함께 학교 교과교육의 전반적인 과정을 포괄하는 사고의 개선을 궁극적으로 이끌 대안을 살펴야 할 때이다.

둘째, 우리의 경험에 의하면, 대부분의 교사들은 이미 터질 정도로 꽉 차버린 교과 내용에 사고의 차원을 '더하고' 싶어 하지 않는다. 숙지해야 할 강의 요목이 더 생기기 때문이다. 기존의 것만으로도 교사들은 힘겨워하고 있다.

셋째, 사고교육을 개별 교과의 맥락으로 국한하려는 것은 학교 교과들이 분리되어 있고 독립적인 것이라고 오해하게 만든다. 교과마다 나름대로 독특한 사고방식이 있는 건 사실이지만, 교과 전반에 걸쳐 공통적인 사고전략과 기술, 성향도 있다. 우리는 학생들이 교과의 맥락 속에서 사고하는 것을 배우기 원하지만, (역사적으로, 과학적으로, 예술적으로 생각하기 등) 그렇다고 각 교과 내용의 사고방식이 서로 완전히 다르다는 견해가 확고해지는 것은 원하지 않는다. 과학적 방법론과 인식론적 쟁점들이 역사 공부에도 활용된다. 이는 마치 미학적, 윤리적 고려들이 과학에서 탐구되어야 하는 것과 마찬가지이다. 나아가 반성적 토론, 탐구적 질문, 비판적이고 창의적인 사고, 개념적 분석, 그리고 다양한 차원에서의 추론 등은 모든 교과에 필요한 사고이다.

따라서 우리에게는 좋은 사고를 위해 학생들이 가져야 할 사고방식을 가르칠 교과의 구조가 필요하다. 이는 각 교과에서 이루어지는 사고를 강화해 준다. 이상적으로는 두 가지 접근 방식을 모두 사용하는 것이 좋다.[3] 그럼에도 학생들이 좋은 사고가 되기 위해 필요한 요소를 내면화하려면, 사고의 구성 요소 즉 사고기술, 사고전략, 사고성향에 익숙해져야 하며, 좋은 사고가 모형화되고, 실행되고, 격려되고, 가치 있게 여겨지고, 존중되는 상황에 적극적으로 참여해야 한다. 이를 위해서는 특정 교과 영역에 학생들을 참여시키는 전제조건이자 공통 조건으로서 모든 학생들이 접근할 수 있는 사고의 맥락이 제공되어야 한다. 우리는 철학이 바로 그 맥락이라고 믿는다. 철학은 교실 탐구공동체의 구조에 적합하다.

1. 철학과 사고: 견고한 협력

철학은 전통적으로 사고력 교육의 고향이다. 왜냐하면 철학은 과정과 내용에 있어서 사고 자체와 긴밀하게 연결되어 있기 때문이다. 나아가 철학은 다른 교과목들의 개념적, 인식론적 기초를 다루기 때문에 다른 교과로 가는 길을 제공한다.

철학을 정의하는 것은 매우 어렵다. 철학자들 사이에서조차 철학의 내재적 본성에 대한 합의점이 없다. 더욱이 철학 역시 다른 영역과 마찬가지로 그 특성에 대한 추상적인 목록을 통해서가 아니라 오히려 그 실천에 대한 반성을 통해 더 잘 이해된다. 그렇다 하더라도 철학교사는 자신이 실천하고 있는 것이 진짜 '철학'인지 자주 확인해 보아야 한다. 우리는 교육 당국자들이 사고와 탐구를 철학과 연결하는 것에 대해 늘 우호적이지는 않다는 것을 안다. 그런 이유로 이 장에서 우리는 사고력

---

3 사고가 영역 특화된 것인지 아닌지에 대한 논쟁에 대해서는 제3장 주 23 참고.

교육과 철학의 중요한 몇 가지 관계를 살펴볼 것이다.[4] 이러한 관계를 이해해야 아이들을 이 멋진 세계에 초대할 수 있다.

가. '사고에 대한 사고'로서 철학

교육과정은 … 내용과 방법 사이의 경계가 모호해질 수밖에 없는. 그럼에도 탁월한 기획이다.

제롬 브루너(Jerome Bruner)

반성적 혹은 메타인지적 사고는 사고의 구조적 개선을 위해 필수적이다. 규범적 구조로서 사고의 성장은 더 나은 사고가 무엇인지를 결정하는 표준과 기준에 의거한다. 모든 아이들은 자신의 사고와 친구의 사고에 대해 표준과 기준을 적용한다. 이러한 상황 속에서 학생들은 어떤 생각의 옳고 그름, 강함과 약함, 더 나음과 더 나쁨을 판단하는 데 필요한 기준과 표준을 세우는 것에 익숙해진다.

탐구공동체에서 이루어지는 사고는 조사하고 탐색하고 질문하는 탐구 그 자체의 과정이다. 탐구에서의 사고는 고유한 주제를 가지고 있지만, 경우에 따라서는 그 주제의 일부가 되기도 하고 원주제와 함께 얽히기도 한다. 탐구공동체에서는 반성적 사고의 과정이 내용이 되기도 한다는 의미이다. 이때 사고 과정에 대한 면밀한 탐색과 평가가 이루어져야 사고의 질이 개선된다. 예를 들어 토미가 근거를 들어 의견을 제시하였는데, 타라가 토미의 추론을 의심한다면, 타라는 토미의 사고에 대해 사고하는 것이다. (토미의 추론에 대해 판단한 것이다) 나아가 공동체 구성원 중에 좋은 이유가 무엇인지에 대해 질문할 수도 있다. 어떤 하나의 견해로부터 절차적인 문제로 옮겨갈 수도 있다. 아이들이 사고의 절차를 내면화하도록 돕기 위해서는 그들 나름대로 탐구의 중요성과 가치에 대해

---

4 이 전략은 제5장에서 교사가 아이들 토론의 철학적 특징을 확인하도록 돕기 위해 교실 수업 맥락으로 확대된다.

토론할 기회를 주는 것이 중요하다.

스스로 수정하고 개선하는 반성적 사고는 철학의 중심이다. 특히 판단하거나 평가할 때, 철학은 그런 사고의 본성을 검토하고 명백하게 하는 방법을 찾는다. 판단한다는 것은 스스로 세계에 대한 하나의 관점을 채택하는 것이다. 판단은 개념과 마찬가지로 모든 주제와 교과에서 이루어진다. 그러나 철학은 그러한 판단이 내려지고 평가되는 기초와 기준을 다루는 개념적 교과이다. 아이들이 잘 추론하여 판단하고 평가하는 사람이 될 수 있도록 준비를 돕는 것이 탐구공동체의 역할이라고 생각한다면, 이제 철학이 그러한 공동체의 형성과 유지에 어떤 역할을 하는지 살펴보자.

철학은 사고의 방법과 밀접하기 때문에 교육의 과정에서 매우 중요하다. 우리는 진실을 말하는 것을 소중하게 생각하고 좋은 삶을 살기 위해 노력한다. 그런데 철학은 '참과 선은 무엇인가?', '거짓말하거나 남에게 해를 주는 일은 허용되어도 되는가?'와 같은 질문을 한다. 우리는 비유를 통해 주장하고 유사성과 차이점으로 사물을 분류하는데, 철학은 비유나 유사점, 차이점의 본성을 검토한다. 우리는 특정한 규범과 기준, 가치와 표준들에 근거해서 이야기하고, 생각하고, 읽고, 쓴다. 철학은 우리에게 이러한 인식적 도구들의 본성과 적합성에 대해 반성해 볼 것을 촉구한다. 이러한 개념과 질문이 철학적 사고의 과정과 결과 둘 다를 구성한다.

탐구의 도구와 관련하여 철학은 다음 두 가지 사이의 균형점을 제공한다. 누구도 통제할 수 없는 외부적 사건에 대해 배우는 것과 세계를 완전히 주관적으로 보는 것(즉 모든 것은 단지 사적 견해이거나 취향이라고 보는 것) 사이에서 균형을 잡는 것이다. 철학은 균형 잡힌 시각으로 학생들에게 어떻게 이성적으로 사고하고 판단해야 할지 가르친다.[5]

---

5 제3장에서 우리는 진리와 주관적/객관적 특징, 특히 이런 개념들이 이해될 수 있는가 없는가와 관련된 다소 어려운 문제들을 지적했다. 그러나 철학이라는 분야 그 자체는 현시대적인 문제

철학적 토론에 참여하는 구성원들은 늘 표면 아래를 본다. 말하고 행동하는 것을 의미 있게 하고 정당화하는 어떤 숨은 규칙, 이유, 기준을 찾는다. 예를 들어 새 에이즈 백신이 발견이 아니라 발명이라고 주장하는 사람은 발견은 이전부터 있어 왔던 것이라는 전제를 깔고 있다. 거짓말은 언제나 나쁜 것이라고 주장하는 사람은 진실을 말해야 한다는 절대적 원리를 갖고 있는 것이다. 반면 특별히 고려해 봐야 할 경우나 다른 가능성을 제기하는 사람도 있을 수 있다.[6] 그런 경우 교사는 숨겨진 의도나 결과, 다양한 행동 등에 대해 살펴보도록 이끌어야 한다.

철학적 탐구공동체에서 판단과 그 기준들은 '높은 곳'으로부터 오는 것이 아니라 공동체 자체의 사려 깊은 숙고로부터 온다. '왜 그렇게 생각하지?', '네가 가정하는 것은 무엇이고 다른 사람들의 가정은 무엇이지?', '넌 왜 그렇게 구별하는 거지?'와 같은 질문으로 우리는 쉽게 기준에 대한 사고를 하게 된다. 각 교과가 자기 교과의 특징이 드러나는 판단을 지지해 주는 서로 다른 기준을 가지고 있다면, 철학은 그러한 판단과 기준의 개념이 실제로 무엇을 의미하는지와 같은 중요한 질문을 다룬다. 따라서 철학적 탐구는 판단이 일어나는 교과나 영역이 무엇이든 좋은 판단을 만드는 데 필요한 성향과 기술을 강화한다.

사고력 교육에서 철학의 역할을 잘 이해한다면 철학과 여타 교과가 가진 관계의 본성을 파악하게 된다. 철학은 다른 교과의 기초적인 사고에 깔린 기준과 표준을 검토하기 때문이다.

예를 들어 철학의 전통적인 하위 분과인 논리학과 윤리학을 살펴보자. 논리학은 나쁜 사고로부터 더 나은 사고를 구분하는 데 필요한 기준의 공식화와 평가를 다룬다. 이 기준은 그 본질에 있어 대체로 체계적이며 언어와 생각이 가진 광범위한 특징에 주목한다. 윤리학은 나쁜

와 논쟁이 분분한 그런 문제들에 의해 더 풍부해지면 풍부해질지언정 해가 되지는 않는다.

6 '선의의 거짓말'에 대한 유혹은 신부가 결혼식 직전, 진실된 답이 '끔찍하다'일 때, 가장 친한 친구에게 '나 어때?'라고 물어보는 상황에서 일어난다.

행동으로부터 더 나은 행동을 구분하는 데 도움을 주는 기준의 공식화와 평가를 다룬다. 이 기준은 의도와 결과에 주목한다. 논리학과 윤리학이 독립교과로든 다른 교과의 한 부분으로든 어떻게 가르쳐져야 하는가와 상관없이, 그 둘은 상호 관련된 철학의 하위 분과이다. 예를 들어 추리와 일관성은 두 분야 모두에서 핵심적인 개념이다.[7] 호주와 미국을 비롯한 다른 여러 나라의 정규학교에서 논리학과 윤리학을 가르치는 것이 성공적이지 못한 이유는 학교 교육과정에서 철학을 도외시했기 때문이다.[8]

철학적 사고를 훈련하고 개선하는 데 중요한 전략은 잠정적이고 논쟁적인 철학의 본성을 활용하는 것이다. 탐구공동체 내에서 그러한 전략 즉, 가정에 대한 질문이나 자기수정과 같은 사고를 체계적으로 사용하는 것은 매우 중요하다. 왜냐하면 그를 통해 공동체 구성원은 독단이나 지적 자기만족에 빠지지 않기 때문이다. 마찬가지로 건설적인 목적을 위해서도 이 전략은 유효하다. 왜냐하면 이 전략은 각 개인의 신념, 태도, 가치 등에 깔린 기본 가정에 대해 주의를 기울이게 하면서, 자신의 견해가 의존하는 토대를 검토하게 해주기 때문이다. 그리고 그 과정에서 한 인간으로서 자신에 대한 좀 더 탄탄한 감각을 성장시켜 주기 때문이다. 또한 이런 전략은 상대의 기본적인 신념이나 가치를 인정하지 못해서 생기는 갈등에 대해서도 좀 더 잘 이해하도록 이끈다.

이런 점에서 철학은 강력한 모델이다. 철학은 원칙적으로 의심이 필요 없는 가정이나 가치는 없다고 본다. 또한 철학은 자기수정적 사고로 면밀하게 검토하고 탐색하라고 격려한다. 만약 오랫동안 자신의 가정에

---

7 Dupont(1987, p.21) 또는 L/M 서문 참고. 이와 같은 상호관계는 흥미로운 문제이다. 교육학적으로 말하면, 우리는 한편으로는 인간의 행위를 논리적 규칙들로 축소하고, 다른 한편으로는 윤리적인 일관성이나 상호성과 같은 인지적으로 풍부한 관념들을 포기하는 양극단을 피해야 한다.

8 그러나 모든 나라에서 그런 것은 아니다. 스페인, 프랑스 그리고 포르투갈에서 철학은 오랫동안 중등 교육과정에 포함되어 왔다.

대해 의심해 본 적이 없거나 자기수정적 사고에 대한 필요를 느끼지 않고 살아온 사람에게는 철학이 다소 위압적으로 느껴질 것이다. 반면에 그러한 전략을 자기 삶의 이야기에 추가한다면 그 효과는 무한히 확장될 것이다.

나. 의미 탐구로서 철학

철학은 개념 분석 도구에 크게 의존한다. 철학적 토론이 '단순한 의미론'으로 무시되는 경우도 흔하다. 그러나 이전 장에서 확인했듯이 의미론은 의미와 이해에 대한 체계적인 공부로서 교육에서 매우 중요한 부분이다. 철학자들은 더 깊은 단계를 이해하기 위해서는 언어가 중요하다는 것을 깨달았다. '누군가를 배려하지 않으면서 사랑할 수 있나요?', '말의 자유는 권리인가요, 아니면 특권인가요?', '밤에 백일몽을 꿔 본 적이 있나요?', '"어떤"으로부터 "모든"을 추리해 내도 괜찮을 때는 언제인가요?', '어떤 것이 추하면서 동시에 아름다울 수(선하면서도 악할 수/사실이면서 거짓일 수) 있나요?'와 같은 질문에 대해 아이들이 고민하는 것이 단순히 낱말들에 대해 말하고 있는 것처럼 보일 수도 있지만, 이러한 질문과 개념을 다루면서 아이들은 인간의 경험을 이해하는 데에 있어서 언어(평범한, 매일의 일상적인 언어)의 역할과 힘을 체험하게 된다.[9]

공교육에서 모든 교과 활동은 체계적인 의미 탐구로 볼 수 있다. 예술은 인간의 표현과 창조성에 대한 더 큰 이해를 찾고, 과학은 자연에 대한 더 큰 이해를, 역사는 세계와 그의 과거에 대한 더 큰 이해를 찾는다. 제3장에서 우리는 의미 구성이 사고, 낱말, 행동의 엮어짜기 속에서 연결과 관계를 만들어 내는 것임을 확인했다. 그래서 의미 탐색은 예술

---

9 언어는 논쟁적인 추상적 개념(사랑, 자유, 진리)에서 익숙하고 편한 낱말로(사랑, 나무, 사실) - 비록 그 의미가 논쟁적일 수 있지만 - 관심의 초점이 전환된다. W.V.O. Quine은 이 전환을 '의미론적 상승'이라고 부른다(1960, p.271).

적, 과학적 또는 역사적 경험과 관련된 개인의 관점으로부터 이루어지며, 다양한 종류의 관계를 드러내기도 하고 만들기도 한다. 여기서 다양한 종류의 관계란 다양한 표현 간의 관계, 사물과 표현의 관계, 다양한 사물 간의 관계, 다양한 생각 간의 관계, 실천과 이론 간의 관계, 부분과 전체 간의 관계 등을 의미한다.

철학은 또한 개인의 일반적인 경험과 이해의 수준에서도 연결과 관계를 통해 의미를 탐색한다.[10] 철학은 목적과 수단의 관계, 원인과 결과의 관계, 부분과 전체의 관계, 어휘와 사물의 관계, 전제와 결론의 관계, 현상과 본질의 관계, 일반적 규칙과 특수한 예/반례와의 관계, 사물의 유사성과 차이점의 관계 등 매우 다양한 관계를 추구한다.

철학에 대한 일반적인 인식(추상적이고, 동떨어져 있고, 권위적이기까지 한 인식)에 따르면, 아이들이 철학적 내용을 파악하고 흥미를 느끼기에는 어렵다고 본다. 또한 철학에 학교교육을 개선할 만한 잠재력이 있는지도 의심한다. 하지만 사실 철학적 탐구에서 이루어지는 낱말이나 생각, 개념들은 우리 모두가 매일매일 경험하는 일상의 중심을 이루기 때문에 모든 연령의 사람들에게 친숙하다. 참, 좋음, 아름다움, 실제, 공정, 공간, 시간, 꿈, 우정, 그리고 자아와 같은 개념들은 어른들에게 그렇듯이 아이들에게도 매우 매력적이고 호기심을 자극하는 주제이다.

철학적 탐구를 특징짓는 사고와 추론은 아이들이 가진 인식의 한계

---

10 철학자 Wilfred Sellars(1963, p.1)는 다음과 같이 말한다.

철학의 목적은 … 한 용어가 가진 가능한 가장 광범위한 의미의 사물들이 어떻게 그 용어가 가진 … 가능한 가장 광범위한 의미와 함께 연결되는지 이해하는 것이다. 거기에는 '배추와 왕'뿐 아니라 숫자와 의무, 가능성과 손가락 깨물기, 미적 경험과 죽음 등과 같이 완전히 다른 항목들도 포함한다. 철학에서 성공한다는 것은…이 모든 것들에 대해 '자신의 방법을 아는 것'이다.

이와 같은 철학의 성격 규정은 문제가 있다. 즉, 그것은 각각의 상황과 경험을 유일한 것으로 만들어 주는 특별하고 맥락적인 특징을 무시하도록 위협한다. 예를 들어, Richard Rorty(1991, p.6)가 제시한 Pragmatist의 개념과 비교해 보라.

철학의 기능은 … 예언자와 시인을 위한 길을 밝히는 것이며, 새로운 공동체의 비전을 가진 사람들을 위해 지적인 삶을 좀 더 단순하고 안전하게 만드는 것이다.

를 벗어나기도 하지만 여전히 아이들의 경험과 연결되어 있다. 아담스(Marilyn J. Adams)의 말에 의하면, 철학은 특수한 것과 일반적인 것이 서로 엮여있기 때문에 '추상'이라기보다는 '추상화된' 것이다(Adams, 1989, p.34). 철학적 토론은 다양한 수준과 관점 사이를 오가는 유연성을 가진다는 의미이다. 이는 아이들이 자기 말의 의미를 명확하게 이해하면서 말한다는 것을 보여주는 다양한 연구를 통해 확인된다.

철학은 우리가 당연한 것으로 여겨온 경험의 일상적이고 친밀한 측면들에 주의를 기울이게 한다. 철학적 탐구의 도구와 절차는 (추론하기와 추론 검토하기, 관계 형성하기와 질문 만들기, 가정과 함축을 검토하고 재정의하기, 서로 다른 생각을 조정하고 수정하기, 가설과 기준을 세우기, 연결하고 구별하기, 비유하기, 예를 들고 설득하기, 다른 관점과 견해에 대해 알기, 개념 분석하기 등) 생각과 견해와 경험을 정합적이고 일관성 있는 세계관에 연결하는 데 필수 불가결한 것이다. 따라서 철학적 탐구의 도구와 절차는 스스로의 삶을 더 깊고 풍부하게 이해하고 구성할 수 있는 토대를 각 개인에게 제공한다.

오래전부터 철학은 호기심에서 출발한다고 여겨져 왔다. 시간과 노력을 들여 세상의 겉모습 아래 숨겨진 수수께끼와 미스터리를 보려 한다면, 우리는 이 세상이 사실 놀라운 것으로 가득 차 있다는 것을 발견하게 된다. 세상에 대한 첫 발견으로 바쁜 3~4세의 아이에게 물어보라. 제임스(Henry James)는 이렇게 말했다. '진실되게 보고 진실되게 표현하려는 노력은, 그것이 설령 혼란을 준다 해도 매우 중요한 작업이다'(James, 1907, p.149).

철학을 학교에 도입하면, 많은 학생들이 경험하는 비연결성, 파편화, 소외감이 드러날 것이다. 제3장에서 보았듯이, 아이들이 학교생활 안과 밖 모두에서 삶의 의미를 만들기 위해서는 그들 삶의 다양한 경험을 연결하고 구성하는 능력과 분별력이 필요하다. 아이들은 철학적 탐구공동체를 통해 인간 활동의 직조를 형성하는 관계와 실에 대해 자신도 이해하게 될 거라는 걸 느낀다. 그런 탐구공동체 내에서 아이들은 자신에게 진짜로 중요한 문제에 대해 질문하며, 다른 사람들도 자신에게 귀 기울여 주었으면 하고 기대한다. 더불어 다른 사람들의 질문과 염려에 대해 존중할 준비도 하게 된다.

아이들과 심리 게임을 하거나 선생님이 심리치료사가 되어야 한다고 말하는 것이 아니다. 우리의 요점은 이렇다. 철학은 어른뿐 아니라 아이들도 중요시하는 주제에 대해 생각할 때, 우리에게 꼭 필요한 내용과 기준과 절차와 개념을 제공하는 유일한 교과라는 것이다.

다. 토론으로서 철학적 대화

제2장에서 탐구공동체를 특징짓는 사고전략과 밀접한 대화로서 토론이 중요하다는 점을 강조했다. 철학적 사고와 탐구가 함께 엮인다는 것은 철학의 역사와 실천 속에서 토론이 차지하는 중요성을 생각해 보면 쉽게 이해된다.

역사적으로 철학은 토론과 밀접하다. 플라톤의 소크라테스적 토론은 오늘날까지도 빛나는 사례이다.[11] 오늘날 로티와 같은 철학자는 철학의 특징을 대화의 확장으로 보았다. 심지어 일종의 독백으로 보이는 철학책들도 그것이 내적 대화임에도 불구하고 작가가 토론에 참여하는 듯한 구조로 이루어져 있다.[12] 철학 교수들은 내용과 아울러 철학적 사고의 구조를 보여준다는 점에서 철학 작품을 꼭 읽으라고 당부한다. 토론이 보여주는 이런 구조는 철학이 가진 많은 차원들 즉, 논리적, 윤리적, 미적 차원들을 다양한 방식으로 드러낸다.

교사 대부분은 철학함의 가장 좋은 방법이 친구들과 함께 철학적

---

11 'Socratic method'에서 벗어나려는 경향에도 불구하고 (제2장 주56 참고) 절차와 내용을 결합하는 탐구공동체의 실천은 이런 고전적인 작품들 속에 잘 나타나 있다. Socrates는 자기 친구들에게 문제가 되고 있는 주제의 내용만큼 그들의 사고절차에 대해서도 생각할 것을 촉구한다.

12 내적 토론에 참여할 수 있는 능력이(경향성은 말할 것도 없이) 토론공동체에 참여한 경험에 크게 고무된다는 것은 여러 번 말해도 좋을 만큼의 가치를 지닌다.

토론에 능동적으로 참여하는 것이라는 데에 동의할 것이다. 이런 맥락에서 철학이 갖는 논쟁적 본성은 자명한 일이다(이 때문에 철학자들은 자기 수정적 사고와 겸손을 토대로 자신의 신념과 확신을 조절하려고 애쓴다).

그렇다고 우리가 대화나 토론이 철학적 탐구가 일어나는 유일한 방법이라고 주장하는 것은 아니다. 어린이철학에서 비언어적인 활동(그림 그리기, 연기하기, 게임하기)은 중요한 역할을 한다. 그러나 철학적 탐구공동체 안에서 진행되는 대화는 생명력과 구조를 가진 다른 활동에 대해 통합적인 실마리를 제공한다. 토론의 열린 맥락은 구체적인 것과 개념적인 것 사이를, 특별한 관점 안에서와 그 관점을 넘어서는 것 사이를 쉽게 넘나들도록 해준다. 토론에서 참가자들은 한편으로는 특정한 주장을 지지하는 근거를 찾기 위해, 다른 한편으로는 일반적인 주장에 대한 예와 반례를 찾기 위해 서로가 필요하다.

나아가 아이들이 철학적 탐구에 필요한 구분하기와 관계 짓기를 파악하고 분석하고 반성해 보는 것은 언어(반드시 말해질 필요는 없다)를 통해서만 가능하다. 아이들은 원인과 근거, 자부심과 허풍, 신비와 비밀, 예술과 삶 등의 구분에 대해 질문할 것이다. 언어가 의미를 연결하지 못한다면, 이러한 철학적 구분은 일관성을 잃는다.

협력적 탐구에 참여하는 아이들은 대상의 의미를 찾기 위해 고군분투하는 참가자로서 자신을 보며 기뻐한다. 이러한 분투를 통해 아이들은 좀 더 잘 결정하게 되고, 좀 더 잘 표현하게 되며, 좀 더 사려 깊어진다. 철학적 토론은 탐구공동체의 사고를 강화하고, 역으로 탐구공동체의 사고에 의해 강화된다. 우리는 이런 철학적 토론의 잠재력에 대해 좀 더 이해하고 인정해야 한다.

라. 열린 질문으로서 철학적 질문

나는 굉장히 많은 것을 배웠다. 어떻게 의사소통하는지, 내가 생각하는 것을 어떻게 말해야 하는지를 배웠다. 또 내가 멈춰야 할 때와 생각해야 할 때, 그리고 질문해야 할 때를 배울 수 있다는 것도 배웠다. 나는 철학을 사랑한다.

맥아들(McArdle), 1994, p.94

제2장의 질문법에 대한 논의에 따르면, 탐구공동체에는 교사와 학생들이 연습해야 할 많은 질문법과 질문전략들이 있다. 탐구공동체의 유연한 구조는 좋은 사고를 반성하고 이끄는 열린 질문(InQs)을 끌어내기에 적합한 환경이라는 것도 알게 되었다. 이러한 열린 질문은 토론의 중요한 요소로서 학생들이 그들의 사고 안에 있는 깊은 함축을 밝히는데 도움을 준다.

질문과 철학은 본질적으로 동맹 관계이다. 모든 철학은 삶의 여러 측면이 가진 의미와 목적에 대한 질문에 답해보려는 시도라고 할 수 있다. 하지만 철학은 그 질문 자체를 더욱 명료화하려는 시도이기도 하다. 물론 이러한 철학의 임무는 서로 연결되어 있다. 왜냐하면 철학적 질문의 특징 중 하나가 그 답이 근본적으로 논쟁적이고 문제적이기 때문이다. 거기엔 무엇이 만족스러운 대답인가에 대한 합의가 없을 뿐 아니라, 심지어 무엇이 대답을 찾아가는 데 만족스러운 방법인가에 대한 합의도 없다. 철학적 질문은 우리의 이해를 향상시키고 더 깊은 질문으로 이끄는 두 가지 사고 모두를 자극한다.

열린 질문을 철학이 독점하지는 않는다. 학교 교과에서 탐구가 중요하게 여겨지는 한, (절차적이고 내용적인) 열린 질문은 교육과정 전반에 걸쳐 중요한 역할을 한다. 그럼에도 철학은 경이로움과의 오랜 연관 속에서 질문을 바탕으로 발전해 왔다. 그런 의미에서 철학은 어떻게 질문해야 하는가에 대해 배우려는 아이들에게 매우 적절하다. 자연스럽고 아이다운 호기심도 있지만, 철학이 주는 것은 '왜요?'와 '왜 아니에요?' 같은 친숙한 질문에서부터 흥미 있는 사물의 본질과 의미에 대한 질문에 이르기까지 아이들이 가진 질문의 목록을 확장하고 분명하게 표현할 수 있는 기회이다. 이야기를 만들어 내야 하는 주인공이 나오는 소설을 읽으면서 아이들은 '이야기에 대한 이야기에 대해서 말하는 것이 무슨 의미가 있나요?', '만든 이야기는 거짓말인가요?', '모든 이야기는 시작과 중간, 결말이 있어야 하나요?' 등과 같이 질문한다. 이 상황에서 아이들은 교사의 정답을 원한다기보다는 이해하고 싶다는 순수한 열망으로 가득하며, 그것을 깨닫든 깨닫지 못하든 오래된 문제에 진정으로 기여할 수 있다는 기대로 기뻐한다.

철학은 아이들이 질문을 진지하게 다루도록 가르칠 기회를 제공한다. 제2장의 용어를 빌자면, 일반적 질문(OrQs)이나 수사적 질문(RheQs) 이외에는 나올 수 없을 것 같은 맥락에서도 아이들이 탐구적 질문(InQs)을 찾아내고 질문하는 성향을 갖게 한다.

마. 창의적 사고로서 철학

철학은 … 문화 저변에 있는 지배적인 믿음에 대한 비평이다. 이러한 비평은 … 새로운 가능성에 대한 탐구를 이끄는 새로운 관점의 투영으로 … 마무리된다.

듀이(J. Dewey)

사고와 철학의 관계는 마치 좋은 사고는 논리적 사고라는 듯이 주로 논리와 비판에 주목된다. 그러나 오히려 인간 조건의 다양한 양상을 반영하는 사고는 (논리와 완전히 구별되는 것은 아니지만) 다른 차원의 것이다. 우리는 이러한 차원들 역시 철학의 중심이라는 점을 강조하고 싶다.

창의적 사고(새로운 아이디어, 새로운 가능성을 만들어 내는 사고)는 판단을 목표로 하지만, 논리적 또는 비판적 사고와는 다른 방식으로 판단에 영향을 끼친다. 비판적 사고가 대개 언어적 판단으로 드러나는 반면, 창의적 사고의 결과는 '전시적 보여주기'의 형태를 취하기 쉽다. 예를 들어 그림이나 시를 만들어 내는 창의적 사고는 전적으로 자유롭거나 자의적이지 않으며, 무에서 무언가를 창조해 내는 과정도 아니다. 그것은 규칙과 기준을 엄격하게 따른다기보다는 그것이 발생하는 맥락의 질에 영향을 받는다. '그것은 창의적 작업이 이루어지고 있는 상황에 퍼져 있는 편재적 질성에 대한 예술가의 의식과 감상이다(Lipman 1991, p.85).' 창의적 사고가는 새로운 방법으로 사물을 보려 하기 때문에, 논리와 문법의 규칙을 깨려 하며 음악과 예술에 대한 일반적인 합의를 확장하려 한다.

창의적 사고가는 자기수정('진리'에 더 가까이 갈 시도로 보일 수 있는)에는 그리 큰 관심이 없고, 자기 표현적이고 자기 초월적인(지금까지 계속 있어 왔던 것을 반복하지 않고 넘어서는) 것에 흥미를 느낀다(Lipman, 1995). 창의적 사고는 관습과 전통에 대한 단순한 반응이 아니라 그로부터 얻은 자극을 통한 개인의 성장이다.

철학은 스스로 생각할 수 있는 사람들을 격려하면서 동시에 의존하기 때문에 자유의 차원, 즉 배운 것을 받아들이고 그것을 자신의 경험과 새로운 방식으로 연결시키는 역량이 필요하다. 스스로 생각하는 아이는 비판적 사고가이면서 창의적 사고가이다. 그들은 논리적이고 개념적인 사고에 가치를 둘 뿐 아니라 예측하기, 상상하기, 발명하기, 발견하기, 의심하기 등을 즐긴다. 실용주의적 용어를 빌자면, 그들은 이상적이라고 불릴 수 있는 미래상을 창조해 낸 후, 동료들과 함께 그 미래상을 실현할 수 있는 수단을 얻는 일에 착수한다. 창의적 사고는 그 모든 과정의 탐구에 스며 있다는 점에 주목해야 한다. 예술가가 자신의 작품을 한발 물러나 살피는 것처럼 탐구공동체는 자신의 절차를 한발 물러서서 돌아본다. 이는 바로 전체적인 형태를 잡고 창조해 나가는 활동이다.

궁금하고 흥미 있는 것들을 이해하기 위해 새로운 가능성을 상상하고 창의적으로 생각하는 아이들의 능력은 매우 중요하다. 어쩌면 아이들의 성숙한 상대가 가진 커다란 경험과 언어적 정교함보다 더 가치 있을 수 있다. 철학에서 우리는 '만약 ~라면', 혹은 '~가 가능한가?'와 같은 질문을 제기하기도 하고 마주치기도 한다. 그러한 용어로 질문하는 능력은 좋은 사고에 있어서 필수적이다. 이러한 질문은 아이들에게 색깔이나 물질적 대상, 지각과 같은 특정 개념이나 경험의 양면 또는 그 한계를 넘어서 생각하도록 이끈다. 그리고 그를 통해 세계를 해석하는 자신의 방법을 재평가하도록 한다(이 장 처음에 배티가 한 활동은 철학적 궁금증을 창의적으로 접근한 것이라 볼 수 있다).

창의적 사고는 철학에도, 그리고 경험을 이해하는 데 필요한 낱말과 개념을 이해하려고 노력하는 아이들에게도 모두 중요하다. 철학을 논리학의 좁은 개념과 동일시하여 철학의 풍부함을 손상하는 어떤 시도에 대해서도 저항해야 한다.

아이들만이 철학적 탐구공동체에 참여하여 그들 안에 있는 창의적 잠재력을 찾을 수 있는 것은 아니다. 우리는 전통적으로 토론에서 배제되었던 여선생님들과 일할 기회를 가졌었다. 그들에게는 다른 사람들 앞에서 말한다는 것 자체가 낯설었다. 하지만 토론 탐구에 참여하면서 자신을 들여다보게 되고, 새로운 대안과 가능성에 대해 말하고, 반성하고, 숙고하기 시작했다. 또한 자신의 생각을 비판적이고 창의적인 다른 사람들의 사고와 연결해 보게도 되었다. 이렇게 토론에 빠져들면서 그들은 탐구에 진정한 공헌을 만들어 가는 흥분을 경험했고 동료들의 인정과 존중도 받게 되었다.

바. 가치 내재적 사고로서 철학

윤리적이고 사회적인 행동과 관련하여 철학은 많은 역할을 한다. 제1장에서 보았듯이 사고력 교육에서 건전한 사고와 관련된 기술만을 가르치는 것으로는 충분하지 않다. 왜냐하면 무엇인가를 하는 방법을 아는 것과 그 일을 왜 하는지와 같은 동기를 갖는 일은 다르기 때문이다. 충분하진 않더라도 어떤 방식으로 행동하게 되는 동기는 가치에 기초를 두고 있으며, 이 가치는 윤리적, 미적 혹은 사회적 관점을 바탕으로 바람직하다거나 그렇지 않은 것으로 검토되고 판단된 가치이다.

예를 들어, '학교폭력 학생'에 대해 생각해 보자. 만약 그 학생들이 수업에서는 별 말썽을 부리지 않는다면, 그들은 행위와 관련된 성향을 내면화하는 데 실패했으며, 하나의 행동을 다른 환경에 전이시키는 데에도 실패했다고 볼 수 있다. 그러나 한편으로는 우리가 (어쩌면 반성의 순간에는 그들도) 부적절하다고 생각하는 가치에 대해 그들 나름의 확고한 견해나 태도, 혹은 성향을 지녔을 수도 있다. 예를 들어 약한 사람은 괴롭혀도 된다고 여기는 것이다. 우리가 앞 장에서 보았듯이, 이러한 뿌리 깊은 요소들은 매우 지속적일 수 있다.

태도와 전이라는 두 측면에서, 철학은 사고력 교육을 위한 적절한 맥락으로 기대해 볼 만하다. 특히 행위의 전이 문제는 좋은 사고가 무엇인지에 대한 탐구와 좋은 행위나 옳은 행동이 무엇인지에 대한 탐구가 서로 긴밀하게 얽혀야 한다는 점을 환기시킨다.

교실 탐구공동체는 이러한 다양한 탐구가 일어나기에 적합한 환경이다. 공동체 속에서 실천을 통해 좋은 사고, 좋은 행동 그리고 대인 관계의 성장이 함께 이루어지는 실제 모델이 된다. 그러나 공동체가 좋음과 나쁨, 옳음과 그름, 공정함과 공정치 못함에 대한 문제에 주의를 기울이지 않는다면, 그러한 모델이 적절하게 작동하기는 힘들다. 간단히 말해, 탐구 주제가 무엇이든 상관없이 좋은 사고와 행위가 가진 원리와 절차를 익히는 탐구공동체는 논리적, 윤리적, 인식론적, 미적 탐구의 공동체, 즉 철학적 탐구공동체로서 기능할 것이다.[13]

---

13 좋은 사고와 좋은 행위 간의 연결은 철학에서 특히, 어린이철학에서 본질적인데, 그곳에서는 합당성과 좋은 판단과 배려가 불합리하고 불공정하고 배려 없는 제도나 개인들에 저항한다.

위에서 살펴본 바와 같이 탐구공동체에서 다루어지는 쟁점들은 매우 가치 내재적이다. 교실에서의 철학적 탐구공동체는 가치 수업에 아주 적절한 환경이다. 따라서 우리는 가치수업과 의미 탐구를 위해 제공되는 교육과정의 중심에 철학이 있어야 한다는 점을 강조하고자 한다.[14]

2. 어린이철학으로 들어가기

어린이철학은 철학을 (희석하려는 것이 아니라) 재구성하려는 시도이다. 즉, 아이들이 철학에 접근하기 쉽도록, 철학에 매력을 느끼도록 하려는 것이다. 그래서 아이들이 스스로 생각하는 능력을 기르는 데 필요한 도구와 기술과 성향을 얻고 적절하게 익힐 수 있도록 하려는 것이다.

어린이철학은 아이들이 흥미를 느끼는 개념이나 생각에 대해 탐구할 역량과 권리가 있다고 생각한다. 왜냐하면 아이들이 전수된 지식을 단순히 받아들이기보다는 스스로 의미를 구성해야 한다고 생각하기 때문이다.

어린이철학은 다음의 두 가지 기본적인 요소를 지닌다.

◆ 다양한 탐구의 형태를 보여주는 이야기에 담긴 광범위하면서도 구조화된 철학적 개념들과 절차들에 대한 소개

◆ 철학적 토론이 일어나는 환경을 제공하는 탐구공동체에 기반을 둔 방법론[15]

---

14 Crawford와 Rossiter(1993, p.40). 가치와 윤리를 철학의 일부로 가르치는 사례에 대해서는 제6장과 제7장에서 상세하게 밝힌다.

15 물론 어린이철학이 학교나 교실 밖에서 가르쳐질 수 없다는 근거는 없다. 탐구공동체는 가정에서, 교회 청소년 단체에서 그리고 많은 다른 장소에서 운영될 수 있다.

가. 어린이철학에서 이야기의 위상

왜 우리는 어린이철학의 핵심에 이야기를 두려고 하는가? 부분적으로는 어린이철학의 발전과 관련된 역사적 이유 때문이지만, 더욱 중요한 이유는 아이들이 이야기를 좋아하고 이야기가 아이들의 생각과 탐구를 자극하기 때문이다. 특히 이야기가 흥미 있고 논쟁적인 문제나 사건들에 맞춰져 있으면서도 아이들의 경험과 밀접하게 연관되어 있다면 더욱 그렇다. 이야기가 탐구공동체에 주어지거나 혹은 탐구공동체에 의해 만들어질 때, 그것은 어른이 아닌 아이들이 조정할 수 있는 매개체가 된다. 전통적인 교과서와 달리 이야기는 그들의 이야기이며, 아이들은 그 속에서 토론과 탐구의 주제를 찾을 수 있기 때문이다.

이야기를 중시하는 데에는 또 다른 이유가 있다. 동기부여만으로는 충분하지 않다. 아이들이 교실에서 철학의 걸음을 잘 뗀다는 것은 쉬운 일이 아니다. 어떻게 하는지를 알아야 하는데, 이러한 절차적 지식을 얻기에 효과적인 방법 중 하나는 지적으로 그리고 감정적으로 탐구의 과정을 모델화해 주는 이야기 속 등장인물들의 삶에 아이들을 참여시키는 것이다. 이 이야기 속의 등장인물들은 수많은 고전 속의 영웅이나 악당이 아니라 실제로 자기들과 비슷한 평범한 아이들이다. 그들은 좋은 추론, 좋은 유추, 좋은 구별을 찾으려 애쓰고, 그들 자신이나 친구, 부모님, 선생님이 만들어 내는 가정과 함축들을 살펴본다. 등장인물들은 생각과 말과 행동을 통해 자신들의 생각과 관심과 가치를 드러낸다. 우리가 이러한 등장인물의 지적인 과정에 참여할 수 있도록 아이들에게 용기를 준다면, 아이들은 등장인물이 보여주는 절차를 실천하고 그것에 가치를 두기 시작할 것이다.

아이들과의 철학함을 준비하고 자극하는 것으로서의 이야기에 대한 이런 견해는 부분적으로 『사랑의 지식(Love's Knowledge)』에서 누스바움

(Nussbaum)이 언급한 도덕철학적, 문학적 논의와 연결된다.[16] 누스바움은 윤리학이(우리에겐 철학도) 이론적인 관심뿐 아니라 실용적인 관심에도 눈을 돌려야 한다고 하면서, 헨리 제임스, 버지니아 울프, 제임스 조이스, 아이리스 머독, 사무엘 베케트, 마르셀 프루스트 등이 창조해 낸 인물들의 특별한 삶과 복잡한 곤경들이 실제로 윤리적 질문에 접근하는 사례임을 강조했다. 사랑과 연민, 혼란과 불완전함과 같은 개념을 생각하게 하는 연약하고 부족한 성격의 이런 등장인물들은 '보편적 용어를 사용하는' 전통적 철학 교과서보다 더 깊게 윤리적 문제들에 대해 음미하고 심사숙고하도록 이끈다. 게다가 그런 소설 속의 등장인물들은 우리가 가질 만한 특성을 지니고 있기 때문에 생각의 모델이나 틀을 보여주기도 한다(Nussbaum, 1990, pp.139-40). 누스바움은 아리스토텔레스가 자신의 철학책들을 보충하기 위해서 좋은 삶의 '스케치'나 '윤곽'을 보여줄 수 있는 비극에 관심을 가졌다는 점을 상기시킨다. 그 내용은 경험으로 드러나며, 중심 주장은 등장인물의 삶과 문학작품에 의해서 분명해지는 것이다(p.141).

누스바움의 다음과 같은 글은 그녀가 어린이철학 교재의 주인공(예를 들어 픽시, 해리, 마크)들을 떠올리며 쓴 것이 아닌가 하는 생각을 하게 한다.

삶에서 사려 깊은 생각을 이끄는 신비나 갈등, 어려움을 보여주지 않는다면, 철학은 인간이 선택한 특정한 가치와 아름다움을 전달하기 어렵다. 왜냐하면 … 결점투성이고 불분명한 목적을 가진, 그렇다고 단순히 수준 이하로 볼 수는 없는 종류의 아름다움 … 인간의 사려 깊음은 끊임없는 개인적 모험이며, 이상하다고 생각되는 것과 맞서 보고 신비와 싸우면서 얻어진다. 사실 이것이 대부분의 아름다움과 풍부함의 근원이다. 전통적인 스타일로 쓰인 철학책이 우리에게

---

16 Nussbaum(1990; 1988) 참고. 추상적 이해의 발달을 위한 아이들 이야기의 잠재력에 관한 Kieran Egan의 저작도 있다. Egan(1987) 참고.

잘 전달해 주기 어려운 것이다(p.142).

　누스바움은 이야기를 읽는다는 것이 '전통적인 도덕철학 책에서는 다루지 않는, 인간의 도덕적 경험이 가진 가치'를 보여주는 '모험'에 참여하는 것이라고 주장한다. 마치 그런 이야기의 등장인물이 된 듯이 말이다. 독자들이 어린이철학 교재로 이야기의 역할을 고려할 때, 이러한 생각을 염두에 두기 바란다. 그러나 아이들은 어쨌거나 아직 어른이 아니다. 그래서 우리는 누스바움이 앞에서 언급한 종류의 책들을 아이들이나 교사들에게 추천하지 않는다.[17] 그럼에도 우리는 아이들에게 철학을 전달하는 가장 적절한 방법이 철학적 텍스트가 아니라 이야기 형태라는 그녀의 주장을 지지한다. 이런 틀 안에서 우리는 이야기 형태가 다른 형태보다 더 효과적이라는 말을 덧붙이려 한다. 특히 아이들을 위한 철학적 이야기라는 아이디어를 수용하고자 한다. 그 아이디어를 누스바움도 기쁘게 생각할 것이다.

　이제 어린이철학의 바탕이 되어온 이야기 시리즈와 그것들이 교실에서 어떻게 철학적 탐구를 고무시키는지 살펴보고자 한다. 또한 다른 대안적 방법에 관해서도 알아보려 한다. 철학적 탐구공동체를 만들고 유지하는 교사의 역할은 다음 장에서 다룬다.

　이야기 하나를 생각해 보자. 이 이야기는 우리가 흔히 생각하는 이야기가 아니다. 주인공이 아이들이며, 자신들에게 흥미로운 것에 대해 생각하고 말한다. 이야기를 '철학적'이게 하는 개념과 절차들이 문학적 형식(줄거리 인물 등)을 통해 드러난다. 이러한 개념적 구조는 이야기라는 직조에 짜여 있어서, 독자는 줄거리나 인물에 대해 생각하면서 필연적으로 근원적인 철학적 아이디어들과 만나게 된다.

---

17 어린이들이 청소년으로 성장해 가면서, 그런 책들을 읽어서는 안 된다고 말하는 것이 아니다. 철학적인 이야기를 교재로 쓰고 있는 탐구공동체에 먼저 참여하는 것이 훌륭한 문학의 '모험'을 나눌 이상적인 준비가 된다는 것이다.

철학적 이야기는 '이야기 교재'라는 장르에 속한다. 이런 장르는 문학적인 교재와 교화적이고 구조적인 교재 사이에서 균형을 잡아 준다.[18] 그런 이야기는 독자가 그 이야기의 주제나 문제 상황에 몰입하게 한다. 그러나 일반적인 이야기와는 달리 그것은 분명히 교육적 목적이 있다. 아이들이 철학적 탐구의 도구를 내면화하고 숙달하도록 도와주려는 목적이다. 교재로서 철학적 이야기는 등장인물의 일상적인 활동과 경험에서 신비와 놀라움을 찾으려 한다. 따라서 그것은 아이들에게 '엉킨 삶의 우연적 복잡성'이라는 감각을 줌으로써, 철학적 토론을 풍부하게 자극하는 지적, 정서적 경험을 제공한다(Nussbaum, 1990, p.140).

좋은 철학적 이야기는 교실에서 철학을 하는 데 실제적인 본보기가 된다. 『해리 스토틀마이어의 발견』 같은 몇 가지 이야기 교재들은 탐구 공동체의 특징을 잘 보여준다. 해리와 리자는 친구, 선생님, 부모님과 토론을 통해 함께 탐구한다. 그들은 자신의 생각에 대해 생각하며, 필요한 경우에는 수정한다. 그들은 서로 끊임없이 질문하며, 소모적이고 난해한 듯이 보이는 쟁점들을 끈기 있게 탐구한다. 그들은 공동체를 형성하여 대안적인 관점과 세계관을 공유하고, 홀로 성취할 수 있는 어떤 것보다도 더 정합적이고 포괄적인 이해를 형성한다. 가장 중요한 것은 그들이 아이디어와 탐구의 절차, 그리고 서로에게 관심을 갖는 삶을 보여준다는 점이다.

그러나 IAPC 어린이철학의 모든 교재가 탐구공동체의 완전한 모델을 보여주지는 않는다. 이것이 필요조건이라고 생각하지도 않는다. 예를 들어 픽시의 주인공은 다른 사람들의 의견을 조심스럽게 듣기 시작하면서 많은 것을 배우게 되고 자기중심적인 행위를 억제하게 된다. 하지만 더불어 그녀는 주변의 사물들에 대해 끊임없이 질문하는 아이의 모델을 보여준다. 픽시는 매일 매일의 경험에서 매혹과 신비를 발견하는

---

18 Adams(1989, p.37)는 어린이철학의 소설을 '단일하고, 맥락이 풍부한, 그러나 주제 통합적이고 논리적으로 잘 짜인 구조'로 묘사하고 있다.

아이이고, 다른 사람들이 당연하다고 여기는 것을 발견하고 놀라워하는 아이이다.[19]

그들 나름의 철학적 탐구공동체를 형성해 가고 있는 아이들은 이런 교재들을 더 나은 탐구로 나가기 위한 도약 혹은 계기로 삼을 것이다. 먼저 이야기 교재를 읽고 공동체가 만든 질문과 아이디어를 숙고한다. 토론이 이야기 속의 사건이나 상황에 연결되기도 한다. 엘피는 자신이 아무것도 모른다고 걱정하고 있지만, 정말로 누군가가 아무것도 모른다는 것이 가능한가? '어떤 것을 안다'는 것은 무슨 의미인가? 거스는 자신이 기오의 고양이 로저라고 믿게 되면서, 인간은 꼬리가 없어서 고양이만큼 멋지지 않다고 주장한다. 믿게 하는 것과 가장하는 것 사이에는 어떤 차이가 있을까? 고양이의 우월성에 대한 거스의 주장은 정당한가? '멋지다'는 것은 어떤 의미인가? 픽시는 자기 이야기에 대한 이야기를 쓰고 있다고 말하지만, 어느 이야기가 먼저인지 헷갈려 한다. 이런 부분들은 아이들에게 친숙한 개념에 대해 새롭고 흥미로운 방법으로 탐색할 기회를 제공한다. 모든 것에는 자신에 대한 이야기가 있나? 모든 이야기에는 시작이 있어야 하나? 실제 사람에 대한 꾸며낸 이야기 혹은 꾸며낸 사람에 대한 실제 이야기가 있을 수 있나? 해리의 세 친구는 생각과 사고, 그리고 마음을 묘사하기 위해 '이미지 은유'를 사용한다(이 책의 p.118 참고). 은유는 철학사에서 가장 유명한 마음 이론에 등장한다. 리자가 야구 경기에 참여하게 해달라는 것을 미키가 거절할 때, 프랜은 미키의 행동이 공정하지 않다고 주장한다. 공정함이란 무엇인가? 리자에게는 경기에 참가할 권리가 있는가? 그렇다면 권리는 무엇인가?

철학 수업의 과정에서 아이들이 이야기로 돌아올지 말지는 탐구의 방향과 아이들의 흥미에 달려 있다. 성숙한 탐구공동체는 처음에 이야

---

19 Glaser(1993)는 픽시가 자신에 대한 이야기를 말하면서 '성장한다'고 주장한다.

기로부터 어떤 자극이 일어나기만 하면 자체적으로 굴러간다. 그 이야기가 공동체의 관심 속으로 '녹아들어' 갔다고 볼 수 있다. 그 구성원들은 이야기와 직접적인 관련이 있는 주제보다는 좀 더 보편적인 문제들에 대해 토론하게 될 것이다. 동시에 그들은 텔레비전, 광고, 뉴스 기사 등 좀 더 광범위한 시각적, 청각적 자료들에서도 흥미 있는 부분을 찾을 수 있도록 눈과 귀가 계발될 것이다.

사람들은 어린이철학의 이야기 교재들이 일반적인 아이들이 즐거워할 만한 이야기는 아니라고 한다. 특히 어린아이들은 자기들이 생각하는 이야기가 아니라고 실망할 수도 있다. 교사가 애초에 이 교재들이 가진 내러티브적이고 미학적인 특징들을 무시한다면 더욱 그럴 것이다.[20]

어린이철학의 이야기 교재들은 철학적 이야기의 패러다임을 담고 있다. 아이들이 철학적 탐구의 영역에 접근하도록 매개한다. 교사용 지도서에 따르면, 이 교재들은 과거에서 현재까지의 철학 전통을 보여주며, 소크라테스 이전의 시인 철학자들과 플라톤 이래로 논의되어 왔던 문제와 질문들을 담고 있다.[21] 픽시가 유추를 탐구할 때는 흄이 떠오른다. 그러나 픽시의 유명론적인 경향은 조지 버클리(George Berkeley)를 떠올리게 한다. 해리는 전통적인 아리스토텔레스 논리학의 기본 규칙들을 발견하지만, 그것들을 아리스토텔레스 이후 발전시켜 온 관계논리와 조건 논리의 협력으로까지 확장한다. 마음, 개성, 자유, 규칙과 권리, 그리고 판단의 역할 등에 대한 의심의 재현은 플라톤에서 스피노자, 홉스, 데카르트, 로크, 흄, 칸트, 밀, 비트겐슈타인, 오스틴, 길버트 라일 등 수

---

20 그들은 또한 특정 페이지 이후를 읽지 말라는 지시에 대해 좌절감을 경험할 수 있다. 이런 이유로 일부 교사들은 질문 만들기와 토론을 위해 전체 챕터 또는 심지어 전체 이야기를 전부 읽어보라고 학생들을 격려한다.

21 매뉴얼의 특징 중 하나는 매뉴얼이 답을 거의 제시하지 않는다는 것이며, 심지어는 답의 정오를 결정하는 절차들을 거의 밟지 않는다는 것이다. 그래서 탐구공동체는 자체적인 절차와 판단을 찾아야 한다.

없이 많은 서양 철학의 역사 속 주요한 개념들을 돌아보게 한다.

언어와 마음을 강조한 분석철학의 영향도 보인다. 더 놀라운 것은 퍼스, 듀이, 제임스, 로이스와 미드 같은 미국 실용주의자들의 영향이다. 그들은 어린이철학이 보여주는 해방의 전망에 기뻐했을 것이다. [22]

물론 아이들은 이러한 철학의 역사적 선례들에 별 관심이 없을 수 있다. 아이들의 생각은 자신들만의 생각으로도, 또한 이런 자신들의 생각에 대해 생각하고 말하는 메타 아이디어들만으로도 충분히 유지되고 길러질 수 있기 때문이다. 아이들도 '차이를 만들 수' 있다.[23] 그럼에도 어린이철학은 철학적 탐구의 전통을 보존한다. 이를 통해 전 세계의 아이들은 시간과 공간을 가로질러 공통된 하나의 공동체에 합류하게 된다. 소크라테스 이전 철학자들의 대화에서 20세기의 철학자들이 벌이는 대화로 이어졌던 토론이 이제는 아이들에게도 확장되는 것이다.[24]

IAPC의 체계적인 교육과정의 장점 중 하나는 특정한 사고기술과 절차를 지속적이고 단계적으로 발전시킬 수 있다는 점이다. 예를 들면 구별하기, 유사성을 확인하고 연결하기, 유사성과 차이점의 상관 개념 살피기 등과 관련된 사고기술군에 대해 생각해 보자. 『엘피』(초등 1,2학년용)에서 엘피와 친구들은 이런 기본적 개념들에 친숙해진다. 그들은 사물들이 어떤 점에 있어서는 유사하지만 어떤 점에서는 다르다는 것, 가

---

22 철학과 교육(사실 Dewey에게, 철학은 사려 깊게 실행되는 활동에 대한 교육 이론이다) 간의 관계, 그리고 그 두 가지에서 경험의 관여에 대한 듀이의 통찰은 어린이철학의 토대로서 매우 중요하다(Dewey, 1916, p.332). 듀이 자신의 사고가 자기수정의 모델을 보여준다는 것은 주목해 볼 만한 가치가 있다. 예를 들어, 그의 저서 1916과 1938b를 비교해 보자. 후자는 전자에 대한 비판적 반성과 개인적 경험의 결과로 쓰였다.

23 토론에 대한 긍지와 주인의식을 느껴 본 아이들은 과거의 사상가들과 동일시하는 것을 좋아한다. 이러한 역사적 고리는 특히 자신의 아이디어를 탐구할 기회를 가졌던 아이들이 주로 만들어 낼 것이다. 이것은 교사도 마찬가지다. 어린이철학 교육과정과 철학적인 전통 사이의 관계를 밝혀낼 수 있는 교사들이 철학을 하나의 교과로서 더 깊이 이해하고 즐길 수가 있다.

24 '소크라테스적 방법은 왜 인간의 위대한 업적 중에 올라가 있는가?'라는 문제를 다룸에 있어, Vlastos(1987)는 소크라테스적 탐구는 기꺼이 성실하고, 겸손하고, 용기 있으며, 진리 발견에 대해 관심을 가지고 있는 사고가라면 누구나 닿을 수 있는 곳에 있다고 주장한다.

장 흥미로운 차이점은 비슷한 사물들 사이에서 생긴다는 것, 세계를 구성하고 있는 많은 사물들 사이에는 관련이 있다는 것 등을 알게 된다.

『기오와 거스』(초등 3,4학년용)는 시각장애인과 친구 사이의 대화로 구성되어 있다. 이들은 서로 도우면서 인식의 본성에 대해 질문하고, 인류와 그 나머지 자연(다른 동물들도 포함해서) 사이의 관계에 대해 질문한다.

같은 주제가 『픽시』(초등 3,4학년용)에서도 이어진다. 픽시는 관계의 본성에 초점이 맞추어진 토론이 주를 이룬다. 어휘와 사물, 원인과 결과, 전제와 결론, 부분과 전체, 시간과 공간을 포함하여 가까이 있는 것과 멀리 있는 것, 가족 구성원들과 학급 구성원들, 마음과 신체, 한 사람과 또 다른 한 사람과의 관계, 심지어 관계에 대한 관계 즉 유비 등이 다루어진다.[25] 『픽시』에서는 관계 자체의 본성에 대해서도 토론한다. 픽시와 친구들은 점차 대화를 확장해 나가면서, 각자가 갖고 있는 세계관에도 어떤 관련이 있다는 것을 알게 된다. 그들이 학교 안팎에서 만나는 수많은 문제는 이런저런 형태로 서로 관계를 맺고 있다는 걸 발견한다.[26]

『해리 스토틀마이어의 발견』(고학년/중학교 초급용)에서는 관계에 대한 주제가 문장들 사이의 추론적 관계를 다루는 형식 논리학으로 옮겨진다. 이야기의 초반부에서 해리와 리자는 환위가 가능한 관계를(예를 들어, 어느 캥거루도 사자가 아니다) 표현하는 문장을 발견하는 반면에, '모든 완두콩은 채소이다'와 같이 환위가 불가능한 관계를 표현하는 문장도

---

25 유비추리의 핵심은 두 (혹은 그 이상의) 관계 간의 유사성이나 닮음을 이해하는 것이다. 예를 들면, 장갑과 손의 관계는 발과 양말과의 관계에 비유된다. 우리가 매일 양말을 갈아 신기 때문에, 장갑도 역시 매일 갈아 끼워야 한다고 주장할지도 모른다. 혹은 본 장의 후기에서 재현된 담화를 예를 들어 보면, 시계와 똑딱거리는 소리의 관계는 고양이와 야옹 소리의 관계와 같으며, 사람과 대화의 관계와 같다. 각 경우에 있어 관계는 언어의 형식이다. 유비는 문제의 여지도 많다. 그러나 그것은 귀납 논리에서 중요한 요소이며, 미적인 기능으로 작용할 수 있다, 미와 창의성의 이미지를 불러일으키기도 한다.

26 그렇다면 관계라는 주제가 전통적인 학교 교육과정에서 별로 주목받지 않았다는 것은 이상하다. 어린이철학이라는 맥락에서 이 주제에 관한 더 깊은 논의에 대해서는 Splitter(1995c) 참고.

발견한다.[27] 3단 논법처럼 어떤 문장에서 다른 문장을 이끌어 내는 추리의 방식도 살펴보도록 안내한다.

> 모든 포유동물은 아픔을 경험한다.
> 모든 개는 포유동물이다.
> 그러므로 모든 개는 아픔을 경험한다.

『해리 스토틀마이어의 발견』을 읽는 아이들은 이러한 추론 관계들이 '모든', '어느 ~도 ~가 아닌', '어떤' 같은 낱말과 관계가 있다는 것을 이해하게 된다. 그렇다고 단지 논리의 문제만 다루는 것은 아니다. 무엇이 문장을 참이라고 만드는가와 같은 중심 쟁점과 마찬가지로 '포유동물', '경험', '아픔'과 같이 친근한 단어들의 의미에 대해서도 다시 생각해 본다. 나아가 아이들은 성급한 일반화와 같은 잘못된 추론과 관련된 윤리적 문제들에 대해 토론하기도 한다.

『해리 스토틀마이어의 발견』에서 주인공들은 세계를 바라보고 생각하는 서로 다른 탐구의 방식을 보여준다. 예를 들어 해리는 자신도 모르게 과학의 고전적 방법을 고수하고 있다. 그가 사고의 규칙을 발견한 것은 반 친구들 앞에서 저지른 '실수'의 결과이다. 그리고 그것을 하나의 가설로 형식화하고 리자와 다시 검토하면서 계속 개선해 나간다. 그리고 그런 자신의 발견을 부모와의 대화에 적용한다.

해리의 생각 파트너인 리자는 해리의 탐구 절차와 내용이 열린 질문인지를 강하게 의심한다. 그녀는 논리 규칙이나 과학적 방법이 꿈이나 다른 '가능 세계'를 상상할 때도 적용되는지 의심한다. 심지어 실제 생활에서도 리자는 딱딱한 규칙에 근거한 절차들을 고수하기보다는 느낌

---

27 아이들은 대화의 논리적 규칙을 다듬을 수 있다. 예를 들면, 그들은 앞뒤를 바꿀 수 있는 문장은 참이며, 앞뒤를 바꿀 수 없는 문장은 정말로 그 문장이 앞뒤가 바뀔 때 거짓이 된다고 주장할 것이다.

에 기초한 생각들을 선호한다. 두 등장인물 사이의 논쟁적 긴장감은 어떤 사물들이 진짜로(객관적으로) 닮았는지를 알 수 있는가에 대한 마지막 장에서 절정에 이른다. 해리와 리자의 대화는 다른 사람의 견해를 받아들일 준비가 되어 있을 때 더 많이 배운다는 것을 보여준다. 하지만 해리와 리자로 대표되는 두 입장 사이의 타협은 미결정 상태로 끝난다.

다양한 관점과 사고방식이 서로 얽히는 이런 과정은 자신의 경험이 가진 이질적인 측면을 일관성 있는 세계관으로 이해하고자 애쓰는 학생들에게 유용한 모델이다. 그들은 세계에 대한, 그리고 서로에 대한 이해를 넓히는 데 중요한 것이 무엇인지를 깨닫기 시작한다. 그러한 이해와 그것의 바탕이 되는 상호 존중은 어떠한 외형적인 합의나 일치보다도 더욱 가치가 높다.

관계의 문제는 중학생용으로 제작된 『리자』, 『수키』, 『마크』에서 다시 나타난다. 『리자』에서 등장인물들이 경험하는 문제 상황은 사람들 간에, 그리고 인간과 다른 동물들 간의 관계에 대한 윤리적 차원을 깊이 다루고 있다. 개인들 간의 상호 호혜성, 음식과 놀이를 위한 동물 사냥에 대해 탐구한다. 『리자』를 읽는 학생들은 논리와 건전한 추론이 필요하지만, 그것이 윤리적 문제를 해결하는 데 결코 충분한 요소는 아니라는 것을 깨닫게 된다.

『수키』는 창의적 사고와 글쓰기를 통한 의미 구성과 미학적 관계에 초점이 맞춰져 있다. 시와 산문으로 표현되는 언어의 관계, 그리고 그림으로 표현되는 형식과 내용 사이의 관계 등이다. 철학자들에게 그렇듯이 우리가 세계를 어떻게 이해하고 대처하느냐는 우리가 어떻게 세계를 경험하느냐에 달려 있다. 어린이철학은 아이들이 보고, 듣고, 느끼고, 맛보고, 냄새 맡는 것에서 궁금증을 발견할 수 있다는 아이디어에 기초하고 있다.

마지막으로 『마크』에서는 법과 명령의 강제력과 마주하게 되는데, 이는 개인과 사회 간의 복잡한 관계들로 탐구를 이끈다. 민주주의, 자유 그리고 정의가 중요한 탐구주제이다.

위에서 언급한 IAPC 교육과정이 분명한 단선적 구조를 가지는 것은 아니다. 물론 철학적 기술과 절차를 일관성을 가지고 지속적으로 숙련하기 위해서는 어느 정도 단계가 있어야 한다. 그러나 철학적 탐구의 내용마다 다루기에 적절한 나이가 있다 하더라도, 그러한 내용들은 계속 반복되는 것이 효과적이다. 이러한 탐구 개념들은 보통 아이들의 일상 경험에서 추상화된 것이다. 아이들은 그런 개념들에 대해 생각하고 이야기를 나누면서, 자기의 경험을 재구성하거나 수정할 기회를 가질 수 있다. 자유의 개념은 『마크』에서처럼 『엘피』에서도 다룬다. 우정, 좋음, 진리, 아름다움의 주제는 모든 교재에서 반복된다. 이렇게 개념들이 반복되는 것은 철학적 개념이 단지 철학에서뿐만 아니라 일반적 경험 즉, 일상의 모든 개념과 관계를 맺고 있기 때문이다.[28]

예를 들어 한 아이의 일상적인 하루를 돌아보자. 착해야 한다는 말을 듣고, 시간을 지키라고 배울 것이며, 거짓말을 하면 혼난다. 동생만 특별대우를 받으면 '불공평해요!'라고 소리치고, 선생님에게 '말하기 전에 미리 생각부터 하라'는 말을 듣는다. 그 아이는 누군가의 가장 좋은 친구가 되기로 약속하고, 화병 속의 꽃이 살아있지 않다고 말하고, 엄마와 아빠가 비록 자주 싸울지라도 서로 사랑하고 있다고 믿는다. 만약 그 아이가 그런 일상을 이해하고 싶다면, 그 아이에게는 좋음, 시간, 참, 공정, 생각, 약속, 친구, 진짜 그리고 사랑과 같은 개념의 의미에 대해 질문할 분명한 권리가 있다.

---

28 이 상호관계는 철학의 전통적인 하부 영역에서도 마찬가지다. 윤리학과 미학 (아름다운 것이 악이 될 수 있는가? 세계를 경험하는 것은 본질적으로 좋은 것인가?) 또는 논리와 윤리 (일관성은 행위의 옳음을 보증하는가? 좋은 근거를 갖는 것은 우리가 어떻게 행동해야 하는가를 정당화하는 데 도움이 되는가?) 또는 인식론과 논리 (우리는 연역법과 귀납법을 통해 무엇을 알 수 있는가? 귀납 논쟁을 가치 있다고 부를 수 있을까?) 또는 인식론과 윤리 (윤리적 판단을 "참" 또는 "거짓"으로 부를 수 있는가? 진리에 대한 약속은 절대적 가치가 있는가?) 사이의 상호작용은 더 깊은 철학적 이해를 가능하게 한다.

나. 어린이철학의 확장

아이들과의 철학함을 위해 새로운 교육과정을 구성해 보려는 위와 같은 시도는 IAPC의 교재와 교육과정으로 철학적 깊이와 풍요를 갖추게 되었다. 이것은 아이들과 철학을 하려는 운동에 있어서 하나의 역사적인 패러다임이다.

IAPC 프로그램은 적어도 두 가지 점에서 의미가 있다. 첫째, 그 철학적 내용은 실제로 진화해 온 철학 내용의 일부이다. IAPC 이야기 교재와 교사용 지침서를 가득 채우고 있는 개념과 질문들은 2000년이 넘는 철학적 탐구로부터 빌려 온 것들이다.[29] 둘째, 각 프로그램(이야기 교재와 지침서)은 다양한 개념과 절차들로 구성되어 있는데, 그를 통해 아이들은 다양한 관점을 넘나들 수 있다. 각각의 이야기는 아이들이 철학적 개념과 전략의 정수를 성찰할 수 있도록, 한편으로는 철학의 전통적인 측면들을 돌아보고 다른 한편으로는 아이들이 자기의 경험을 성찰해 볼 수 있게 다양한 종류의 생각과 사고방식을 보여준다.

그러나 철학이 학교 교육과정에서 인정받고 통합되려면 광범위한 수업 자료, 수업 접근법, 그리고 수업 방법론이 개발되어야 한다. 물론 철학의 교육학적 가치에 대해서는 논쟁의 소지가 있을 수 있다. 어린이철학이 학교의 한 교과로 자리 잡게 된다면, 초기 IAPC 교육과정은 수정되고 확장되어야 한다. 전 세계 아이들을 위한 하나의 과학교재 혹은 역사 교육과정이라는 건 우스운 일이다. 어린이철학도 마찬가지이다. 학교에서의 철학수업 교재가 여러 세대를 거친 유산들을 성찰할 수 있도록, 또한 철학적 자료들이 교실 수업에 적절하도록 점진적으로 재구성되어야만 학교에서의 철학이 진지하게 고려되고 채택될 것이다.

---

[29] 이런 자료들로 다루어지는 철학적인 주제의 영역은 방대하고 인상적이지만, 전적으로 이해될 수 있는 것은 아니다. 예를 들면, 우리는 동양철학과 토착철학의 측면을 어린이철학의 새로운 자료들로 통합시킬 필요가 있다고 본다.

우리가 이 글을 쓰고 있는 동안에도 많은 나라의 철학자와 선생님들이 몇 쪽짜리에서부터 한 권의 완전한 이야기까지 다양한 종류의 철학적 이야기 교재들을 만들어 출간하고 있다. 또한 중요한 개념들을 정립하고 탐구하도록 교사용 지도서를 함께 만들어 사용하고 있다.[30] 이러한 이야기들은 다양한 주제와 연령을 아우르며 종종 아이들이 참여하는 공동 작업으로 만들어지기도 한다. 우리는 앞으로의 학교 철학교육을 위해 헌신할 사람들이 점점 늘어나길 바라면서, 이런 창의적 노력에 박수와 격려를 보낸다.

다. 어린이철학에서 문학작품 활용하기

많은 교사들이 철학을 학교에 도입하는 것이 현실적으로 가능한지 의심한다. 그런 염려는 철학과 다른 교과목들과의 관계에 대한 의심과, 이미 철학적 질문과 탐구를 자극하는 풍부한 문학적 자료들이 많은데 굳이 철학적 이야기 교재가 따로 필요하냐는 의심에서 비롯한다. 어린이용 이야기책과 그림책에서부터 전통적인 문학 대작까지 수많은 자료가 이미 존재한다. 철학적 감각을 가진 교사들은 이런 책들로도 의도적으로 쓰인 이야기 철학 교재와 마찬가지로 탐구를 자극할 수 있다. 문학적 관점에서 보면 그런 책들이 오히려 더 낫다고 평가될 수 있다. 기존의 이야기들을 사용하면 더 효과적이고 더 교육적일 수 있지 않을까? 또한 그를 통해 철학과 문학 사이에 유용한 다리가 이어질 수도 있지 않을까?

이러한 논쟁이 비문학적 자료(영화, 텔레비전 광고, 대중가요 가사, 신문 사설, 그림, 시 등)의 사용에까지 확장될 수도 있다. 그러나 이 문제는 좀 복잡하다. 기존의 자료들이 가진 철학적 차원을 찾는 것은 가치 있는 일이다.

---

30 어린이철학 시리즈 : Thinking StoriesI과 II(Cam, 1993a/b; 1994a/b)는 최근 작업 패러다임의 모델이다.

아이들의 생각을 자극할 '중심 생각'과 관련 활동의 사례를 교사들에게 제공할 수도 있다.[31] 철학 사상들은 매우 보편적이기 때문에 그것을 다룬 자료를 찾는 것도 어렵지 않다. 어떤 이야기가 옳음과 그름, 정의, 공정 등에 관계된 윤리적 질문들을 다룬다면, 교사는 학생들이 그것을 이해하고 탐구해 보도록 격려하면 된다. 이는 철학적 차원이 작가의 의도가 아니라도 가능한 일이다.

문학이 가진 철학적 측면에 대한 누스바움의 생각을 고려해 보아도 어린이철학에서 일반적인 문학의 사용은 권장될 수 있다. 그러나 철학 수업에서 기존의 일반적인 작품을 적극적으로 사용하고자 하는 사람들은 다음에 주의해야 한다.

의도적으로 쓰인 교재보다는 그림책이나 기존의 이야기를 가지고 철학적 문제에 접근하는 것이 더 쉽다고 생각할지 모르지만, 오히려 그 반대일 가능성이 더 높다. 왜냐하면 대부분의 교사들은 철학적 탐구에 대한 훈련이 제대로 되어 있지 않기 때문이다. 교사가 문학의 철학적 차원을 찾아내어 아이들과 탐구한다는 것은 어려운 일이다. 복잡한 서사를 가진 경우는 더욱 힘들다. 문학 수업에서 중요한 목적이 플롯과 등장인물을 분석하는 것이라면, 철학은 이야기 표면 아래에 숨어 있는 사상과 사고전략을 탐색하는 것이다. 이야기 철학 교재는 이러한 전략과 아이디어에 지름길을 제공한다. 비록 그것이 실제에 있어서 철학적 수행을 늘 성공적으로 성취시킨다는 보장은 없지만 말이다.

반면에 기존 문학은 대개 철학함에 필요한 도구를 제공하지 않는다. 개념 형성과 분석, 열린 질문과 대답, 사물의 본성에 대한 추리와 창의적 가설 세우기, 논쟁의 구조 확인하기, 추론의 오류 발견하기, 반성적이고 자기수정적 태도로 기본적인 주제에 대한 탐구의 절차를 밟아가기 등을 보여주지 못한다. 이런 절차들이 철학적 토론에서 중요한데 문학

---

31 호주와 영국에서 교사를 위한 가이드가 간행되었다.

작품을 통해서는 쉽게 얻어지지 않을 것이다. 더구나 탐구에 적당한 열린 형태로서의 특정 개념들은 좀 더 잘 짜인 연습을 통해서 학습되어야 한다.

교사, 학생, 그리고 작가가 이야기 소재에 담긴 철학적 차원을 찾을 수 있다면 우리의 우려는 대부분 사라질 것이다. 교사는 이런 인식을 반영하여 교재를 선택해야 한다. 특히 윤리 시간에 다루는 전통적인 문학작품 속의 영웅은 아이들의 상황이나 삶과 너무 동떨어져 있어서 쉽게 전이되기 힘들다. 모델링을 중요한 교육전략으로 생각한다면, 평범하고 불완전한 아이들에게 적합한 가상모델은 역시 평범하고 불완전해야 한다. 가상모델의 삶의 단면들이 아이들 자신의 삶에 대한 반성과 검토를 격려하도록 제공되어야 한다. 그래야 아이들이 자신의 삶을 적절하게 해석할 수 있다.

어린이들에게 적합한 교재를 선택하는 것 역시 매우 중요하다. 어린이용 그림책은 아이와 교사가 파악할 수 있는(혹은 쉽게 파악하기 힘든), 잠재적으로 풍부한 철학적 암시를 담고 있다. 더구나 상상력이 풍부한 아이가 그림책에 나오는 아름다운 그림의 특징적인 표현을 보고, 저자가 의도한 등장인물이나 내용의 시각적 본질을 읽어낸다면, 그것은 축복이다. 그림 역시 탐구를 자극하는 교재로서 기능을 가졌으며, 적절한 철학적 그림은 질문이나 궁금증을 해결하기보다는 오히려 비유를 통해 질문이나 궁금증을 제기하고 성찰하게 하기 때문이다.

어린이철학에서 이야기는 탐구를 일으키기에 적합한 디딤돌이라고 볼 수 있는데, 그 이유로 첫째, 실제 아이들과 그들의 문제점을 '조명'하지 않으면서 일반적인 감정과 느낌을 재음미해 볼 수 있도록 이끈다. 둘째, 예술적인 가치 외에도 철학적 실행을 가르치고 배울 수 있는 전략으로 그려낸다. 셋째, 쉽게 전이가 가능한 실제 삶의 맥락 속에서 철학적 개념과 절차, 그리고 상황을 제시한다.

마지막으로 우리는 어린이철학이 체계적인 교육과정으로 구성되어서, 교사나 학생들에게 '철학함'의 기회를 비구조화된 형식으로 잠깐 맛보게 하는 것이 아니라 지속적으로 진행될 수 있기를 갈망한다. 수학교육, 과학교육, 역사교육을 비판하는 사람은 많다. 그러나 수학적 과학적 역사적 본질에 대한 논의를 이끄는 이야기 시리즈로서 하나의 교과 교육과정이 구성될 수 있다는 것을 진지하게 제안하는 사람은 거의 없다. 우리는 IAPC 교재들(혹은 다른 것)이 '시장을 선점했다'라고 주장하는 것이 아니다. 오히려 체계적인 철학 교육과정의 연구는 그 자체로 진지한 철학적 탐구이며, IAPC 교재들은 전 세계 철학자들과 교사들이 적용해 보고 수정한 유일한 프로그램 예시라는 점을 강조한다.

물론 교사들은 학생들에게 다양한 맥락과 자료들을 통해 철학적으로 읽고 생각하고 말하도록 용기를 북돋워 주어야 한다. 그러나 그러한 격려는 교과와 교육과정으로서 철학에 참여할 기회를 가진 아이들일수록 더 쉽게 결실을 볼 수 있다. 따라서 우리가 철학에 대한 구조적인 감각, 연속성, 포괄성 그리고 심지어 심오함까지 교실에 가져오려면, 그림책이나 소설에서 철학적 주제나 개념들을 찾아내는 것은 그리 적절한 일이 아니다.

정리해 보자. 우리가 일반 문학이나 다른 자료의 활용으로는 철학적 탐구의 핵심 과정을 익힐 수 없다고 말하는 것은 아니다. 그러나 구조화된 프로그램의 적용만은 못하다. 더 어렵고, 덜 지속적이며, 교실 활동의 일반적인 과정에서 우회하거나 전복될 가능성이 더 높다. 물론 철학적으로 훈련된 교사가 이끄는 성숙한 탐구공동체에서는 어떤 문학작품도 철학적으로 잘 사용될 것이다.[32] 그러나 구조화된 철학 교육과정

---

32 Gareth Matthews의 작품이 여기서 떠오른다. Matthews(1980; 1984) 참고. 덧붙여서 어린이철학 잡지 『Thinking』에서 Matthews는 특정 문학작품에서 철학적인 가능성을 탐구한다. Matthews가 아이들과 함께하는 활동에서 사용한 전략 중의 하나는 철학적인 질문을 불러일으키는 이야기로 시작해서 아이들이 그 이야기를 마무리지어 보게 하는 것이다. 또한 Sheffer(1989) 참고. 아이들을 초대하여 그들의 이야기를 하게 하는 것은 Millstone(1989)에서 재미있는 방식으로 확대되었다. 아이들에게 철학적 탐구를 불러일으킬 문학의 힘은 Hetzler(1988)가 보여준다.

은 학생들과 교사들이 이러한 목적을 보다 잘 이루도록 돕는다.

실제적 측면에서 우리는 경험 있는 철학 교사들이 인정한 전략을 추천한다. 그들은 표준석인 혹은 확장된 방식으로 어린이철학 교육과정을 다양하게 활용해 온 경험이 있다. 지금도 여전히 세계 각지의 많은 사람들이 철학을 주류 교육과정에 도입하기 위해 함께 협력하면서, 의도적인 철학교재와 기존 문학 모두를 실험하는 데 참여하고 있다.

이제 논의를 넓혀 보자. 기존 시간표의 요구와 제약을 고려할 때, 철학을 기존 시간표에 추가하고자 하는 교육자들은 철학이 다른 교과의 교수학습에 미칠 수 있는 영향을 고려해야 한다. 내용적 절차적 측면 모두에서 모든 교수학습의 건전한 기초를 구축해 주는 철학 교과에 대해서 진지하게 접근해야 한다.

3. 교육과정을 포괄하는 철학 : 전이의 문제

앞 장에서 우리는 상호 탐구의 특징을 갖는 토론적 사고가 모든 학습이 기초임을 강조했다 이번 장에서 사고와 탐구공동체와 철학의 관계에 대해 초점을 맞춰보려 한다. 철학은 일반적으로 학습과 지식의 기초이다. 사실 교육과정에서 철학의 위상은 심리학이나 과학 같은 다른 '현대' 교과들과 비교해서 그 역사적 지위가 반영되어야 한다. 하지만 중요한 점은 정규교과 및 주제에서의 사고와 학습에서, 철학이 일반적인 또는 '기초적인' 교과로서 어떻게 기능하는지에 대한 세부 사항 즉, 철학이 어떻게 기술, 성향, 개념, 절차의 전이를 도울 수 있는지를 살피

교실에서 철학적 탐구를 가장 잘 자극하는 자료에 대한 질문에 대해서는 Glaser(1992b), Weinstein(1988b) 참고.

는 일이다.[33]

우리는 두 가지 방법, 즉 절차적인 방법과 내용적인 방법을 통해 이 질문을 자세히 살펴보려 한다. 철학이 수행하고 강화하는 절차적 기술과 전략 중에서 전이에 가장 큰 도움을 주는 것은 관계나 연결을 만들고 인식하는 절차이다. 탐구공동체 교실에서 철학적 탐구와 토론은 학생들이 상호 연관을 구성하여 스스로 더 큰 이해에 도달하도록 도와준다. 예를 들어 학생들은 부분과 전체의 관계를 잘 파악함으로써 이미 학습된 개념과 절차들을 새로운 맥락에 적용하면서 자신의 이해를 확장한다.

그런 절차들은 모든 배움의 핵심이다. 교실 너머 일상적인 삶의 맥락에서는 물론이고, 과학, 역사, 예술, 수학 등에서 효과적으로 생각하게 한다. 여기서 중요한 점은 철학적 주제에 대해 생각하고 이야기할 때, 학생들이 절차에 대해서도 생각하고 이야기할 것이며, 그 개선을 위한 기준과 지침을 발전시키려 애쓸 것이라는 점이다.

이런 종류의 절차적 능력은 분화되고 전문화된 학교 교육을 넘어서서 학생들이 지식의 좀 더 전체적인 개념과 상호 관계성을 파악하도록 돕는다. 그 절차들 자체가 다학문적이기 때문이다. 근거와 원인, 전제와 결론, 귀납적 추론과 연역적 추론을 구분하는 이러한 절차들은 철학은 물론 역사, 문학에서와 마찬가지로 수학이나 과학에서도 매우 중요하다. 우리가 여기에서 강조하는 것은 적어도 모든 교과의 논리적, 인식론적 구조 속에 내재한 철학적 절차에 주목하자는 것이다. 철학적 탐구를 특징짓는 질문하기, 말하기, 쓰기, 추론하기 등을 하는 학생들(그리고 교사들)은 더 나은 질문자, 더 나은 발언자, 더 나은 글을 쓰는 사람, 더 나은 추론을 하는 사람이 될 것이다.

같은 맥락에서, 서로 다른 견해나 패러다임 혹은 문화에 대해 기꺼

---

33 Adams(1989)는 전이가 좋은 사고의 리트머스 검사라고 주장한다. 만약 과정이 전이되지 않는다면, 그들은 사고한다고 할 수조차 없다(p.30).

이 환영하고 대면한다는 것은 또 다른 형태의 탐구(예를 들어 역사적, 과학적 탐구)에도 중요하다. 철학을 통해 길러진 이러한 지적 태도들은 '생각과 행동을 이끄는 목적과 가치에 대해 비판적이고 사려 깊게 판단하는데' 없어서는 안 된다.[34]

철학함에 있어서 절차적 능력이 중요하다는 것은 교실 탐구공동체에서 토론이 중요하다는 말이다. 어린이철학에서 토론은 매우 특별하다. 토론은 불일치가 생길지도 모르는 주제에 대해서도 동료와 대화하는 일종의 예술(art)이며 기술(craft)이다. 대화나 토론은 읽기와 쓰기 같은 기본 능력과 동등하게 서로 얽히고 강화되어야 한다. 그러지 않으면 모든 교과 학습에 필요한 사고활동이 장기적인 관점에서 제대로 발휘되지 못한다. 어린이철학에 내재하는 개념적 절차적 기술과 성향은 읽기나 쓰기와 함께 연습되어야 전이가 잘 이루어진다. 예를 들어 아이들이 글을 읽을 때 숨겨진 가정을 찾아보고 추리해 보도록, 글을 쓸 때 개념적 범위와 가능성을 탐색해 보도록 가르치는 것이다. 말하기나 듣기와 마찬가지로 읽기나 쓰기도 단순히 정보를 구하고 기록하고 보고하는 기계적인 활동이 아닌 진정한 탐구로 여겨야 한다.

이는 학생뿐 아니라 교사에게도 시사하는 바가 있다. 철학을 가르치는 교사는 토론을 기반으로 하는 탐구에서 읽기와 쓰기를 함께하는 탐구로 그리고 다시 반성적 토론 과정을 거치는 탐구로 이끌 수 있다. 타 교과를 가르칠 때는 (특히 같은 학생들과 철학을 했다면) 읽거나 쓴 것을 바탕으로 토론하면서 학생들의 읽기와 쓰기가 비판적이고 창의적인 탐구로 전이되도록 도울 수 있다. 이러한 이상적인 시나리오에서 최종 결론은 사고와 추론은 물론 말하기와 듣기, 읽기와 쓰기 등이 교육과정 안에서 서로 정합적으로 연결되어 연습하게 하는 것이고 그것의 가치를 아는 것이다.

---

34 Hostetler(1991, p.9).

철학적 성향의 함양은 효과적인 전이의 핵심이다. 참, 합당성, 탐구에 관심을 갖고 몰두하도록 하는 그런 성향은 기꺼이 자기수정을 하려는 의지와 마찬가지로 철학함의 중추이다. 호기심을 가지고 사물의 의미를 얻으려는 열정에 사로잡혀 있는 아이들은 스스로에게 매력적이고 흥미 있는 주제나 질문에 대해서도 이러한 태도를 보일 것이다. 아이들은 자신의 실천에 그런 태도를 통합하면서 탐구의 절차를 더 깊이 이해할 뿐 아니라, 절차에 대한 배려의 감각도 키운다. 좋은 사고의 절차에 대한 이런 감각은 사고 기술의 습득과 탐구공동체에 대한 반성적 자각과 결합하여 더 나은 사고를 이끌어 내는 데 중요한 요소가 된다.

어린이철학은 이와 같은 요소들을 시작으로 전이를 만드는 사고기술과 성향을 길러준다. 따라서 철학적 훈련은 타 교과 공부에도 도움을 준다. 아이들은 열린 질문과 탐구 질문만이 아니라, 이미 해답이 주어진 닫힌 문제에 대한 재질문의 가치도 배운다. 가정의 근거를 찾는 것을 배울 뿐 아니라, 독단과 교화를 배제하는 것도 배운다. 대안과 다른 관점에 대해 생각하는 것을 배울 뿐 아니라, 옳다고 확신하는 견해라도 적극적으로 다시 살펴보아야 한다는 것을 배운다. 이러한 배움을 통해 아이들은 어쩔 수 없는 지적 전통에 대한 수동적인 수용을 벗어나 지식의 구성에 능동적으로 참여하는 사람이 된다. 그리고 아이들은 자신의 지적인 창조성을 부정하는 자아개념이 아닌 능동적인 학습과 탐구를 위한 자아개념을 내면화한다.

철학에서 절차로부터 내용으로 이동하는 것은 부분적으로 관점을 이동하는 문제일 뿐이다. 철학적 탐구의 절차와 도구는 대개 추론, 기준, 가정, 신념, 가설, 증거, 논증, 증명, 진리에의 헌신, 세계를 보는 관점 등인데, 이 모든 개념들은 인식론(지식의 이론)으로 알려진 철학 영역의 핵심이다.[35]

---

35 이러한 인식론적인 개념에 대한 해석은 사람이 어떻게 교수와 학습을 이해하는가에 깊은 영향을 끼칠 것이다. Benjamin과 Echeverria(1992) 참고.

전이는 개념 이해의 확장에서 비롯된다. 제1장에서 살펴보았듯이 개념은 한 맥락으로부터 또 다른 맥락으로 이동하게 해주는 다리의 역할을 한다. 중요한 전이는 특히 학생들이 새로운 문제 상황에서 이전에 다루었거나 생각해 보았던 문제들과의 유사성을 발견할 때 일어난다. 이때 이 유사성은 상당히 개념 의존적이다. 모든 것들은 서로 유사하거나 다른 부분을 갖는다.[36] 우리는 특정한 대상이나 경험의 구체적인 특징을 추상화해야만 유사성을 인식한다. (색과 모양의 유사성을 인식하는 것은 우리가 색과 모양에 특별한 주의를 기울이면서, 그 대상을 사실상 무시하기 때문이다.[37] 그러나 특정 내용에 대한 교수학습에서는 적절한 종류의 추상적 사고가 잘 일어나지 않기 때문에, 전이가 실패하기 쉽다. 철학은 학생들에게 전이에 필요한 여러 가지 개념적 추상을 많이 연습하게 한다.[38])

제3장에서 전이를 가르치려면, 각 교과의 구조에 담겨 있는 개념적 틀에 초점을 맞추어야 한다고 했다. 이 점과 관련하여 존슨은 다음과 같이 주장한다. '과학자, 심리학자 혹은 다른 교과 전문가에 덧붙여 번역가로서 교사는 자신이 가르치고 있는 연구 분야의 철학자가 되어야만 한다(1989, p.7).' 왜냐하면 교과 중에서 철학이 유일하게 개념적 경계의 문제를 다루며, 모든 교과목에 기초가 되는 구조나 원리, 개념들에 대한 인식론적 질문을 다루기 때문이다('어떻게 우리가 무언가를 알 수 있을까? 우리가 안다고 주장하는 것이 타당한가?').

---

36 Yeh Hseng Hong(Cam, 1993a)이 쓴 "The Bird's Nest" 이야기에서, 한 아이와 엄마는 머리 모양과 피아노가 같은지 다른지에 대해 논쟁한다. 주장된 유사성의 본성을 설명하는 상황이 없다면 그런 비동의는 의미가 없을 것이다.

37 유사성을 인식하는 (즉, 유비적인 사고) 연습은 기본적인 사고기술이다. Lipman은 그것을 '창의적인 기술 중 가장 일반적인 것이며, 분석적인 기술 중 가장 상상력이 풍부한 기술'이라고 불렀다. (1991, p.153) 이 장의 후기 참고.

38 Adams(1989, pp.33-4). Adams는 계속해서 '내용 없음(content-free)'을 목표로 하는 사고력 교육은 똑같이 성공할 가능성이 낮다고 설명한다. 즉, 그것들은 사고가 실제로 적용되는 맥락으로부터 너무 고립되어 있으며 멀리 떨어져 있다. 어린이철학은 '내용 특정적(content-specific)'이지도 않고 내용 없음(content-free)'도 아니다.

철학의 내용적인 핵심으로 더 들어가면, 우리는 모든 교과의 부분적 토대를 이루는 개념군을 발견하게 된다. 왜냐하면 그 개념들은 인간 경험에 가장 보편적으로 작용하기 때문이다. 수가 뭐냐고, 원인, 공정함, 아름다움이 뭐냐고, 무엇이 나를 만들었냐고, 나는 정말 자유롭냐고, 인생은 정말 어떤 목적을 갖고 있냐고, 어떻게 지식이 가능하냐고 등을 묻는 것은 의미와 중요성으로 가득 차 있는 포괄적인 질문을 하는 것이다. 아이들이 이러한 질문들을 하는 경우 (아이들은 정말로 이런 질문을 한다) 그 아이들은 '큰 그림'이나 '모든 것에 들어맞는 일종의 보편성'에 대한 이해를 갈망하는 것이다. 철학 교사라면 이런 질문이 다른 질문을 이끌며, 좀 더 세밀해질 수도 있고 확장될 수도 있다는 것을 안다. 그런 질문들은 철학이나 그 하위학문인 논리학, 윤리학, 인식론, 미학, 형이상학 등과 학교의 다른 교과들 간의 교차점에 있다. <그림 2>는 학교 교육과정에서 철학을 제거해 낸다면 이런 교차점은 상실되며, 교과들 사이의 상호 연관성도 간과될 수 있다는 점을 보여준다.[39]

〈그림 2〉 철학과 교육과정

---

39 3개의 범주 즉, 추론과 탐구, 개념 형성 그리고 의미 만들기에 대해서는 E/M 수정본 5장 참고. 시간표상의 다양한 교과들은 학문적이라기보다는 학습 영역에 대한 현대적인 강조점을 드러낸다. IB 강의 요목은 유사한 분류를 사용하며, 지식 이론(인식론)을 모든 다른 과목들의 교차점에 배치한다. 여러 학교에서 어린이철학이 바칼로레아 프로그램에서 요구하는 훌륭한 '길'을 제공한다는 것을 발견한다.

학교 교육이 철학에 관심을 가져야 한다는 것이 다른 교과 학습을 대수롭지 않게 본다는 의미는 아니다. 오히려 반대로 철학은 탐구의 학문으로서 다른 교과들의 개념과 함께 얽혀 있다. 학습과 사고에 있어서 철학의 이러한 역할을 이해한다면, 그 교과들을 효과적으로 가르친다는 것이 어떤 의미인지를 제대로 파악하게 된다.[40]

명민한 교사는 일반 교과에 철학적 차원을 들이는 기회를 꽉 잡으려 할 것이다. 그들은 어린이철학 프로그램의 질문과 활동들을 적용해 볼 기회를 찾을 것이다.[41] 철학적 탐험과 탐구를 통해 학생들이 교육과정 전체를 아우르는 개념들을 명백히 할 수 있다는 것은 매우 큰 이득이다.

철학과 다른 교과들과의 관계를 강조하기 위해 과학교과를 예로 들어 보자. 철학 특히 어린이철학은 과학수업에 효과적인 절차와 개념적 틀을 제공한다(Gazzard, 1988a; Pritchard, 1991; Sprod, 1994a) 여기서 중요한 점은 과학수업이 철학과 직접 관련된 많은 기술과 성향, 이해 등을 사용하고 전제한다는 것이다. 다음을 살펴보자.

◆ 논리적 유비적 추론 : 유사성과 차별성 구별하기 ; 대안들을 비교 고찰하기
◆ 원인과 결과의 관계 이해하기 : 가설, 관찰, 예측, 증명, 설명 등을 구별하기
◆ 과학적 탐구의 중심에 있는 인식론적 질문을 제기하고 명백히 하기 : '이 문제에 대한 적절한 증거가 뭐지?', '그것은 정말로 참인가?(입증할 수 있나?), 저것은 이론인가 혹은 가설인가?'
◆ 과학적 진리의 탐색과 보편화 경향성, 특수성과 과학적 이론의 오류 가능성

---

40 이 점이 철학을 어떻게 다른 학교 과목과 활동에 관련지어 시간표 속에 배치할 수 있는가 하는 전략적인 문제를 해결하는 것은 아니다. 시간표 문제에 관한 더 깊은 논의에 대해서는 5장 참고.

41 이러한 기회들은 교사들이 여러 교과를 한 학급에서 가르치기보다는 오히려 특정 교과를 여러 학급에서 가르칠 때 부딪치는 한계일 수도 있다. 이것은 중등학교와 초등학교 사이의 전통적인 차이 중의 하나이다.

등을 조화시키기

◆ 과학적 탐구의 문제적이고 논쟁적인 본성 이해하기

◆ 과학적 개념의 의미에 대한 공동 탐구에 참여하기

이런 점에서 어린이철학은 과학교육의 기초라 할 수 있다. 다시 말해서 과학수업은 탐구공동체 속에서 최선의 결과가 나올 수 있다는 것이다.[42]

과학도 다른 교과처럼 세상이 어떻게 작동하는지에 대한 자신들의 생각과 '이론들'을 학습 활동에 가져올 수 있다. 어린이철학이 보여주는 탐구의 방법은 이런 점에서 장점이 많다. 왜냐하면 어린이철학은 탐구의 출발점을 아이들의 생각과 아이디어에 두기 때문이다. 가자드(Gazzard)가 제안하는 것처럼 과학수업도 그렇게 할 수 있고 또 그렇게 해야 한다. 특히 과학수업은 탐구가 아이들이 있는 곳에서 출발하여 체계적이고 점진적으로 과학자들이 있는 곳으로 가야 한다.[43]

그리노는 아이들에게 수학적이고 과학적으로 생각하는 능력이 있다고 보았다. 그러나 가설과 증거의 구별, 논쟁의 결론과 그 증거들의 구별 같은 과학이나 수학에서의 중요한 구별 능력은 부족하다고 주장했다. 우리는 그리노의 말대로 아이들이 과학적 혹은 수학적으로 잘 생각하기 위해서 구별하는 능력을 먼저 '배워야' 한다는 것에 동의한다.[44]

---

42 철학과 과학과의 관계는 정말 복잡하다. 과학적 이해가 증가함에 따라, 한때 철학적인 것으로 분류된 문제들이 과학으로 넘어왔다고 말하는 것이 역사적으로 옳을지도 모른다. 그러나 과학적인 이해에 있어서의 진보가 '철학적인 것'으로 부를 만한 새로운 문제들을 불러일으켰다는 것도 사실이다. 이런 의미에서 모든 탐구공동체는 철학적인 공동체이다.

43 Gazzard(1988a, p.39) 자연에 대한 새로운 이론들을 구성하는 것은 아이들만이 아니다.

44 Greeno(1992, pp.58-59). Greeno의 용어에 있어서, 과학적인 (수학적인) 사고는 과학적인 (수학적인) 개념과 방법과 절차들을 포함하는 사고이다. 또한 Northfield 와 Symington(1991), Royer(1987) 참고. 철학적인 관점을 과학교육에 적용하려는 아이디어에 대해서는 Tammy(1994), Wagner(1979) 참고. Wagner와 Lucas(1977)는 과학적인 이해(예를 들면, 논리적이고 유비적인 추론 기술)를 개발하기 위해 초등학교 저학년에서 철학적인 분석과 질문을 사용할 것을 주장한다. 과학적 방법에 대한 아이디어들의 중요성에 대한 듀이적인 관점에서 출간된 저작

그런 능력을 인식론과 논리학에 속한 질문들을 직접적으로 그리고 자연스럽게 다루는 철학보다 더 잘 배울 수 있는 곳이 있을까?

과학 같은 교과에서 철학적으로 생각할 줄 아는 아이들은 자신을 진정한 사고가라고 생각하게 될 것이다. 어린아이들에게 과학에서 발견과 발명, 즉 창의성을 가능하게 하는 것은 바로 이런 차원이다.

우리는 이런 과학적 역량이 전체 교육과정에 포괄적으로 적용된다고 생각한다. 여기서 말하고자 하는 것은 '좀 더 많은 물리학자, 생물학자, 수학자가 아니라 생각하는 사람으로서 자신의 삶에 다가가는, 즉 합리적인 한 개인으로서의 성장이다.'[45] 교육자들이 교육과정의 개념 체계를 받아들여 교육활동에 반영하는 것은 중요하다. 이 지점이 바로 철학이 핵심적 역할을 할 수 있는 지점이다. 왜냐하면 철학은 다른 교과목에 필요한 사고의 기본을 형성하는 개념들, 절차들, 그리고 구별을 검토할 수 있는 어떤 맥락을 아이들에게 제공하기 때문이다.[46]

'귀납적 사고'를 생각해 보자. 일반화하고 유비추리를 하는 것과 같은 사고의 절차는 교육과정 전반에 적용되는 일반적인 사고전략이다 (Pritchard, 1991, p.224). 철학에서 아이들은 유추의 중요성을 탐색하고 적절한 일반화를 하는 데 필요한 기준을 형성해 낸다.[47] 그들은 '모든' '어

들은 '아이디어들이 과학에서 탐구를 이끌어 가고 방향을 결정하고 통제함에 따라, 과학이 의미하는 것에 대한 아이디어들을 적절히 정돈하는 것은 과학적 사실들과 방법들을 배우는 데 있어서 논리적인 선결 요건이다'라고 지적한다(p.550).

45 여기서는 '합당한'이 '합리적인'보다 더 적합하다. 그 인용문은 '교육과 과학의 정신(1966)'이란 제목의 미국 교육 정책 위원회의 서류에서 발췌한 것이다. 그것은 Pritchard(1991, p.218) 그리고 Martin(1982, p.20)에 나온다. 60년대에 생긴 시의적절한 이 말은 우리에게 과학 교육은 훈련 같은 것이 아님을 일깨워 준다. 그 보고서는 다음과 같은 것 즉, 알고 이해하고자 하는 갈망, 모든 것에 대해 질문하기, 논리에 대한 존중, 그리고 전제와 결론에 대해 생각하기 등을 포함하여 7가지 가치를 과학 교육의 기초로 언급했다. Wagner and Lucas(1977, p.549) 참고.

46 여기에서 교육과정은 내용과 과정과의 경계가 점점 불분명해지는 기획이 된다는 Bruner의 말이 생각난다. 철학에서 이 경계는 시작 단계부터 불분명한데 왜냐하면 철학적 탐구는 우리가 일반적으로 생각하고 '배워 온 절차에 대한 반성을 포함하기 때문이다. Bruner의 마음속에 철학이 없었을 수도 있지만, 그것은 우리에게 철학은 모든 주제와 교과에 담겨 있다는 확신을 갖게 한다.

47 Gazzard(1986a)는 관계 간의 관계에 관한 (즉, 유추) 재미있는 토론을 기록해 두었다. 유추

떤'이라는 낱말의 의미에 대해 토론한다. '모든' '어떤'은 논리적 함축뿐 아니라 윤리적 함축도 담고 있다('어떤'과 '모든'의 혼돈으로부터 인종적 혹은 다른 파괴적인 편견이 만들어지기도 한다). 이러한 주제들은 과학자들의 훈련에도 필요하지만 학생들이 스스로를 발견자이자 탐구자로 느끼는 교실 환경을 만드는 데도 유용하다.

두 번째 사례로 같음과 다름의 개념에 대해 생각해 보자. 이 개념은 모든 개념적 탐색에 관여한다. 개념을 사용할 때마다 우리는 비슷한 것들은 모으고 다른 것들은 분류한다. 그러나 '겉보기에 비슷해 보이는 것들 사이의 차이점, 겉보기에 다르게 보이는 것들 사이의 유사성'도 구별해야 하기 때문에 '같음'과 '다름'의 의미를 당연하게 받아들이면 안된다(E/M, p.53). 어린이철학은 이런 핵심 개념들이 사고에 있어서 중요하다고 생각한다.[48] 예를 들어 저학년용 프로그램인 엘피에서 그 사례를 볼 수 있다. 엘피에서 등장인물들은 차이, 가정, 기준 그리고 애매성들을 확인해 보는 게임을 해보고 다른 맥락에서 사용해 보면서 자신감과 능숙함을 발달시킨다. 물론 학생들이 그런 개념들을 철학과 상관없이 배우고 익힐 수도 있지만 제대로 연습하기는 어렵다. 각 교과에 속해 있는 절차와 절차적 개념들을 탐구해 보는 것과 교육과정 전반을 구성하고 있는 주제와 구조를 파악하는 것, 이 두 가지를 준비하는 데 있어 철학적 접근보다 더 나은 방법은 찾기 어렵다.

어린이철학을 가르치는 전문가들로부터의 지지가 생겨나고 늘어남에 따라, 철학과 다른 교과 사이의 관계가 교사와 학생들에게 더욱 긴밀하고 만족스럽게 되기를 기대하게 된다.[49]

와 일반화에 덧붙여 아이들은 인과적 설명의 본질을 검토한다. 이런 종류의 과학적인 추론은 귀납법의 일종이다.

48 E/M에서, 같음과 다름은 여러 곳에서 논의된다.

49 언어 영역에서, 어린이철학은 LOTE(language other than english) 교실에 있는 학생들을 지원하는데, 그것은 아이들이 자신의 아이디어를 말하려고 애쓰는 것을 즐기기 때문이다. Lardner(1989)는 '영어를 제2 언어'로 가르치는 데에 철학의 이런 측면을 반영한다. Cam(1995)은 초

다음 두 청소년의 대화가 보여주는 대조는 인상적이다.

(고등)학교의 각 교과는 다른 교과가 보여주는 창과 연결되지 않는 그 과목만
의 특별한 창을 통해서만 세계를 보려 하는 것 같고 … 철학은, 반대로, 그 모
든 창들을 통해서 세상을 한꺼번에 보려고 시도하는 것 같다.

Benjamin과 Scott, 1988, p.29

4. 철학과 어린이 : 자연스러운 결합

어린이철학은 교실을 탐구공동체로 전환하고자 한다. 이런 전환을

등교사들에게 영어와 문학의 교육과정에서 철학적 질문과 개념 그리고 절차를 규명하고 탐구하
는 방법을 보여주었다.

English(1992, 1993)는 수학 수업에서 탐구공동체의 방법과 어린이철학의 개념적인 구조를
이용했던 자신의 경험에 대해 썼다. 학생들은 '우리는 어떻게 수학으로 (낱말로, 그림으로, 상징들
로, 규칙들로) 생각하나요?', '수학에서 알고는 있지만, 이해는 안 가는 경우가 있나요? 예를 들 수
있나요?', '여러분은 수학을 잘하는 사람을 어떻게 묘사하겠나요?', '수학적인 지식과 수학적으로
생각하는 것 사이에는 차이가 있을까요?'와 같은 질문들을 제기하고 토론한다. 수, 무한, 문제해결
과 같은 개념과 수학의 세계를 논쟁이 분분한 열린 문제로 간주하고 있다. Daniel(1994)은 학생용
소실과 교사용 지도서에 기초한 '철학 수학 협동 교육과정'의 구조를 설명한다. Slade(1989)는 사
례를 들어가면서 어린이철학이 수학 특히 논리에서 여학생들을 도와준다고 주장한다. 철학과 수
학 교육에 대해 더 일반적으로 역사적으로 언급한 것은 Drabman(1986) 참고.

Ryan(1988)과 Hamrick(1987)은 자연에 대해 일관성 있게 생각하도록 아이들을 이끄는 어린
이철학의 잠재력에 대해 논한다. Pritchard(1985)에는 5학년 학급에서 모든 동물은 고양이인 어
떤 세계를 상상해 보라는 것으로 시작하는 토론을 기록한다. 그 토론은 생물 관련 주제(고양이)
에 감정이입과 유머 그리고 흥미를 더했다. 그렇지 않았더라면 매우 전통적이고 생기 없는 방식
으로 다루어졌을 것이다. 그 토론은 동물과 인간 간의 유사성과 차이점, 유비추리의 본성, 증인과
증거, 그리고 다른 많은 주제에 대해 다룬다. 고양이 개념은 어린이들에게 낯익은 것이겠지만, 토
론이 보여주는 바와 같이, 그것은 당황스럽고 매력적인 것을 많이 포함하고 있다.

미술교육의 풍부한 접근을 위해서는 반드시 철학의 전통적인 하위분야인 미학이 포함되어야
한다. Hagaman(1990), Hamrick(1989) 참고.

어린이를 위한(에 대한이 아닌) 사회 철학의 아이디어에 대해서는 Katzner(1994) 참고. 사회
학에 어린이철학의 연습 스타일을 적용한 것은 Rembert(1983) 참고. 그리고 Paul(1989a, 7장)과
비교하라.

통해 교과들이 전체적으로 포괄되면서 교수학습은 좀 더 풍부해지고 활기차질 것이다. 그러나 철학의 기본적인 본성은 통상적으로 해석되는 학교 교육과정을 훨씬 넘어선다.

우선 철학 고유의 가치가 폄하되어서는 안 된다. 철학은 복잡한 교육과정에 '뒤늦게' 도착하여 너무도 쉽게 간과된다. 철학의 가치를 단순히 도구적인 것이라 생각하여 그 역할을 수학, 과학 그리고 국어와 같은 '진짜' 교과에서 사고력을 증진하는 것뿐이라고 말하는 사람들이 있다. 이들은 철학을 매우 단기적인 것으로 생각한다. 탐구공동체가 적절한 교수학습 방법으로 확립될 쯤 되면 철학이라는 '특별한' 교과는 불필요해진다는 것이다. 아니면 종종 거론되는 정도가 될 것이라고도 한다.

이런 견해는 철학의 참된 잠재력이 '정신적 삶'을 향상하는 데 있다는 것을 모르기 때문이다. 도구주의적 관점에서 본다고 하더라도 수학이나 영어처럼 철학도 중요한 '자격을 갖춘' 교과이다. 그 내용과 절차는 모든 교과의 구조 속에 함께 엮여 있다. 철학이 더 이상 불필요하다고 하는 것은 각 교과 주제가 가진, 문제적이며 탐구할 가치가 있는 개념적 틀을 쉽게 무시하는 것이다.

그러나 철학의 진정한 가치는 아이들과 함께 철학적 토론에 참여하는 선생님과 부모님들에게는 분명하게 드러날 것이다. 왜냐하면 철학은 아이들이 스스로 만든 질문이나 목적과 의미에 대한 질문으로 탐구하기 때문이다. 또한 스스로 찾아낸 방법에 따르며, 그 방법을 통해 평가와 개선을 위한 나름의 기준을 만들어 내기 때문이다. 이런 모든 것들이 철학함 자체가 주는 보상이다.

아이들은 철학함의 권리를 갖고 있고, 수천 년을 이어온 반성과 탐구의 사상과 전통들에 대해 그들 나름대로 기여할 권리를 갖고 있다. 철학이 아이들에게 관심이 있듯이, 아이들도 스스로 인식하든 인식하지 않든 철학에 관심을 갖고 있다. 아이들은 이런 관심을 지적 유산의 일부로 물려받았다.

이런 말이 너무 드라마틱하다거나 허풍 같다면 어린이철학의 몇 가지 가정을 살펴보는 것이 좋겠다. 그 한 가지는 아이들은 본성적으로 대부분의 어른들이 오래전 흥미를 잃은 것들을 포함하여, 철학적 아이디어에 대해 궁금해하고 생각해 보려 한다는 점이다. 다른 하나는 아이들에게 있어서 그런 아이디어는 매우 중요하며 그를 통해 자신들의 세계를 이해하고, 해석하고, 형성한다는 점이다. 세 번째는 교육자로서 우리는 철학함의 과정을 방해하기보다 풍부하게 하는 경로와 구조, 전략들을 구성하도록 그들을 도와줄 수 있다는 점이다.[50] 이런 점에서 놀라운 것은 철학이 교육자들로부터 오랫동안 무시되거나 과소평가되어 왔다는 것이다. 다음은 최근 어린이철학 워크숍에서 처음으로 철학의 맛을 본 초등교사의 소감이다.

> 우리가 철학을 위한 시간표상의 공간을 찾기 위해 고군분투해야 한다고 생각하니 슬프다. 내가 지금 이해하는 것은 – 난 전에는 이렇게 생각하지 않았다 – 철학은 교육이라는 나무의 큰 줄기로 그것으로부터 모든 다른 교과와 활동의 가지들이 나오고 궁극적으로 되돌아가야 한다는 점이다.

교육과정 구성에 있어서 현재의 모든 교과가 미래 세대를 위해 가치 있고 의미 있는 것인지 재검토되어야 할 시점이다. 우리는 철학이 그러한 테스트를 훌륭하게 통과할 것이며, 철학이 교육과정 안에 핵심 프로그램으로서 포함되기를 기대한다. 아이들의 철학할 권리가 더 이상 논쟁거리로만 남지 않기를 바라고 있다.

하지만 이런 철학의 내적 가치의 강조만으로는 교육정책 입안자와 정부를 설득하기에 충분하지 못할 수 있다. 특히 미국의 경우, 교육의

---

50 이런 가정의 더 어두운 측면은 아이들이 청소년으로 성장해 감에 따라 아이디어에 대한 그들의 경이로움과 매력이 사라진다는 것이다. 이러한 불꽃에 다시 불을 붙일 수 있으나, (예를 들면, Turgeon, 1991 참고) 시작부터 잘 길러주는 것이 더 합리적이다.

전 과정이 도구주의자들에 의해 강력하게 재편되고 있고 심지어 직업교육이라고 해도 과언이 아니다. 우리는 학교에서의 철학이 그 내적인 배경에 의해 (아이들의 본성적인 철학함의 권리를 포함해서) 정당화될 수 있다는 주장을 거부하지 않는다. 하지만 그런 '높은 도덕적 차원'을 택하는 것이 자멸을 초래할지도 모른다는 생각도 든다. 이쯤에서 왜 철학을 포함해야 하는가에 대해 몇 가지 더 고려할 사항이 있다. 이런 고려 사항은 철학이 교육과정의 한계를 넘어 아이들 스스로 가치 있다고 판단하는 삶을 살아가도록 준비시켜 주며, 그를 통해 더 풍부한 '삶의 기회'를 준다는 생각을 갖게 한다.

학생들의 삶을 준비시킨다는 것이 '첨단기술'의 미래가 그들 인생의 전부인 양 그것에 대응하는 것으로만 한정되지 않기를 바란다 (McDermott, 1991; Crawford and Rossiter, 1993). 우리는 모든 가능한 삶의 측면(직업적이든 아니든)에서 가치 있는 삶을 사는 데 필요한 좀 더 근본적인 질문에 초점을 둔다. 그 중심에는 '무엇이 나의 나 됨을 만드는가?', '나는 어떻게 사물을 확실히 알 수 있는가?', '내가 관심을 가져야 하는 것은 무엇인가?', '난 어떻게 살아야 하는가?'와 같은 철학적 질문들이 있다. 이 질문들은 학문적 표준과 직업적 유용성 간의 충돌 때문에 늘 소홀히 여겨질 위험에 놓여있다. 학생들이 계속해서 기본적 가치와 신념에 대해 질문하고 고찰하도록 도와주는 것이 어린이철학의 두드러진 점이다.

위와 같은 큰 질문들은 좋은 기준과 추론에 근거한 판단과 결정이 바탕이 되어야 하는데, 이를 제대로 이해하고 추구하는 사람들에 의해서만이 제대로 실행될 수 있다. 또한 다른 사람들과 함께 삶에서 가장 중요하고 지속적인 질문을 반성적으로 검토할 준비가 되어 있는 사람들만이 제대로 실행할 수 있다. 제6장과 제7장에서는 청소년들이 다양한 개인적, 도덕적, 사회적 쟁점들을 많이 다룰 수 있도록 철학교육의 기회를 많이 주어야 한다고 주장하고자 한다.

5. 철학이 주는 자유의 힘

가. 아이들의 지적 자유로움

철학하는 아이들은 세계를 새로운 방식으로 바라본다. 아이들은 자신과 다른 방식의 생각과 만나게 되고, 그래서 더 큰 이해와 통찰에 이르는 여러 연결을 만들기 시작한다. 그들은 자신이 어느 정도 통제할 수 있는 기준과 표준에 근거해서 판단을 내린다. 누군가가 이미 대답해 놓은 판단에 의해 세상을 평가하는 대신, 자신들의 생각을 풍성하게 이끄는 매혹적인 사고의 새로운 가능성과 방법들을 자유롭게 심사숙고해 본다. 이 아이들은 2000년이 넘는 철학 전통의 일부가 될 것이다. 오히려 그들은 철학자의 이름이나 전문 용어들을 모르기 때문에 전통 철학을 훼손한다는 느낌 없이 철학 사상들에 대해 자유로이 생각할 수 있다.

나아가 아이들은 탐구공동체에 속해 있으면서 자기수정적 사고를 훈련해 나가기 때문에, 그들 나름의 자아나 가치에 의해 형성된 속박으로부터 스스로 자유로워진다. 아이들이 자기의 뜻과 관계없이 생각한다는 것이 아니라 철학적 탐구를 통해 이해와 의미를 스스로 세우려 노력한다는 의미이다. 오히려 아이들은 독단론이 탐구 과정에 치명적인 방해가 된다는 것을 이해하게 되면서 친구와 함께 자신들의 견해를 발전시켜 가는 기회를 즐긴다.

제1장에서 우리는 탐구공동체를 지탱하는 필요조건으로서 신뢰와 배려에 대해 이야기했다. 이런 강력한 영향력을 미치는 절차적인 요소가 없다면 우리가 지금 이야기하고 있는 자유로움은 하나의 제스처일 뿐이다. 아이들은 교실 탐구공동체를 조롱의 공포 없이 자기 생각을 말할 수 있고, 친구들과 관심 있는 문제들에 대해 자유롭게 토론할 수 있는 '안전한 장소'로 느낄 수 있어야만 한다. 이러한 의미의 자유에는 용

기와 인내가 필요하다. 특히 세계에 대한 자신의 견해를 차근차근 형성해 가는 첫 실험적 단계를 밟아가고 있는 아이들에게는 더욱 그렇다. 공동체 내에서 그런 자유가 존중되고 또 길러지면서 아이들에게 새로운 질문과 답이 생겨나며, 그에 따라 아이들의 생각은 지금까지 알려지지 않은 영역으로 확장될 것이다.

여기에서 우리가 표현하고 있는 지적 자유는 개인적인 것이며, 정치적이지는 않다. 자유가 탐구공동체를 구성하며, 사람들이 자기 생각을 개방적으로 표현하는 것이 민주 사회의 모든 삶에 기본이 된다고 하더라도 말이다.[51] 아이들은 자기 나름의 생각을 갖게 되고 그 생각을 표현하게 된다. 뿐만 아니라 자신이 그 문제에 대해 새로운 생각을 발견할 수 있는 창의적인 사고가라는 사실도 깨닫게 된다. 아마도 리자와 친구들이 생각과 마음의 본성을 파악하기 위해 시도했던 은유에서도 이런 점이 드러날 것이다.

> 내 마음은 항상 생각으로 가득 차 있어. 난 그 생각들이 어디에서 왔는지 몰라. 단지 탄산음료 속의 거품과 같을 거라고 추측할 뿐이야. 생각들은 그냥 난데없이 거품을 품어내. (안쿠나/프란)

> 내게 생각은 어두운 동굴 천장에 매달려 잠자는 박쥐와 같아. 밤이 되면 그것들은 깨어나서 동굴 내부에 무시무시한 소리를 만들어 내지. 내 마음을 가로질

---

51 사회는 이런 의미에서 아이들을 자유롭게 해줄 준비가 되어 있는가? 더욱더 많은 학교와 교실이 탐구공동체로 전환됨에 따라 아이들은 당연시한 것들에 대해서도 질문하기 시작할 것이다. 즉 근거를 찾고, 친구들도 똑같이 하기를 기대한다. 어른들과 함께 계속 토론하게 될 것이다. Kennedy는 말한다.

역사적으로 이것은 초기 근대의 심리학적 이론에 의해 아이들을 연령 등급화하고 분리하면서 방해받았던 아이와 어른 세계의 통합으로의 변증법적인 복귀를 보여준다(Kennedy, 1993, p.6).

Reed(1993)는 어린이철학을 현대 아이들이 구축할 수 있는 어린이 학문의 전통을 입증하고 발굴하는 것으로 해석한다.

러 달리는 모든 생각들 때문에 난 잠을 잘 수 없어. 그렇지만 동굴을 빠져나와서 독수리 같은 새로 변한다면, 내 생각은 자유롭게 어디든 갈 수 있어. 어떤 것도 붙잡을 수 없이 원하는 곳은 어디든, 길이 없는 데까지 갈 수 있어. (질)

내 마음은 그것 나름대로의 세상과 같아. 그건 우리 집의 내 방과 비슷하지. 난 내 방 책장에서 가장 마음에 드는 것을 하나 집어. 어떨 때는 하나를 골라서 가지고 놀기도 해. 그러다가 다른 것을 가지고 놀지. 그것은 내 생각들과 비슷해. 마음에 드는 생각도 있고 생각하지 않았으면 하는 생각도 있어. (리자)

어린이철학은 자유를 전제로 하지만 그 자유가 전혀 구속받지 않는 것을 의미하지는 않는다. 자유에는 책임과 헌신이 따른다. 듀이가 지적한 것처럼 충동과 욕망의 즉흥적 실행은 자유가 아니다. 진정한 자유는 목적과 결과, 관찰, 정보, 판단 등을 고려한다.[52] 어린이철학은 이러한 개인의 자유에 대한 제약을 인정한다. 사실, 타자에 대한 고려와 존중은 탐구공동체의 필수적인 요소이다. 결과에 대한 듀이의 언급은 다음과 같은 사실을 상기시킨다. 철학적 탐구공동체에 속한다는 것은 각자의 의견이 행동과 공명하는 생각과 말과 신념으로 연결된 전체의 부분이라는 것을 이해하는 것이다. 또한 철학적 탐구공동체에 속한다는 것은 우리들 각자가 자신이 되어가는 과정 속에 있는 사람들이라는 것을 알고 그에 이바지하는 것이다. 어린이철학을 장려함에 있어 우리는 아이들의 관점과 견해가 존중되어야 하며, 또한 그들 스스로 생각해 볼 기회가 허용되어야 한다고 주장한다. 또한, 아이들에게 자신의 생각을 이끌어 내고 그 성과를 맛볼 수 있는 구조와 절차가 제공되어야 한다는 점을 강조한다. 순진한 의심과 호기심이 철학적 탐구로, 그래서 신중하고 합당한 행동으로 변화되려면, 아이들이 철학함에 필요한 본질적 성

---

52 Dewey(1938b. p.69)

향을 기르고 다듬을 수 있도록 도와주어야 한다. 퍼스는 자유와 합당성의 관계에 대해 다음과 같이 언급하였다.

하고자 한다면 우리는 삶을 좀 더 이성적으로 살 수 있다. 그보다 기꺼이, 즐거이 자유라는 말에 어울리는 또 다른 생각이 있을까?[53]

나. 철학자의 자유로움

아이들과 정기적으로 함께 활동하는 철학자들에게 물어보라. 그러면 그들은 우리가 몇 번이고 되풀이해서 경험하고 있는 것을 확인시켜 줄 것이다. 우선 아이들과 함께 탐구공동체의 일원으로 활동하게 되면 철학자 자신의 철학하는 방식도 변한다. 특히 철학을 가르치는 방식이 변한다. 정식 교사 교육을 받지 않은 철학자들은 탐구공동체의 절차를 대학에서의 교수법으로 구조화해서 사용한다. 무엇이든 당연시하지 않으며 가정을 의심하고 자기수정적인 사고를 하는 미덕과 관련하여 그들 역시 아이들이나 교사들과 마찬가지로 훈련된다. 나아가 철학자들은 자신의 분야를 새롭고 신선한 방식으로 바라보도록 이끄는 아이 같은 천진난만함을 스스로에게서 발견하기도 한다. 잠시 동안만이라도 끊임없는 학문적 부담에서 벗어난다면, 그들은 독창적인 방식으로 '자신의 속도와 눈높이에서' 생각하는 방법을 배울 수 있을 것이고, 또한 현재 철학 공동체에서 유행하고 있는 형태에 얽매임 없이 다양한 관점에 주의를 기울이면서 생각하는 법도 배울 수 있을 것이다.

---

53 Sharp(1993b, p.58)에서 인용

다. 교사와 교육과정의 자유로움

항상 옳아야 한다는 부담감으로부터 교사들을 사유롭게 하는 삼재력은 탐구공동체보다는 철학에 있다. 왜냐하면 철학은 조심스러운 절차와 열린 내용을 강조하기 때문이다. 그렇다고 철학에서 답이 중요하지 않거나 모든 견해가 동등한 가치를 가지는 것은 아니다. 그러나 답이나 견해, 주제들에 대한 권리와 책임이 학생을 포함해, 참여하는 모든 사람들에게 공유되는 것이 철학적 탐구공동체이다.

철학적 탐구공동체에서 우리는 모두 학생이고 탐구자이며 궁금해하는 사람들이다. 탐구 과정의 모델로서 교사는 학생들을 안내해 줄 특별한 책임감을 가지며, 그들의 주도성을 약화하거나 훼손하지 않으면서 도와줄 수 있다. 그러나 탐구공동체에서 교사의 역할은 전통적으로 사용되는 은유와 반대이다. 교사는 지식과 가치의 전수자도 아니고 지적인 예금을 적립시키는 은행원도 아니다. 교사는 반성적이고 자기수정적인 방식으로 궁금해하고 생각하고 실천하면서 가르친다. 또한 학생들도 그렇게 하도록 가르친다.

우리는 학교 교육과정이 철학을 받아들임으로써 모든 변화의 측면에서 개혁될 수 있다고 생각한다. 철학이 '교육이라는 나무의 큰 줄기'였다는 것을 깨닫게 되었다던 교사를 떠올려 보라. 의심할 바 없이 철학과 관계 맺음으로써 기존의 교수학습 방법이 교사 나름대로 변할 것이다. 또한 지금까지의 모든 교과 개념에 대한 생각도 변할 것이다. 교과 주제를 학생들이 수동적으로 받아들이고 토해내야 할 무기력한 정보 덩어리로 보는 것이 아니라, 사고와 실천이 배움의 핵심이 되는 역동적 개념적 틀로 보게 될 것이다. 또한 학생들이 그렇듯이 교사 자신도 교과 지식에 대해 호기심을 갖게 되고 당혹감을 갖게 될 것이다. 왜냐하면 이 점이 지적 유산인 교과 지식의 원래 모습이기 때문이다.

그간의 관찰을 통해 볼 때, 교실을 철학적 탐구공동체로 변화시키는 데 필요한 교사의 역할에 대해서는 좀 더 심사숙고해야 하고 세분화해야 한다. 현존하는 교수학습 이론에는 이런 변화에 대한 이론이 거의 없다. 따라서 다음 장에서는 어린이철학의 구체적인 실천으로 시선을 돌려 볼까 한다.

6. 후기: 곰과 물고기가 정말로 대화할 수 있을까?

다음 녹취록은 초등학교 5, 6학년이 함께 한 교실 대화이다.[54] 특정한 관점을 지지하거나 명백히 하기 위해 유추를 아주 잘 사용하고 있다.

니나: 그 주인공들은 진짜 세상에 있는 게 아니에요. 그냥 이야기일 뿐이고 이야기 속에서 벌어지는 일이에요.

브레트: 그렇지만 나는 동물들이 실제로 말할 수 있다고 생각해요. 곰이 으르렁 거리는 소리가 우리에게는 단지 소음으로 들리는 것처럼 우리의 말도 곰에게는 소음으로 들릴 거예요.

메간: 맞아요. 난 브레트의 의견에 동의해요. 우리 고양이가 야옹 할 때 난 고양이가 나에게 무엇인가를 이야기하려고 한다고 확신해요. 다른 고양이들과 야옹야옹하면서 서로를 이해할 수도 있어요.

선생님: 그걸 어떻게 알았나요?

메간: 가끔 고양이가 다른 고양이에게 나가라고 말하고 싶어 해요. 그래서 그 고양이에게 야옹 하죠. 그러면 그 고양이가 사라져요.

선생님: 동물이 우리와 이야기를 주고받으려는 또 다른 예가 있을까요?

미첼: 아기가 우는 것은 어때요? 그것도 언어가 아닌가요? 우리가 아기들을 이해

---

54 이 대화는 1994년 5월, 호주 멜버른의 알토나 초등학교에서 이루어졌다. 아이들은 Steven Bear가 쓴 『Your Place or Mine?』을 읽었다(Cam, 1993a).

하지 못할 뿐이지 아기들도 뭔가 생각이 있다고 짐작해요.

니나: 그러면 너는 소리만 내면 모두 언어이고, 그 소리로 서로 이야기할 수 있다고 말하는 거니?

궝: 난 그것이 모든 것에 적용된다고 생각하지는 않아. 벽에 있는 시계를 생각해 봐. 너도 알다시피 시계는 째깍째깍하기도 하고 따르릉 하는 소리도 만들어 내. 그렇지만 그게 대화는 아니잖아?

미첼: 그렇지만 시계가 째깍째깍할 때 그건 우리에게 무언가를 이야기하려고 하는 거야. 우리가 이해할 수 있는 의미를 갖고 있는 것이라고.

니나: 난 궝의 의견에 동의해. 난 시계가 이야기한다고 생각지 않아. 왜냐하면 시계는 살아 있지 않기 때문이야. 살아있어야 언어를 가질 수 있어.

궝: 더구나 시계는 다른 시계들에게 얘기하지 못해. 우리에게만 이야기할 뿐이지. 그리고 우리가 그렇게 만들었기 때문에 그 소리를 내는 거야. 사람과 동물이 이야기할 때는 서로서로 이야기해. 내 생각엔 우리가 다른 사람에게 이야기하는 것처럼 동물도 같은 종인 다른 동물들과 이야기하는 거야.

애비: 그렇지만 곰이 물고기에게 이야기하지 않았니? 그들은 같은 종도 아닌데 말이야.

교실에서 철학하기

어린이철학은 아이들이 중심이 되어야 하며 동시에 교사는 이에 민감해져야 한다. 어린이철학은 아이들 스스로 중요하고 흥미 있다고 선택한 아이디어, 개념, 문제들을 탐구하도록 격려한다. 적어도 교사는 학생들이 자기 생각을 말하고 친구의 생각을 경청하며, 다양한 생각이나 아이디어를 일관되게 연결할 수 있도록 격려해야 한다. 또한, 사려 깊고 합당한 행동의 모범을 보여주어야 한다. 대체로 교사의 언어적 비언어적 행위, 드러나거나 드러나지 않는 행위 모두가 학습과 사고의 환경을 결정한다. 교사에게는 학생들의 사고를 억압할 수도 있고, 교실을 탐구공동체로 이끌 수도 있는 힘과 권위가 있다. 이 장에서 우리는 이러한 변화를 가능하게 하는 교사의 핵심적인 역할에 대해 검토할 것이다.

이 장은 교실을 철학적 탐구공동체로 변화시키는 데 관심을 가진 교사들을 위한 전략, 기법, 조언들에 초점을 맞추었다. 현장 교사들과 함께 연구한 경험을 토대로 '생각함'을 위한 다양하고 구체적인 모델들을 제시함으로써 어린이철학을 위한 교사 교육에 도움을 주고자 한다. 우리의 관점에서 볼 때, 일반적으로 교수법, 특히 철학교육의 다양성은 교사에게 조언을 주면서도 동시에 교사 교육 연구를 불안정하게 만들고 그 가치를 의심하게 만들기도 한다. 그러나 이러한 다양성은 대체로 건강한 것이다. 왜냐하면 다양성에는 교사들이 가진 높은 수준의 개인주의와 창의성, 그리고 전 세계 교사들이 활동하는 정치적, 사회적, 문화적 맥락이 모두 반영되어 있기 때문이다. 현재 (이 글을 쓰는 시점을 기준으로) 세계 40개 이상의 나라에서 이루어지고 있는 어린이철학에 대한 연구와 실행의 필연적인 부산물이라고 볼 수도 있다.

그러면서 제기되는 문제들에 대한 고려가 반드시 무가치하거나 무익하다고 말하려는 것은 아니다. 우리는 교사 교육 모형을 문서화하고 공유하는 ICPIC(International Council for Philosophical Inquiry with Children) 과 같은 단체의 목표를 지지하며, 『Analytic Teaching』, 『Thinking』 과 같은 어린이철학 전문 학술지의 논문을 중시한다. 『The Journal of Philosophy for Children』, 『Critical and Creative Thinking』 그리고 『Aprender a pensar』 같은 간행물들은 어린이철학과 일반 교사 교육 모두에게 중요하다. 그럼에도 이야기할 이 책에서 취한 전체적인 방향에 비추어 볼 때, 더 광범위하고 더 일반적인 종류의 기여가 필요하다. 우리가 숙고해 볼 주제는 아래와 같다.

◆ 철학적 토론의 특징(이것이 철학인가?)
◆ 끝맺음(종결)의 문제(철학 수업의 마무리는 어떻게 해야 할까?)
◆ 교사 개입의 문제(아이들이 발표하는 내용이나 방식이 마음에 들지 않는다면 어떻게 해야 할까?)
◆ 교실을 탐구공동체로 변화시키는 교사의 역할(이것은 탐구공동체인가?)
◆ 측정과 평가(우리는 어린이철학의 효과를 어떻게 알 수 있을까?)
◆ 철학과 조기 어린이 교육(얼마나 빨리 시작해야 할까?)
◆ 철학을 위한 여지의 마련(우리의 우선순위는 무엇인가?)
◆ 후기 : 세계 곳곳의 어린이철학 : ICPIC의 연구

1. 철학적 토론의 특징

교사: 그래서 모든 곤충은 다리가 6개라는 것에 동의하니? 레이첼, 너는 확신이 없어 보이는구나.

레이첼: 음 … 저는 만약 다리 하나를 떼어낸다고 하더라도 여전히 곤충은 살아 있을 거라고 해요. 제 사촌의 개는 자동차 사고로 다리를 하나 잃었지만 여전히 살아있잖아요. 그렇지 않나요?

알렉스: 만약 다리가 3개로 태어난다면 어떨까? 기형으로 태어나도 인간이잖아.

사이먼: 지네도 곤충의 일종이지 않니?

다니엘: 나방의 유충이 곤충으로 자랄 수 있어. 그러니 유충은 다리가 없지만, 곤충이야.

컷 퐁: 어떤 벌레는 다리가 6개보다 더 많아. 나는 벌레나 곤충이나 같다고 생각해.

도쉬: 나는 너희들이 틀렸다고 생각해. 왜냐하면 사전에는 곤충을 다리가 6개라고 정의하고 있어. 사전적 정의에 예외는 인정하지 않아.[1]

교사의 질문에 대한 학생들의 답변은 앞으로의 토론에 출발점이 될 수 있다. 예를 들어 누군가는 레이첼이나 알렉스에게 곤충의 다리는 6개가 정상이라고 주장할 수 있다. 이때 누군가 '정상적'이라는 의미에 대해 질문을 제기할 수도 있다. 그러나 곤충이 특정한 수의 다리를 가져야 한다는 것이 사전적 정의에 의해 진리가 되는 것인지, 아니면 과학적 발견이나 조사에 의해 진리가 되는 것인지에 대해서는 합의되지 않았다. 도쉬는 사전이 가지고 있는 설득력 있는 권위에 호소하지만, 교실 공동체는 사전적 정의가 기껏해야 단어의 기본적인 용법을 알려줄 뿐이라고 판단할 수 있다. 이러한 지적 자극들은 앞으로의 탐구를 위해

---

1 이 발췌문은 1993년 영국 Christ's Hospital에서 나누었던 5학년 교실 대화에서 영감을 받았다. 1993년 10월, 영국의 Christ's Hospital

매우 유용하다.

과학적인 지식만을 강조하는 교사들은 미리 정해진 답을 염두에 둔다. 그래서 학생들의 토론에는 별 관심 없이 수사적 질문(RheQ)으로 수업을 시작할 것이다. 이러한 교사는 대개 위와 같은 아이들의 토론을 무가치하고, 무관하며, 잘못된 것으로 받아들여 묵살한다. 물론 우리는 이런 순간에도 탐구가 고무되기를 바란다. 하지만 질문이나 대화의 표면 아래에 숨어 있는 철학적인 가능성을 알아채지 않는 한, 진정한 토론을 시작하기는 어렵다.[2] 여기서 철학적인 가능성을 알아차린다는 것은 별문제 없어 보이는 곤충과 같은 개념도 문제적이고 논쟁적일 수 있다는 것을 이해하는 것이다. 또한, 아이들이 타고난 철학적 성향을 따르도록 열린 태도를 보이는 것이다.

최근 연수에서 한 교사는 철학적 토론의 특징이 무엇인지에 대해 어려움을 호소했다. 그는 주위 사람들에게 끊임없이 질문했다. "우리는 지금 철학을 하고 있는 걸까요?" 철학을 처음 시작하는 교사나 학생들에게 자신들의 토론이나 활동이 철학적인 것이 되는 지점을 아는 것은 매우 실제적이고 중요한 문제이다. 누군가가 해 보면 알 수 있을 거라고 해도 크게 도움이 되지 않는다. 교사 대부분은 그들이 받아온 전통적인 교육 방식에 따라 지식에는 익숙하지만, 개념 형성 및 분석에는 낯설다. 따라서 그들에게 개념 탐구로서의 철학은 어렵게 느껴질 수밖에 없다. 이러한 어려움과 자신감 부족으로 교사들은 힘을 잃고 교실에서 철학이라는 이름 아래, 전혀 다른 활동(사회연구, 문학 분석, 단순한 의견이나 역사적 일화의 교환 등)을 하기도 한다.

철학적 토론과 탐구의 특징을 알고자 하는 교사에게 도움을 주기 위

---

2 예를 들어, 최근 진화론과 유전학의 발전으로 생물학자와 철학자들 사이에서 종 용어와 기타 분류학적 개념('곤충' 등)의 의미와 설명에 대한 활발한 논쟁이 벌어지고 있다. 역사적 기원을 반영하는 속성과 실제 그리고 인지된 유사성을 나타내는 속성 사이에서 결정하는 것은 진화 및 분류학 이론과 관련된 중요한 개념적 문제였다(Splitter, 1982) 참고.

해, 우리는 철학적 탐구를 특징짓는 절차, 전략, 기술을 아래의 세 가지
주제로 분류하고자 한다.

- ◆ 추론과 탐구
- ◆ 개념 형성
- ◆ 의미 만들기[3]

가. 추론과 탐구

다음 전략은 철학에만 국한된 것이 아니라 일반적인 추론과 공동 탐
구의 지표가 된다. 이러한 전략은 탐구를 표방하는 모든 학문에 내재
해 있다(물론 해당 주제의 성격에 따라 강조점은 다를 수 있다).[4]

- 이유(근거) 제시하기
- 좋은 추론과 나쁜 추론을 구별하기
- 추리하고 논증을 평가하기
- 일반화하기와 유추하기(귀납 추리)
- 가정을 확인하고 질문하고 정당화하기
- 모순 확인하기
- 오류 발견하기
- 일관성 유지하기
- 구별하기와 연결 짓기(부분과 전체, 수단과 목적, 원인과 결과)

---

3 이 분류는 립맨(Lipman, 1987a, 1991)이 제공한 것에서 채택된 것이다.
4 어떤 의미에서 모든 진정한 학문은 실험적이고 개념적이지만, 어떤 학문은 더 경험적이고 어
떤 학문은 더 추상적이다. 이전 장에서 언급한 내용을 다시 한번 강조하자면, 우리는 '사고' 또는
'탐구'라는 특별한 과목이나 학문에만 전념하지 않는다. 다른 한편으로, 우리는 추론과 탐구 능력
이 여러 분야에 걸쳐 있기 때문에 교육과정의 특정 부분을 개선하는 데 할애할 필요가 없다는 주
장도 거부한다.

- 질문하기와 문제 발견하기
- 서로 관련된 공통의 흥미를 기반으로 하기
- 경청하기
- 예측하기, 가설 형성 및 검증하기
- 예와 반례 들기
- 자기 생각을 수정하기
- 기준을 만들고 사용하기
- 모호함과 애매함을 확인하기
- 증거 요구하기
- 관련된 모든 대안을 고려하기
- 창의적이고 열린 마음을 갖기
- 지적 용기, 겸손함, 관용, 인내심을 발달시키기
- 진리를 헌신적으로 추구하기
- 탐구 과정에 주의하기
- 타인과 그의 관점을 존중하기

철학적 탐구공동체에서 중요한 것은 학생들이 이러한 전략을 적용하는 것뿐 아니라, 반성적으로 또는 의식적으로 주어진 전략이 얼마나 잘 사용되고 있는지 평가하는 것이다. 만약 제시된 이유나 기준이 좋은 것인지 평가할 수 없다면, 그러한 전략의 가치는 떨어진다. 마찬가지로 교재 속의 화자와 청자가 타당한 일반화를 하고 적절한 유추를 했는지 파악할 수 없다면, 일반화나 유추의 전략은 의미가 없어진다. 반성적이고 평가적인 측면은 학생들이 사용하는 단어에서 드러난다. 예를 들어, '왜 그런가요?, 만약 ~ 하다면, ~에 대해 동의할 수 있나요?'와 같은 질문이 있다. 탐구공동체는 '합리적/비합리적, 좋은/나쁜, 더 좋은/더 나쁜' 등을 평가할 수 있는 질문들이 사용되는 시공간이라고 할 수 있다.

탐구에 참여하기 위해서는 이유(좋은 이유)에 대해 이해해야 한다. 철학함을 통해 학생들은 근거, 기준, 의미, 개념, 판단, 질문, 추측, 구별, 관계, 유추, 추론, 예, 반례, 일관성, 진리, 선, 이성적인, 윤리적인, 논리적인 등과 같은 용어들에 친숙해진다. 이러한 용어들이 철학적 탐구 과정에 적용되고 숙고가 되면, 그 이후에 이어지는 탐구도 순조롭게 진행될 수 있다.[5] 철학적 논쟁의 본성은 이런 용어들에 대한 자기 의식적인 즉, 반성적이고 평가적인 활용에 있다. 우리가 바라는 것은 어린아이들이 거창한 단어를 가지고 과시하는 것이 아니라, 사고와 관련된 '언어'에 대해 좀 더 뛰어난 자각을 발달시키는 것이다. 그리고 탐구공동체 안에서의 토론을 통해 한 아이의 자각이 다른 아이들에게도 전달되기를 바란다.

나. 개념 형성

공정, 진리, 우정, 아름다움, 공간, 시간, 인간, 법칙, 실재, 권리,
의무, 자유, 자아, 마음, 예술, 지식

위의 개념들은 철학의 중요한 뼈대를 이루며, 다음과 같은 특징을 가진다.

◆ 아이들을 포함하여 생각하는 모든 존재의 공통적인 경험(즉, 관련된 개념과 경험을 연결할 수 있다).

◆ 경험을 이해하고 해석하는 중심적인 통로

◆ 논쟁적이거나 미확정적임(즉, 명료하게 그리고 최종적으로 정의하기 어렵다).[6]

---

5 우리가 제1장에서 설명했듯이 위의 용어들과 전략들은 추론과 탐구 기술, 열린 마음, 진리에 의 헌신, 관용, 배려 등이 연계된 성향들을 모두 포함한다. 학생들은 기술들뿐만 아니라 성향들을 적용하고, 반성하고 평가할 수 있다.

6 논쟁적인 개념들은 '어떤 사람이 여러분에게 항상 동의하지 않으면서 여전히 여러분의 친구일 수 있을까?' '어떤 것이 아름다우면서 동시에 추할 수 있을까?' '참과 거짓의 차이는 무엇인가?' '어떤 것을 거짓으로 말하는 것은 항상 거짓말인가?' 등과 같은 질문에 반영되어 있듯이, '경계' 문

이러한 개념은 2천 년 이상 철학 및 일반적인 담론에서 공통적으로 논의되어 왔다. 교실 공동체에서 아이들에게 이에 관해 탐구할 기회를 주는 것은 아이들이 자신의 경험에서 이러한 개념이 무엇을 의미하는지 더 명확하게 이해할 수 있도록 돕는 것이다. 나아가 이러한 개념이 사람마다 어떻게 다르게 해석되는지, 그리고 그러한 다양한 해석이 삶을 살아가는 데에 왜 중요한지를 깨닫기 시작하도록 돕는다. 이를 통해 아이들은 자신에 대한 더 깊은 이해뿐 아니라 타인에 대해서도 더 풍부한 이해에 도달하게 된다.

철학적 토론의 지표 중 하나는 토론 속에 이런 개념들이 존재하느냐 하는 점이다. 좀 더 일반적으로 말해서, 이 개념들이 위에서 언급한 3가지 특징을 만족한다면, 이에 관한 탐구로부터 생기는 토론은 철학적이라고 할 수 있다. 우리는 그러한 예를 '모든 곤충은 6개의 다리를 가진다'라는 평범한 상황에 대한 아이들의 대화에서 엿볼 수 있었다. 위의 토론에서 아이들은 '익숙한' 개념의 의미에 대해 의문을 제기하면서 그 가치를 발견하도록 격려받고 있다. 이렇게 격려받은 아이들은 앞으로 당연시한 것을 당연하게 받아들이지 않게 될 것이다.

철학적인 개념들은 모든 교과에 스며들어 있다. 그러나 원인, 공간, 시간, 가설, 이론, 법칙과 같은 개념들에 대해 질문하는 것은 사실 이러한 개념에 기초하여 세계가 어떻게 기능하는가에 대해 질문하는 것과는 다르다. 후자의 질문은 관찰, 가설 형성, 예측, 실험과 같은 과학적인 방법에 의해 해결된다. 그러나 만약 아이들이 과학적인 개념 자체에 대해 질문을 할 때, 그들은 철학을 하고 있는 것이다(과학철학이라고 볼 수 있다).[7]

제를 일으킨다. 그런 질문들은 우리에게 유사성과 차이를 좀 더 세련되게 다루기를 요구한다. 논쟁적이라는 말은 그 자체로 문맥에 따라 상대적이라는 것을 명심하라. 공정과 같은 개념은 비록 어떤 상황에서는 명료한 것으로 간주될 수 있지만, 그럼에도 다른 상황에서는 논쟁적인 개념이 될 수 있다. 이와 유사하게, 탐구공동체는 성찰을 통해 '곤충'과 같이 '명료한' 개념도 때때로 논쟁적이라는 것을 발견할 것이다.

7 제4장에서 설명했듯이 철학의 개념과 절차는 과학과 같은 과목에도 적용될 수 있다. 각 과목

다. 의미 만들기

여기서 우리는 헷갈리고, 혼란스럽고, 애매모호한 개념의 의미를 이해하기 위해 사용되는 탐구공동체의 모든 전략을 살펴볼 것이다. 앞에서 보았듯이 철학과 의미 탐구 사이에는 중요한 관련성이 있다. 이러한 연관성은 토론의 철학적인 본성을 이해하려는 교사에게 어떤 도움을 줄 수 있을까?

사실상 추론과 탐구라는 제목 아래에 나열된 거의 모든 항목은 의미 만들기 전략이기도 하다. 우리가 식별해야 할 것은 의미 구성이 철학함의 일부임을 나타내는 명백한 징후이다.

제3장에서 보았듯이, 의미 구성은 우리의 생각, 아이디어, 경험을 하나로 연결 짓는 다양한 종류의 연결 짓기에서 출발한다. 이러한 활동의 주된 도구가 되는 것은 토론이다. 아이들은 토론을 통해 '의미를 보존하는 표준적인 감각'과 '이해한 것과 이해하지 못한 것 사이의 연관성을 만듦으로써 의미를 구성하고 확장하는 풍부한 감각'을 서로 나눈다. 여기서 이 두 감각은 일종의 번역인데, 이러한 번역이 의미를 만드는 데에 중요한 역할을 하는 것이다. 대화적 탐구의 도구들은 번역을 포함하여 아이들이 스스로 의미를 만들고 나눌 수 있도록 도와준다. 특히 아이들이 다른 사람을 진심으로 이해할 수 있는 첫걸음을 떼도록 도와준다.[8]

다음 질문과 진술들은 의미를 형성하는 데 필요한 연관성을 찾기 위한 것이다.

은 고유한 철학적 질문과 문제를 만들어 낸다. 그래서 과학철학, 역사철학, 예술철학, 종교철학 등이 있는 것이다.

8 의미 만들기는 가치 내재적인 기획이다. 즉, 그것은 감정이입과 상호성의 개념을 포함하고 있는데, 바꾸어 말하면 우리가 형성하는 도덕적인 관계들의 토대를 보강해 준다. 도덕교육에서 탐구공동체의 관계적인 역할은 제6장에서 다룬다.

- 네가 의미하는 것이 무엇이니?
- 네 그림의 의미를 설명해 줄 수 있겠니?
- 이 이야기가 의미하는 것이 무엇이라고 생각하니?
- 네가 ○○라고 말했을 때, 그것은 어떤 의미니?
- 조금 전에 A가 말했던 것과 같은 의미니? 차이점과 공통점은 무엇일까?
- A가 의미하는 것을 비유를 통해 설명해 줄 수 있니?
- A가 말한 것을 자기 말로 이야기할 수 있니?
- A와 네가 말한 것을 어떻게 연결해야 할까?
- 그것이 타당해지려면 어떤 맥락과 기준을 가져야 할까?
- 나는 그것이 A가 의미하는 것이라고 생각하지 않아(나는 네가 중요한 점을 놓치고 있다고 생각해). A가 의미하는 것은 ~~
- A에게 친구란 ~인데, B에게 친구는 ~이야. 이런 다른 관점은 우정의 의미에 대해 새로운 통찰력을 줘.
- 나는 자유란 단순히 제약이 없는 것이라고 생각했어. 그러나 지금은 그것의 의미가 훨씬 더 복잡하다는 것을 깨달았어.

요약하자면, '철학적 지표'의 특징은 다음과 같다.

◆ 교실 속 토론에서 보이는 추론과 탐구의 과정, 그에 대한 적용과 반성과 평가
◆ 우리의 이해를 도우면서도 논쟁적인 일반적 개념의 언급
◆ 의미 만들기에 필요한 연관성을 탐색하는 질문과 진술들

여기서 주의해야 할 점은 위의 세 가지 특징은 대체로 함께 작용한다는 것이다. 논쟁의 여지가 있는 개념의 의미에 대한 성찰은 철학적 탐구 또는 토론의 단일 지표로 사용될 수도 있다.

교사는 학생들이 모방할 수 있는 철학적 탐구의 모델이 되어야 한다

는 점에서 교사가 제기하는 질문은 매우 중요하다. 교사는 이유에 대해 물어볼 뿐 아니라 그 이유가 적절한 것인지에 대해 질문해야 한다. 또한 교사는 학생들이 철학적인 개념에 대해 더 깊이 생각하고, 의미 만들기에 필요한 관련성과 차이점을 묻는 질문을 해야 한다.[9]

우리는 초등학교 4학년 학생들과의 토론으로 이 주제를 마무리하고자 한다. 위에서 제시한 세 가지 '철학적 지표'의 예는 다음과 같다.

◆ 추론과 탐구 기술에 대한 반성과 평가(RI)

◆ 철학적 개념의 분석(PC)

◆ 의미 만들기(MM)

〈토론 주제: 이야기는 시작이 꼭 있어야 하는가?〉

교사: 그래서 모든 이야기는 시작이 있어야 한다고 생각하니? (PC)

앨리슨: 물론이에요. 첫 페이지가 시작이잖아요.

데비: 그건 그냥 책의 시작일 뿐이지, 이야기의 시작은 아니야. 이야기 자체는 책의 시작보다 먼저 아니면 뒤에 시작되기도 해. (PC)

---

9 Jackson(1990)은 선생님들에게 '좋은 사고가의 도구 상자'를 다음과 같이 제공한다.

W   문제가 **무엇(WHAT)**인가? 중심 낱말의 뜻은? 초점은?
R   주장에 대한 **이유(REASONS)**가 제시되고 있는가?
A   우리는 숨은 **가정(ASSUMPTIONS)**을 확인하고 있는가?
I   우리는 **추론(INFERENCE)**을 확인하고 있는가? 발언이 **함축(IMPLICATION)**하는 바를 확인하고 있는가?
T   말해진 것이 **사실(TRUE)**인가? 우리는 어떻게 확인할 수 있는가?
E   주장과 이유를 보강하기 위한 **예시(EXAMPLES)**가 있는가?
C   우리는 **반례(COUNTER-EXAMPLES)**를 발견할 수 있는가?

이러한 질문을 통해 아이들은 자신이 '깊이 파고들었는지'를 판단할 수 있다. WRAITEC의 구성 요소는 모든 탐구 방식에 적용되므로 특별히 철학적이지 않다는 점에 유의할 필요가 있다. 그러나 강조 표시된 용어의 반성적이고 평가적인 사용은 '철학적 지표'이다.

교사: 좋은 차이점이야, 데비. 모두 데비가 말한 것을 이해하겠니? (RI) (MM)

앨리손: 하지만 어떨 때는 '책'과 '이야기'가 같은 의미일 수도 있어. '책'이라는 말이 좀 애매한 것 같아. (RI) (MM)

크레이그: 나는 앨리손의 말에 동의해. 만약에 내가 이 책을 들고 있으면, 나는 이야기를 들고 있는 걸까? 어쩌면 이야기는 책의 일부가 아닐까? (PC)

헬렌: 데비의 말과 관련이 있는데, 책의 처음부터 시작되지 않은 이야기는 좋은 이야기가 될 수 없다고 생각해. (PC)

데비: 왜?

헬렌: 왜냐하면 그것은 내가 어디에 있는지도 모르는 것처럼 매우 혼란스러울 것이기 때문이야. (MM)

데비: 그러나 그것은 어떻게 쓰였는가에 달려 있어. 그렇지 않니? 내 말은, 네가 만약 은행에서 도둑질하는 어떤 사람에 대해 읽고 있을 때, 작가는 10페이지에서 이렇게 쓸 수도 있어. "만약 그가 은행에서 도둑질을 할 수밖에 없었던 이유를 알고 싶다면, 처음으로 돌아가야 한다. 도둑은 매우 가난하여, 그의 가족이 먹을 음식을 사기 위해서 도둑질을 할 수밖에 없었다." (PC) (MM)

하쌈: 나는 헬렌의 생각에 동의하지만, 데비의 이유도 훌륭하다고 생각해. 나는 그런 종류의 글이 잘 쓰인다면, 좋은 이야기가 될 수 있지. (RI) (PC)

교사: 하쌈, 그러면 너는 좋은 이야기는 잘 쓰인 거라고 생각하는 거니? 그게 우리가 사용할 수도 있는 기준이 될 수 있다는 거지? (RI) (PC) (MM)

하쌈: 아마도 그럴 거예요.

가네쉬: 그래, 그러나 유일한 기준은 아니야. 나에게 좋은 이야기는 실제로 흥미가 있어야 해. 너도 알다시피 흥미 있는 이야기는 네가 비록 잠이 오거나 숙제를 해야 하더라도 손에서 놓기 싫은 거야. (PC) (MM)

헬렌: 그것은 네가 의미하는 '좋은'이라는 말이 무엇을 의미하는지에 달려 있지 않을까? 엄마는 내가 쓸데없는 책 대신에 무엇인가를 가르쳐주는 책을 읽기 원하셔. 하지만 나도 가네쉬처럼 잡지나 만화책 같은 것을 읽어. 왜냐하면, 그

것들은 정말 재미있거든. (MM) (PC)

교사: 너의 말은 어떤 것도 두 가지 모두에 좋은 것일 수는 없다는 말이니? (MM) 나도 잘 모르겠구나. 피오나가 뭔가 말하고 싶은 것 같은데.

피오나: 저는 좀 전에 데비가 말한 것에 대해 생각하고 있어요. 데비, 만약 정말 로 이야기의 시작으로 되돌아가고 싶다면, 너는 어떻게 도둑이 태어나고, 모 든 일이 일어나게 되었는지 말해야 해. 나는 그것이 그렇게 재미있지는 않을 거라고 생각해. (MM) (RI)

데비: 나도 확신할 수는 없어. 아마도 너는 뒷이야기와 관련된 부분으로 되돌아 가면 되겠지. (MM) (RI)

피오나: 그러면 뒷이야기들은 서로 관련이 있어야만 할까? 그래. 난 그게 좋을 것 같아. (MM)[10]

2. 토론 마무리

탐구의 결말은 항상 열려 있고, 철학적 결론과 해결은 논쟁적이다. 그러나 좋은 철학 교사는 학생들에게 토론이 마무리되었다는 느낌을 전달해 주기를 원할 것이다. 우리는 여기서 학생들의 흥미나 수업 과정 에서 보이는 방향성은 개의치 않고 교육과정에서 미리 정해놓은 명확 한 학습 목표나 목적이 있는 전통적인 수업의 마무리에 관해서는 이야 기하지 않을 것이다. 그렇다고 해서 목욕물과 함께 아기까지 버리는 오 류를 범하는 것을 원하지는 않는다. 교육과정과 학생 둘 다의 관점에서

---

10 이 대화는 Pixie에 기초를 둔 4학년들의 대화에서 인용한 것이다. 이 대화는 1992년 6월 호 주, 멜버른, King David 학교에서 이루어졌다. 아래에 제안된 기준들은 성숙한 탐구공동체 단계 에 해당한다. 그들은 자신의 경험에서 이끌어 낸 예나 반례를 가지고 자신의 주장을 성찰하고 자 기수정할 준비가 되어 있다. 아이들은 탐구의 내용뿐만 아니라, 절차에 대해서도 관여한다. 즉, 각자의 추론과 탐구 전략들을 반성하고 평가하고자 하는 의지는 토론 과정을 조절할 수 있는 감 각을 함양시켜 준다.

수업 마무리를 위한 몇 가지 전략을 아이들과 함께하는 철학 활동에
적용해 볼 필요는 있다고 생각한다.

만일 학생들이 윤리적으로 민감한 질문이나 사신들에게 중요한 가
치가 있는 질문을 탐구할 권리가 있다는 것에 동의한다면, 수업 마무리
의 문제는 더욱 중요해진다. 어떤 종류의 마무리도 없는 상황에서, 학생
들이 아무런 대안도 없이 자기의 기본적인 믿음과 가치가 훼손되었다
고 느끼는 상황이 생기기 때문이다. 이것은 바람직하지 않다.

우선 절차적 마무리와 내용적 마무리 사이에 분명한 선을 그어보자.
절차적 마무리는 탐구의 정확한 종결 없이 이루어진다. 탐구가 지금까
지 어떻게 진행되었고 앞으로 어떻게 진행될 수 있는지를 인식하는 것
이며, 때로는 탐구의 과정에 영향을 주었던 절차들을 되돌아볼 수도 있
다. 반면에, 내용적 마무리는 탐구에 대한 특정한 요점이나 결론의 요약
또는 서술로 드러난다. 그렇다고 특정한 주제나 질문에 관한 탐구가 완
전히 종결되었다는 의미는 아니다.

절차적 마무리는 탐구공동체 교실의 본성을 반영하기 때문에 중요
하다. 학생들은 수업에서 일어났던 사고 활동이나 행위들이 탐구 과정
의 중요한 측면이라는 것을 상기할 필요가 있다. 이것은 탐구 절차에 관
심을 가지고 이를 고려하는 감각의 발달에 있어 매우 중요하다. 그뿐 아
니라, 탐구에 참여한 학생들은 이러한 과정을 통해 그들의 참여가 가치
있었다는 것을 느낀다. 우리는 마무리를 통해 참여자와 참여의 성격에
대해 함께 성찰할 기회를 가질 수 있다.[11]

그러나 절차적 마무리로는 충분하지 않다. 학생들이 주제에 대한 탐
구가 진전되었다는 감각을 충분하게 얻지 못하기 때문이다. 만약 탐구
가 학생들이 제기한 질문이나 문제에서 시작되었다면, 누군가(꼭 교사일
필요는 없다) 다음과 같은 질문을 해 볼 필요가 있을 것이다.

---

11 모든 참가자가 말을 잘하는 것은 아니며 그 반대의 경우도 마찬가지이다. 질문을 자극하는
침묵에 대해서는 2장을 참고.

"우리는 질문에 대한 해답이나 문제의 해결에 가까워졌는가?"

메타 질문이나 이와 비슷한 것이 수업에서 언제 어떻게 제기되는가는 교사와 학생의 판단에 달려 있다. 이런 메타 질문은 공동체가 필연적으로 내용적인 마무리를 하도록 이끈다. 이 작업은 탐구의 중요한 부분으로 교사만이 할 수 있는 일로 보아서는 안 된다. 아이들은 이미 도달한 결론에 관하여 정확하게 동의하지 않을 수도 있다. 더구나 어떤 답은 다른 질문을 제기하기도 하고, 주제 질문에 대한 해석을 수정할 수도 있다. 실제로 탐구 참가자들 사이에는 내용적인 의견 차이가 지속되기도 한다. 이러한 의견 차이의 가치를 학생들이 성찰해 보도록 고무시키는 것은 철학에서 내용과 절차가 상호연결되어 있음을 보여주는 한 예가 된다.[12]

어떠한 결론도 앞으로의 탐구에서 면제되거나 최종적인 것으로 여겨질 수 없다. 그러나 그 때문에 어떤 결론에도 도달할 수 없다거나, 탐구 자체가 무가치한 것으로 여겨지지도 않는다. 불변하는 사실이나 쓸모 있는 최종적인 결론이 아이들에게는 진리일지도 모른다. 그러나 우리는 그들 자신의 탐구에서 잠재적인 결론을 보기 시작한 아이들의 반응에 주의를 기울일 필요가 있다. 다음과 같은 경우 진정한 성장이 이루어졌음을 느낄 수 있을 것이다.

◆ 아이들이 '지금 나는 하나 이상의 답(진리)이 있음을 깨달았다', '옳고 그름에 대한 질문은 내 생각보다 훨씬 복잡하다'라고 말할 때
◆ 아이들의 관점이 다른 사람의 관점에 의해 도전받거나 확장되었을 때

---

12 많은 사람들이 '결코 동의할 수 없는' '논쟁'에 뛰어드는 것을 꺼린다는 점을 상기시킨다 (Pritchard, 1985, p.55). 그는 교사가 학생들과 함께 의견 불일치의 본질과 요점을 탐구할 것을 제안한다. 그는 의견 불일치가 '상호 존중 또는 탐구공동체'와 양립할 수 없는 것이 아니라는 점을 지적하며 글을 마무리한다.

◆ 사물을 바라보는 하나 이상의 관점이 있음을 인정할 때

알다시피, 절차상 어떻게 탐구를 시작하는가는 탐구 절차와 관련된 내용적인 요소들에 달려 있다. 이것이 철학적 탐구의 본성이다. 토론의 마무리 또한 그러한 연결이 반영되어야 한다. 하지만 학생들은 아마도 뚜렷한 내용적인 진전이 있어야 마무리라고 생각할 수도 있다.

궁극적으로 교실 공동체는 마무리 활동에 대해 그들 스스로 결정을 내려야 한다. 그러나 탐구공동체 초기 단계에서는 탐구 그 자체의 흐름에 즉각적인 방해가 되지 않는 한, 탐구가 어디로 가고 있는지에 대해 학생들이 생각해 보도록 안내할 책임이 교사에게 있다. 물론, 내용적인 결론에 명확하게 도달했다면, 그것에 대해 언급하면 된다. 그러나 학생들에게는 탐구 과정에 대한 그들의 노력이 헛되지 않았다는 확신이 필요하다. 이는 처음 질문에 대한 진전일 수도 있다. 탐구의 절차적, 내용적 요소 둘 다에 관심을 기울이는 감각을 형성하고 이끌려면 수업 마무리에서 이런 요구들을 만족시켜야 한다. 물론 학생과 교사는 탐구 그 자체를 강화하기보다 제한적이고 요약된 결론으로 수업을 마무리하는 옛 습관에 빠지지 말아야 한다. 왜냐하면 수업이 가지고 있는 많은 양상과 차원을 성급하게 요약하면서 수업의 총체적인 모습을 훼손할 수도 있기 때문이다.

이러한 방식으로 수업 마무리 문제를 해결하면 딜레마에 빠지게 된다. 한편으로는 다양한 측면과 차원이 존재할 수 있는 수업을 간략하게 요약하여 제공하려고 할 때 발생할 수 있는 위험이다. 다른 한편으로는 탐구의 과정과 내용을 모두 정확하고 자세하게 요약하려고 할 때, 전체 수업이 그대로 반복되는 위험이다.

실제로 각 교실은 균형을 찾아내야 한다. 사실 마무리는 참가자들이 탐구 절차의 성격을 점점 더 이해하게 되고 공동체가 성숙해지면서 그 중요성이 낮아진다. 물론 마무리의 가장 중요한 목적이 탐구가 진전했

다는 느낌을 주고, 이후의 탐구가 나아갈 방향을 명확히 알려주는 것이라고 주장할 수도 있다. 탐구는 어떤 질문에 대한 답을 찾고자 하는 욕구에 따라 움직이지만, 사실 그 가치는 최종적인 해결책에 도달하기보다 참가자들이 탐구 주제에 대해 더 잘 이해하는 것을 돕는 것에 있다. 아이들이 바라는 것은 확실한 사실이 아니라 의미이다. 만약 아이들이 최종적이고 확실한 것을 기대한다면, 그것은 아마도 어떠한 제약을 받았기 때문일 것이다. 우리는 마무리 전략으로 위에서 언급했던 철학적 토론의 세 가지 지표를 사용할 것을 추천한다.

> '제시된 이유는 무엇이며, 그것들은 적절한가?'
> '어떤 개념이 형성되고, 분석되고, 표현되고, 적용되었는가?'
> '어떤 의미나 이해가 새롭게 형성되고 전달되었는가?'

이와 같은 질문에 대해 생각하면서 학생들은 그들이 참여하고 있는 탐구의 진전과 그 가치에 대해 좀 더 쉽게 판단할 수 있다.

3. 교사의 개입

교육활동으로써 탐구는 좁은 길에 발을 디디고 있다. 한편에는 학생이 교사와 교과서에 지나치게 의존하게 되어 스스로 생각하도록 가르친다는 목표를 놓칠 위험이 있다. 다른 한편에는 그와 반대로 주관주의로 흐르거나, 자신의 무비판적인 견해 뒤로 물러서는 기만적인 안도감에 빠질 수도 있다. 여기서 교사의 역할은 학생들이 적절한 균형을 찾아내고, 유지하도록 돕는 것이다.

이런 균형에 대한 요구를 염두에 둔다면, 교사는 학생들이 실수 또는 부적절한 결론에 도달했다고 느낄 때 어떻게 해야 하는가? 절차적 오류와 내용적 오류로 나누어 생각해 보자. 우선 교사는 특정한 결론이 불완전한 추론이나 관점 때문이라고 생각할 수 있고, 반대 사례나 다른 관점을 인정하지 않았기 때문이라고 판단할 수도 있다. 이에 대한 교사의 이의 제기는 결론 그 자체가 아니라 과정으로서의 절차 때문일 것이다. 한편, 교사가 특정한 결론이나 관점에 대해 강하게 동의하지 않을 수도 있다. 비록 결론을 산출해 낸 절차를 비난할 의사가 없거나 비난할 수 없는 경우에도 말이다.[13] 우리는 첫 번째 경우로 수학 교사를 상상할 수 있고, 두 번째 경우로는 도덕이나 종교 교사를 상상할 수 있다.

탐구의 절차를 보호하고 그 모범을 보여주는 데 관심이 있다면, 교사는 절차적 오류에 도전하고 심지어 거부할 준비가 되어 있어야 한다. 하지만 여기에 주의해야 할 두 가지 요점이 있다. 첫 번째는 교사의 도전과 (아마도 학생들이 다시 한번 생각해 보도록 하는 질문과 함께) 거부 사이에는 중요한 차이점이 있다는 것이다. 비록 이와 같은 교사의 대응이 정당성을 갖는다 하더라도, 교사는 교실에서 자기 권위의 영향을 헤아려 보아야 한다. 특히 탐구공동체가 형성되는 결정적인 시기에는 더욱 그렇다. 아이들은 교사의 개입이 설득력 있거나 합당해서가 아니라 그냥 교사가 하는 말이어서 받아들일 수 있기 때문이다. 따라서 학생들의 주장에 대해 도전하는 것은 신중해야 한다. 같은 이유에서 절차상의 문제에 대해 질문하거나 도전할 때, 교사의 태도에 대해서도 생각해 보아야 한다. 이것이 두 번째 요점이다. 교실에서 철학적 탐구는 절차와 내용이 긴밀하게 관련되어 있다. 그래서 절차에 관해 개입하는 교사는 토론의 내용에도 영향을 미칠 수 있다. 특히 교사의 개입이 학생들의 공헌을 '쓸모없게' 만들 경우에 그렇다. 일반적으로 말해서, 탐구의 절차에 대한 관심을 이끌어 내고 고무하는 우리의 의무는 학생들이 스스로 생각하도록 허용해 주어야 하는 우리의 의무와 균형을 이루어야 한다.

---

13 또한, 교사와 학생 간의 의견 불일치가 아니라 양 당사자와 외부 기관 또는 교재 사이의 의견 불일치일 수도 있다.

실제로, 교실 공동체는 엉성한 생각과 절차적 오류에 대해 스스로 안전장치의 역할을 한다. 물론 전체로서 집단이 실수하지 않는다는 것도 아니고, 무조건 다수의 의견을 따라야 한다는 것도 아니다. 그러나 시간이 지나면, 공동체 안의 누군가가 그들이 받아들일 수 없는 생각에 대해 도전할 것이다. 이러한 점에서 교사는 학생들이 동료의 압박이나 무관심 속에서도 자기 생각을 표현할 수 있도록 보장해 주어야 한다. 탐구공동체에서는 다수의 관점과 같은 가장 크고 단호한 목소리도 가장 작고 주저하는 목소리보다 더 큰 무게를 지니지 않는다.

수업에서 내용적인 오류를 피하기 위해 교사는 탐구 과정에 개입할 것인지 하지 않을 것인지를 고민하게 된다. 때때로 교사는 몹시 교조적이거나 권위주의적인 태도로 문제를 해결하고 싶을 수도 있다. 그래서 논쟁적인 주제에 대해서는 아예 토론을 막을 수도 있다. 하지만 이것은 교사로서 하지 말아야 할 행동이다. 철학은 논쟁적인 주제에 관한 열린 탐구의 모범이기 때문이다. 탐구의 억제(특히 그 주제에 대해 학생들이 흥미가 있고 관심을 가질 때)는 그 자체로 주입의 한 형태이기 때문이다. 게다가 교실에서 탐구가 형성되고 심화되는 것에 민감한 교사는 언제 어떻게 개입해야 할지 알고 있다. 열린 탐구의 과정 중에 교사가 내용적인 개입(혹은 수정)을 한다고 해서 그 탐구 과정이 반드시 뒤엎어지지는 않는다. 사실, 우리는 교사가 동료 탐구자로서 내용적인 개입을 하도록 격려한다. 교사의 경험과 전문지식을 전해 줄 수 있기 때문이다. 그러나 명확하게 해야 할 일이 있다. 가장 중요한 점은 학생들이 지위와 관계없이 어떤 관점이나 의견을 이성적이고 공정하게 다룰 수 있도록 먼저 준비시키는 것이다.[14] 탐구공동체 구성원들이 탐구 기술을 이해하고 적용할 수 있어야 교사(교과서, 미디어, 또래 그룹 등)의 내용적인 개입에 제대로 대응할 수 있기 때문이다. 간단히 말해서, 다음의 경우에는 설득하려는

---

14 그렇다고 해서 아이디어가 실체가 없는 것으로 취급되어야 한다는 말은 아니다. 탐구공동체는 사람으로 구성되어 있으며, 탐구의 자양분이 되는 그들의 역할을 무시해서는 안 된다.

시도가 잘못이 아니다.

◆ 그 시도가 이성적이고 윤리적일 경우이다(설득의 방법으로 누군가의 머리에 총을 겨누거나 또는 훈육을 위해 고통에 순종하도록 강요하는 것은 제외한다. 이것은 이미 교실 안에 존재하는 권력 구조의 남용이 될 것이다).

◆ 설득 대상자가 설득 기술, 질문, 주장 및 반론으로 대응하고 스스로 판단할 수 있는 능력과 자유를 모두 가지고 있을 경우, 큰 문제가 되지 않는다.

따라서 교실 공동체가 잘못된 결론이나 관점을 받아들였다고 판단된다면, 교사는 위의 조건을 고려하면서 내용에 개입할 수 있다. 이때 교사는 탐구공동체로서 교실의 성숙 여부를 충분히 고려해야 한다.

교실 공동체가 교사의 입장에서 협상할 수 없는 절차나 입장을 보일때, 교사의 개입을 어떻게 열린 탐구의 원리들과 일치시킬 수 있느냐는 복잡한 문제이다. 우리는 이를 '선취된 결론의 문제(problem of pre-empted conclusion, PPC)'라고 부를 것이다. 여기서 우리의 관심은 '선취된 결론의 문제'가 열린 탐구의 정신과 일치하는지 혹은 일치하지 않는지를 판단하는 것이다.[15]

수학이나 과학처럼 특정한 결론이나 공식이 있는 교과에서 더 절실할 수는 있겠지만, PPC는 사실 모든 학문에 적용된다. 철학 역시 예외는 아니다. 제7장에서 우리는 민감하면서도 '선취된 결론'이 대다수인 윤리적인 문제 역시 탐구되어야 한다고 주장할 것이다.[16] 실제로 정당하고 민주적이며 열린 탐구를 위한 여지가 있는지 없는지는 교사들에게 달려 있다.

---

15 결론이 본질적으로 실체적인 것이라고 하더라도, 앞서 언급한 것과 같이 협상할 수 없는 것처럼 보일 수 있는 절차도 선취된 결론의 문제(PPC)에 포함될 수 있다. 철학에서 절차는 정당한 탐구 대상이기 때문이다.

16 철학의 하위분야인 논리학 역시 특정 추론 패턴을 고정된 것으로 가정하고 의문을 제기할 수 없는 것으로 가정한다는 점에서 종종 타협할 수 없는 것으로 간주된다.

선취된 결론의 문제(PPC)는 교육적이면서도 윤리적인 딜레마 상황에 놓일 수 있다. 만약 교사가 공동체가 도달해야 할 특정한 결론(믿음이나 가치의 형태)에 대해 강한 의지를 지닌 채 탐구에 접근한다면, 공정하고 공평하게 '어디로든 탐구가 이끄는 대로'라는 탐구의 정신을 계속 유지할 수 있는가? 반면에 만약 교사가 학생들에게 열린 결말의 탐구를 허락한다면, 진리와 바른 행동을 위험에 빠뜨리는 것이 아닐까?

이상적인 철학적 견지에서 볼 때, 어떤 절차적이거나 내용적인 관점도 검토와 비판을 면제받을 수 있는 신성한 것으로 간주되지 않는다. 이것은 교사들이 옳고 그름에 대한 기초적인 윤리적 질문에서부터 왜 근거를 제시하고 서로를 존중해야 하는지에 대한 질문에 이르기까지, 제기될 수 있는 모든 절차적이고 내용적인 쟁점에 대해 기꺼이 협상해야 한다는 뜻이다.[17]

논쟁의 여지가 있더라도 탐구를 위한 공정, 배려, 존중과 같은 기본적인 절차와 가치까지 개방하라고 제안하는 것이 이상하게 보일 수도 있다. 교사들은 왜 협상할 필요가 없다고 생각하는 많은 가치와 절차에 대해서도 학생들과 협상해야 하는가?[18] 더 나아가 만약에 학생들이 다른 사람을 공정하게 대우하지 않고, 존중하지 않는다면 어떻게 탐구 공동체가 탐구를 시작할 수 있겠는가?

교사가 위에서 언급한 특정 절차적 가치를 주장하는 것은 그에 대한 검토와 수정의 가능성을 허용하는 한 매우 적절하다. 탐구공동체는 성장하고 변화하기 때문에 그 행동과 성장에 대해 성찰하고 싶어 하는 것은 당연하다. 아이들은 서로를 공정하게 대우하는 것에 대해 옹호

---

17 이것은 이전에 받아들여진 모든 신념과 관점에 대해 동시에 의문을 제기하는 회의주의에 대한 논증을 위한 것이 아니다. 독일 철학자 Otto Neurath의 비유를 빌리자면, 바다에 떠 있는 배를 재건할 수는 있지만 모든 부품을 한꺼번에 교체하려고 하면 불가능하다.

18 Mark Weinstein은 '도덕적 오류를 초래하는 질문을 용인할 수 있는가'라고 묻는다(1988a, p.48). 이 문제는 정치 철학에서도 발생한다('민주주의 사회는 그 파괴에 헌신하는 운동을 용인해야 하는가?').

하거나 반대하는 이유를 제시할 수 있다. 그리고 탐구 과정에서 공정의 의미에 대해 의심하고 질문을 제기할 수 있다. 바로 그 순간에 그들은 탐구 그 자체를 위해 서로를 공정하게 대우한다. 또한, 만약에 아이들이 공정함을 바람직한 것으로 여긴다면, 아이들은 더 공정해지기 위해 그들 자신의 집단적인 태도를 성찰할 수 있다. 그러나 학생들이 교실 공동체의 중요한 가치에 동의하지 않거나 이를 남용할 때, 교사가 탐구나 토론을 안내하고 이끈다는 것은 매우 힘든 일이다. 학생들이 한 번이라도 공정, 배려, 합리적인 태도 없이 토론을 시도해 보았다면, 그들은 왜 그런 것들이 중요한지 금방 깨닫게 될 것이다.

만약 공정함의 개념에 대해 심사숙고한 탐구의 결과가 서로를 공정하게 대우하는 것에 반대하는 것이라면, 공동체의 구성원들은 그 결과에 따라 살아갈 수 있는 방법을 찾아야 할 것이다. 이것이 바로 탐구공동체를 삶의 한 형태, 즉 자신의 판단, 결정 및 행동의 결과를 감수하는 진정한 경험으로 바라본다는 의미이다. 아이들이 이미 어떤 믿음이나 가치를 가지고 있음에도 불구하고, 특정한 절차나 가치를 그에 대한 성찰의 기회도 주지 않은 채 강요하는 것은 윤리적으로 문제가 될 뿐 아니라, 오히려 역효과를 낳을 수 있다. 반대로 그 공동체가 중요하다고 판단한 절차와 가치는 매일의 실천 속에서 내면화될 것이다.

선취된 결론의 문제(PPC)로 돌아가서, 제2장의 질문 유형과 관련하여 생각해 보자. 교사가 그 '해결책'을 이미 알고 있거나 쉽게 찾을 수 있다고 느낄 때도, 토론과 탐구는 일어날 수 있다. 문제는 어떻게 탐구가 진행되는가이다. 다양한 관점을 통합하고 차이점을 기반으로 구축되는 발명과 발견의 과정인가, 아니면 거침없고 융통성 없게 미리 정해진 결론으로 나아가는 과정인가가 문제인 것이다. 심지어 누군가 '답을 알고 있다'라면서 이유를 들어 주장할 때조차도, 탐구공동체는 제기된 모든 질문과 제시된 모든 답변을 더 나은 탐구를 위한 재료로 대해야 한다. 실제로, 교실 공동체의 구성원들은 그들이 탐구하기로 정한 주제에 대해 다양한 관점을 제시해야 한다. 어떤 결론에 도달하든 참여자들이 그것을 인정하고 가치 있게 여기려면, 이러한 다양성이 탐구의 과정에 반영되어야 하기 때문이다. 나아가, 사전에 가지고 있던 믿음과 가치에 대한 좋은 이유의 발견과 확증은 반드시 그들을 새로운 활력과 용기, 적절성의 감각으로 가득 채워 줄 것이다. 학생들은 그들이 믿고 느끼는 것뿐만 아니라 그에 대한 이유도 알게 될 것이다. 따라서 권위 있는 사람이 특정 견해를 가지고 있고, 그 견해를 학생들이 공유하기를 원한다고 해서 탐구 정신이 전복되는 일은 없다. 진정한 탐구공동체의 구성원들은 어떤 의견이 제시되고 또 찬성과 반대의 이유가 제시되더라도, 그 말을 한 사람이 교사(또는 다른 권위자)라는 사실 때문에 흔들리지 않는다.

물론 교사는 교실을 탐구하는 공동체로 변화시키는 중요한 원동력이기 때문에, 교사에게는 상당한 책임이 따른다. 그런 이유에서 우리는 학생들을 특정 관점으로 설득하는 능력보다는 교사가 모범을 보이고 장려하는 질문의 종류에 중점을 둔다. 실제로, 교사의 견해나 권위 있는 다른 사람의 견해를 제시할지 말지는 교실이 진정으로 성숙한 탐구공동체로 기능하고 권력과 권위의 목소리에 부당하게 흔들리지 않을 것이라는 판단에 따라 결정된다. 이러한 전문적인 의사 결정은 공동체 자체에서 내릴 수 있는 내용적인 판단만큼이나 중요하다. 아래에서 이 점을 설명할 것이다.

나아가 탐구하는 교사는 교실 공동체에 참여함으로써 그들 자신의 관점을(심지어 고정된 것으로 간주된 관점이라 하더라도) 구체화하고 재구성하기도 한다. 자기수정적 사고는 학생들만큼 교사에게도 중요하다. 특히 교사의 자기수정은 하나의 모범으로서 학생들의 자기수정을 이끈다는 점에서 더욱 중요하다.

교실 공동체가 선취된 결론, 즉 정당한 절차를 거치지 않은 특정한 관점을 받아들일 수도 있다. 때로 특정한 입장을 의식적으로 받아들여 그 결과와 영향을 탐색하기도 한다. 후속 검토는 원래의 합의에 대한 태도를 변화시킬 수도 있다. 여기서 문제가 되는 것은 공동체가 오류 가능성과 내용적인 자기수정에 열려 있느냐 하는 것이다. 공동체가 이러한 가능성을 잃어버리거나 자기만족에 빠질 위험에 처하면, 교사는 도발자의 역할을 해야 할지도 모른다. 예를 들어, 공동체가 믿는 것과 행동하는 방식 사이의 불일치를 지적함으로써 말이다.

4. 교실을 탐구공동체로 전환하기

앞 장에서 우리는 철학적 탐구와 토론의 자극제로써 이야기의 역할에 대해 논의했다. 그러나 그것은 하나의 자극제일 뿐이다. 이후에 이어질 탐구의 성격과 질은 이야기에 대한 교실 공동체의 반응과 관심, 그리고 이에 대한 교사의 반응에 달려 있다. 그리고 이 모든 문제는 탐구공동체로서의 교실 수준이 얼마나 성장하고 발달해 있는지에 달려 있다. 이것이 우리가 교실의 전환을 강조하는 이유이다. 교실의 전환은 상당히 오랜 시간이 걸리지만, 결코 피할 수 없는 일이다.

전환의 초기 단계에 있는 교실을 생각해 보자. 그 교실은 탐구로서의 철학 개념과 공동 탐구의 절차에 적응 중이다. 학급은 다양한 관점이나 관심을 가진 학생들로 구성되어 있으며, 그것들은 겹치기도 하고 현저한 차이를 보이기도 한다. 학생 대부분은 아직 공동 탐구의 기초적인 기술과 절차에 숙달되지 않았을 뿐 아니라 이해도 부족하다. 그들은 다른 사람의 말을 들으려고 하지 않고, 토론에 제대로 참여하지도 않고, 다른 사람을 조롱하는 참견에 저항하지도 않는다. 또한, 그들 자신의 관점을 다른 사람에게 전달하거나 질문받는 것에 대해서도 익숙하지 않다. 탐구공동체의 형성에 대해, 그리고 그 의미에 대해 구성원들의 주의를 환기하는 사람은 교사뿐이다.

이러한 상황에서 교사의 역할을 보여주는 비유가 아주 많다. 교사는 관리자, 동기 유발자, 조절자, 조력자, 코치, 직조공, 산파 등으로 비유된다.[19] 또한, 교사는 탐구의 도구와 절차의 모델이 된다. 그리고 '옳음'의 감각보다는 진실한 호기심과 궁금증을 내보이는 학문적 무지의 모델이 되어야 한다.[20] 교사의 에너지는 학생들의 탐구 절차를 인지적이고 정서적으로 강화하는 방향으로 향해야 한다. 따라서 교사는 특정한 규칙과 안내 사항을 지키도록 강조한다(주로 토론을 이끌고, 상호 간의 존중과 공정함을 유지하는 것). 그리고 교사는 탐색적인 질문(탐구적 질문)의 모범을 보이고 격려하며, 학생들이 더 반성적이고 문제의 표면 너머를 생각하고 자기수정적이 되도록 촉구해야 한다.

이와 같은 방식으로 탐구의 절차를 돌보는 교사에게는 내용적으로는 개입할 기회가 거의 없을 것이다. 더구나 내용적인 개입은 새로운 공동체의 발전을 억압할 가능성이 높다. 하지만 그렇다고 교사의 역할이 완전히 절차적인 것만은 아니다. 왜냐하면 교사가 탐구 절차의 확실한 모범이 되기 위해서는 그 탐구 자체에 일관성과 의미를 주는 맥락과 연관성에 대해서도 파악해야 하기 때문이다. 교사의 '무지'가 '학문적'이라는 것은 이러한 의미를 말한다. 여기서 우리의 요점은 제2장에서 다루었던 내용의 반복이다. 우리는 제2장에서 열린 절차적 질문과 열린 내용적 질문을 구별했다. 탐구공동체에서 질문에 대한 답을 주는 것은 교사의 중요한 역할이 아니다. 그러나 철학적이라고 여겨지는 것에 대한 '귀'를 발달시키는 것, 그리고 특정한 토론이 나아가고자 하는 방향을 확인하는 것(철학적인 가능성에 대한 알아차림), 그리고 학생들이 그들 자신의 대답을 구성하고 연관성을 찾도록 촉구하는 질문을 하는 것은 중

---

19 이 목록의 여러 항목은 Santi(1993)에서 가져온 것이다. 마지막 두 항목은 동료와 학생들이 자신의 질문에 대한 답을 정말로 알고 있는지 확인하도록 격려하고, 질문을 통해 끊임없이 더 열심히 생각하도록 훈계했던 소크라테스를 연상시킨다(Portelli, 1989; Johnson, 1984 참고).

20 '학문적 무지(scholarly ignorance)'라는 용어는 Whitehead(1929, p.37) 그리고 최근에는 Reed(1992b, p.150)에서 사용되었다.

요하다.[21] 이러한 질문을 할 때 교사는 이 장의 초반에 확인했던 세 가지 지표, 즉 추론과 탐구, 개념 형성, 의미 만들기를 사용할 수 있다.

어린이철학에서 교사 교육은 교사들의 철학적 탐구 가능성에 대한 감각을 발달시켜준다. 이는 교사들이 다른 사람들, 즉 동료, 철학자, 어린이 등과 함께 탐구공동체의 구성원으로서 철학적 탐구에 참여함으로써 얻어진다. 어린이철학의 효과적인 교육(교수법)에 대한 피드백은 이러한 방식으로 함께 활동하는 교사들로부터 직접적으로 얻어지기 때문이다. 주로 절차적인 것으로만 교사의 역할을 설명하는 것은 교사를 기술자로 격하시키는 것이다. 이러한 격하는 차례로,

◆ 가르치는 직업의 위신과 철학 과목의 위상을 떨어뜨린다.
◆ 아이들에게 절차만 있고 내용은 없는 교과의 껍데기만 보여준다: 이는 의미 없고 요점도 없는 것처럼 보이는 활동의 반복이다.

질문은 모든 탐구에 필수적이다. 탐구는 교사가 제시한 질문(어린이철학 교재의 교사용 지도서 질문 포함)보다 공동체의 구성원들이 함께 공유한 질문으로 시작하는 것이 좋다. 탐구공동체 교실에서 질문은 교사나 교재, 학생에게 특정한 답을 위한 단서라기보다 탐구를 위한 초대이다. 교실 공동체의 초기 단계에서 학생들이 질문하는 것은 특별한 의미가 있다. 이런 질문은 학생들이 공유하고 있는 경험과 관련하여 만들어 내는 창의적인 반응이기 때문이다. 이러한 질문들은 안건의 기초적인 토대로서 이후 탐구 방향과 분위기를 결정한다. 또한, 이런 질문은 아이들을 더 넓은 탐구의 영역으로 이끄는 통로를 제공해 준다.[22] 이런 절차를 우

---

21 철학적인 '귀'라는 아이디어는 Garcia Moeiyon & Lardner(1992)에서 논의되고 있다. 물론 많은 어른들과 아이들은 철학에 대한 직관적인 귀를 갖고 있다. 그러한 직관은 연습을 통해 강화된다.

22 교사도 이야기에 대한 응답으로 자신만의 질문을 할 수 있으며, 이러한 질문도 이어지는 토론의 주제가 될 수 있다. 그러나 교사는 권위자라는 이유만으로 자신의 질문이 더 큰 주목을 받지

회하는 것은 전체적인 기획의 평등주의적이고 민주적인 본성을 약화시킬 수 있다.

공동체가 성장하는 초기 단계에, 학생들이 이야기, 시, 연극 또는 삽화에서 흥미 있어 하는 내용을 바탕으로 질문하게 하는 것은 그다지 유익하지 않다. 우선 고학년 아이들은 이런 초대를 의심한다. 왜냐하면, 교사는 수사적 질문을 하고 자신들은 일반적 질문을 하며, 탐구적 질문은 아무도 하지 않았던 오랜 경험 때문이다. 그들에게 부족한 것은 질문하는 기술이 아니라 호기심을 가지려는 성향과 열린 마음이다. 반면에 저학년 아이들은 어떻게 질문을 해야 하는지 모를 수 있다. 호기심과 경외감이 풍부한 아이들도 마찬가지이다. 이 두 경우에 교사는 탐구의 맥락과 아이들의 반응에 민감해져야 한다. 그를 위해 냉소적인 고학년 학생들의 마음을 자극하고 움직일 수 있는 이야기나 교재를 활용하고, 그들의 질문과 관심이 정말로 진지하게 받아들여진다는 것을 보여주어야 한다. 혹은 무엇이 궁금한가와 같은 열린 질문으로 아이들의 마음속에 있는 것이 무엇이든 표현하도록 격려해야 한다. 특히 질문이 포함된 의견제시와 설명은 추가 탐구의 불씨를 제공할 수 있다.

질문과 관련하여 어린이철학에서 전통적으로 이루어지는 몇 가지 방법을 제시하고자 한다. 아이들이 만든 모든 질문을 칠판 등에 기록하여 보여주고, 시간이 좀 걸리더라도 그 하나하나에 관심을 보여주어야 한다. 철학을 배우는 데 있어 중요한 부분은 철학적 탐구를 자극하는 질문 또는 진술을 형성하는 방법을 배우는 것이다. 먼저 질문하기를 꺼리던 아이들도 일단 그들의 친구들이 기꺼이 위험을 감수하고, 바보 같은 질문을 한 것에 대해 혼나지 않는다는 것을 깨닫게 되면, 다양한 종류의 질문을 생각해 낼 것이다. 아이들은 경험에서 나오는 질문을 하거나(사실적이거나 전문적인 것을 묻는), 개인적인 의견을 말할 수도 있다(픽시가

않도록 주의해야 한다.

~라고 말할 때 나는 그것이 좋았어요). 그리고 아이들은 탐구로 이어질 것 같지 않은 추측성 질문을 할 수도 있다. 그들은 심리학적인 질문도 할 것이며(특정한 인물이나 그들의 동기나 생각, 행위에 대한 질문), 철학적인 질문도 할 것이다(반성적, 개념적, 평가적).

우리는 아이들이 철학적인 '귀'를 발달시키기를 원한다. 그래서 그들이 더 깊은 차원의 탐구와 사유에 참여할 수 있기를 원한다. 더불어 질문이 철학적 탐구에 적절한지에 대한 판단도 발달시킨다. 우리의 경험에 의하면 아이들은 이러한 귀를 빠르게 발달시키며, 철학적인 질문의 비중은 시간이 지남에 따라 뚜렷하게 증가한다.[23]

학생들은 그들의 교실이 더 큰 세상의 일부분이라는 것을 이해해야 한다. 교사는 그들이 대안적인 관점에 대해 숙고하도록 격려할 필요가 있다. 그리고 상황에 따라서는 공동체 바깥에서 관련된 정보나 다른 자료를 찾도록 격려해야 한다. 그 목적은 그들이 더 좋은 정보를 찾거나 다른 방식으로 대상을 바라볼 필요가 있음을 깨닫게 하기 위해서이다. 물론 교실 밖의 세상은 협력적인 탐구의 이상에 대해 호의적이지 않을 수도 있다. 필요할 경우, 교사는 학생들에게 특정한 결론, 관점, 절차(질문하는 것과 같은)가 다른 이들에 의해서 조정될 수도 있다는 점과 상황에 따라서는 자신들의 행동을 수정해야 할 수도 있다는 점을 알려줄 필요가 있다. 우리는 학생들이 교실에서 장려되는 것과 교실 밖에서(심지어 다른 교실에서) 견뎌야 하는 것 사이의 비일관성에 대해 좌절감을 느낄 것

---

23 철학적인 문제들에 대한 이러한 귀는 탐구에 대해 구조와 연속성을 부여해 주는 상황과 맥락에 대한 특정한 감각과 관련되어 있다. 예를 들면, 어린이들은 그들의 탐구가 진리, 실재, 지식 등의 본성과 같은 '큰' 문제로 들어가면 구체적인 상황적 접근에 의해 풍부해질 수 있다. 그 접근 속에서 구체적인 예시들과 상황들이 점점 더 넓은 문제들의 취급을 요구함으로써 더 깊은 반성을 자극한다는 것을 발견한다. IAPC 교육과정에서, 각 이야기에 수반되는 교사용 지도서에는 종종 유사한 패턴을 따른다. 실제로 연습 문제와 토론 계획들은 이러한 전환을 위해 어린이들을 도우려고 조직된 것이다. '권리란 무엇인가?'와 같은 문제들은 '동물들도 권리를 가질까?', '권리는 어디에서 나오는가?' 그리고 '언론의 자유도 권리인가?'와 같은 질문의 상황 속에서 더 잘 다루어질 것이다.

이라는 점을 알고 있다. 그러나 자기수정적이고 협력적인 토론의 모델이 그들에게 제공되었다면, 이런 좌절감은 다소 약화할 것이다. 상황에 따라 행동의 적절성을 판단하는 것에 적응해 가는 것은 충분히 가치 있는 기술이다.

적절한 전문지식 없이 심리학이나 치료의 영역까지 파고드는 것을 걱정하는 교사들에게 우리는 이렇게 말한다. 학생들이 특정한 질문으로부터 멀어지게 할 필요는 없다. 우선 당신의 목적과 목표를 분명히 하라(특별히 아이들의 사고를 성장시키는 것, 그리고 협력적인 사고를 형성하도록 그들을 격려하는 것, 연관성을 만들고 자기수정을 하는 것). 그리고 탐구가 이끄는 대로 따라가라. 이러한 기본적인 구조적 특징이 갖추어져 있다면, 교실 공동체가 언뜻 보기에는 관련이 없어 보이는 문제를 탐구하도록 허용해도 별다른 해는 없을 것이다. 실제로 가장 유익한 철학적 탐구는 이러한 '접점'의 표면 아래에 숨겨져 있는 경우가 많다. 따라서 그러한 관련성을 신중하게 다루어야 한다. 학생들에게 자신의 질문이 이야기 또는 이전 토론과 어떻게 연결되어 있는지 설명하도록 요청하는 것이 아이를 대신하여 교사가 그 관련성을 판단하는 것보다 낫다.[24]

아이들의 철학적인 흥미가 탐구의 방향에 영향을 주도록 허용하는 것은 철학수업을 계획할 때 중요한 시사점을 준다. 이는 어떠한 수업계획도 없이 철학수업을 하라는 의미가 아니다. 어린이철학에서 교사 교육의 중요한 차원은 탐구공동체의 목표와 일관되게 수업을 준비할 수 있도록 교사를 돕는 것이다. 예를 들어 교사가 마련된 이야기와 교사용 지도서를 같이 사용하고자 한다면, 그들은 교실 토론에서 '나타날 수 있는' 중요한 개념과 생각은 물론 그것들을 탐구하기 위해 활용 '가능

---

24 Woolcock(1993)은 어린이의 초기 질문을 관련 사고 기술에 따라 그룹화하는 전략을 장려한다. 이 방법이 교사가 질문과 기술을 연결하는 데 도움이 될 수 있다. 우리의 관심사는 이야기에서 질문, 기술, 그리고 지도서의 연습 및 활동으로 전환하는 과정에서 특히 이야기와 교실 공동체의 질문에 대한 아동 자신의 관점과 그 과정에 대한 명료화가 훼손되지 않도록 보장하는 것이다. 철학과 치료의 차이에 대한 자세한 논의는 제6장을 참고하라.

한' 전략들을 미리 파악해야 한다. 이를 위해 교사는 학문으로서의 철학에 익숙하고 아이들과의 철학적 토론에도 경험이 있는 사람들과 함께 일하는 것이 유용하다.[25]

이전 단락의 '~수 있는'과 '가능한'이라는 용어는 철학적 탐구의 내용이나 방향이 미리 결정될 수 없음을 상기시켜 준다. 실제로 교사는 아이들이 직접 제기한 질문과 아이디어를 바탕으로 계획을 세워야 한다. 질문으로 가득 찬 칠판은 며칠 또는 몇 주 동안 지속될 수 있는 의제를 설정한다는 점을 기억하고, 교사가 후속 자료와 활동을 계획할 수 있는 충분한 시간을 확보해야 한다.

수업계획에 대한 문제에서 우리가 교사들에게 주는 조언은 신중하게 디자인하라는 것이다. 수업 준비에 있어 교수 내용, 기술, 개별교사의 스타일과 배경에 대한 민감성 때문에 우리는 지나치게 구체적이거나 지시적으로 안내하지는 않는다. 게다가 철학적인 공동 탐구의 성격상 매우 상세한 내용까지 수업계획을 세우지는 못한다.

우리는 교사에게 공동체 스스로가 자신의 성장과 진보를 성찰하고 뒤돌아볼 수 있는 '수업 성찰'에 대해 생각해 보기를 제안한다. 수업 내용에 대한 성찰적 관심은(우리가 발견한 것은 무엇일까? 우리가 새롭게 배운 것은 무엇일까?) 아마도 미래지향적인 수업계획(무엇을 가르칠까? 이번 수업에서 아이들은 무엇을 배우게 될까?)보다 훨씬 더 효과적일 것이다. 교사가 수업 내용의 유일한 결정권자라는 역할에서 벗어났다고 해서 초기 탐구공동체의 교사가 모든 진리에 대한 권한을 아이들에게 양도해야 하는 것은 아니다. 우리는 아래와 같은 교사의 권리를 지지한다.

---

25 선생님과 철학자의 관계에 관한 정확한 성격은 매우 맥락적이기 때문에 자세하게 기술될 수 없다. 어떤 나라에서는 많은 선생님이 튼튼한 철학적인 배경을 가지고 있으며, 다른 나라에서는 전문적인 철학자들이 공식적인 교수법 훈련을 받지 않는다. 이 두 집단의 구성원들 간에 파트너십을 형성하려는 생각은 매우 유망한 시도이다. 일대일 지도나 조언 등은 매우 큰 도움이 될 수 있다(Guin, 1991) 참고.

◆ 적절한 이야기와 동기유발(아이들을 자극할 수 있는)에 좋은 소재를 선택할 권리

◆ 공정함과 상호 존중과 같은 규율을 유지할 권리

◆ 탐구 운영 절차를 결정하고 유지(특히 토론의 관점에서)할 권리

◆ 공동의 숙고를 위한 적절한 연습과 활동을 소개할 권리

◆ 공동체의 진전에 대한 요약과 평가를 요구하고 참여할 권리

탐구의 절차를 보호하고 모델이 되는 것과 의미 형성을 위해 연관성을 엮어내는 아이들의 발언에 주의를 기울이는 것은 철학교사가 매우 진지하게 풀어가야 할 과제이다. 교사들은 한편으로는 아이들의 경청, 사고, 탐구의 주변적인 역할로서(왜냐하면 아이들은 공동체 속에서 스스로 그리고 서로 가르치기 때문이다) 그리고 다른 한편으로는 아이들 인지 발달의 변증법적인 역할로서 자신을 이해해야 한다. 로버트 영(Robert Young)은 권위자로서의 교사와 권위 있는 교사를 구분한다. 그가 '대화' 수업이라고 특징짓는 쪽은 후자이다. 그는 다음과 같은 유용한 은유를 제공한다. '교사는 승객에 대한 선장과 조종사의 권위가 아니라, 배의 선장에 대한 안내자 또는 조종사의 권위를 가진다(Young, 1992, p.103).'

교실이 탐구공동체로 잘 전환되었다고 상상해 보자. 이러한 발전을 이끄는 교사의 역할과 기술을 어떻게 보아야 할까? 기본적인 관점은 자극하는 사람, 관리자, 동기유발자, 촉진자, 코치, 직조공, 조산원, 등에 그리고 공동체 자체가 공유하고 있는 탐구 절차에 대한 모범으로서 역할이다. 왜냐하면 이미 구성원들이 탐구 절차를 내면화하였기 때문이다. 토론의 완전한 참여자로서 아이들은 다른 사람에게 탐구적 질문을 비롯한 다양한 질문을 할 수 있다. 아이들은 더 깊이 생각하고 더 성찰적이고 자기수정적이 되도록 서로를 돕는다. 그들은 이유, 설명, 기준, 추측의 확인, 공정함, 존중과 배려를 요구한다. 그리고 그들은 서로 동등하게 응답을 주고받는다. 아이들은 연관성을 만들고 구별을 짓는 방법을 안다. 하지만 사물의 절대적인 진리에 대해서는 확신하지 못한다.

이런 상황에서 교사는 자신의 의견을 표현함으로써 공동체의 동등한 구성원으로 참여할 수 있다.[26] 교사는 절차적으로는 강한 권위를 갖지만 철학적으로는 사신을 내세우지 않기 때문에, 교육적인 힘은 공동체 그 자체에서 나온다.

우리는 교사가 '전문가'로 표현되는 전통적인 역할로 돌아가야 한다고 생각하지 않는다. 분별 있는 공동체의 평등주의적 성격은 교사가 자신의 의지나 안건을 강요하도록 허락하지 않을 것이다. 그 이유는 바로 구성원들이 스스로 생각하도록 교육받아 왔기 때문이다. 교실에서 열린 질문이 불건전한 교사에 의해 세뇌로 이어질 수 있다고 우려하는 사람들은 여기에서 안심할 수 있다. 만약에 우리가 세뇌를 성찰, 결론에 대한 의문, 가정에 대한 검토 및 기타 모든 탐구 절차를 단절하거나 제거하는 과정으로 생각한다면, 진정한 탐구공동체는 세뇌될 수 없다고 단언할 수 있다.[27] 이 사실은 다음 장에서 설명하겠지만 윤리 및 도덕 교육과 관련하여 중요한 의미를 갖는다.

영리한 교사는 스스로 탐구공동체로 변화되고 있는 교실의 과정을 지켜볼 것이다. 나아가 그는 학생들이 이러한 성장의 양상을 깨닫도록 하는 데 초점을 맞출 것이다(우리의 토론은 잘 진행되고 있는가? 어떻게 우리들은 더 나아질 수 있을까? 그리고 어떤 사람이 소외감을 느끼는가? 등이 질문은 하요로써). 교사와 학생 사이의 관계는 교실의 변화와 성장에 달려 있다.

우리는 이제 교실 안에서 사용되는 교수학습 자료의 선택은 공동체의 성장과 관련되어 있다는 점을 덧붙이고자 한다. 탐구공동체 형성 초기 단계에서는 IAPC 스타일의 교수학습 자료(철학 소설이나 지도서)가 가치 있다. 그것은 학생이나 교사들을 위해 만들어진 것으로, 철학적인

---

26 절차적 권한의 민주적 공유를 통해 학생들은 항상 교사를 통해 의견을 전달할 필요 없이 서로 직접 소통할 수 있다. 우리는 철학자 R. M. Hare가 여기서 제안하는 견해를 지지한다는 점에 주목한다(Hare, 1976, pp.390-391).

27 주입의 특징은 (Kleinig, 1982)에 잘 나타나 있다.

절차, 내용, 구조의 모델이 되기 때문이다. 교실 공동체가 성장함에 따라 탐구에 자극을 주기 위한 교수학습 자료나 소재도 더 다양해질 수 있다. 물론 궁극적으로 공동체는 어떠한 내용이나 소재도 자연스럽게 탐구에 맞게 변화할 수 있게 된다. 학생들은 뉴스 기사, 그림책, 문학 소설, 텔레비전 프로그램, 영상, 고전, 자기 경험으로부터 철학적 질문이나 경험을 발견하기 시작한다. 그리고 교사는 토론을 형성하고 철학적 사고를 자극하는 질문을 만드는 유용한 새로운 방법을 발견하기 시작한다.

성숙한 탐구공동체로서 교실이 기능할 때, 다양한 소규모 활동과 다른 협력적인 배움의 형태도 유연하게 선택할 수 있다는 점을 지적하고 싶다. 첫 장에서 제시한 것처럼, 협력 학습이 탐구의 중요한 특성(자기수정적 사고, 기준에 기초해 판단하기, 절차에 대한 존경 등)을 자동으로 포용하지는 않는다. 하지만, 일단 학생들이 그들의 일상적인 교실 활동과 실천에서 탐구의 절차를 내면화했다면, (여기서 교사의 안내와 모범이 매우 중요하다) 모든 형태의 배움(교사의 직접적인 지도가 거의 없더라도)은 더욱 깊어질 것이다.

성숙한 탐구공동체를 나타내는 토론은 교사 중심이라기보다는 학생 중심이다. 이것은 학생활동에 대한 교사의 개입 비율이 줄어들 때, 매우 명확하게 보인다. 비록 교사가 탐구를 시작할 수는 있지만, 토론 진행이 공동체 전체의 책임이 되어감에 따라 토론에 대한 교사의 장악력은 서서히 줄어든다(<그림5>를 보라).

책임분담이라는 개념은 성숙한 탐구공동체의 중요한 특징이다. 이것은 진정으로 학생들의 흥미를 중시하고자 노력하는 교사들이 직면하는 공통적인 실제 문제에 대한 해결의 실마리를 제공한다. 분명한 사실은 모든 학생들이 동일한 것에 관심을 갖는 것도 아니며, 동시에 모두가 공동 탐구의 기술과 기질을 발달시키는 것도 아니라는 것이다. 게다가 몇몇 아이들은 시작부터 소외되기도 한다. 그들은 성장하는 교실 공동체의 외부에 서 있고, 그들을 끌어들이려는 모든 시도에 저항한다.

이런 문제는 흔하게 일어난다. 대개 교사들은 일부 아이들이 겪는 소외를 줄이기 위한 전략과 기술의 목록을 가지고 있다. 탐구공동체의 맥락에서 이에 대한 돌파구는 소외된 아이들이 다음과 같은 사실을 이해할 때 마련될 수 있다. 즉, 자신들의 관점이 교육과정과 공동체 삶의 고유한 일부이며, 탐구는 다른 사람들과 마찬가지로 그들 각자가 가진 독특한 관심으로 구성된다는 점이다. 이를 위해서 교사는 개별 아이들이 현재의 교육 내용과, 그리고 교실의 다른 학생들과 어떤 관계를 가지고 있는지에 대해 민감해질 필요가 있다. 물론 30명 이상의 학급에서 이것은 벅찬 일일 수 있다. 한편, 이러한 소외의 원인이 탐구공동체 교실로의 변화 때문이 아닐 수 있다. 전통적인 교실 문화에서는 이러한 문제들이 잘 드러나지 않는다. 대개 평가를 통해 드러나는데, 이것은 아이들의 입장에서 오히려 더 차가운 위안일 뿐이다. 적어도 탐구공동체에서는 교사가 훨씬 더 정확하고 세심하게 이러한 문제들을 확인할 수 있다.

게다가 전통적인 교수법이 소외의 문제를 악화시킬 가능성이 높은데 비해, 탐구공동체는 그것을 없애지는 못하더라도 줄일 수 있는 내재된 메커니즘을 가지고 있다. 교실 공동체가 성장함에 따라 아이들과 교사는 절차에 대한 공동의 책임을 지기 시작한다. 그것은 탐구 주제와 절차에 대한 고려에서 생긴 구성원 전체와 각자에 대한 배려의 감각을 포함한다. 소외되고, 방해하고, 폭력적인 아이는 공동체 책임의 일부로 간주된다. 그렇게 되면 공동체의 구성원이나 동료들은 그 아이의 욕구를 충족시키는데 어떤 진척을 이루어 낼 것이다. 이러한 책임을 받아들이려는 준비가 안 된 집단은 스스로를 탐구공동체라고 부를 수 없다(예를 들어, 교사에게만 책임을 지우는 것). 교실 공동체 성장의 또 다른 특징은 개인적인 차이점과 관점의 다양함이 불편함과 차별로 보이기보다는 풍성함과 자극의 소재로 보이는 것이다. 성숙한 탐구공동체 내에서 합의와 동의는 필수적인 요소가 아니다. 차이점은 여전히 남게 된다. 공동체는 이러한 차이를 바탕으로 모든 참여자가 만족할 수 있는 연결성과 상호 이해에 대한 인식을 만들어갈 것이다.

<그림 3, 4, 5>는 특히 교사와 학생 사이의 관계를 중심으로 교실 공동체의 성장을 보여준다. 이러한 특징은 평가와 반성을 이끌 것이다. 물론 그렇다고 이 그림들대로 모든 교실이 융통성 없이 평가되기를 바라지는 않는다. 한편으로는 지나치게 강압적이거나 엄격하지 않도록, 다른 한편으로는 탐구의 방향과 내용을 완전히 놓치지 않도록, 그 둘 사이의 미세한 경계를 넘나드는 것은 상당한 연습과 끊임없는 경계가 필요한 기술이다. 교실 공동체에서 일어나는 모든 철학적 주제와 질문들에 대해 개입해야 한다는 것은 교사들에게 상당히 벅찬 일이다. 사실상 불가능하다. 그러나 우리가 반드시 기억해야 할 것은 아이들이 스스로 생각하도록 가르칠 때, 우리는 그들이 자신의 지적이고 인격적인 성장을 이루어 나가도록 도울 수 있다는 것이다. 만약 교사가 교실에서 지도자가 아닌 공동의 탐구자가 되고자 한다면, 탐구공동체는 진정한 배움의 장이 될 것이다.

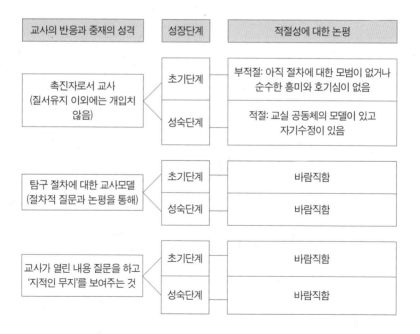

교사의 반응과 중재의 성격	성장단계	적절성에 대한 논평
촉진자로서 교사 (질서유지 이외에는 개입치 않음)	초기단계	부적절: 아직 절차에 대한 모범이 없거나 순수한 흥미와 호기심이 없음
	성숙단계	적절: 교실 공동체의 모델이 있고 자기수정이 있음
탐구 절차에 대한 교사모델 (절차적 질문과 논평을 통해)	초기단계	바람직함
	성숙단계	바람직함
교사가 열린 내용 질문을 하고 '지적인 무지'를 보여주는 것	초기단계	바람직함
	성숙단계	바람직함

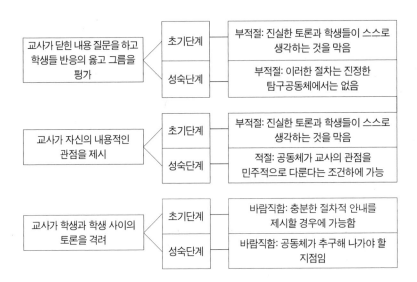

- 초기단계: 절차의 내면화가 거의 이루어져 있지 않은 상태
- 성숙단계: 절차가 내면화되고 공동체에 의해 공유되는 상태

〈그림 3〉 토론에서 교사 개입

초기단계		성숙단계
교사는 교수법적(절차적)으로 강하다. (그러나 철학적인 가능성에 민감하다)		공동체가 탐구 절차를 내면화함에 따라 절차적 책임이 더욱 공평하게 공유된다.
교사는 철학적으로 자기를 내세우지 않는다. ('지적인 무지'를 보여준다)		교사는 실제적이고 철학적인 주제에 대해 동료로서 개입한다. 학생들 또한 '지적인 무지'를 보여준다.
교재는 철학소설과 이야기에 초점을 둔다.		교재는 훨씬 광범위한 소재를 포함한다.
철학적인 문제를 탐구하고 명확히 하기 위해 교사는 어린이철학 지도서를 사용한다.		교사용 지도서의 내용을 내면화하고, 자신만의 철학적인 질문이나 활동들을 만들어 낸다.
탐구공동체로서의 학급 전체 수업		융통성 있는 학급 배열(소집단 학습 등)
교실에서의 대화와 토론은 교사에 의해 이루어진다.		교실 토론과 대화는 공동체에 의해 적절하게 이루어진다.

〈그림 4〉 탐구공동체 교실의 성장

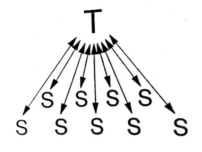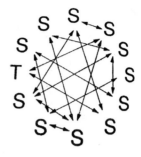

〈그림 5〉 탐구공동체 교실에서의 역동성 변화

5. 평가와 측정

일반적인 사고력 교육이나 어린이철학에서 평가와 측정은 커다란 도전이다.[28] 측정이 '머리를 흔드는 개의 꼬리'가 되어서는 안 된다는 우리의 신념에도 불구하고, 이 영역은 전 세계의 어린이철학 공동체와 이 공동체의 성공에 정책적, 경제적 영향을 미치는 교육 정책 입안자들 모두에게 매우 중시된다. 하지만 '어린이철학이 실제로 아이들에게 어떤 종류의 영향력과 이익을 주는가?' 하는 질문에 간단히 대답하기는 어려울 것 같다. 이 질문을 아래의 3가지 질문으로 나누어 보자.

질문 1: 아이들의 사고력과 추론기술의 신장, 자존감의 향상, 읽기와 수학적인 능력의 향상, 다른 과목에 대한 배움 지원, 창의력과 창조성의 향상 등을 목적으로 고안된 교육과정 혹은 프로그램으로, 어린이철학의 효과성을 어떻게 측정할 것인가? 즉, 어떻게 어린이철학이 교육적으로 중요하다는 것을 보여

---

28 측정은 개별 또는 집단 단위로 학생의 성과에 대한 정보를 산출하는 과정을 의미한다. 한편, 평가는 프로그램, 계획, 아이디어 등을 대상으로 한다.

줄 것인가?[29]

질문 2: 학교나 지역 사회와 같은 특정한 환경 속에서 어린이철학의
효과성을 어떻게 평가할 것인가?

질문 3: 어린이철학이 학생과 교사의 능력향상에 미치는 영향을 어
떻게 측정할 것인가? 또한 교사와 학생이 얼마만큼 잘 수행
했는지를 어떻게 판단할 수 있을까?

우리의 설명은 세 가지 질문 모두와 관련이 있지만, 이 책에서는 특
히 세 번째 질문에 가장 관심이 많다. 왜냐하면 그 부분에 대한 교사들
의 관심만큼 연구는 거의 이루어지지 않았기 때문이다. 이에 대해서는
철학도 다른 정규교과와 같이 표준적인 측정을 해야 한다는 압력 속에
있는 교사와 좋든 싫든 공식적인 측정을 하는 교과를 중시하는 학생
모두가 관심을 가지고 있다.

교사, 철학자, 심리학자와 다른 연구자들은 1960년대 립맨의 선구적
인 노력 이래로, 어린이철학과 관련한 평가와 측정을 연구해 왔다.[30] 우
리는 여기서 일반적인 논평과 아울러, 앞으로의 작업에 필요한 큰 틀을
제공하기 위해서 몇 가지 기준을 제안하고자 한다.

가. 평가

위의 질문 2는 질문 1의 일반적인 평가를 구체화하라는 요구이다.

---

29 Lipman, Sharp, Oscanyan(1980B)은 이 질문을 한다. 그들의 논의는 당시까지 주로 수행된
양적 테스트에 대한 토론 보고이다. 더 최근의 요약은 『Thinking』에 있다. 예를 들어 Lipman &
Gazzard(1986, 1988b)를 참고하라.

30 1979년 이후 대표적인 예시는 『Thinking』과 『Analytic Teaching』 저널에 인용되어 있
다. 또한 1984년 이후 'Educational Leadership'과 'Evaluation and Research'란 제목이 붙은
Stokes(1994)를 참고하라. 많은 다른 사람 중에서 특히 Nickerson(1988-1989), Adams(1989),
Sternberg(1984) 그리고 Alving(1990)은 어린이철학과 사고력 교육에 대한 다른 접근법들을 비
교한다. 이것이 평가의 한 형태이다.

스프로드(Sprod, 1994b)와 잭슨(Jackson, 1993)이 설명한 바와 같이, 철학의 즐거움에 관한 학생의 견해와 철학이 교수학습에 미치는 영향에 관한 교사의 견해를 참고하여 답할 수 있을 것이다. 철학의 영향을 평가할 때는 학생들에게 질문해 보는 것도 좋다. 그러나 철학을 하는 것에서 교사와 학생이 어떻게 느끼고 생각하는지와 철학의 도입이 얼마나 성공적이고 효과적이었는지는 다르다. 전자는 대단히 주관적인 반면, 후자는 좀 더 객관적인 평가가 된다. 객관과 주관의 문제는 평가연구에서 오래된 숙제이다. 이러한 문제들은 어린이철학의 평가에서도 신중히 다루어져야 한다.[31]

양적인 방법으로는 수년간 어린이철학의 효과를 검토하기 위해 사용했던 닫힌 질문 형식의 지필 테스트가 있다. 가장 널리 알려져 있는 양적 평가는 추론 기술을 평가하는 뉴저지 테스트(New Jersey Test)이다.[32] 이 시험은 통제집단의 결과가 더 좋다는 것을 보여주기 위해 사용되어 왔다(일반적으로 실험 전후 문항은 동일한 내용을 사용한다).[33] 이 시험은 일련의 사고전략에 대한 것으로 절반 이상이 연역추리다. 이것은 기존의 교육과정이 무시해 온 연역적 추론 기술이 학생들에게 중요하다는 것을 보여준다. 그러나 사실상 이 시험이 다른 평가 방법 없이 단독으로 사용된다면 가치가 떨어진다. 우선, 일반적인 철학적 탐구의 논리와 관련된 기술은 연역 논리를 넘어선다. 나아가 평가에 대한 논리적 기술적 접근은 철학의 통합적이고 전체적인 본성을 이해하지 못하고 헛되이 애만 쓰는 결과를 가져올 수 있다. 긍정적 성향, 개인적 성장과 자존감과 같

---

31 Mayout and Morehouse(1995) 참고. 또한 Palsson(1994) 참고.

32 이 시험은 New Jersey, Princetone. Educational Testing Service의 Virginia Shipman이 IAPC를 위해 개발한 것이다. Shipman(1983) 참고. The New Jersey Test는, Lipman과 Gazzard(1986)에 발표된 바와 같이, 표준적인 시험과 밀접한 관계를 맺고 있다.

33 사전 및 사후 통제 실험 테스트는 적절한 통제가 사실상 불가능하다고 생각하는 심리학자들 사이에서 특히 비판받고 있다. 이 도구를 사용하는 연구자들이 확인한 추가적인 관련 요인으로는 실험 기간과 관련된 교사의 훈련/철학적 전문성 정도이다.

은 것은 묻어둔 채로 말이다. 끝으로 이러한 접근은 개별적인 학생에게만 초점을 맞추게 되어, 평가에서 독립적인 가치를 지닌 교실 공동체 전체의 성장을 보여주지는 못한다.

어린이철학에서는 뉴저지 테스트뿐 아니라 독해력(의미 만들기), 비판적이고 창의적인 사고, 과학적 개념의 숙달, 수업 준비(지적인 동기부여), 관념의 생산성 그리고 언어적 표현력 등을 포함한 다양한 지필 시험을 평가로 사용해 왔다.

양적 평가에 대한 회의론자들은 이런 형태의 시험이 탐구공동체의 역할을 존중하지 않고, 닫힌 질문을 하고, 토론보다 답을 요구하면서 어린이철학의 교수법과 정신을 훼손하고 있다고 주장한다. 하지만 평가에 관한 한, 이러한 걱정은 부적절하다. 직설적으로 말해서, 만약에 어린이철학의 교육적 중요성에 대해 다른 사람들을 설득해야 한다면, 전통적 스타일의 시험에 30분을 투자하는 것은 큰일이 아니다. 우리는 교육과정 전반에 걸쳐 어린이철학이 효과적이라는 점을 증명하기 위해 다양한 평가도구들이 엄격하게 사용되기를 바란다.

그러나 평가에 대한 이야기가 여기서 끝은 아니다. 어린이철학을 수용한 학교에서는 탐구공동체의 중요한 특징인 학생 주도의 토론과 질문, 논쟁적인 개념의 의미에 대한 성찰, 그리고 아이들의 철학적 발달에 대한 평가가 이루어지고 있다. 이러한 발전은 어린이철학이 학교 교과로서 부상하고 있다는 것을 보여준다. 시험 도구와 보고 절차에 대한 새로운 연구와 실행들은 탐구공동체가 가진 중요한 특징을 직접적으로 보여주는 것으로서 매우 흥미롭다. 게다가 이러한 계획들은 대부분 그 성격이 전적으로 양적이라기보다 근본적으로 질적이다.[34] 철학적 탐구의 가장 흥미로운 특징을 (개념적 분석의 깊이, 번역과 해석을 통한 의미 만들기, 열린 질문, 공동체 안에서 생각하기) 정량화할 수 있는 해석적인 틀이나 구조

---

34 예를 들면, McCall(1989), Yule과 Glaser(1994). Cherednichenko와 Wilks(1992) 참고. 이 자료는 더 깊은 연구를 위한 기초로 사용되고 있다.

없이(질적 분석을 전제하는) 양적인 측정 도구로 평가한다는 것은 적절하지 않은 일이다.

절차로의 평가는 가치나 질에 대한 판단을 이끈다(Taylor, 1961). 물론 모든 규범적 주장과 마찬가지로 이러한 판단에는 해석의 문제가 따른다. 예를 들어, 위에서 언급했듯이 평가가 이론적이고 실용적인 측면에서 무언가를 측정하려면 어떤 의미에서 객관적인 판단이 이루어져야 한다. 하지만 양적 판단과 질적 판단의 구분은 경험적 용어로는 온전히 측정할 수 없는 교사나 학생의 의견과 같은 요소에 의존한다. 따라서 평가 과정에 참여하는 사람은(교사든 연구자든) 판단 또는 평가 대상에 대한 상당한 이해를 전제로 판단을 내려야 한다. 이는 어린이철학에서 평가가 효과적이려면 교실에서 정기적인 철학적 활동과 연결되어야 함을 의미한다.

예를 들어 어린이철학의 교육적 중요성을 주장할 때, 개별교사의 일화나 경험에 의존하는 전통을 생각해 보자. 우리가 제2장에서 암시했듯이, 추론과 탐구에 있어 일화의 사용은 언제나 문제가 된다. 로널드 리드(R. Reed)가 일화를 열렬히 변호했음에도 불구하고, 학생들을 개인적인 일화에서 벗어나 공동체에서 공유하고 토론할 수 있는 관점으로 이끄는 것은 탐구공동체를 구축하는 데 중요한 과제이다. 평가와 관련해서는 잘 구조화되고 신중하게 분석된 설문지와 인터뷰를 통해 일화 보고를 체계적으로(심지어 정량적으로) 분석함으로써 평가가 쉬워질 수 있다. 간단히 말해서, 철학이 논증을 명확히 하고, 탐구적인 질문을 하고, 어려운 글을 이해하는 등의 능력을 향상시킨다고 말하는 교사들이 충분하다면, 특히 이러한 교사들이 탐구공동체에서 철학함의 기초가 되는 철학적 교육학적 측면을 이해하고 있다면, 그들의 집단적 의견은 진지하게 받아들여져야 한다.[35]

---

35 마찬가지로 철학에 대한 어린이들의 견해는 어느 정도 의미를 부여하는 방식으로 제시될 수 있다. 3장에서 살펴본 바와 같이, '객관적' 지식을 구성하는 데 있어 주체 간 합의는 중요한 역할

율(Yule)과 글레이서(Glaser)는 교실에서의 철학함과 관련하여 다양한 방법을 사용한다. 특히 그들은 탐구공동체 교실에서 철학적 활동을 확인하고 평가하려 한다. 실제 교실 토론을 정확하게 기록하고 신중하게 분석하며(토론의 비언어적인 차원까지 기록하는 비디오 기술을 통해), 수업 후 아이들과 교사들과의 인터뷰(종종 그들이 참여하여 바로 논평할 수 있도록 비디오 녹화자료를 같이 보면서 진행)에 대한 그들의 분석도 보여준다. 그리고 철학적으로 절차적으로 타당한 평가를 만들어 내기 위해, 참여한 연구자들의 정보에 바탕을 둔 성찰이(철학적이고 교육학적인 경험이 함께한) 이루어진다.

아이들의 철학적 대화를 기록하고 재생산하는 힘든 과업은 연구만큼이나 지적이고 미학적으로도 중요하다. 연구는 몇 가지 분석을 하지만, 토론 기록지는 철학에 대한, 정신적 삶과 문화에 대한 아이들의 공헌을 숨김없이 보여준다.[36]

나. 측정

평가와 연관하여 우리가 알고 있는 많은 특징들을 구현하기 위해서는 특정한 측정 방식이 필요하다. 어린이철학에서 측정의 기준을 명확히 하는 방법은 다음과 같다.[37]

을 한다.

36 어린이를 위한 철학과 관련된 문학은 어린이 대화의 많은 예시를 담고 있다. 예를 들면, McCall(1989), Yule과 Glaser(1994), Cherednichenko와 Wilks(1992), Pritchard(1985), Reed(1992d) 그리고 이 책 참고. 다른 접근에 대해서는, Matthews(1984; 1980) 참고.

37 어린이철학에서 평가에 관한 우리의 논의는 학생에 초점을 둔다. 하지만 선생님들이 자신을 위한 평가 모델을 개발하고 필요한 도구를 만드는 것 또한 중요하다. 그리고 대체로, 우리의 논평은 교사들에 대한 평가에도 동등하게 적용된다. IAPC의 교사용 지도서는 교사의 자기 평가에 관한 문제들을 포함하고 있다. 또한 교사의 연구 모임과 동료 탐구공동체는 교사 평가와 관련을 맺을 수 있다.

◆ 측정은 대개 '학생들이 철학을 얼마나 잘하고 있는가?'에 대한 것이다. 이것은 연역 추론을 포함하지만, 그것을 뛰어넘는 것도 있다(인식적인, 창의적인, 정서적인, 개인적인, 윤리적인, 심미적인).

◆ 측정의 가치는 탐구공동체에 초점을 맞추어야 한다. 특정한 구성원의 성과를 넘어서 공동체 전체와 관련하여 판단해야 한다.

◆ 평가자(교사와 학생)는 반드시 어느 정도의 철학적 탐구 경험이 있어야 한다.

◆ 측정과 철학함 사이의 연관성에 대한 감각이 필요하다.

마지막으로, 위에서 언급했듯이 측정에 특별히 적용되는 요구 사항을 포함해야 한다.

◆ 어린이철학의 정신과 교육에 맞게 구성된 방법론을 사용해야 한다.

이 마지막 지표는 교육적, 윤리적 측면에서 모두 중요하다. 수업 과정은 공동체에서 함께 탐구하는 것의 가치를 강조하고, 열린 질문(InQ)을 던지고, 자기수정을 하고, 토론을 통해 이유를 밝히는 활동을 했음에도, 측정은 개인에게 다시 초점을 맞춰 지속적인 토론의 유연성을 무시한 채, 미리 정해진 질문에 정해진 답을 요구하는 지필 시험을 통해 학습한 내용을 평가한다면, 학생들에게 어떤 메시지를 전할 수 있을까? 교수법이 이런 평가의 방식에 따라 이루어진다면, 학생과 교사 모두 '더 안전하고', 더 전통적이며, 더 평범한 것을 선호하기 위해 탐구공동체를 포기하고 싶은 유혹이 더 커지지 않을까?

어린이철학에서 측정에 대한 중요한 단서는 이전에 우리가 탐구의 '이중적 측면'이라고 불렀던 것, 즉 당면한 주제에 주의를 기울인 다음 일차적 탐구를 검토하는 반성적 차원을 엮어내는 전략에서 찾을 수 있다. 예를 들면 다음과 같은 것들이 있을 수 있다.

◆ 질문하고 이유를 대고 나서 질문과 이유가 좋은 것인지 검토하는 것

◆ 탐구의 측면에서 서로에게 관심을 기울이는 것

◆ 공동의 탐구활동을 살피면서 다른 사람과 관련지으려고 시도하는 것

이러한 반성적 차원은 측정이 앞에서 언급한 다섯 가지의 요구를 충족하도록 자연스럽게 이끈다. '그 이유가 좋다고 생각하나요?', '같다고 말하는 건가요?' '어떤 기준으로 판단했나요?'와 같은 질문이 수업 과정에서 이루어질 때, '우리는 서로에게 좋은 이유를 제시했는가?', '의미를 분석하고 탐구했는가?', '우리는 좋은 기준을 사용했는가?'와 같은 토론 후의 측정 질문은 공동체 활동을 자연스럽게 확장시킨다. 이는 그 자체로 논쟁적이며 자기수정적인 탐구이다.

측정에 대한 이러한 관점은 '기억과 같은 낮은 수준의 기술'을 기반으로 하는 전통적인 측정 방식과는 상당히 다른 것이다. 우리는 고차적이고 복잡한 사고를 적절한 탐구의 대상으로 변화시킴으로써 그러한 사고에 대해 측정할 기회를 열게 되었다.

이 장의 핵심은 교사와 학생이 철학적 토론의 '특징'과 공동탐구자로서 그들 자신의 사고가 가진 역동성을 어떻게 확인할 수 있는지 보여주는 것이다. 철학에 있어 측정 질문을 개발할 때, 교사는 이 중요한 요소들을 고려해야 한다. 이 장의 초반에 제시했던 철학적 토론의 기준에 따라 공동체가 어떻게 성장하는지 학생들에게 물어보는 것을 두려워해서는 안 된다. 아래를 참고하면서 학생들이 자신의 철학적인 과정에 대해 생각해 볼 수 있도록 초대하라.

◆ 적절한 추론과 탐구 전략의 사용

◆ '좋은 이유', '기준', '판단', '구별' 그리고 '연관성'과 같은 용어들에 대한 반성적 사용

◆ 다양한 추상적 수준의 개념을 탐구하려는 경향과 능력

◆ 의미를 구성하고 소통할 수 있는 다양한 방식을 알아차리는 것

어린이철학에는 측정의 타당성에 대한 두 가지 조건이 있다. 첫 번째는 측정이 교실 공동체에서 가장 중요한 탐구로부터 멀어져 귀중한 시간과 에너지를 낭비하게 해서는 안 된다는 것이다. 측정은 토론으로부터 자연스럽게 진행되고 연계되어야 좋다. 두 번째 조건은 특정한 목적과 목표에 대하여 명확해질 필요가 있다는 것이다. 학생들에게 피드백을 제공하거나 그들의 고유한 강점과 약점에 대한 정보를 알려주기 위해 사용되는 것은 정당하다. 반면에 평가가 아닌 학생 측정을 정치적 홍보, 교사 평가, 교육과정 통제, 학생 서열 매기기 등에 사용하는 것은 매우 신중해야 한다.[38]

마지막으로, 측정 과정은 적어도 두 가지 의미에서 탐구공동체 중심으로 이루어져야 한다는 점을 다시 한번 강조한다. 첫째, 특정 개인의 성장과 발전보다 공동체의 성장과 발전에 대한 질문이 우선적으로 중요하게 다뤄져야 한다는 점이다. 위에서 언급한 주요 지표와 관련하여 공동체가 많이 성장했지만, 여전히 개선할 여지가 있다거나, 아니면 무언가 잘못되어 주의가 많이 필요하다는 것을 발견할 수도 있다.

그렇다고 개인에 대한 측정이 불가능하다거나 해서는 안 된다고 말하는 것은 아니다. 그런 주장은 다소 비현실적이기까지 하다. 공동체에 대한 측정은 각 개인의 성장과 관련된 기준점을 제공한다. 우리는 루시아가 사고와 추론, 말하기와 경청하기에서 향상되었을 뿐만 아니라, 루시아가 공동체 안에서 어떻게 사고하고 추론하고 말하고 경청하는지, 그리고 타인에 대한 존경, 기꺼이 자기수정적이 되는 것, 타인과 협력하려는 의지 등을 보여줌으로써 어떻게 한 사람으로 성장했는지를 알게 되는 것이다. 탐구공동체 측정에서 개인과 공동체 사이의 이러한 연결

---

[38] 시험에 관한 세미나(ACER, Melbourne, 1994, p.6, p.9)에서 Alan Bishop은 평가의 잠재적 해로움에 대해 이러한 주의를 환기시켰다.

은 놀라운 일이 아니다. 우리는 이런 관계를 매일매일 교실 안에서 창조하고 신장시키고자 노력한다. 이런 것이 제대로 이루어지지 않는다면 교실에서 경쟁과 개인주의는 점점 늘어날 것이다.[39]

두 번째, 탐구공동체는 측정을 받는 사람보다 측정하는 사람에 초점을 맞추어야 한다. 학생들 스스로 측정하는 사람이 되어 자연스럽게 반성적인 절차를 따르는 것은 곧 배움의 과정이다. 우리는 어린이철학에서 아이들이 스스로를 측정할 기회가 늘어나기를 바란다. 그리고 나아가 이러한 측정이 교사나 권위 있는 수치에 의한 것만큼 진지하게 받아들여지기를 바란다. 특히 아이들이 스스로 학습에 대한 책임을 지도록 가르치고 있다는 점을 고려할 때, 이러한 변화는 불가피하다고 생각한다. 이는 탐구공동체가 스스로를 점검하고 개선하도록 교사가 촉구할 준비가 되어 있다는 자신감의 척도이다. 실제로, 교실 토론과 탐구의 맥락적 민감성을 고려할 때, 이 방법이 측정 과정을 공동체의 지속적인 작업과 적절하게 조화될 수 있도록 보장하는 유일한 방법일 수 있다.[40]

6. 철학과 유아교육

교실과 교육과정을 변화시킬 수 있는 어린이철학의 잠재력에 대해 생각하다 보면, 필연적으로 철학적 탐구와 유아(3~6세)의 삶을 관련 짓게 된다. 세계 곳곳에서 어린이집이나 유치원이 늘어남에 따라, 우리는 유아들의 철학적 능력에 관심을 기울이게 되었다. 오늘날까지 어린이철학은 대체로 학교와 6세 이상의 어린이들에게 한정해 왔다. 하지만 상

---

39 IAPC에서 개발한 '인지 행동 체크리스트(Cognitive Behaviour Checklist)'와 같은 평가 도구는 앞서 설명한 탐구공동체에 명시적으로 초점을 맞추지는 않았지만, 공동체의 성장과 직간접적으로 연결된 영역에서 진전이 있었는지 살펴볼 수 있다. Glaser(1988), Wilks(1992) 참고.

40 비판적 사고의 평가에 대해서는 Norris와 Ennis(1989)를 참고. 일반적으로 평가에 대한 현대적 접근 방식에 대해서는 Marzano 외(1993), Masters와 Mislevy를 참고.

황이 변하고 있다. 탐구공동체를 기반으로 하는 유치원과 어린이집에서 유아들도 어른 만큼이나 자기 경험을 개념화하고, 자기 관점을 다른 아이들과 나누며 구성하는 능력이 있음을 보여주고 있다.

어린이철학은 언제나 구체적인 상황과 교육과정에 민감해야 한다. 어린이철학을 기반으로 교과과정을 창조하고 실행하는 사람은 반드시 학생들의 고유한 욕구와 관점을 반영해야 한다. 또한 그들은 어린이들이 이미 언어와 세계에 대한 이해를 구성할 능력이 있고, 이를 통해 반성적인 사고와 토론의 영역으로 들어갈 수 있다는 것을 믿어야 한다. 요약하면, 교사는 어린이들이 철학을 할 수 있고 스스로 생각할 수 있다는 것을 믿어야 한다. 철학은 이미 유아들 속에 자리 잡고 있는 요소들을 기반으로 한다는 것을 기억해야 한다. 그것은 생생한 경외감과 의미의 발견 그리고 경험과 생각의 성장을 통해 새로운 세계관을 구축하는 것이다.

일관되고 초점이 분명한 탐구를 위해서는 규율이 필요한데, 이는 유아들에게 쉽지 않은 부분이다. 초기 탐구공동체에서 토론을 형성하기 위해서는 신중한 실천과 인내가 필요하다. 대부분의 아이들은 생각하고 그것을 다른 사람들에게 전달하는 수단으로 언어를 이해한다. 그런 아이들에게 (공적인 숙고의 형태인) 대화나 토론에 참여하는 방법을 가르친다는 것은 보람된 도전이다. 그러나 유아들에게 경청하고 질문하는 법을 가르치고 자신의 관점이 가능한 많은 관점 중 하나에 불과하다는 감각을 키우도록 돕는 것만으로는 부족하다. 교사는 학생들이 생각을 표현할 수 있는 동기와 여지를 발견할 수 있는 배려와 신뢰의 '안전한' 환경을 창조할 필요가 있다. 교사는 유아들의 수준에 맞게 대화를 활동과 엮어내야 한다. 특히 유아들은 글을 읽지 못하기 때문에, 교사는 이야기꾼이 되어야 한다. 아이들은 교사를 책 속에 숨어 있는 비밀과 미스터리를 밝혀주는 사람으로 보기보다는 그들 자신의 생각과 호기심을 자극하는 사람으로 볼 필요가 있다. 나아가 탐구공동체 안에서 아이들은 자신들도 철학적 반성과 토론을 이끄는 이야기를 만들어 낼 수 있다고 느껴야 한다.

유아들을 가르칠 때는 탐구의 토대를 어린이의 경험에 두는 것이 중요하다. 아이들은 철학을 하는 데에 매우 유능하며, 언어와 사물 그리고 추상과 사실을 연관 지을 수 있다. 고학년 아이들에게는 토론을 지속시키고 자극하는 데 이야기만으로도 충분하지만, 유아들에게는 보고 듣는 것만큼이나 잡을 수 있고 만질 수 있는 어떤 것이 필요하다. 예를 들어, 이유, 가정, 진리와 같은 추상적인 단어들은 구체적으로 묘사되어야 한다. 이야기는 그림, 인형, 인형집, 장난감 등을 활용해 극적인 효과를 낼 수 있다. 공정함, 우정, 실재, 가능성과 같은 개념과 마술, 환상, 자연, 공간, 시간과 같은 개념은 유아들과 밀접한 다양한 방식으로 탐구되어야 한다. 일반적으로 교실 토론은 게임, 그림, 이야기, 음악, 노래 그리고 연극, 인형극 그 밖의 창의적인 노력으로 보완될 필요가 있다.

유아들은 그들이 이해하고 생각한 모든 것을 다양한 방식으로 표현한다. 이런 점은 장려되어야 한다. 교사는 아이들의 강점은 격려하고 부족한 부분은 키우도록 도와주어야 한다.[41]

유아들과 토론하기 위해서는 아이들에게 기본적으로 필요한 규율이 있다는 것을 알려주어야 한다. 그것은 제자리에 앉아 서로의 이야기를 경청하고, 돌아가면서 일정한 시간 동안 주어진 주제에 대해 말하는 것을 말한다. 유아들에게 철학을 가르치려는 교사에게 물리적이고 사회적인 환경을 조성하고 관리하는 것은 어려운 일이다. 기어다니고 돌아다니고 뛰어다니고 손장난하는 아이들을 철학적 주제에 관한 협력적 탐구에 참여시켜야 하기 때문이다. 대화에 참여하는 동안 아이들에게

---

41 이러한 아이디어는 인간이 언어적, 논리적-수학적 능력에서 음악적, 공간적, 신체적, 미적, 개인적 능력에 이르기까지 문화적으로 민감하고 상대적으로 자율적인 다양한 지적 능력을 가지고 있다는 Howard Gardner의 다중 지능 이론을 떠올리게 한다(Gardner, 1985). 적어도 역사적으로 대화를 통한 언어 능력에 중점을 둔 어린이철학에 대해 이 이론이 가지는 시사점은 아직 해결되지 않았다.

는 그들의 감각과 신체 능력을 건설적인 방향으로 사용할 기회가 필요하다.

유아들에게 철학적인 자극을 줄 수 있는 소재의 선택은 신중해야 한다. 어린이 문학의 가치는 대체로 탐구공동체 교실을 이끄는 교사들이 언급하고 발전시켜 왔다. 어린이철학이 성장함에 따라, 교사와 철학자들은 유치원 교사들이 그림책 속의 철학적 개념을 명확히 하는 데 도움을 줄 수 있는 책과 자료를 출판하기 시작했다. 그리고 유아들을 대상으로 하는 새로운 철학 이야기도 집필되었다.[42] 교사가 유아들의 탐구를 자극할 교재를 선택하고 사용할 때는 다음을 명심해야 한다.

- ◆ 어린이 문학 자료는 아이들이 쉽게 다가갈 수 있는 등장인물과 상황, 경험, 언어나 표현 방식을 가져야 한다.
- ◆ 교사는 아이들의 경험과 관련된 개념과 아이디어가 탐색되도록 개방적이어야 한다. 그래야 아이들의 질문과 궁금증이 자연스럽고 풍부하게 생긴다.
- ◆ 교사는 탐구의 모델 역할을 해야 한다. 세계에 대한 호기심으로 가득 차 있고, 그들의 친구와 같이 공동의 탐구를 준비하는 가상의 인물을 연기하는 것이다.
- ◆ 교사는 자발성과 창조성을 길러주는 유아들의 천진난만함과 '낭만'의 감각을 고려해야 한다.

만약 우리의 목표가 유아들의 반성적인 사고와 토론을 자극하는 것이라면, 교사는 오직 어른들만 생각하고, 쓰고, 그릴 수 있다는 메시지를 전달하거나 강화하는 읽기 자료를 사용하지 말아야 한다. 또한, 교사가 책을 읽어줄 때 부산하거나 떠든다고 해서, 그 아이가 스스로 생각

---

42 어린이 그림책에 대화와 질문의 모델이 포함되어 있는지에 대한 요구는 아직 해결되지 않았다. De Haan, MacColl 및 McCutcheon(1995a)과 Sharp는 취학 전 어린이의 철학적 요구에 대한 두 가지 접근 방식의 현대적인 예를 보여준다. 이 문제 때문에 애초에 철학적 이야기를 쓰게 되었다. 제4장에서는 어린이철학 문학의 문제를 좀 더 자세히 다루었다.

하지 않는 것은 아니라는 점도 명심해야 한다.

유아들과 처음 철학을 할 때, 아마도 교사는 아이들의 발언이 너무 간결하거나 연관성이 없고, 지나치게 일화적인 경험에 치우친다는 점에 놀랄 수 있다. 유아들에게는 암묵적으로 구성한 논리적 연결을 말로 표현하고, 이러한 연결의 일관성과 신뢰성에 의문을 제기할 수 있도록 하는 도움이 필요하다. 교사는 탐구의 모델로서 책임감을 가져야 하며, 탐구가 진행될 수 있도록 대화를 수정하고 아이들이 집중할 수 있도록 도와주어야 한다.

어린 시절은 스스로에 대하여 배우는 시기이다. 친구들과 함께하는 그 세계는 아주 즐거워야 하며 또 즐거울 수 있다. 창의적이고 상상적인 사고 그리고 철학적인 가능성에 관한 탐구는 그들의 지적인 성취만큼이나 즐거울 수 있다. 우리는 유아들이, 친구들과 함께 철학하면서 느끼는 즐거움과 철학 사이의 연관성을 발견하고 그 장점도 찾아낼 수 있기를 바란다. 아마도 그들은 고학년과 달리, 공부와 놀이 사이의 구분이 그렇게 엄격하지는 않다는 것을 발견할 것이다.

실제로 그 과정은 (특별히 개념적인 수준에서) 느리게 보일 수 있다. 하지만 우리가 유아들이 흥미 있어 하는 탐구의 기본 기술과 절차를 이해하도록 이끌고, 이러한 절차에 대한 배려심을 키울 수 있도록 돕는다면, 우리는 그들에게 매우 큰 공헌을 하는 것이다.

유아를 위한 어린이철학 : 예시

인형병원(Sharp, 3장) 예화에서 발췌한 다음의 이야기는 유아를 위한 철학 이야기가 어떻게 진실, 이유, 공정, 공감, 어른과 같은 개념들을 펼쳐놓는지를 보여준다.

너는 인형들이 언제나 진실을 말한다고 생각하니? 나는 항상 진실을 말해. 하지만 롤러(인형의 이름)는 그러지 않을 때도 있는 것 같아.

'카트리나, 네 인형을 가지고 놀아도 되니?' 나는 물었다. '롤러와 재밌게 놀 거야.'

'안 돼.'

'왜?'

'나는 내 인형이 다른 인형이랑 노는 것이 싫어.'

'그것은 이기적이야.'

'나는 그렇게 생각하지 않아.'

'왜?'

'첫째로, 내 인형은 아주 비싸. 그리고 둘째로, 이 세상에 이런 인형은 거의 없어.'

'그건 좋은 이유가 아니야. 나는 여전히 네가 아주 이기적이라고 생각해.'

카트리나는 구석의 작은 의자 위에 자기 인형을 올려두고 나갔다.

'기회다.' 하고 나는 속으로 중얼거렸다. '저 호피 인형을 인형집에 데리고 가야겠어. 거기서 롤러와 놀게 해야지.' 난 재빠르게 그 인형을 팔에 안고 방을 걸어 나왔다.

'인형이 정말 사랑스럽구나.' 윌리암 선생님이 말씀하셨다. '네 인형이니?'

'아니요.' 나는 대답했다. '카트리나 거예요.'

'카트리나가 가지고 놀라고 했니?' 선생님이 물으셨다.

'네.' 침대에 사랑스러운 호피 인형을 눕히면서 내가 말했다.

그 순간 무시무시한 외침 소리가 들렸다.

'내 인형 어디 있어? 누가 내 인형을 가져갔어?'

나는 아무 말도 하지 않았다.

선생님은 인형의 집에 가서 아름다운 호피 인형을 집었다. 그리고 손으로 인형을 살며시 안고 카트리나에게 데리고 갔다. 선생님은 '내 책상에서 잠시 보자꾸나.' 하시면서 나에게 손짓했다.

나는 정말 기분이 좋지 않았다. 롤러가 필요했다. 그래서 인형의 집에 가서 왼쪽 팔로 작은 침대 앞에 있는 롤러를 집어 들고 선생님 책상으로 달려갔다.

'너는 나에게 진실을 말하지 않았어.' 선생님이 말씀하셨다. '카트리나가 너에게 호피 인형과 놀도록 허락했냐고 물었는데, 넌 '그렇다'라고 했어. 할 말이 있니?'

'없어요.' 나는 말했다.

'너는 카트리나에게 잘한 거라고 생각하니? 만약에 카트리나가 말도 하지 않고 롤러를 가져갔다면 너의 기분은 어땠을까?'

윌리암 선생님이 내 앞에 무릎을 꿇고 물었다. '너는 무엇 때문에 진실을 말하지 않니?'

'선생님, 전 그러지 않았어요. 분명히 제 인형이 그랬을 거예요. 롤러도 저만큼 호피와 같이 놀고 싶어 했어요. 롤러가 거짓말한 게 맞아요.'

선생님은 안경을 벗어서 닦기 시작했다. '나는 그렇게 생각하지 않아' 선생님이 말했다. '나는 정말 그렇게 생각하지 않아.'

어떤 일이 일어났을 때, 네가 그것을 하지 않았다고 생각한 적이 있니? 너의 인형이 그 일을 저질렀다고 생각하니? 아니면 너의 곰인형이? 아니면 고양이?

음, 좋아. 그게 지금 내가 느끼는 거야. 전에 말한 것처럼, 난 인형이 언제나 진실을 말하는지 궁금해. 아마 아닐 거 같아.

7. 철학을 위한 시간 마련하기

학교 교육과정에서 철학 수업 시간을 마련한다는 것은 모든 아이들이 질문하고 생각할 필요가 있다는 사실을 진지하게 받아들이는 것이다. 구체적으로 말해, 아이들이 생각에 대해 생각하고, 중요한 문제에 대해 탐구하기 위해 제대로 질문할 필요가 있다는 것을 진지하게 받아들인다는 것이다. 하지만 실제로 철학을 위한 시간을 마련한다는 것은 어떤 의미일까? 금요일 오후에 30분 정도 시간을 '짜내거나' 철학에 흥미 있는 학생들이 방과 후에 참여할 수 있는 철학 동아리 시간을 마련하는 것으로 충분할까? 가뜩이나 붐비는 학교 교육과정에 철학이라는 예상 밖의 교과를 만들어야 할까? 어떤 학생들이 포함되어야 할까? 모두? 아니면 똑똑한 아이들만? 아니면 3학년이나 6학년 이상만? 또는 10살 이상의 아이들만?

사실 이런 질문은 학교 조직과 깊이 관련되어 있다. 따라서 학교 공동체의 구성원, 그리고 이들과 밀접한 업무를 맡고 있는 사람들이 함께 논의해야 한다. 우리는 이에 대하여 전체적인 윤곽만을 제시할 수 있을 뿐이다.

학교 시간표에 새로운 과목으로 추가된다는 것은 새로운 노력이 미약하게나마 시작되었고 또 나아지고 있다는 신호이다. 우리가 걱정하는 것은 매주 30분씩 혹은 점심시간 동아리 활동으로 철학을 하는 경우이다. 왜냐하면 그것은 개념 탐구와 공동 탐구를 선택적인 추가 사항 정도로 보이게 하기 때문이다(우리는 필수이어야 한다고 생각한다). 권위의 구조, 교사와 학생의 관계, 학생 사이의 경쟁, 평가, 사회적 지적 신체적 성취에 따라 어떤 지위를 주는 것, 사회 경제적 지위 등 학교의 문화는 학생들에게 많은 영향을 준다. 많은 학생들에게 특히 3학년 이상의 학생들에게 '진짜 활동'은 대부분 쓰기로 이루어지며, 그 완성이나 중간에 중요한 측정이 이루어질 것이다. 이런 맥락에서 새로운 교과가 부딪치는 도전은 상당할 것이다. 특히 그 교과가 다음과 같은 경우에는 더욱 그렇다.

◆ 열린 질문과 학생 주도의 토론을 기본으로 한다.
◆ 일주일에 한 번으로는 제공될 수 없는 연속성의 감각을 준다.
◆ 적절한 측정 방안을 찾기 위해 고군분투한다.
◆ 미래의 입시나 취업을 목적으로 하지 않는다.

한편, '성공 사례'가 늘어나고 있다는 것은 기쁜 일이다. 그 성공 사례에는 학교의 정규 교육과정에 철학을 포함하는 것, 다른 과목 영역과 같은 지위와 시간을 철학 교과에 주기 위해 학교 시간표를 재구성하는 것, 철학과 공동 탐구를 광범위한 통합 교육과정으로 구축하는 것, 교사들이 획기적인 평가와 측정 방안들을 실험하고 시행하는 것 등이다. 만약 철학에 그러한 지위를 주는 것이 다른 교과를 지루하거나 소원한 것으로 느끼게 한다면, 그것도 나쁘지는 않다고 생각한다. 이런 점을 염두에 두고 철학을 도입해야, 학생과 교사에게 철학이 분명하고 흥미 있는 하나의 교과로 인정받을 수 있다.[43]

사고 기술과 습관이 단지 소수 특권 계급을 위한 것이라는 생각은 위험하다. 읽기와 쓰기처럼 사고와 탐구는 배움의 기초이면서 보편적인 요소이다. 철학이 모든 아이들에게 필수라는 것은 논쟁의 여지가 없다. 우리의 요지는 사고와 철학의 관계가 밀접하기 때문에, 다른 교과들만큼 중요하다는 것이다. 아니, 오히려 가장 중요하다고 볼 수 있다. 예를 들어 많은 학생들이 수학이나 과학을 어려워한다는 연구 결과가 나오면, 교육자들은 이런 과목들을 더 쉽고 더 흥미 있게 그리고 일상적인 경험과 더 연관지어 가르칠 방법을 찾는다. 그들은 학생들이 수학이나 과학을 원하지 않는다고 해서 간단히 포기하지 않는다. 그래서 철학이 함께해야 한다.

철학을 위한 새로운 시간을 만드는 문제는 굉장히 논쟁적이었다. 새로운 교과로서 스스로를 정당화해야 하는 압박감이 너무 컸기 때문이다. 이 문제를 명료화하기 위해서 우리는 다음과 같이 정리해 보려고

---

43 특정 학교나 학군의 모든 교사 또는 대부분의 교사에게 철학을 의무화하려는 움직임은 역효과를 낳을 가능성이 높다. 탐구공동체를 조율하고 학생들을 철학적 탐구에 참여시키는 데 있어 어떤 교사는 다른 교사보다 더 자신감이 있고 더 유능할 수도 있다. 하지만 교육과 학습의 철학적 차원을 유익하게 탐구할 수 있는 방법에는 여러 가지가 있을 수 있다. 경험상 교사들이 자신의 수업을 개선하고 학생들의 사고력과 추론을 향상할 수 있는 철학의 잠재력을 이해하고 나면 열정을 가지고 자연스럽게 철학을 받아들이는 경우가 많았다.

한다.

◆ 우리가 설명한 것처럼 반성적 탐구를 위한 독립된 과목을 만드는 것과 모든 과목의 필수적인 요소로서 사고하는 법을 가르치는 것의 이분법은 틀렸다. 간단히 말해서, 우리는 둘 다 필요하다고 생각한다.

◆ 우리는 특별히 사고력 신장에 전념하기 위한 시간을 교육과정에 배정하는 것을 지지한다. 그 시간에 교실 공동체는 기본적인 초점을 사고하기와 반성하기에 맞출 수 있다.

◆ 철학을 하는 것과 '철학'이라고 부르는 것이 늘 일치하지는 않을 것이다. 우리는 아이들이 철학이라는 말을 '이유'와 '기준'과 같은 단어들처럼 편안하게 느끼기를 바란다. 우리는 이 시간을 '생각하는 시간' 또는 '탐구'라고 표현하는 것을 인정한다. 또한, 학교 공동체의 우려를 존중하여 '인격 발달', '이해', '언어'라는 제목하에 철학을 소개하는 것도 인정한다.[44]

◆ 공동체에서 철학과 탐구는 나이나 지적 능력으로 제한되지 않는다. 우리는 학교가 모든 나이와 수준의 아이들에게 접근 가능한 철학을 만들기 위해 노력해야 한다고 주장한다. 실제로 철학은 대개 초등 중학년 교육과정에서 소개가 되었지만, 우리는 유아들을 포함하는 데에 관심을 가진다. 학교의 정식교과로 철학을 복귀시키려는 움직임은 부분적으로 철학을 학문의 상아탑으로 협소하게 보았던 역사를 수정하는 것이다. 이러한 변화는 대중적인 인식의 성장에 의해 분명해지고 있다. 바로 철학이 지금 전 세계가 직면하고 있는 건강과 의료, 환경, 직업윤리, 정치, 경영, 컴퓨터와 기술 등과 같은 영역의 문제를 해결할 수 있는 구조와 개념적인 일관성을 제공한다는 것이다.

교실에서의 철학 연습이라는 우리의 논의는 자연스럽게 철학적이고

---

44 우리는 철학을 한다는 아이디어가 유아들에게는 두려움을 주지 않는다는 점에 주목한다. 그들은 '철학'이라는 단어가 '수학'이나 '기술'과 같은 복잡한 것이 아니라는 것을 충분히 빨리 발견한다. 반면 성인은 철학을 편안하게 느끼는 데까지 도달하는 시간이 조금 더 걸린다.

실제적인 주제의 범위로 나아간다. 우리는 가치/윤리/도덕교육이라고 알려진 민감하면서도 중대한 영역에 대해서도 고민한다. 철학과 윤리가 같은 뜻을 가진 용어는 아니다. 하지만 탐구공동체 절차로 구성된 철학은 아이들에게 좋은 삶을 산다는 것의 의미와 중요성에 대해 가르치며, 그를 위해 자연스럽고 조화로운 틀을 제공해 줄 수 있는 잠재력을 가지고 있다. 사회는 교사들에게 도덕 교사의 역할을 기대한다. 그것은 교사를 부담스럽게 만든다. 교사는 점점 더 복잡해지고 어려워지는 세상 속에서 끊임없이 '도덕교육'의 실제적인 의미에 관해 공부해야 한다. 그런 이유로 우리는 다음 2개의 장에서 도덕교육과 도덕 수업에 대해 숙고해 보고자 한다.

8. 후기: 전 세계의 어린이철학

1985년에 설립된 ICPIC(International Council for Philosophical Inquiry with Children)은 세계 40여 개 이상의 국가에서 많은 회원들을 보유하고 있다(대개는 교사나 전문철학자이다). 그리고 그들은 탐구공동체의 이상을 실천적이고 세계적인 운동으로 전환하는 데 헌신하고 있다. ICPIC의 목표와 활동의 범위는 다음과 같다.

◆ 유아들과 초등학교, 중등학교 학생들을 철학으로 초대하기 위해 노력하는 사람들을 지원하고 격려해 주는 것
◆ 어린이철학을 위한 교사 교육 프로그램을 보급하고 기획하는 것을 도와주는 것
◆ 철학을 통해 어린이의 성장을 이루어 내는 데 관심을 가진 사람들과 교육자, 철학자들 사이의 토론을 촉진하는 것
◆ 회의, 워크숍, 연수 프로그램, 소식지나 저널, 교육과정 자료의 보급 및 출판을 통해 세계적인 네트워크를 구축하는 것

◆ 다국적, 다문화적인 관점을 고려한 이론연구와 응용연구를 촉진 보급 조정하는 것

◆ 위에서 언급된 목표에 대한 책임을 분담할 수 있는 국가적, 지역적 거점의 설립을 촉진하는 것

ICPIC은 교사와 교육전문가, 부모들을 서로 연결한다. 또한 세계철학캠프와 대회, 글을 쓰고 나누는 일, 그리고 컴퓨터와 위성통신기술을 이용해 아이들 간의 직접적인 의사소통을 할 수 있도록 연결한다. 지금도 많은 아이들이 국가의 경계를 넘어 세계 속의 탐구공동체 일원으로 활동하고 있다.

인격 발달과 윤리탐구

제6장과 제7장에서는 가치와 개념이 타인에 대한 우리의 생각과 감정, 행동의 근간이 된다는 맥락에서 철학을 학교 교육과정에 도입하는 것이 갖는 몇 가지 실제적인 의미를 살펴볼 것이다. 개인의 정체성과 자존감, 그리고 아이들이 다른 사람과 맺는 관계는 복잡하게 뒤얽혀 있다. 이는 도덕·윤리교육을 교실 탐구공동체의 맥락에서 생각해 보게 한다.[1] 탐구공동체가 도덕·윤리교육에 적절하다고 생각하는 이유는 다음과 같다. 첫째, 윤리의 반성적이고 규범적인 측면 즉, 일상의 삶 속에서

---

1 우리는 윤리적 탐구를 중요하게 생각하기 때문에 교육 현장에서 '윤리'라는 용어를 사용하고자 한다. '도덕교육'은 교화적이고 독단적인 견해를 내포하기 때문에 우리는 그런 개념을 거부한다. 한편, 우리는 규칙에 기반한 윤리적 '체계'라는 개념이나 또는 윤리 '전문가'라는 의견에는 전혀 관심이 없다. R. M. Hare는 후자의 요점을 다음과 같이 단순 명료하게 밝히고 있다.

좋지 않은 상황에서 계속 좌절하는 것이 옳은가, 옳지 않은가의 문제는 X가 누구든지 간에 X는 그 문제에 대해 어떻게 생각하고 있는지를 물음으로써 결정될 수는 없다. 이것이 바로 학생들이 도덕에 대해 배워야만 하는 가장 중요한 이유 중의 하나이다. 그리고 교실은 그들이 그것을 배울 수 있는 하나의 장소이다(Hare, 1976, p.382).

그뿐 아니라, 우리는 학생들을 위한 윤리 이론을 옹호하는 것이 아니라 교실 탐구공동체라는 맥락 속에서의 윤리 탐구를 옹호하고 있는 것이다.

선, 공정, 옳음, 그리고 배려와 같은 개념에 대해 질문하는 것은 역사적으로나 구조적으로나 철학적이다. 둘째, 탐구공동체는 이러한 도덕적 개념들이 성장하고 실천될 수 있는 '생생한 경험'의 상이다.

아이들에게 개념과 가치는 실제로든 상상으로든 자기 경험과 연관 지을 수 있을 때만 의미가 있다는 점을 염두에 두고, 이번 장에서는 윤리적이고 사회적인 문제를 다루고자 한다. 이것은 아이들과 사회 모두에 중요하며, 학교 교육과정에서 교육자들이 지속적인 관심을 갖는 문제이기도 하다. 우리는 일종의 교육적 '명령'으로서 교실이 탐구공동체로 전환되기를 바란다.

1. 윤리적 성장을 위한 기초: 나와 타인에 대한 자각

제2장에서 상호성 개념을 바탕으로 토론을 분석하였다. 인격 발달은 우리가 자신을 어떻게 바라보는지와 타인을 어떻게 바라보는지 사이의 관계에 대한 인식 변화에 달려 있다.[2] (어떻게 행동하고 어떻게 사는지에 대한 좋은 판단을 가능하게 해주는) 윤리적 발달은 '자기중심적 사고, 감정, 행위'와 '타인을 고려한 사고, 감정, 행위' 간의 상호관계가 근본을 이룬다.[3]

일반적인 정의에 따르면 윤리는 이런 사고나 감정, 행위들을 다루기 때문에, 자신과 타인 간의 관계를 고려하라는 주장이 다소 진부해 보일 수 있다. 하지만 다음 두 가지 측면에서 그것이 꼭 진부하기만 한 것

---

2 예를 들면, Victorian Ministry of Education(1989, p.12) 참고. 본 교육부 정책 문서에는 다음과 같은 말이 있음: [인격 발달]은 우리 자신의 역량, 생각, 감정을 인식하고 소중히 여기며, 다른 사람들도 우리와 다른 역량, 생각, 감정을 가지고 있음을 인식하는 것과 관련된다. 그리고 이러한 차이를 존중하고 이러한 인식과 존중을 일상적인 의사 결정 및 행동에 통합하는 것이 포함한다.

3 상호성은 Cicero에 있어서 '의무의 제일 요구'가 되며, 유교에서는 '하나의 단서'가 된다는 것을 주목하라(Singer, 1993, p.149). 또한, 탐구공동체의 학생들이 어떻게 상호성이라는 개념을 이루고 있는지에 대한 예화를 참고하라(Pritchard, 1985; 1989).

인지 검토해 볼 필요가 있다. 우선 각 개인은 어느 정도 자신의 고유한 상황과 삶의 독특성, 자기애로부터 동기를 부여받는다는 점이다. 우리는 모두 욕구와 목표, 흥미, 희망, 꿈을 가지고 있으며, 자기애는 삶 속에서 지배적인 역할을 한다. 물론 자기애가 탐욕과 이기심을 초래하기도 하지만, 이상적인 세상이나 더 나은 세상을 위해 아무런 역할도 하지 못하는 것은 아니다. 윤리교육은 자신에 대해 좋은 감정을 느낄 수 있도록 격려해 주어야 한다. 그리고 그들 자신의 자기애를 파악하고 실천하며, 각자 삶의 맥락을 구성하는 상호관계의 그물을 이해하도록 격려해야 한다.

그러나 모든 동전에는 또 다른 측면도 있다. 자기애에만 기댄 삶이 윤리적인 삶일 수는 없다는 것이다. 그러나 어떻게 자기애를 조정해야 하는가는 명료하지 않다. 오직 가족을 돌보거나 타인을 사랑하며, 남에게 피해를 주지 않으면 된다고 생각하는 사람들이 많다. 그러나 균형 잡힌 윤리적 발달은 이것을 넘어서야 한다. 세상의 책임 있는 일원이 되어감에 따라, 아이들 각자는 자신이 욕망과 목표, 흥미, 희망 그리고 꿈을 가지는 것처럼 다른 사람도 그렇다는 것을 이해해야 한다. 따라서 윤리적 성격의 판단이나 결정을 내려야 할 때는, 반드시 관점을 넓혀서 타인의 관점을 고려해야 한다. 이는 철학자와 작가들이 오랫동안 공감이나 도덕적 상상력, 탈-자기중심성과 같은 근본적인 윤리적 전략을 강조해 온 이유이다.[4] 이에 대한 예로 다음과 같은 질문이 있다.

◆ 나는 어떠한 세상(사회, 공동체)에서 살기를 원하는가?

◆ 세상에서 인격을 가진 한 사람이 된다는 것은 무엇을 의미하는가?

◆ 만약 그 일이 나에게 일어난다면 어떤 느낌일까? (만약에 그 일이 너에게 일어난다면 나는 어떠한 느낌일까?)

---

4 진정한 이타주의나 다른 사람을 존중하는 행위는 공감을 통해서만 일어난다는 것은 논쟁의 여지가 될 수 있다. 이런 상황에 대한 경험적 근거는 Fuller(1992, p.73)를 참고.

◆ 이러한 행동의 결과는 무엇일까?

◆ 그 사람의 행동이나 경험이 내 삶에 미치는 영향은 무엇일까?

◆ 삶을 가치 있게 만드는 것은 무엇일까?

　상호성은 부분적으로 서로 다른, 혹은 반대되는 관점에서 사물을 보려는 공감의 문제이며, 여러 관점에서 볼 때 더 풍부하고 포괄적으로 볼 수 있다는 것을 깨닫는 더 넓은 의미의 탈중심화 전략이기도 하다. 역사학자, 과학자, 예술가들이 다양한 관점을 종합함으로써 세계에 대한 이해를 더 풍부하게 발전시키는 것처럼, 우리도 다양한 측면과 더 넓은 관점으로 자신과 타인을 볼 수 있게 된다. 우리는 자신의 경험과 생각, 아이디어와 감정을 타인과 나눔으로써 자신을 더 잘 이해하게 된다. 우리의 정체성은 각자가 맺는 인간관계와 밀접하게 관련이 있다. 아네트 바이어(Annette Baier)의 은유를 빌려 오면, 우리는 '두 번째 인간(second persons)'이다(Baier, 1985, p.84). 또 다른 페미니스트 작가는 이 아이디어를 탐구공동체라는 우리 기획에 훨씬 더 공감할 수 있는 용어로 표현한다. '자아는 나이기도 한 다른 자아들의 공동체 안에서만 내가 된다. 자아와 관련된 모든 행위는 그 고유성과 차이, 그리고 자아 간의 공통성을 동시에 표현한다(Benhabib, 1987, p.94).'[5]

　교실 공동체 속에서의 상호성과 상호 의존성이란 상호지지와 협력적인 태도로 누가 '먼저' 아이디어를 냈는지와 관계없이 서로의 아이디어를 근거로 삼거나 자기의 아이디어로 받아들이는 것이다. 반면, 자기 생각에 대한 비판을 허용하지 않고, 다른 사람의 생각에 대해서도 비판적 반응을 보이지 않는 행동은 상호성과 상호의존의 부재로 인한 것이다. 좀 더 일반적이고 역사적인 관점에서 보면, 한 개인이나 집단이 다른 사람의 인격 자체를 부정함으로써 차별, 박해, 잔인함을 승인하는 것은

5　이 작가들은 타인과의 관계에서 자아를 정의함으로써 일부 실용주의자들, 특히 Peirce, Dewey, Mead 등의 이론을 반영하고 있다.

상호성과 상호의존이 폭력적으로 부정당하는 것이다.

사회적 상호작용으로 이루어지는 상호성의 내면화는 아이들의 논리적이고 윤리적인 관점을 이해하는 핵심이다. 인간의 사고와 행위의 기본적인 영역은 단어와 문장, 그리고 사람들 사이와 관계와 같은 다양한 관계로 얽혀 있다.[6]

피터 싱어(Peter Singer)는 각 개인의 욕구와 흥미는 타인(가족이나 친한 친구, 사랑하는 사람뿐만 아니라 지구의 모든 생명체)의 욕구와 흥미를 포함하는 더 넓은 틀 안에서 조화를 이루어야 한다고 말했다(Singer, 1993). 싱어는 어떤 사람의 개인적인 욕망이 윤리적 결정을 내리는 데 적절한 기반이될 수는 없다고 말한다. 그러나 그는 일반적인 윤리적 진리가 신의 명령이나 '우주의 직물에 새겨진' 사실이라는 것에 대해서도 반대했다.

인생에서 의미를 어떻게 찾아야 하는가 하는 핵심적인 질문을 던지며, 싱어는 이기심과 소비적인 삶을 사는 사람들을 위해 '이타적 회로 차단기'가 필요하다고 주장한다. 우리는 탐구공동체가 아이들에게 이런 잠재력을 키운다고 본다. 탐구공동체는 아이들이 의미를 구성하는 것과 중요한 문제에 대해 넓고 열린 시각을 발달시키는 것 사이의 관련성을 찾도록 격려한다. 삶에 대해 폭넓은 시각을 만들어 주는 공동체의 관점은 각 개인이 최대한 모든 것을 포괄하는 우주적 관점을 갖도록 격려하는 싱어의 아이디어를 가장 적절하게 표현한 것이다(Singer, 1993, p.229). 합리적 존재로서 우리는 자신이 욕망을 가진 수많은 타인들 중의 단지 한 사람이라는 것을 이해할 수 있다. 결국, 이러한 관점은 증오와 편견, 선입견을 가진 태도와 양립할 수 없는 '상호 의존성'의 감각을 이끌어 준다. 또한 이는 독단적인 주관주의나 공동체의 가치에 대한 무비판적 수용이라는 양극단의 관점과도 양립할 수 없다.[7]

---

6 논리학과 윤리학의 상호관계는 철학소설에서 논의된다. H/N 제7장. 제8장. L/N 제2장 참고.

7 이성에 대한 Singer의 의존(합리성이라고 표현하는 편이 낫다)과 보편화 과정(우주의 관점을 취하는 것)은 현대 철학자인 John Rawls, R. M. Hare와 같은 철학자들과 공감대를 형성하고 있

윤리적 실천과 관련하여, 자기애나 자신의 독특한 상황과 맥락에 대한 인식은 상호성, 공감, 도덕적 상상력 등과 조화를 이루어야 한다. 간단히 말해, 나에 대한 존중은 타인에 대한 존중과 균형을 이루어야 한다는 것이다. 사람들의 실제적인 관심사와 전혀 관계없는 추상적인 이론으로서가 아니라 세상 속에 적절하게 자리 잡힌 구체적인 방식으로 말이다. 이것은 윤리적 결정이나 판단을 내릴 때 긴장을 유발할 수 있다. 이러한 긴장은 문제나 수수께끼에 도전할 때의 긴장과 같다. 그것은 창의적이고 생산적일 수 있다. 우리는 이러한 긴장을 바탕으로 고군분투하는 과정을 거치면서 세상의 일원이 된다.[8]

이런 관점으로 교실과 교육과정으로 보면, 균형 잡힌 행동을 하도록 아이들을 이끄는 탐구공동체가 강조될 수밖에 없다. 교실 탐구공동체의 참여자로서 아이들은 반성적이고 자기수정적인 실천을 통해서 추론과 공감, 도덕적 상상력, 탈중심성이라는 기술과 성향을 배우기 때문이다.

윤리교육에서 '자아 존중'과 '타인 존중' 사이의 균형에 초점을 맞추면, 명백한 질문이 생긴다. 우리는 '타인'의 개념을 어디까지로 제한해야 하는가? 예를 들어, 바이러스나 먼지 등을 포함한 모든 독립적인 개

다, Singer가 주지한 바와 같이, 보편 능력은 모든 사람에게 특히, 페미니스트 입장에서 글을 쓰는 사람들에게는 호소력이 없다. 왜냐하면, 그것은 추상적인 규칙이 선험적으로 전제되어 있음을 암시하고 있으며, 그리고 보편 규칙을 적용할 때 요구되는 일반성만큼 중요하다고 할 수 있는 고유한 상황적인 윤리 판단의 특징을 낮게 평가하기 때문이다. 고유성과 보편성이 어떻게 윤리적인 사고에서 조화를 이룰 수 있는가에 대해서는 다음을 참고하기 바람(Nussbaum, 1990. 특히 2.5.6장). 그리고 (Code, 1991, 특히 3,4,6,7장). Nussbaum은 윤리학에서 보편화의 필요성을 인정하지만, 이는 문학 속 가상적 인물을 포함하여 자신의 삶이 가진 고유한 특징과 다른 사람의 삶과 관련된 질문에 상당한 주의를 기울인 후에야 가능하다. 앞서 살펴본 바와 같이 윤리적 탐구가 문학에서 출발한다는 생각은 일반적으로 가상의 이야기가 중심 역할을 하는 어린이를 위한 철학과 이질적이지 않다.

8　윤리적 삶의 개념을 강조하면서 Singer는 우리가 세상(그리고 교실)을 모든 사람들에게 더 나은 곳으로 만드는 데 기여할 수 있는 방식으로 행동하려는 강한 동기를 가질 때만 긴장을 완화할 수 있다고 주장한다. 그는 또한 그러한 동기가 친한 친구나 사랑하는 사람에게 느끼는 편파성과 일치한다고 지적한다(p.229). 비슷한 상황에 처한 다른 사람들이 친구와 사랑하는 사람에 대한 편파성이 정당하다는 데 동의하기만 하면 된다(Pritchard, 1989, p.61).

체를 동등하게 또는 적어도 합당하게 고려해야 하는가? 그렇지 않으면, 우리의 윤리적 의무는 원칙적으로 그 의무에 대한 보상을 되돌려줄 수 있는 사람에 한정해야 하는가? 싱어는 동물에 대한 지속적인 관심과 함께 우리를 중간적인 관점으로 초대한다. 그는 윤리적 인식의 틀을 고통과 쾌락을 느낄 수 있는 땅 위의 모든 지각 있는 존재를 포용하는 것으로 확장시킨다(Singer, 1993, p.222). 반면에 어떤 생태주의 철학자들은 더 넓게 윤리적 틀을 적용하고 있는데, 이는 다음 장에서 다룰 것이다.

이 문제에 대해서는 더 이상 언급하지 않겠다. 이 문제는 탐구공동체가 수행하는 윤리적 탐구의 주제에 속한다. 우리는 아이들이 이러한 주제에 대해 생각할 의무가 있고, 생각할 준비가 되어 있다는 점에 초점을 맞추는 것이 중요하다고 생각한다. 왜냐하면 아이들은 '사람'이기 때문이다. 자신과 타자는 모두 감정과 희망, 목표, 믿음, 환희, 공포를 지니며, 함께 이 세상을 더 좋거나 나쁘게 변화시킬 힘을 가지고 있다는 것을 이해한다. 비슷한 능력과 동기를 가진 다른 존재, 즉 다른 사람들과는 물론 사람이 아닌 존재들과도 관계를 맺는 감각을 형성하는 것이 탐구공동체의 기본적인 과제이다.

2. 사람이 된다는 것[9]

인격(personhood)의 개념은 어린이철학과 탐구공동체 둘 다에서 핵심을 이룬다. 철학 수업에서 이 개념의 여러 측면 즉, 윤리적, 형이상학적, 인식론적 또는 미학적 측면을 다루지 않고 넘어가는 것은 이상한 일이

---

9 이 제목은 인격이 정도의 문제라는 것을 암시한다. Richard Rorty는 여기에 내포된 전환이 기본적으로 언어적 전환이라는 견해를 지지한다. '도덕적 목적을 위해 인간을 어떻게 정의해야 하는지는 주로 자신을 어떻게 묘사하느냐의 문제이다(1991, p.8).' 이러한 맥락에서 우리는 탐구공동체의 학생들이 성장하고 있는 것을 볼 수 있다.

다. 공동체의 구성원들을 위해 배려와 존경을 보여주는 것은 기본적인 인격적 측면이다. 그것은 탐구공동체의 모든 절차 이면에 깔려 있다. 사고력 교육을 철학과 공동체라는 좀 더 넓은 관점에서 다루는 것은 인격 교육과도 관련이 있다는 점에서 중요하다.

물론 인격적 성장은 교실 공동체뿐 아니라 어떠한 환경에서도 가능하다. 교실 밖에서 이루어지는 상호작용도 중요하다.[10] 그러나 알다시피 교실 바깥의 세상은 통제할 수 없고, 관계는 너무 넓고 체계적이지 않다. 예를 들어, 우리는 아이들이 친구와 함께 더 넓은 세상 속에서 많은 것들을 보고 듣는다는 것을 안다. 편견과 관용, 인간관계에 대한 많은 것들도 교실 밖 세상에서 얻을 것이다. 그러나 이러한 배움은 무반성적이고 무비판적인 태도를 만들 수 있다. 반면, 구조화되고 교육적인 탐구공동체 환경은 아이들에게 상호 신뢰와 존중의 맥락 속에서 중요한 주제를 탐구하고 토론해 볼 수 있는 기회를 제공해 준다. 시간이 지나면 아이들은 교실 안은 물론 교실 밖에서도 지적, 정서적 통제력을 회복하게 된다. 물론 아이들에게 탐구공동체에 속하는 경험은 다소 낯설 수 있으나, 그 경험의 중요성은 윤리적인 측면에서 과소평가 될 수 없다. 왜냐하면 탐구공동체는 배려와 믿음, 공동의 목표, 개인과 집단 모두가 반성적 균형과 성취감을 느낄 수 있는 '안전한 공간'에 소속되는 경험을 제공하기 때문이다.

교실 공동체가 철학적 주제에 관해 탐구할 때, 개인의 인격적 성장의 측면은 더 깊고 풍부해진다. 이것은 부분적으로는 자기 생각과 아이디어와 개념들이 탐구의 논제를 형성하기 때문이고, 부분적으로는 인격, 사고의 본질, 사고와 실천 사이의 관계 등과 관련된 개념들이 철학의 핵심에 놓여 있기 때문이다. 이 두 가지는 탐구공동체 토론에 오랫동안 참여해 온 사람들이라면 누구나 경험했을 것이다. 공동체는 반복

10 우리는 공식적인 학교 교육 외에도 사회적, 종교적, 가족적 맥락에서 탐구공동체를 형성하는 것을 지지한다.

적으로 인격과 자아에 관련된 질문으로 되돌아간다. 즉 '나는 누구일까?', '만약에 내 생각이 바뀌거나 내 감정이나 몸이 변화되었어도 나는 여전히 나인가?', '나는 커서 어떤 사람이 되려고 노력해야 할까?', '내가 생각하고 믿고, 희망하고, 욕구하는 것이 어떻게 내 행동에 영향을 줄까?' 같은 질문이다.

인격과 윤리적 질문에 관해 탐구하는 일은 가치와 관련되어 있다. 가치는 우리들의 세계관과 윤리적 관점(또는 미학적, 정치적, 사회적 관점)을 형성하는 데에 매우 중요하다. 우리가 말하고, 생각하고, 느끼는 대부분은 지금까지 자신이 직간접적으로 배워 왔고, 가지고 있던 가치에 영향을 받는다.

가치는 보통 윤리적 추론의 출발점이다. 예를 들어 '나는 자유를 소중히 여기기 때문에, 모든 종류의 검열을 반대한다.', '나는 인권과 품위를 존중하고 가치 있게 여기기 때문에, 폭력과 성적 비하와 관련된 소재의 검열을 지지한다.' 등과 같이 말이다. 학교 교육은 명확하게 직접적으로 드러나지는 않지만, 대부분 가치 내재적이라고 볼 수 있다.

그러나 윤리적 문제를 생각하면서 개인적, 사회적 가치에 대해 직관적인 개념에 의존하는 것은 위험하다. 가치라고 불리는 변덕스럽고, 맹목적이며, 무분별한 취향이나 선호도 있기 때문이다. 대개 이런 가치들은 탐구의 대상이나 과정을 거치지 않은 채 유지된다. 선과 악에 대한 고정관념이 세대와 인종, 문화 집단과 또래 집단 사이에서 자연스럽게 통용되기도 한다. 이처럼 가치에 대한 일반적인 관점은 위험하고 근시안적이기 쉽다. 그것은 질문을 초월하여 신성하게 여겨지며, 무분별하게 수용된다. 심지어 아이들에게 비합리성과 편협성, 편견을 조장하기도 한다. 또한, 아이들이 자신의 무지에 대해 이유를 묻고 성찰하기보다 뒤로 후퇴하도록 만든다. 그 결과 다른 가치에 대한 이해와 탐구를 통해 관점을 넓힐 기회를 빼앗는다.[11] 그뿐 아니라, 많은 집단은 (가족, 학교, 교회, 유대교 회당, 모스크, 텔레비전, 친구 집단, 패션 디자이너 등) 아이들에게 그들 자신의 가치복복들을 주입하고자 한다. 하지만 대개 이러한 가치들은 다른 가치들과 양립하지 않는다. 그래서 아이들은 당혹스럽고 혼란스럽다. 왜냐하면, 아무도 이와 같은 불일치를 해결할 수 있는 인지적 도구를 그들에게 주지 않았기 때문이다. 이는 매우 유감스럽지만, 충분히 피할 수 있는 문제이다. 아이들에게 윤리적 탐구의 기회를 주고, 그를 위한 도구를 갖도록 도와주면 된다.[12]

우리가 제3장에서 언급했듯이, 윤리적 관점으로서의 진정한 가치는 반성적 성찰과 지속적인 탐구를 통해서 구성된다. 그것은 가공되지 않은 날것의 재료라기보다 탐구의 산물이다. (결국, 우리는 지금 '가치 판단하기'에 대해 이야기하는 것이다.) 아래는 윌리엄 제임스(William James)가 윤리학에 대해 언급한 것이다.

미리 독단적으로 결정되는 윤리는 없다. 도덕적 삶을 영위하는 한, 우리는 모두 윤리적 결정에 기여한다. 다시 말해, 최후의 인간이 그의 경험과 그의 이야기를 하기 전까지는 물리학 못지않게 윤리학에도 최종적인 진리라는 것은 존재할 수 없다. … 역사는 더 많은 포괄적인 질서를 발견하기 위해 대대로 노력해 온 인간의 이야기일 뿐이다. 이방인의 요구를 만족시킬 수 있을 자신만의 방법을 발명해라. 그것이야말로 평화의 길이다! 이 길을 따라 사회는 과학적 발견과 유사한 사회적 발견을 통해 일종의 상대적 평형을 이루어왔다.[13]

---

11 우리는 현대 사회에서 보이는 도덕의 부재 또는 경제적 물질주의에 대한 반응으로써, '전통적 가치로 돌아가라'라는 비판적 목소리에 대해 동의하지 않는다. 그 가치는 충분히 보증받을 수 있으나, 그 명칭은 잘못되었다. 진정한 가치는 한 사람에게서 다른 사람으로, 한 세대에서 다음 세대로 전해지고 보존될 수 있는 유품과는 같은 것이 아니다.

12 이런 문제에 대한 철학적 관점은 가치교육에 적합하다. Hare(1976) 참고.

13 '도덕 철학자와 도덕적 삶(Murphy, 1990, pp.36-37)'에서 인용.

탐구는 주어져 있는 것, 즉 어디서 어떻게 왔는지와 상관없이 아이들이 이미 가지고 있는 신념과 태도, 그리고 반성되지 않은 의견으로부터 시작된다. 따라서 교사는 날것의 원재료가 가진 가치를 인정해야 한다. 인격 발달과 교육 두 가지 모두의 관점에서 말이다. 미리 정해진 도덕적 틀 속으로 아이들을 집어넣거나, 윤리적 탐구를 실질적인 의미가 없는 절차와 기법들로 제시하는 두 가지 악을 모두 피하려면, 아이들이 탐구로 가져오는 원재료들을 충분히 인정하고 통합해야 한다.

탐구의 목표는 이러한 원재료들이 반성적이고 자기수정적인 토론을 통해 포괄적인 세계관으로 변화되도록 도와주는 것이다. 이러한 방식으로 아이들은 욕구하는 것과 바람직한 것, 선하다고 느끼는 것과 선하다고 정당화할 수 있는 것 등을 구별하는 법을 배운다.[14] 물론, 탐구의 결론으로서 윤리적 믿음과 가치는 더 나은 반성과 적절한 수정으로 다시 나아가야 한다. 사물의 절대적이고 최종적인 진실을 발견한 것처럼 우리가 가진 것에 만족하는 것은 더 많은 질문과 발견의 가능성에서 스스로를 배제하는 것이며, 독단주의와 안일함을 위해 지속되어야 할 탐구를 포기하는 것이다. 그러나 이러한 지속적인 탐구는 비록 도움과 안내를 받는다 해도 가장 중요한 참여자, 즉 아이들이 직접 수행해야 한다. 누군가의 동기가 아무리 선의라 할지라도 아이들을 대신해서 탐구를 수행해서는 안 된다.

특히 윤리 및 가치 교육의 민감성을 고려할 때, 교육과정에서 가치를 어디에 어떻게 적용할지에 대해 신중해야 한다. 예를 들어, 아이들을 특

---

14 Gareth Matthews는 이러한 전환을 지속적인 '확대'의 과정이란 말로 기술했다(Matthews, 1987, p.185).

그렇다면 도덕 발달은 단순히 개념을 바꾸는 것보다 훨씬 더 복잡한 것이다. 말하자면, 그것은 각각의 도덕에 대한 패러다임의 종류를 확장하는 것이다. 그것은 다양한 예를 포함할 수 있는 보다 나은 정의를 개발하는 것이며, 그 종류와 가까운 직접적인 사례 사이의 관계를 더 잘 인식하고, 다른 종류의 도덕에서 비롯된 상충하는 요구들을 중재하는 것을 배우는 것이다(고전적으로 정의와 열정의 상충하는 요구가 있지만, 다른 많은 갈등 상황도 가능하다).

정한 가치관의 맥락에 몰입시킬 수 있는 종교와 민족의 권리에 대해 우리는 무슨 말을 할 수 있을까? 이 질문에 대한 우리의 정직한 답은 다음과 같다. '그러한 맥락의 이면에 있는 가치, 가정, 믿음, 전통 들에 대해 질문하고 생각할 수 있는 권리를 보장해 주는 것 외에는 아무것도 없다.' 우리는 여기서 누구의 권리가 우선하는지와 같은 잠재적으로 파괴적인 논쟁에 들어가는 것을 바라지는 않는다. 단지 아이들은 자연스러운 호기심과 경이감을 가지고 있다는 가정에 기반을 둔 탐구공동체의 일원이 되어야 할 필요가 있다는 것이다. 탐구공동체는 교육적으로 이러한 기본적인 성향을 강화하고 지원해 준다. 무엇보다도 중요한 윤리적 문제를 검토하는 지속적인 토론에 아이들을 초대하는 것은 가족과 문화 공동체의 종교적, 문화적 담론에 참여하고, 심지어 주도할 수도 있도록 아이들의 역량을 강화하는 것이다.

종교적인 학교와 공동체가 어린이철학을 강하게 지지한다는 것은 의미심장하다.[15] 그들은 어린이철학이 어떠한 위협을 주는 것이 아니라, 사고의 빈약한 측면에 적절한 주의를 기울이면서, 아이들이 스스로가 누구인지, 어디로 가야 하는지, 그리고 그들에게 중요한 것이 무엇인지를 좀 더 명료하게 추론하고 표현하도록 돕는다고 생각한다.

탐구공동체의 맥락에서, 아이들이 가지고 있는 종교적, 문화적 배경은 그들이 특정한 과학적, 역사적, 문학적, 예술적 전통을 가진 사회의 구성원이라는 사실만큼 중요하다. 마찬가지로 그런 배경은 아이들의 개인적 윤리적 발달에 기득권을 가지고 있는 부모와 그 양육만큼 중요하다. 아이들이 중요하고 소중하게 여기는 것을 가지고 윤리적 발달에 온전히 참여할 수 있도록 돕는 것은 부모와 교사의 책임이다.

가족의 삶을 형성하는 가치와 전통이 아이들에게 공유되고 검토되는 한, 탐구공동체의 개념에는 그들을 위협하는 어떤 것도 없다. 어쨌

---

15 우리는 여기에서 많은 가톨릭 및 기독교 학교 사례를 생각하고 있는데 그 학교들은 학생들을 위한 철학을 채택해 왔다.

든, 교실은 삶 그 자체와 교육의 근본적인 목표인 양육과 발달을 위한 환경이다. 중요한 문제에 대해 스스로 생각할 수 있는 능력과 의지, 나쁜 이유를 배척하고 좋은 이유를 중시하는 성향, 존중과 배려와 신뢰를 바탕으로 자신과 타인을 바라보는 관점 등 교육의 가장 근본적이고 지속적인 목표, 즉 삶 자체의 목표를 계발하고 함양하는 환경이다. 가족은 자기 아이들이 가치 있게 여겨지는 모든 것 중에서 최고가 되기를 바라며, 그것에는 반드시 바람직하게 여기는 목표가 뒤따른다.

우리의 경험으로 볼 때, 부모들은 철학이나 탐구공동체가 그들의 역할이나 가족의 삶을 위협한다고 여기지 않는다. 오히려 탐구공동체는 교실을 넘어 가족 간의 대화로 이어지기도 하고, 대화 주제도 논쟁적인 신문 기사나 텔레비전 프로그램으로까지 확장된다. 많은 부모들은 그들의 아이들이 생각하고 배우며, 서로의 흥미를 질적으로 높여주는 주제에 대해 토론할 수 있기를 바란다.[16]

우리가 언급했던 목표들은 기존 학교 구조와 갈등할 수 있다. 이런 목표들에 관심 없는 학교와 교사들에게 철학과 탐구공동체에 관심을 가진 부모들이 문제를 제기하기도 한다. 우리는 부모가 교사에게 그들의 자녀가 특정한 과목을 잘 수행하고 있는지, 수업에는 잘 참여하는지에 대해 물어보는 전통적인 관행을 비난하지 않는다. 그러나 우리는 진심으로 부모들이 '우리 아이가 좋은 사람이 되어 가고 있다고 생각하나요?' 같은 질문에 관심을 가지기를 바란다.

사람이 된다는 것 : 두 가지 예시

"수키야!" 앤이 소리쳤다. "시간 되면 우리 집에 놀러 가자. 우리 집에 재밌는 게 많아. 엄마는 그림을 그리시고, 아빠는 재미있는 걸 수집하시거든. 나비를 유리

---

16 더 많은 토론을 하기 위해서는 (Heinegg, 1989, pp.26-30), 그리고 (Evans, 1994) 참고.

상자 속에 핀으로 꽂아서 정성껏 보관하셔. 우리 집에 가서 같이 놀자. 우리 엄마 아빠가 네가 재미있는 아이라는 걸 알게 되실 거야."

"나비처럼 말이니?" 수키가 물었다.

"아니, 아니야, 수키야. 말도 안 돼." 앤은 더 이상 아무 말도 할 수 없었다. 앤은 수키의 말이 심하다고 생각하지 않았다. 왜냐하면 수키가 그렇게 말할 만하다고 생각했기 때문이다. "수키는 자신을 너무 가볍게 생각해. 그래서 엄마 아빠가 수키를 재미있어 할 거라고 내가 말했을 때, 내가 자기를 특이한 물건처럼 취급한다고 생각한 거 같아. 수키는 사람이야. 네가 물건 취급을 받으면 안 되지. 누구한테든 말이야."

H/N p.71

2. 바로 내 앞에서 언니가 수에게 말했어. "잠깐만. 동생을 처리하고 올게." 그럴 때마다 나는 언니가 얼마나 싫은지 몰라!

P/N p.9

3. 자존감의 발달[17]

탐구공동체는 근본적으로 반성적이다. 따라서 자신에 대한 감각이 어떻게 드러나고 변하는지를 관찰할 수많은 기회를 제공한다. 아마도 아이들은 픽시처럼 한때 충동적이었지만 지금은 더 사려 깊게 되었고, 한때 타인의 관점에 대해 무관심했지만, 지금은 더 수용적이고 민감해졌다는 것을 깨닫게 될 것이다. 아이들은 스스로를 더 좋아하게 될 수도 있고 그렇지 않을 수도 있지만, 틀림없이 자신을 더욱 잘 이해하게

---

17 자존감의 개념은 논쟁적이다. 페미니스트와 시민권 옹호자들 사이에서 역사적으로 두드러진 개념임에도 불구하고 모든 교육자들이 좋아하는 용어는 아니다. 범죄를 저지른 주범이 자존감이 높다고 말할 수 있을까?

될 것이다.

이런 반성적 요소들은 자존감에 속한다. 사람은 생각하고 느끼는 존재이다. 실패하거나 자기 생각을 수정해 본 경험이 없는 사람은 대개 자존감이 별로 높지 않다.[18] 이런 점에서 자존감은 정서적인 차원뿐 아니라 인지적인 차원도 가지고 있다. 특별히 그것은 타인을 존중하는 것과 존중받는 것, 사랑하는 것과 사랑받는 것만큼 자기 판단과 자기 인식을 필요로 한다. 우리는 본스타인(Juan Carlos Lago Bornstein)의 말에 동의한다. 즉 '스스로에 대한 자존감은 결코 실수하지 않을 것이라는 비현실적인 신념이 아니라, 자신의 실수에 대해 수정하고 판단하고 생각할 수 있다는 신념이다(Bornstein, 1990, p.12).'

인격 성장에 대해 인지적이고 지적인 측면에만 초점을 두어서는 안 된다. 아이들의 인격 성장과 교육에 있어서, 아이들 자신을 이해하려는 노력이 핵심인 것은 사실이지만, 그러한 이해가 인지적인 노력으로만 가능한 것은 아니다. 만약 아이들이 자신을 순수하게 인지적이고 논리적인 용어로만 이해한다면, 그들은 타인과의 관계 바깥에 서 있게 될 것이며, 비참한 결과에 빠질 수도 있다. 자신을 타인과 관계 맺는 사람으로 보는 대신에, 삶의 과정 바깥에서 하나의 관찰자로 보게 되는 것이다. 순전히 인지적인 자아 개념에서 벗어날 때, 사람은 필연적으로 다른 사람과의 관계를 고려하게 된다.

넓은 의미로 보면, 어떤 주제나 문제에 대한 감정은 생각만큼이나 중요하다. 철학적 탐구공동체의 전체적인 맥락 안에서 인격 성장의 인지적이고 정서적인 측면은 서로 조화를 이룬다. 탐구의 절차는 엄격하면

---

18 자아 존중은 이기주의와는 다르다. 매우 똑똑하고 말썽꾸러기인 아이들은 이기적이지만 자존감은 낮다. Fuller(1992)는 이기적인 상태를 '병리적인 나르시시즘'으로 간주했는데, 그것은 자아 존중과 자기애로 구성된 '건전한 나르시시즘'과는 대조적인 것이다. 또한 그는 건전한 나르시시즘의 일반적인 결핍은 현대 미국인들, 그리고 범위를 좀 더 확대하거나 축소해 보면, 자본주의 사회에 살고 있는 모든 사람들에게 명백한 동정심과 이타심의 부재를 초래한 하나의 요인이라고 주장했다(pp.73-74).

서도 친밀하다. 이는 교사를 포함한 공동체의 구성원들에게 질문하고 논쟁할 때조차 서로를 친밀하게 여기도록 이끈다. 마찬가지로 탐구에 초점을 둔 개념이나 문제들은 아이들이 그들 자신의 주관적인 관점의 직접성(나, 여기, 지금의 세계)을 넘어 대안적인 관점이나 가능성을 생각해 보도록 한다. 그리고 탐구가 그들 자신에게 어떠한 영향을 줄 수 있는지에 대한 질문으로 늘 되돌아오게 할 수도 있다.

앞에서 설명했듯이, 이 이중성에는 배려의 측면도 있다. 즉 탐구의 절차와 아이디어에 대한 배려, 그리고 사람에 대한 배려이다. 이러한 측면은 탐구공동체에 잘 녹아들어 있다. 우리가 무엇을 말하고 행동하는지, 그리고 어떻게 말하고 행동하는지는 우리 자신과 타인들에 대한 배려의 한 측면이다. 배려와 비판적 사고의 관계에 대한 논의에서, 베이컨(Barbara Thayer-Bacon)은 현대의 사고개념이 자기 인식과 배려를 포함하는 인격적 측면의 중요성을 인정하지 않는다고 비판한다. 자기 인식은 좋은 비판적 사고를 가로막는 것이 아니라, '우리 모두가 함께'라는 생각을 가지고, 우리 내면이 가진 목소리의 힘을 인정하는 것이다(Thayer-Bacon, 1993, p.331). 배려에는 타인과의 관계 속에서 우리를 변화시키는 힘이 있다. 타인의 아이디어를 진지하게 받아들일 때, 그들과 토론에 들어갈 때, 그들의 다름을 존중할 때, 그리고 진정으로 대안적인 관점을 포용하려고 시도할 때 더욱 그렇다.[19]

상호성이 인격 발달에 내재해 있다면, 자존감은 타인에 대한 존중과 밀접하다. 존중, 존경, 우정 그리고 사랑과 같은 개념은 탐구공동체와 같은 협력적이고 상호작용적인 시스템 바깥에서는 실제로 적용되지 않

---

19 윤리학과 인식론에서 배려의 차원을 끌어내는 것은 이 장에서 인용한 페미니즘 문헌에서 주요하게 강조된 부분이다. Thayer-Bacon은 학생들에게 소크라테스식 대화, 토론 등 '진짜 대화'를 할 수 있는 수업 시간을 허용하고, '지식인 공동체에서 지식인이자 구성원으로서 자신을 바라볼 수 있도록 해야 한다'고 권고한다(1993, pp.338-339). Silin은 아이들이 '어린 시절의 실제 또는 상상 속의 위험에 대해 토론하는 것은 … 배려하는 교육학의 시작'이라고 제안한다(1992, p.263).

는 경우가 많다. 협력적이고 상호작용적인 환경에서 내 의견에 대한 관심과 배려는 타인의 의견에 대한 관심과 배려와 균형을 이룬다. 안전하게 구성된 철학적 탐구공동체의 환경은 아이들에게 자신의 경험과 도덕적 행동을 반성적으로 성찰하는 기회를 제공한다. 나아가 탐구공동체는 그러한 반성에 비추어 자신의 경험을 재구성하고, 타인과의 관계 속에서 그들 스스로의 관점을 다시 생각해 보는 기회를 제공해 주기도 한다.

탐구공동체의 성장과 역할이 인격 발달과 관련이 있다는 생각은 인격 발달을 교육과정의 측면에서 보는 교육자의 관점에 중요한 시사점을 준다. 우리는 다른 교과와 같이 독자적으로 특별한 내용을 가지는 '인격 발달'이라는 교과는 필요가 없다고 본다. 인격 발달의 결정적인 요소인 자존감은 별도의 시간이 필요한 독립적인 주제가 아니다. 아이들은 교실공동체에 참여하면서 자신을 탐구의 적극적인 참여자로서 인식하게 된다. 만약에 그들이 참여하지 않는다면, 탐구의 방향은 달라질 것이다. 철학적 토론은 힘 있는 메시지를 던지는 아이들의 아이디어에 기반한다. 아이들과 그들의 아이디어는 중요하고 가치가 있다. 아이들은 교사와 교과서만큼 학급 친구들로부터 많은 것들을 배운다. 이러한 배움의 과정에서 그들은 운동장에서와는 매우 다른 방식으로 친구들과 상호작용한다. 그리고 이러한 상호작용의 결과로써 아이들은 그들 스스로 생각하고 느낄 수 있는 사람으로 성장하고 발달하게 된다. 모든 교실에서 모든 교과는 이러한 메시지를 전달한다. 그래야만 학교는 아이들이 높은 자존감을 세우고 유지하도록 도와줄 의무를 다하게 된다.

자존감은 필연적으로 개인적 역량의 문제다. 이는 우리 각자가 자신의 운명과 세계의 운명을 결정하는 데 적극적인 역할을 할 수 있다는 의미다. 필립 권은 어린이철학과 자존감 사이의 관계에 대한 글에서, 빈곤이나 불리함, 착취에 시달리는 아이들이 암담한 선택지의 한계로 인해 무기력을 느낀다고 밝혔다. 그는 탐구공동체의 잠재성에 주목하면서, 개인적 힘과 자존감을 키우기 위해서는 '아이들이 선택할 수 있는 좋은 대안을 다양하게 만들어 내는 공동체의 능력'이 필요하다고 했다 (Guin, 1993b, p.65). 그러한 선택에는 아이들이 피할 수 없는 '삶에서의 중요한 선택'도 포함된다고 하였다. 권은 현대 페미니스트들의 생각에 근거하여, 자존감, 자기 존중, '자기 신뢰'의 반성적 속성은 스스로 사고하는 능력과 긴밀하게 엮여 있다고 주장한다. 여기서 스스로 생각하는 것은 세계 속에서 고립된 개인으로 생각하는 것이 아니라 집단이나 공동체의 상호관계 속에서 생각하는 것이다. 아이들에게 스스로 생각하고, 말하고, 판단하고, 행동할 역량을 주는 것은 교실공동체에 대한 소속감이다. 여기에 우리가 자존감이라 부르는 개인적 역량의 핵심이 있다.[20]

우리는 여기서 균형의 감각을 유지할 필요가 있다. 자존감이 낮고 자아의식이 빈약하거나 과도할 경우, 학교의 역할은 제한적이다. 가정환경이 더 결정적인 역할을 한다. 교사가 외부적인 요인, 예를 들어 아이들이 굶주린 상태로 학교에 오는 것과 같은 외부적인 요인들에 세심하게 반응해야 하는 것은 맞지만, 그렇다고 학교가 이 모든 것들에 책임을 지고 완벽하게 보완할 수는 없다. 이러한 맥락에서 우리는 다음과 같이 주장한다. 첫째, 학교는 아이들이 스스로에 대한 감각(자아의식)을 발달시킬 수 있도록 도와주어야 한다. 둘째, 아이들의 학교 경험이 문제를 악화시키지 않도록 보장해야 한다. 셋째, 더 좋은 부모와 시민이 될 인격을 기른다는 장기적인 목표를 지향한다. 결국, 이것은 민주주의 사회에서 교육이 어떠해야 하는지를 보여준다. 이러한 취지에서 볼 때, 교실

---

20   Guin(1993b)은 논문의 미발표 버전에서 적절한 예로 실업과 낮은 자존감 사이의 명백한 연관성에도 불구하고(특별히 젊은이들에게만 해당되는 것은 아니지만), 정치적 편의에 따라 추진되는 일자리 창출 프로그램은 득보다 실이 더 클 수 있다고 결론지었다. 젊은이들에게 특정 직업에 대한 교육을 실시하는 것은 근시안적이라는 것이다. 그뿐만 아니라 유급 고용은 하나의 요소일 뿐이며, 훨씬 복잡한 세상에 대비할 수 있도록 다양한 대안에 대한 폭넓은 시각을 키우는 데 도움이 되지 않는다고 주장했다.

탐구공동체의 역동적인 힘은 핵심적인 역할을 할 수 있다.[21]

다음과 같은 경우를 상상해 보자. 8살의 알리는 교실에서 자신의 의견을 제시했지만, 간단히 거부당했다. 알리는 점점 더 탐구공동체에서 하찮은 존재가 되고 소외된다. 교사의 지지에도 불구하고 알리는 자신을 공동체의 일원으로 보지 않는다. 왜냐하면 탐구에 대한 알리의 기여는 대수롭지 않거나 오히려 파괴적인 것으로 여겨지기 때문이다. 결과적으로 알리는 다른 아이들과의 관계에서 문제를 겪는다. 자존감도 상처를 심하게 받는다. 여기서 문제는 탐구공동체가 알리를 위한 어떤 대안을 가지고 있는가이다. 그리고 그것은 보통의 교실 속에서 일반적으로 이루어질 수 있는 일인가 하는 점이다.

교사들이 잘 알고 있는 것처럼, 알리의 문제는 쉽게 해결되지 않는다. 그러나 알리의 낮은 자존감에 주의를 기울이는 일은 중요하다. 우리는 알리가 스스로에 대해 긍정적인 감정을 지닐 수 있도록 노력해야 한다. 그뿐 아니라 알리가 자신의 의견을 더 잘 이해할 수 있도록 해야 하고, 그 의견을 다른 사람들의 의견과 연결할 수 있도록 도와주어야 한다.[22] 다시 말해, 알리가 공동체의 일원이 되도록 도와주어야 한다. 이를 위해 우리는 공동체의 모든 구성원이 자기 생각에 대해 열정을 가지도록 격려해 주어야 한다. 그 생각이 어디서 왔는지, 그 생각들이 논의에 도움이 되는지 되지 않는지는 크게 상관이 없다. 이것은 매우 섬세한 과정이다. 자신의 의견에 자아를 지나치게 부과하는 것(그래서 자신의 의견에 대한 거부나 도전에 쉽게 좌절하는 것)과 진정성 없이 기계적으로 의견을 제시하는 것 사이에서 방향을 잡아 주어야 한다. 결국 알리의 의견보다는 알리가 의견을 제시했다는 사실이 더 가치 있는 것이다. 우리는 이러

---

21 학교가 낮은 자존감과 부정적인 태도와 관련된 문제를 악화시키는 경향을 보여주는 예는 학생을 성공과 실패로 나누는 전통적인 평가 방식에서 찾을 수 있다.
22 제3장에서 보았듯이 학교 교육은 많은 학생에게 소외와 고립감을 악화시키고 있다. 자존감을 증진시켜 주는 것은 집단의 연대감을 형성시켜 주는 것과 밀접하게 관련되어 있다.

한 가치 이해가 자신에 대한 적절한 가치와 배려, 즉 자존감으로 바뀐다고 믿는다.

앞에서 언급했듯이, 알리의 개인적인 문제가 무엇이든, (그런 문제를 탐구공동체가 늘 해결할 수는 없다) 그의 지속적인 소외는 공동체의 상태를 드러내는 하나의 단면이다. 그것은 단순한 알리의 문제라기보다는 탐구공동체가 제대로 기능하지 못하고 있다는 것이며, 적어도 성숙해져야 할 것들이 남아 있다는 의미이다. 공동체가 특별히, 그 구성원들의 가치와 관심과 관련하여 성숙할수록, 알리나 알리와 같은 아이들은 스스로에 대한 이해와 타인들의 요구 속에서 계속 성장할 것이다.[23]

4. 탐구공동체와 윤리교육

누스바움은 윤리 탐구가 '잘 산다는 것은 무엇인가?'라는 질문에서 시작한다고 보았다. 단지 이론이 아니라 그와 관련하여 판단하고 결정하고 행동하는 과정까지 포함하면서 좋은 판단과 결정을 연습하는 것이다. 이는 '분명한 인식과 자기 이해의 향상을 통해서, 그리고 개인적인 문제에 대한 공동의 조율을 통해서' 이루어진다.(Nussbaum, 1990, p.173).[24] 이런 점에서 윤리 탐구는 가치교육의 중심이 되어야 한다. 따라서 탐구공동체가 개인적 성장과 누스바움이 언급한 '공동 조율'의 양 측면을 모두 가져다줄 수 있는 적절한 수단이 될 수 있다.

---

23 Sasseville(1994)은 학생들을 위한 철학이 자존감을 형성시켜 준다는 주제에 관한 연구보고서를 낸 바 있다. 또한 Gazzard(1990) 참고.

24 Nussbaum은 탐구에 관한 이런 견해를 Aristotle, Henry Sidgwick, John Rawls와 같은 철학자들과 Henry James와 같은 소설가들의 전통에 속하는 것으로 간주한다.

가. 절차와 내용

윤리 탐구도 일반적인 탐구와 같이 절차와 내용을 갖는다. 절차와 내용이 서로 조화를 이룰 때, 교실 공동체는 윤리적 탐구공동체로 기능한다. 그것은 도덕적 삶의 한 형식이며, 아이들이 생각하고 추론하고 상상하고 반성하고 판단하고 결정하고 배려하고 행동하는 것에 대한 생생한 경험이다. 윤리 탐구의 절차는 학생들이 생각하고, 느끼고, 말하고, 행동하는 것 사이의 상호 연결에 주의를 기울이는 가운데, 공동체 자체에서 만들어지고 가치 있게 여겨지는 절차이다. 우리는 다음과 같은 학생들을 발견한다.

◆ 다른 아이들을 존중하고 배려하며 공정하게 대하는 학생
◆ 좋은 생각과 추론에 가치를 두는 학생(가치의 숨겨진 가정을 검토하고, 가치 판단의 기준을 탐구하는 등)
◆ 도덕적 상상을 해 보는 학생: 다른 절차와 방법, 그리고 대안적인 도덕적 관점과 입장을 생각해 본다. (만약에 ~ 하다면? 사고전략) 이것은 더 합리적이고 덜 억압적인 대안을 생각해 보는 것이다.[25]
◆ 비일관성을 피하기 위해 고정된 특정한 태도와 믿음, 가치의 결과에 대해 탐색해 보는 학생
◆ 특정한 행동을 더 큰 목표의 맥락 속에서 보기 위해 수단과 목적, 전체와 부분 사이의 관계를 분석해 보는 학생
◆ 다른 아이들의 관점과 추론을 이해하기 위해 타인에게 공감하는 학생
◆ 사려 깊은 일반화를 익혀 부당한 고정관념을 피하는 학생: 행동하고 판단하기

---

25 상상력에 관한 정신적 활동은 플라톤과 아리스토텔레스 시대 이래 철학자들에 의해 계속 논의되어 왔지만, 아마 칸트가 사람의 인식, 지식, 이해 그리고 판단에 있어서 상상력의 중추적인 역할을 인식한 최초의 철학자였을 것이다. 어린이를 위한 철학과 관련된 상상력의 분석은 Geisser(1994) 그리고 Kieran Egan, Mark Johnson, Mary Warnock의 최근 저서 참고.

전에 맥락의 핵심적인 특징을 알아채고 특정한 가치 판단의 맥락과 다양성에 민감해진다.

◆ 얻어진 결론을 최종적인 해결책이 아닌 잠정적인 결론으로 간주하는 학생

◆ 판단하거나 결정하기 전에 모든 적절한 사항을 고려해 보려고 시도하는 학생

◆ 모든 것이 다 좋은 것은 아니라는 이해를 바탕으로 생각하고 행동하려는 학생[26]

이러한 윤리적 절차는 철학적 탐구와 마찬가지로 논쟁의 여지가 있는 것으로 여겨질 수 있으며, 적어도 탐구공동체에서 지속적인 협의와 검토에 열려 있다. 그리고 그 절차는 또다시 탐구 내용의 일부가 될 수 있다.

'어떤 행동에 대한 좋은 이유의 조건은 무엇인가?'

'수단은 목적을 정당화시키는가?'

'어떤 행동들은 그 결과와 상관없이 옳거나 그른가?'

'공감이란 무엇인가?'

'이 세계는 모든 가능한 세계 중에 최선인가?'

위와 같은 질문은 공동체에서 함께 생각해 볼 만한 철학적 질문이다.[27] 이러한 질문과 절차는 아이들에게 중요한 윤리적, 사회적, 인격적,

---

26 윤리 탐구의 여러 가지 절차는 L/M에 서술되어 있고 예화가 나와 있다. 또한 (Heinegg, 1989)와 (Braaten, 1990) 참고. 라틴 아메리카의 어떤 젊은 철학자는 우리가 행동으로 옮길 수 있도록 자극하는 철학의 힘을 다음과 같이 우아하고 단순하게 표현했다.

철학은 경이감으로부터 태어나고 성장한다. 경이감은 오늘날 경탄과 불만족, 신비와 번민의 혼합물이다. 그것은 마치 이 세계가 놀라운 장소이지만 동시에 수백만의 사람들이 비인간적인 삶을 살아가고 있음을 보여주어 우리들을 괴롭히는 것과 같은 것이다. 세계의 신비는 우리를 놀라게 하며 우리의 경탄을 자아내지만, 그와 똑같은 힘으로 그 부정의는 우리들의 뒤통수를 후려친다(Kohan, 1994).

27 실제적 가치에 대한 협상을 허용하되 선호하는 절차적 가치를 미리 정해두는 익숙한 전략과

지적인 쟁점들을 다양하게 살펴보는 발판으로서 아이들을 더 많은 탐구로 이끈다.

◆ 좋음, 공정, 합당함, 적절함, 옳음 등으로 여겨지는 것과 관련 쟁점들
◆ 폭력과 갈등, 관계, 자기 이해, 욕망 대 의무, 상호성(보복, 복수), 우정, 사랑 그리고 존중과 관련된 쟁점들
◆ 사물의 참모습을 아는 방법
◆ 세상에서 한 사람이 된다는 의미 등

이러한 다양한 쟁점들은 잘 산다는 것의 의미가 무엇인지, 어떻게 세상이 더 나아지거나 변화될 수 있을지와 같은 근본적인 질문들과 정교하게 관련된다.

나. 균형 잡힌 관점

앞에서 언급했듯이 윤리 탐구를 단순히 기술이나 절차, 기능으로 축소해서는 안 된다. 그것은 아이들을 포함하여 모든 사람이 수행하는 활동이다. 아이들은 스스로 탐구하며 한 사람으로서 그에 대한 책임을 진다.[28] 그들이 교실 밖에서 감정에 치우치지 않으리라고 기대할 수는 없다. 그러나 아이들은 그들이 느끼는 것과 생각하는 것, 말하는 것과 행

는 다소 다르다. 탐구 결과인 가치는 자의적이지 않지만, 그렇다고 불가침한 것도 아니다. 우리는 절차적/실제적 구분과 주류 철학의 특징인 규범 윤리와 메타 윤리의 구분 사이에 대략적인 대응이 있다는 점에 주목한다. Weinstein(1988a, p.47)은 탐구공동체가 '비판적 사고의 중심 가치이러한 가치는 우리가 본문에 열거한 '합리적 열정' 또는 기본 성향과 절차- 의 전달에 관여한다면 문화적 전수(도덕교육)와 비판적 탐구의 모델이 될 수 있다고 주장한다. 합리적 열정의 전달에 대해 말하는 것이 적절하다고 가정하면, 우리의 설명은 그것들도 비판적 탐구에 노출될 수 있음을 보여주는 것이다.

28 읽기/말하기와 같은 기술에 대한 요구와 교과서/토론 참여 간의 관계에 대해서는 (Hart, 1983) 참고. (Lipman, 1991, pp.78-80)에서 인용.

동하는 것 사이의 관계를 찾기 위해 질문할 수 있다. 이러한 관련성을 찾는 과정에서 감정은 항상 주관적인지, 사고와 감정이 말하고 행동하는 것에 어떤 영향을 주는지에 대해 논의하기를 원할 것이다. 이러한 쟁점들은 탐구공동체에 적절한 주제가 될 수 있다. 탐구공동체는 공감과 연민의 감정, 관용과 배려가 작동되는 환경일 뿐만 아니라, 타인에 대해 민감하게 반응하는 교실 공동체의 구성원들에 의해 다양한 방식으로 생각이 검토되는 환경이기 때문이다. 이런 의미에서 교실 공동체는 윤리 탐구의 장이자 삶의 장이기도 하다.

윤리학이 전통적으로 철학의 분과 학문이듯이 윤리 탐구는 윤리교육의 기초로써 철학적 탐구의 한 부분이다. 윤리학이 학교 교육과정의 일부로 인정받는 데 필요한 일관성과 존중을 얻기 위해서는 철학에 의존해야만 한다. 예를 들어, 참을 구별하고, 결과를 검토하고, 고정관념을 피하는 것 등의 윤리적 사고전략이 필요할 때, 아이들은 추론에 관심을 가지면서 논리학적 질문을 하게 될 것이다(~에 대한 그의 믿음은 행동과 일관되는가?).[29] 또한 '세상 속에서 사람이 되는 것은 무엇을 의미하는지', '타인이 생각하고 느끼는 것을 어떻게 알 수 있는지'를 성찰할 때, 윤리 탐구의 한 부분으로써 형이상학과 인식론에 관련된 질문을 제기할 것이다. 그리고 감정의 본성과 이미에 대해 놀라워하거나, 개인적인 사건과 그것을 포괄하는 더 큰 쟁점이나 문제 사이의 관계에 대해 놀랄 때, (예를 들어 어떤 행동을 판단할 때, 그 사람의 배경과 상황에 대한 정보를 관련시키는 것) 그들은 미학적인 전략과 개념을 사용할 것이다. 아이들이 철학의

---

29 논리와 윤리의 관계는 상당히 까다로운 문제이다. 두 영역을 아우르는 한 가지 개념은 일관성이다. 논리적으로 잘 추론할 수 있는 어린이는 윤리적 판단을 내릴 때 일관성과 관련성에 대한 기준을 세울 수 있다. 예를 들어, 교실 공동체 내에서 교사는 학생들에게 스스로 규칙을 정했다는 사실을 상기시킴으로써 절차 위반(다른 사람의 말을 듣지 않거나 무례한 행동 등)에 대응할 수 있다. 규칙과 행동이 일치하지 않는 상황에 직면하면 학생들은 둘 중 하나를 변경해야 할 필요성을 느끼게 된다. 규칙을 지킨다고 해서 반드시 윤리적으로 행동하는 것은 아니며, 어떤 사람은 규칙을 지키지만, 나쁜 행동을 할 수도 있다는 점에 유의할 필요가 있다.

이러한 영역을 확인하고 구별할 수 있어야 한다는 것이 아니다(교사에게는 이런 구별이 지적이고 분석적인 작업을 위해 필요하다). 그보다 철학은 윤리와 가치교육에 깊이와 구조의 감각을 가져다준다. 그 감각은 매우 필요한 것이며, 철학 없이는 획득될 수 없다.

우리는 윤리 문제가 논리나 형이상학의 문제로 축소되는 것을 바라지 않는다. 더구나 윤리 문제는 과학이나 의학처럼 경험에 바탕을 둔 실증적인 학문에 기대어 대답할 수도 없다. 탐구의 방법으로써 과학이 역사적으로 우세하였고, 과학으로부터 탐구의 방법과 절차를 빌려왔지만, 윤리 문제는 과학의 영역이 아니다. 윤리 문제를 대할 때는 아이들이 처방적이고 규범적인 영역으로서의 윤리학을 제대로 이해하는 것이 중요하다.[30] 이것은 윤리적 질문과 절차가 합당하고 타당한 가치 판단을 내릴 수 있는 큰 틀 안에서 논의되는 윤리적 탐구공동체라는 아이디어로 돌아가게 한다.

윤리적 탐구에서 깊이와 구조의 중요한 측면 중 하나는 특정한 윤리적 질문이나 개념 또는 상황을 적절하고 조정 가능한 맥락에 배치할 수 있는 기술과 민감성이다. 이번 절은 윤리 탐구를 "인간이 잘 산다는 것은 무엇인가?"라는 질문과 관련지은 누스바움의 견해를 지지하면서 시작했다. 우리는 철학과 윤리학에서 공통적인 질문을 상상할 수 있다.

'우리가 살기 원하는 세상은 어떤 세상인가?'

'나는 어떠한 사람이 되기를 원하는가?'

'진리, 실제, 좋음…은 무엇인가?' 등.

---

30 윤리학(당위를 다루는 분과)과 과학(사실을 다루는 분과)의 관계를 분류하는 일은 흄이 윤리적 결론은 순수한 사실적 전제로부터는 추론될 수 없다고 주장한 이래 철학자들의 관심을 끌어온 문제이다. 이제 어린이들을 이런 토론에 참여시켜야 할 때가 되었다. 이런 토론을 준비하고자 하는 교사들을 위해 Sober(1991)는 아리스토텔레스, 칸트, 흄 그리고 밀의 관점을 포함하여, 매우 중요한 철학적 입장에 대해 읽기 쉬운 요약을 제기했다.

이러한 질문은 의미와 목적을 찾는 것이다. 어른만큼 아이들도 이러한 질문에 관심을 가진다. 문제는 탐구가 이러한 질문들에 의해 촉발됨에도 불구하고, 그 질문들이 갖는 보편성 때문에 오히려 그 질문에 접근하기가 어렵다는 점이다. 예를 들어, '실제가 무엇인가?'라는 질문을 제기한 철학 교실을 상상해 보라. 이 질문은 아마도 구체적인 맥락이나 이야기 교재에서 생겨났을 것이다. 예를 들어 사고, 감정, 숫자, 공간의 실제에 대해 논의하는 해리나 픽시의 이야기를 볼 수 있다(H/N Chapter 3, P/N Chapter 5). 그러나 그런 맥락 없이 제기될 수도 있다. '우리가 그 질문에 대답하기 전에, 먼저 실제에 대한 정의부터 내려야 하지 않을까요?'라는 질문이 제기될 수도 있다. 아마 실제 개념이 어떤 의미를 지니는지 궁금해지기 시작했을 수도 있다. 어쨌든 교사는 실제에 대한 개념을 파악하기 위해 구체적인 맥락에 초점을 맞추는 것이 좋다. 아이들은 생각에서의 실제와 구체적인 사물(환상, 환각, 유령 등과 반대되는 것)로서의 실제를 비교하면서 실제의 의미에 다다를 수 있을 것이다.

또 다른 예로 '사람'의 개념에 대해 생각해 보자. 탐구공동체적 관점에서 이 개념은 누스바움의 질문에서와 같이 매우 중요하다. 그러나 아이들 관점에서는 분석하기에 너무 광범위하고 규정하기 힘든 개념이다. 이 경우에는 아마도 사람의 개념과 관련된 다양한 문제 상황에 대해 생각해 보게 하는 것이 좋을 것이다. 어린이철학 교사용 지도서에는 다음과 같은 관련 질문들이 소개되어 있다.

'만약 네가 다른 이름과 얼굴, 뇌 등을 가졌다면 같은 사람이라고 할 수 있을까?'
'너는 누군가를 사람으로 대하겠니, 아니면 물건으로 대하겠니?'
'동물들도 사람들처럼 웃고 말하고 반성할 수 있을까?'
'몸과 마음이 둘 다 있어야 사람일까? 아니면 그중 하나만 있어도 사람일까?'

사람의 개념에 대해 친숙한 언어 자료들을 활용하면서 다양한 측면에서 접근할 수 있다. 이러한 다양한 접근을 통해 교실 공동체는 사람의 의미가 무엇인가에 대한 자체의 관점을 형성할 수 있게 된다.

이를 위해 교사는 아이들이 질문을 삶과 고립되고 동떨어진 것이 아니라, 그들 삶의 맥락과 연관성 속에서 바라보도록 격려해야 한다. 맥락을 연결하고 연관성을 만드는 도구를 갖도록 도와주어야 한다. 편협한 독단주의처럼 윤리를 자족적인 난공불락의 요새로 보는 것이 아니라, (전체와 부분, 수단과 목적, 원인과 결과 등) 다양한 방식으로 연결되는 윤리 탐구의 문제로 바라보고 행동하도록 돕는 것이다. 교사는 맥락과 연관성이라는 두 가지 관점을 늘 염두에 두어야 한다.

자주 언급했듯이 윤리교육은 단순히 기술의 문제가 아니다. 그것은 다른 사람의 관계에서 좋은 행동을 이끄는 태도와 습관의 내면화와 깊은 관련이 깊다. 이러한 성향이 내면화되면 인격적 덕이나 특성이 될 것이다.[31] 이제 어린이철학과 관련하여 인격 발달의 몇 가지 측면을 검토해 보자.

다. 인격의 발달

실용주의자들은 이원론적 사고(사고 대 행동, 정신 대 신체)를 거부하면서 도덕성(따라서 도덕교육)이 인격의 내적 측면과 외적 측면을 모두 연결한다는 점을 지적하는 데 많은 노력을 기울였다. 인격의 '내적' 특성인 욕망, 동기, 감정은 개념적으로나 실천적으로나 행동과 결과라는 '외적' 특성과 연결되어야 한다. 이러한 연결의 의미는 인격에 대한 우리의 정의에도 반영된다. 즉, 우리는 습관과 태도를 내면화하지만, 타인의 인격

---

31 습관이 미덕이나 인성, 그리고 이 모든 것이 도덕성에 미치는 영향의 중심은 열정과 이성을 조화시킬 수 있는 아이들의 능력에 대해 보수적으로 평가한 것으로 악명이 높았던 아리스토텔레스까지 거슬러 올라간다. 인성과 습관은 듀이와 퍼스의 저서에서 중요한 주제이다. 모든 성격 특성이 미덕인 것은 아니다. 상냥함이나 열정 같은 특성은 맥락에 따라 가치가 달라질 수 있지만, 게으름이나 탐욕 같은 특성은 어떠한 상황에서도 미덕이 될 수 없다.

에 대해서는 관계 속에서 그의 행위를 통해 판단한다. 듀이는 도덕을 한편으로는 '사회적인 수행 능력과 무관한 감상적인 선'이라는 내면적 측면과, 다른 한편으로는 전통과 관습, 직접 교수와 주입식 학습이라는 외부적 제약을 지나치게 강조하는 이분법을 거부했다.[32] 특히 그는 학교 교육이 아이들의 감정이나 생각을 수용하여 통합시키지 못했고, 그로 인해 아이들의 행동에 의미 있는 영향을 줄 수 있는 인격을 발달시키는 데 실패했다고 비판한다. 가치의 측면에서 볼 때, 좋은 인격의 구성 요소인 습관과 이상은 한 세대에서 다음 세대로 전수되는 무반성적인 규칙을 통해 강요될 수는 없다.

철학은 좋은 인격의 구성 요소인 이상과 덕을 반성적으로 성찰할 기회를 제공해 준다. 이것들은 고정되고 변경될 수 없는 것이 아니라, 문제적이고 논쟁 가능하며, 철저한 검토와 반성에 열려 있다. 또한 철학은 탐구공동체의 맥락 속에 있을 때, 암기와 설득보다 자기수정과 반성에 기반한 습관을 강조한다. 퍼스의 말을 빌리자면, 철학은 아이들이 '사고나 감정, 행동이 의도적인 습관의 형성을 통해, 그리고 자기비판을 통해 어떻게 조절되는지'를 발견하도록 도와준다.[33] 습관은 모든 문제를 면밀하게 검토하지 않고도 판단이나 결정을 내리도록 허락해 준다. 그렇다고 습관이 막무가내거나 맹목적이어서는 안 된다. 인격의 구성 요소로서 습관은 경험에 대한 반성과 탐구의 결과이어야 한다. 나아가 검토의 대상이어야 한다.[34]

인격교육에서 중요한 습관을 내면화하고자 할 때, 교사, 교과서, 동

---

32 Dewey(1916, p.357).

33 C. S. Peirce의 전집에서 Sharp(1993b, p.52) 부분 재인용.

34 Dewey(1916) 책의 마지막 부분에서, 인격은 '성장에 필수적인 그런 계속적인 재구성의 과정에 흥미를 갖는 것'이라고 주장했다(p.360). 반성적 성찰에 기초한 재구성은 자기조절의 형태인데, 그것은 인격의 중요 구성 요소가 된다. Richard Bernstein은 퍼스의 견해를 언급하는 과정에서 자기조절의 반복적인 성격에 대해 설명했다. 즉, 우리는 자기조절을 통제하는 법을 배운다. 또한, 우리는 자기조절의 통제에 대해 통제하는 법을 배운다(Sharp, 1993b, p.54). 그런 반복적인 과정은 탐구공동체 속에서 자연스럽게 일어난다.

료 학생 등이 보여주는 도덕적 모범은 필수적이다. 교실 공동체는 가치 있는 이상과 기준에 따른 행동이나 바람직한 행위들의 토대를 검증한다. 인격을 형성하는 이상과 자기 수양이 다른 사람의 단순한 묵인이 아니라 참여를 통해 이루어지는 것이다.

교실을 철학적 탐구공동체로 변화시키기 위해서는 도덕적 실천과 공정, 관용, 배려, 우정, 진실, 용기, 겸손, 성실, 친절, 박애, 인내심, 품위, 끈기, 인간에 대한 존중, 자기애, 자유, 그리고 인격적 온전함 등과 같은 지성적인 덕의 실천이 필요하다. 도덕적이 되도록 배우는 것은 어떻게 말하고 생각하고 쓰는지를 배우는 것과 비슷하다. 일단 기초적인 개념, 규칙, 절차가 준비되면, 남은 문제는 친구들의 도움을 받으면서 계속해서 반성적이고 자기수정적인 방식으로 '행'하는 것이다. 도덕교육의 중요한 측면에서 가치와 덕은 반드시 '가르치고', '습관화'시켜야 한다. 그들에 대해 논의하고 분석하고 탐구할 수 있지만, 궁극적으로는 실천하고 체화하고 생활화해야 한다.[35] 여기서 우리는 철학적 탐구공동체의 타당성을 확인할 수 있다. 철학은 가치를 가르치는 적절한 원리이며, 공동체는 가치를 습관화하는 적절한 환경이다.

마지막으로, 인격 형성은 철학적 탐구공동체가 추구하는 합당성과도 연결될 수 있다. 아리스토텔레스에 의하면, 인간은 행복을 이끄는 습관과 성품을 발달시키기 위해 노력해야 한다. 그에게 행복은 인생의 궁극적인 목표이다. 그러나 행복은 합리적 행위와 사색을 통해서만 얻을 수 있다. 왜냐하면 이성이야말로 인간의 고유한 특성이기 때문이다.[36] 물론 우리는 합당성 개념에 있어서 아리스토텔레스의 지나친 이성 중심주의적 설명을 경계한다. 탐구공동체가 성장시키고자 애쓰는 인격 형성에서의 성향과 대인 관계도 중시한다.

---

35 이러한 세 가지 용어는 Lipman에게 빌려 온 것이다.

36 아리스토텔레스의 니코마코스 윤리학 10권. Sober(1991, p.545)의 요약과 토론 참고.

탐구의 모든 영역에서처럼, 윤리적 탐구도 합당성의 제약을 받는다. 합당한 사람은 자신의 관심과 다른 사람의 관심 사이에 균형을 지향한다. 자신을 고려하지만, 결코 이기적이지는 않다. 다른 사람의 삶의 방식에 관심을 갖지만, 지나치지 않는다. 자신의 신념을 형성하고 실천할 용기를 지니지만, 다른 사람의 관점을 고려하는 겸손과 자기수정적 태도도 함께 지닌다. 어떤 사람이 합당하다는 것을 안다는 것은, 이미 그 사람의 인격, 즉 그 사람에 대해 많은 것을 안다는 것이다.

라. 윤리교육의 딜레마

윤리 탐구를 가치교육의 핵심에 두면, 교사와 학생들은 윤리 또는 도덕교육과 관련된 딜레마에서 자유로워진다. (외면 대 내면, 타인 대 자신이라는 거짓된 이분법에 기초한) 이 딜레마는 교육자가 아이들에게 미리 결정된 도덕규범을 강요하거나, 아이들을 개인적 혼란과 도덕적 혼란 사이에 방치하는 것 중에서 선택하도록 한다.[37] 하지만 윤리적 탐구공동체에는 다른 선택이 있다. 토론 탐구에서 주목하는 기술과 자존감이 성장함에 따라, 아이들은 그들 나름의 방식으로 질문이나 문제, 의견에 대해 반성적인 시선을 던질 수 있게 된다. 윤리적 탐구를 통해 그들은 탐구 주제와 절차 둘 다에 대해 주인의식을 느낀다. 주인의식에 대한 감각은 외적인 강요로부터 그들의 탐구를 방어해 주고, 윤리적 질문에 대한 민감성을 형성시켜 준다. 동시에 그들은 더 많이 질문하고, 다시 생각하고, 자기수정을 하기 위해서 변화의 필요성을 느낀다. 더불어 이러한 방향과 목적에 대한 감각은 각각의 참가자들이 타인에 대해 책임감을 느끼게 한다.

교수학습에 있어 윤리와 가치에 대한 교육적 질문은 틀림없이 계속

---

37 제3장에서 보았듯이, 이런 선택은 배타적인 것이 아니다. 왜냐하면, 어린이들은 윤리적인 의미에서 교화될 수도 있고 방치될 수도 있기 때문이다.

될 것이고 계속되어야 한다. 그러나 우리는 철학적 탐구의 측면에서 윤리교육을 재구성해 보고자 한다. 이는 교사와 학생에게 훨씬 의미 있는 대안을 제공할 수 있기 때문이다.[38] 아이들에게 탐구의 절차와 내용을 검토할 권리를 줌으로써 도덕적 무정부 상태와 혼란을 일으킬 것이라는 우려에 대해 두려워할 필요는 없다. 오히려 우리는 아이들을 책임 있는 환경 속에서 책임감을 가진 존재가 되도록 가르칠 수 있다. 그 환경은 교실 바깥의 세상과 비교하여 상대적으로 안전하고 배려받는 환경이며, 그 속에서 실수는 실패가 아니라 반성과 자기수정의 발판이다.[39]

---

38 Pritchard(1985; 1989)는 윤리적 탐구의 절차가 왜 콜버그의 딜레마 접근보다 더 깊이 들어가야 하는가를 설명하고 있다. Weinstein(1988a)은 콜버그의 도덕 발달 모형, 도덕교육의 문화 전이 모형 그리고 '낭만적이고 상대적인 가치 명료화' 접근에 관한 예를 들어가면서 비판하고 있다. 그는 이러한 접근들을 비판적 사고 이론가들이 선호하는 '다중 논리적(multi-logical)'이고 대화적인 접근과 비교한다. 우리가 이미 제2장에서 살펴보았듯이 다중 논리적인 사고는 서로 다른 관점을, 때로는 상반되는 관점을 서로 엮여 주는 사고를 필요로 한다. Weinstein은 가치교육에 있어 이런 접근을 지지하지만 '혐오스러운 대안을 공감할 수 있게 제시하는 것'에 대한 윤리 탐구도 수용하고 있음을 주의해야 한다(p.45). 그는 '이러한 다중 논리적 검토가 신중하게 수행되고 성숙하게 이해되지 않으면 철저한 상대주의처럼 보일 수 있다'며 대안 제시가 '의견을 조장하는 것'으로 축소될 수 있다고 덧붙였다. 우리는 이러한 의미에서 윤리적 탐구가 다중 논리적이라는 데 동의하지만, 관련 문제를 윤리적 탐구공동체에서 교사와 학생에게 건설적인 도전으로 간주하는 것을 선호한다.

또한 Weinstein은 많은 교육자들이 아직도 주관주의나 윤리적 상대주의, 발달주의와 같은 철학적 이론과 심리학 이론에 영향을 받고 있어서 윤리 탐구의 개념을 쉽게 받아들이지 못하고 있음을 지적했다. 주관주의나 상대주의에 대한 비판을 제시하는 것은 이러한 개념이 탐구 결과로써 잘 고안된 윤리 이론을 대변하는 한 우리의 임무가 아니다. 그러나 우리는 윤리적 주장에 대한 진정한 탐구를 회피하기 위해 윤리적 주장의 주관성이나 상대성에 호소하는 일반적인 관행을 거부한다. 비판적/인지적 차원과 창의적/정의적 차원의 균형을 맞추려는 우리의 관심에도 불구하고, 교사들이 가치교육의 일관성 있는 견해를 갖고자 한다면 스스로 자신의 교육관을 성찰해 볼 필요가 있다. Hare(1976, p.383) 참고.

39 교육자로서 우리는 길거리나 학생들의 사생활에서 발생하는 위험을 통제할 수 없다. 하지만 청소년들이 자신의 목소리를 인식하고 자신의 목소리가 전달되리라는 것을 믿을 수 있는 안전지대를 구축하기 위해 노력할 수는 있다. Isak Dinesen은 오래전에 '모든 슬픔은 이야기 속에 담아 내거나 이야기를 들려주면 극복할 수 있다'고 말했다(Silin, 1992, p.163).

마. 개인적인, 그러나 지나치게 사적이지는 않은

윤리교육을 철학적으로 접근하면, 교사와 학생들은 서로의 질문과 논제를 존중하게 된다. 중요한 문제에 관한 윤리 탐구는 다른 사람의 삶에 대해 구체적인 내용까지 캐묻는 논의와는 다르다. 윤리 탐구가 철학 탐구의 한 분야라는 점에서도 이러한 구별은 명확해야 한다. 왜냐하면, 철학의 개념적 본성은 교실 탐구의 범위를 넘어설 수도 있는 친밀한 관심을 완충시키기 때문이다. 일종의 필수적인 탈중심성이다. 물론 공동체의 구성원들은 탐구 주제와 자신들이 겪고 있는 삶의 경험들을 서로 연결할 것이다. 더구나 가족 간의 다툼 같은 예시는 특별한 이슈나 개념을 아주 강렬하게 이해시켜 줄 수 있다. 그러나 반드시 공동체는 개인의 사생활을 함부로 침범해서는 안 된다.[40] 철학이 아이들에게 탐구의 도구를 갖추게 해서 회복 탄력성을 발달시켜 주기는 하지만, 그렇다고 철학은 치료의 방식이 아니다.[41]

그렇다고 해서 아이들의 경험과 관련된 윤리적이거나 문화적으로 민감한 개념들을 탐구할 기회를 아이들에게서 빼앗지 않도록 주의해야 한다. 삶과 죽음, 성, 평화나 폭력과 관련된 질문을 다루는 데에 있어서, 너무 개인적이거나 교실에서 다루기 힘든 주제라는 이유로 금기시하지 말아야 한다. 탐구공동체는 안전한 구조의 공간이다. 따라서 그러한 결정이 아이들을 대신해서 이루어져서는 안 된다.

---

40 여기서도 탐구 절차를 모델로 삼는 등장인물과 철학적 이야기를 사용하는 것이 중요하다는 점을 알 수 있다. 특정 가상 인물의 생각, 성격 및 행동을 검토하는 것이 철학적으로 적절할 수 있으며, 어린이는 그러한 검토가 누구에게도 해를 주지 않는다는 것을 알고 있다. 실제 어린이는 가상 인물의 감정에 해를 가할 수 없다.

41 어린이를 위한 철학이 회복 탄력성을 강화시켜 준다는 인식은 최근에 기독교 교회의 사람들과 토론하는 과정에서 나왔다. 그들의 목표 중의 하나는 어린이들에게 어려움을 이겨낼 수 있는 능력을 갖추게 해주는 것이다.

바. 교실 너머의 윤리

탐구공동체가 힘들게 얻은 가치 판단이 물리적 환경을 넘어서도 적용될 수 있기를 간절히 바란다. 그 효과에 대한 한 가지 검증은 기술, 전략, 태도 및 습관으로 내면화된 구성원의 윤리적 행동이 좀 더 광범위한 공간으로 확장되는지를 살펴보는 것이다. 예를 들어 아이들이 '폭력은 불공정하다'와 같은 어떤 특정한 윤리적 결론을 얻었다고 해보자. 그러나 교실 안에서 내려진 이 결론이 운동장에서도 지켜질지는 의문이다. 어떤 노력도 그러한 위반을 막지는 못할 것 같다. 놀랄 만한 일은 아니다. 왜냐하면 판단을 위한 사고와 성향이 공동체 안에서의 행동으로 이어지고 공동체를 넘어 삶 속에서 생활화되는 데에는 상당한 차이가 존재하기 때문이다. 아이들이 가장 깊은 신념의 수준에서 공정하고 진실하며, 올바른 행동을 이끄는 믿음과 특성을 내면화하리라는 것을 어떻게 보장할 수 있을까? 우리는 더 합당한 세계를 위한 필수적인 요소로써 철학적 탐구공동체를 형성할 준비가 되어 있지만, 그것만으로는 부족하다는 것을 너무나 잘 알고 있다.

그러나 교실이 단지 철학 수업 시간뿐만 아니라 언제나 성숙한 탐구공동체로 기능한다고 가정해 보자. 이러한 이상적인 상황에서 아이들은 그들의 삶과 공동체의 정신을 결부시킬 기회가 늘어날 것이다. 판단 강화를 위한 반성적 성찰의 시간은 매우 중요하다. 우리가 교실 너머에서의 기술과 태도와 행동을 변화시키고, 좋은 판단을 지혜로운 결정과 행동으로 연결시키고자 할 때, 이보다 더 좋은 것을 기대할 수는 없다.[42]

---

42 최소한 철학 교사들은 자신의 교실에서 공개적인 질문을 허용하지 않는 다른 교사들에 의해 그들의 노력이 훼손되지 않도록 학교 공동체의 지원이 필요하다. 애들레이드(Adelaide)의 교사 Iris Woolcock은 '철학 수업이 끝나고, 나는 철학 수업을 하지 않겠다'고 선언한 과학 교사에 대해 이야기한다. 그 교사는 "아이들이 바보 같은 질문을 너무 많이 한다!"고 말했다. 이 교사는 자신의 모습을 조금만 반성해 보는 것이 좋을 것이다. 문제는 철학에 대한 그의 태도가 아니라 가르치는 태도, 그리고 아이들에 대한 태도이다.

아이들은 학교에서 지내는 것보다 더 많은 시간을 가정에서 보낸다. 또한, 대부분의 아이들은 그들의 윤리적 행동을 안내하는 가치나 특성의 대부분을 가족이나 친구들 간의 상호작용을 통해 얻는다. 여기서 우리가 이해해야 할 것은 아이들은 공동체 속에서 일어나는 생각과 대화를 그들의 삶에 적용하는 능력이 있다는 것이다. 만약에 이러한 연관성이 만들어지지 않았거나 고려되지 않는다면, 철학적 탐구에 참여하는 것은 별 의미가 없다. 그러나 언제 어떻게 특정한 판단과 결정, 반성, 논쟁, 그리고 숙고가 교실을 넘어 아이들의 삶 속에서 일어날지는 아이들이 판단할 문제이다. 아이들은 이런 판단에서 우리의 도움을 원하지 않는다. 이것은 그들이 급박한 상황에 부딪혔을 때, 우리가 그들을 대신해서 판단하거나 결정할 수 없는 것과 마찬가지이다.

학교가 직면하는 윤리적 도전은 바로 교실 탐구공동체가 직면한 것과 비슷하다. 아이들의 삶을 더 강하고 풍요롭게 하여 더 나은 삶을 살게 하고, 다양한 압력에 책임을 지고 반응하게 하는 것이다. 압력이란 대개 다음과 같다.

◆ 남성성과 여성성, 용기와 순종에 대한 고정관념을 요구하는 동료들의 압박
◆ 뮤직비디오와 상업 방송의 반지성주의와 자극적이 무사유
◆ 온라인 기술의 범람
◆ 부도덕한 마약 거래상
◆ 포르노그래피
◆ 교육과 상관없이 돈을 벌기 위한 교육 상품들
◆ 만성적인 실업으로 인해 직업의 성격에 따라 인간의 가치를 측정하는 사회

이렇게 만연한 모든 관습은 철저히 검토되어야 할 탐구 주제들이다. 왜냐하면 사람들은 이제 더 이상 아무 질문과 검토 없이 받아들이려 하지 않을 것이기 때문이다.

제7장

교실에서의 윤리탐구

철학적 탐구공동체는 아이들의 관심사이자 학교에서 시급히 다룰 필요가 있는 다양한 윤리적 문제를 다룰 수 있는 이상적인 환경이다. 왜냐하면 철학적 탐구공동체는 논쟁적이고 문제성이 풍부한 질문을 다루는 데 필요한 개방성에 구조와 목적의식을 결합하기 때문이다. 여기서 구조는 탐구의 대화적 본성에서 나온다. 아이들은 자기수정이 가능하고 평등하며, 배려하는 환경에서 자신의 관점에 대한 이유를 제시하고 명료하게 표현하는 법을 배우게 된다. 도덕적 문제의 논쟁적인 성격은 보통 다음과 같은 부분들에서 비롯된다.

◆ 윤리적 탐구의 배경이 되는 사회·문화적인 맥락의 끊임없는 변화
◆ 윤리적 논쟁과 관련된 개인의 다양한 가치와 관점
◆ 윤리적 개념들의 의미와 역할에 관한 합의 부족

따라서 학생이 주도하는 윤리적 탐구는 가치와 관련된 질문들이 얼마나 맥락과 환경, 그리고 관점의 다양성에 민감한지를 보여준다.

나아가 탐구공동체는 적어도 두 가지 측면에서 아이들에게 안전한 환경이다. 첫째, 탐구공동체는 배려, 신뢰, 존중에 기초하기 때문에, 실수와 자기수정이 허용된다. 둘째, 탐구공동체는 조종이라기보다는 교육적인 장치이다. 아이들은 탐구 과정이 허용되는 한, 그들이 진심으로 관심을 가지는 문제에 관해 자신의 방식대로 토론할 수 있다(법정이나 변호사 사무실의 분위기와 대조해 보라).

제6장의 마지막 부분에서 언급했듯이, 현재와 미래의 세대들은 많은 어려움에 직면해 있다. 여전히 청소년들을 어린아이로, 어린이를 스스로 생각할 수 없는 무기력한 존재로 여기는 사회 인식도 큰 문제이다. 이런 맥락에서 학교는 학생들에게 단순히 문제를 제공하는 것 이상의 역할을 해야 한다. 학교는 현실에서 실제로 부딪치는 윤리적인 문제들로 인해 생겨나는 어려움에 대처할 수 있는 수단을 제공해야 한다. 이를 위해 우리는 학생들이 윤리적 탐구공동체에 참여할 수 있도록 용기를 북돋아 주어야 한다. 지금부터 우리는 윤리적 탐구와 관련된 몇 가지 쟁점들을 살펴보려고 한다.

우정을 함양하는 것 / 성(sexuality) / 평화와 폭력

사회적 성(gender) / 성차별과 인종차별 / 삶과 죽음의 문제들

그리고 환경윤리

우리는 교사들이 공동 탐구와 토론의 인지적이고 지적인 측면과 더불어 개인적이고 정서적인 측면까지 진지하게 고려하고자 한다면, 위와 같은 주제들을 언급하지 않을 수 없다고 확신한다. 아이들이 보다 나은 사고를 할 수 있도록 도울 방법을 찾는 것은 매우 중요하다. 그러나 아이들이 보다 나은 사람이 되도록 도울 방법을 찾는 것은 더욱더 중요하다.

1. 우정의 함양

[3장에 이어서]

사라: 그러면 너희들은 앞으로 절대 볼 수 없는 아이와도 정말 친구가 될 수 있다는 거니?

매건: 그렇지만 그들이 헤어지기 전에는 봤잖아.

카라: 난 매건과 같은 생각이야. 너희들도 볼 수 없는 친구를 사귈 수 있어.

사라: 어떻게?

카라: 펜팔 친구가 있잖아. 너희들은 그냥 편지를 쓰고 보내기만 하면 돼. 그렇게 하면 볼 수는 없지만, 친구를 사귈 수는 있지.

사라: 하지만 언젠가 만날 수도 있잖아. 우리 오빠도 펜팔 친구가 있는데, 작년에 우리 집에 와서 오빠를 만났어.

카라: 그래, 실제로 만날 수도 있어. 하지만 반대로 그들이 꼭 만날 필요는 없잖아.

퐁: 콘이 그러는데, 자기가 형과 싸웠을 때 형은 더 이상 자기 친구가 아니었다고 해. 음. 하지만 나는 싸워도 친구는 친구라고 생각해.

교사: 그럼 퐁, 상대방과 싸우는지 안 싸우는지는 친구인지 아닌지와는 상관이 없다는 말이니?

퐁: 음. 제 말은요. 만약에 계속 친구와 싸운다면, 좋은 친구가 될 수는 없다는 뜻이에요.

교사: 그렇구나. 지금까지 친구라는 것을 알 수 있는 기준이나 규칙들을 발견했니? 카라?

카라: 저는요. 내 고양이가 친구라고 생각했어요. 그래서 친구는 꼭 사람일 필요는 없다고 생각해요.

사라: 아마도 나중에 내 생각이 변할 수도 있겠지만, 지금은 어떤 고정된 기준이 없다고 생각해요. 예를 들면, 친구를 볼 수 있어야 한다는 것, 친구와 싸우지 않고 그를 믿어야 한다는 것 등은 언제나 고정된 기준은 아니라고 생각해요.

아담: 좋아, 이건 어때? 만약 너희들이 다른 사람을 미워한다면, 그 사람은 너희들의 친구가 될 수는 없어. 내 말은…

소크라테스는 우정을 쌓는 것이 도덕교육의 핵심이라고 했다. 아래에 있는 우정과 관련된 주장들도 비슷한 생각이다.

◆ 우정은 아이들이 타인에 대해 배움으로써 자신의 정체성과 가치에 대한 생각을 발달시키는 데 도움을 준다.
◆ 우정은 아이들이 세상을 발견하고 다른 이들을 이해하며, 다른 견해와 관점들을 탐색할 기회를 제공해 줌으로써 자신을 이해할 수 있게 해준다.
◆ 우정은 아이들이 인내와 공정에 대한 감각을 발달시키는 데 도움을 주며, 배려와 친절과 같은 덕목을 실천하도록 도와준다.
◆ 우정은 교육과 경험을 통해 강화될 수 있는 인지적이고 정서적인 도덕적 숙고를 자극한다.
◆ 우정은 개인의 발달과 윤리교육의 핵심에 자리 잡은 상호성의 대표적인 예이다. 친구를 사귄다는 것은 다른 이들과 상호 관계성을 형성하는 특별한 일이다. 그리고 온 마음으로 이 상호성을 표현하는 것이다.

아리스토텔레스는 진정한 친구를 '제2의 자아'라고 했다. 우정은 내면으로부터 배우는 관계로, 우리는 먼저 경험하고 나서 그 의미를 되새긴다. 우정은 아이들이 자신이 누구인지, 다른 사람과 다른 점이 무엇인지를 깨닫게 해준다. 한나 아렌트는 친구들과의 토론이 자신을 돌아보게 한다고 주장한다.[1] 즉, 친구들 간의 토론을 통해 자신에 대한 이해가 커지는 것이다. 친구에게 말하면서 자기 생각과 느낌, 희망, 경험을 공유하고 동시에 성찰한다. 자기 생각에 대해 다른 친구가 어떻게 생각하는

---

1 Arendt(1971, p.189), Raymond(1986, pp.220-223) 참고.

지에 영향을 받는다. 친구도 자신이 바라보는 방식으로 세상을 이해하는지 알고 싶어 하며, 만약 그렇지 않다면 그 친구의 관점을 이해하려고 노력한다. 왜 그럴까? 위와 같은 경험은 자신을 관계적 존재로 느끼는 데 도움을 주기 때문이다. 그것은 무척 중요한 일이다.

아이들이 자라면서 우정을 경험함에 따라, 그들은 고립된 자아가 아니라 타인들과의 관계 속에서 자신을 이해하기 시작한다. 자신이 어떤 사람이 될 수 있는지도 발견한다. 그리고 친구들의 도움으로 자신에게 의미를 주는 이상들을 떠올려 보기도 한다. 아이들은 우정의 경험을 통해 많은 것을 발견한다. 그들은 너그럽고, 친절하게 되는 법을 배운다. 그들은 이러한 덕목들을 정당화하려고 애써 노력하지 않는다. 단지 이에 대해 도덕적으로 어떻게 반응해야 하는지를 느끼기 시작하는 것이다.

우리는 그 누구도 타율적인 친구를 원하지는 않는다. 노예는 친구가 아니다. 아첨꾼은 친구가 아니다. 성(性)적인 대상도 친구가 아니다. 그들은 '유용한' 개인들일 뿐이다. 친구는 그 자체로 목적이다. 우정이라는 이유만으로도 충분히 가치 있는 것이다.

아이들은 친구를 통해 세상을 알게 된다. 그들은 친구로부터 초콜릿 아이스크림이 맛있다는 것, 거짓말은 타인을 곤경에 빠뜨릴 수 있다는 것, 이야기는 흥미진진한 모험일 수 있다는 것, 심지어 탐구공동체에 속해 있다는 것이 얼마나 즐거운 일인지를 배운다. 이런 의미에서 친구는 언제나 통찰의 잠재적인 원천이다. 아이들은 비록 친구가 가난하거나 무능력하더라도, 돈이나 장난감을 잃어버렸다고 해도, 심지어 부모를 잃었다고 해도 우정의 관계가 지속된다는 것을 배운다. 이것은 친구가 무엇을 가지고 있는가가 아니라, 누구인가가 더 중요하다는 것을 의미한다. 아이들은 친구란 유일무이한 존재이며, 그 고유성에 관심을 기울여야 한다는 것을 스스로 배운다. 아이들은 경험을 통해 친구는 각자 약점과 강점이 있으며, 그 강점은 그들의 삶에 중요한 변화를 만들어 낼 수 있다는 것을 배운다. 친구는 '아니오'라고 말하는 법을 아는 사람이다. 괴테는 진정한 우정은 적절한 때에 반대의 견해를 솔직히 말할 수 있어야 한다고 말했다.

친구가 한 명도 없는 것보다 더 슬픈 일은 없다. 매우 중요한 무엇인가를 삶에서 잃어버리고 있다는 허탈감과 소외감을 느낄 것이다. 반면에, 친구 특히, '좋은 친구'가 생긴다면 자신과 그 친구 사이의 경계는 허물어져 갈 것이다. 그들은 서로 가까워지면서 상대방이 생각하는 것 혹은 느끼는 것을 알기 위해 노력할 것이다. 노엘린 퀼스루(11살, 호주)의 시에서 표현한 것과 유사하다.

동상처럼
고요한 리듬 안에 있다.
첨탑이다.
하늘색 이니셜이
친구의 연필이 가진
유일한 차이다.

친구와 나란히
학교에 간다.
우리의 바랜 파란빛의 교복은
꽃잎처럼 단정하다.
차이라고는 친구의 다른 이름뿐이다.[2]

어린 시절에 우정을 맺는 것은 '도덕적 삶의 방식'을 배우는 것과 비슷하다. 물론 탐구공동체의 구성원들이 반드시 친구가 되어야 하는 건

---

2 S/M p.18에서 인용. 자신의 문화적 관점에 의존하면, 우정의 이 이미지는 특정한 연령과 성에 따라 달라질 수 있다.

아니다. 하지만 상당히 중요한 점일 수 있다. 공동체의 구성원들이 친구가 아닌 단지 동료 또는 공동 연구자로서 몇 년 동안 함께 일할 수도 있다. 다른 사람과 친구가 된다는 것은 특별한 친밀감이 필요하다. 이러한 친밀감이 공동 탐구에 필수적인 것은 아니다. 그러나 우리는 탐구공동체가 진정한 우정을 맺어갈 수 있는 환경이라고 주장한다. 그러한 우정을 통해 아이들은 개인적, 사회적, 윤리적 그리고 인지적으로 성장한다. 또한, 교실에서 아이들은 다른 친구의 마음을 이해하기 위해 노력한다. 이러한 종류의 관계적 지식은 인내, 공감 그리고 성숙한 이해를 위한 중요한 요소이다.

탐구공동체는 타인에 대한 존중과 다양한 관점에 대한 이해를 요구할 뿐 아니라, 공동체의 규칙을 함께 세울 수 있게 하며, 각자의 방식으로 공동 탐구에 이바지할 수 있도록 권한을 나누어준다. 아마도 가장 중요한 것은 공동체 구성원들 사이에 배려의 감각을 불러일으킨다는 점일 것이다. 앞서 설명했듯이, 탐구 절차에 대한 배려는 공동체가 탐구하고 있는 주제나 개념에 대한 배려와 뒤섞여 있다. 결론적으로 우리는 탐구공동체에서 자신과 타인을 배려할 수 있는 새로운 방법을 찾을 수 있다. 진정한 우정은 공동체적 삶을 반영하는 배려를 바탕으로 형성된다.

탐구공동체는 아이들이 다루는 표준과 기준에 대해 반성적일 뿐만 아니라 중요한 개념들에 대해서도 반성적이다. 우정은 그런 개념 중 하나이다. 어린이철학에서 우정의 개념을 반성적이고 분석적으로 탐구하는 사례는 셀 수 없이 많다. 아이들은 믿을 수 없거나 성실하지 않은 사람과도 친구가 될 수 있는지 궁금해한다. 다음과 같은 질문에 대해서 숙고하기도 한다.

'좋아하지 않았던 사람과 친구가 될 수 있는가?'
'공통점이 별로 없어도 친구가 될 수 있는가?'

'친구를 질투해도 되는가?'

'다른 친구를 더 좋아하는 사람과 친구로 지낼 수 있는가?'

이러한 질문은 철학적 탐구에 대한 이해와 함께 아이들의 사회적 발달에 대해 충분히 이해하고 공감하는 교사들이 이끌어야 한다.

자기애와 진실성에 기반한 '자기 존중', 공정성과 박애와 배려에 기반한 '타인 존중' 등 특정한 덕목의 실천과 연관된 우정은 탐구공동체에서 잘 길러질 수 있다. 개인주의와 경쟁, 교사와 학생의 불평등을 강조하는 전통적인 학교 교육에서는 이러한 관계를 유지하고 풍요롭게 하는 가치를 함양하기 힘들다. 그런 경우, 우정은 교육의 공간 밖에서 형성되며, 그것은 교실 안에서 이루어지는 것과 자주 충돌하기도 한다.

일부 사람들은 우정이 어떠한 인간관계보다도 미덕을 더 잘 구현할 수 있다고 말한다. 심지어 사랑의 관계조차도 우정이 제공하는 공정성, 배려, 가치, 인간에 대한 존중을 함양할 기회를 주지는 못한다고 말한다. 우리는 친구들에게서 나와 비슷한 점을 보기 때문에 그들에게 끌린다. 하지만 이보다 더 중요한 것은 우정이 특정한 덕목에 대한 숙고와 실천을 통해 이루어진다는 점이다. 그러한 성찰과 행동이 자신을 배려하는 것만큼 다른 사람의 행복도 돌보도록 아이들을 이끌어 준다.

소크라테스의 '너 자신을 알라'라는 말은 삶의 긴 여정과도 관련이 있다. 왜냐하면 우리는 다른 사람뿐만 아니라 우리 자신에게도 수수께끼 같은 존재이기 때문이다. 어린이철학은 아이들이 공동체 안에서 맺고 있는 관계를 통해 자신을 이해하게 해주고, 타인과 함께 생각할 수 있는 모델을 제공한다. 여러 번 언급했듯이 아이들이 자신을 이해하고 자아를 실현하기 위해서는 타인이 필요하다. 그들은 타인과의 관계와 그것의 본성을 이해하기 위해서 제대로 추론하는 방법을 배울 필요가 있다. 이런 이유에서 유년기에 친구는 매우 중요하다.

좋은 교사는 서로가 친구이기도 한 탐구자들 앞에서 위협을 느끼거나 소외감을 느끼지 않는다. 그들은 자신의 능력 안에서 최선을 다한다. 교실 안에서 우정을 함양하고 유지하면서도 탐구와 토론을 지속시키기 위한 요건들을 풍부히 형성한다. 이런 교사들은 우정이 교육을 가능하게 하는 관계의 패러다임이라는 것을 알고 있다.

철학과 우정: 몇 가지 질문

다음의 관계는 친구가 될 수 있을까?
- 10살의 아이와 갓난아기
- 사람과 개
- 곰과 물고기
- 고양이와 고양이 먹이
- 경찰관과 범죄자
- 같은 언어를 쓰지 않는 두 사람
- 서로 전쟁 중인 나라의 두 사람

◆ 신뢰할 수 없는 사람과 친구가 될 수 있나요?
◆ 좋아하지 않는 사람과 친구가 될 수 있나요?
◆ 친구에게는 항상 정직해야 하나요?
◆ 친구와의 우정은 영원할까요?
◆ 친구를 위해서라면 거짓말도 할 수 있나요?
◆ 친구의 잘못에 대해 고자질하지 않는 것이 친구를 소중히 여기는 것일까요?
◆ 친구의 잘못에 대해 고자질한다면 그것은 친구를 소중히 여기는 것일까요?[3]

---

3 Cam(1993b, p.20, p.35, p.41) 참고.

2. 성(Sexuality)

ı

도덕교육은 윤리 탐구로 이루어져야 한다. 윤리 탐구는 철학적 탐구의 일부이며 탐구공동체에 의해 구조화될 수 있다. 우리는 '성교육'이 교육의 한 부분이 되어야 하며, 공동체가 함께 숙고해야 하는 탐구로서 철학적 탐구공동체에 매우 적절한 주제라고 생각한다. 성에는 고유한 언어와 이미지가 있지만, 그 근본적인 가치, 개념 및 문제는 일반적으로 인격적 관계의 영역에 속한다. 따라서 성교육을 부모의 허락이 필요한 특별한 영역으로 고립시키지 말고 교육과정에 자연스럽게 포함해야 한다.

오늘날 청소년들은 성에 대해 이전 세대보다 훨씬 더 많이 알고 있다. 그들은 다양한 성적 이미지와 언어 등에 노출되어 있다. 하지만 대부분 그러한 성적인 정보들을 적절히 이해하고 더 나은 판단과 결정을 내릴 수 있도록 지적으로나 정서적으로 잘 준비되어 있지는 않다.

우선 우리는 성교육이 왜 제대로 이루어지지 않았는지 생각해 볼 필요가 있다. 과거 성적인 문제는 가정에서는 무시되고 학교에서는 저평가되었었다. 성적인 문제는 대부분 또래 친구들끼리 놀이터와 거리에서 다루어졌으며, 학교에서는 지시 사항 정도로 축소되었고, 감정이니 도덕성 자체와도 분리되었다.

성적인 주제는 그와 밀접한 인격 개념만큼이나 복잡하고 다학문적이다. 그것은 생물학적이고 생리학적인 사실, 가설, 이론들과 연관되어 있다.[4] 그리고 정서적이고 문화적 요소들과 밀접한 사회적, 심리적, 언어적 문제들과도 관련이 있다. 나아가 논쟁적인 윤리적 질문과 딜레마

---

4 일반적으로 성 정체성과 동성애는 그 기원에 있어 유전적이라는 주장을 하나의 가설로 간주하자. 그리고, 면역 결핍 바이러스(HIV)는 에이즈(AIDS)의 주된 원인이라는 주장을 다른 가설로 간주해 보자. 전자가 논쟁적인 것으로 간주되는 반면, 후자는 지금 국제 의학 공동체에 의해 다소간 받아들여지고 있다. 이는 면역학과 감염병학에서는 가설에서 벗어나 어느 정도 사실로 받아들여진다.

를 포함하는, 더욱 중요한 철학적 측면도 가지고 있다. 학교는 이 모든 요소를 단편적인 강의 계획서를 통해 구현해야 하는 상황이다. 그래서 전통적으로 학교는 성교육을 등한시할 수밖에 없었다.

무기력한 학교와는 반대로, 청소년과 아이들은 실제로 다양한 성적 담론, 성적 이미지, 성적인 고정관념과 메시지들에 과다 노출되어 있다. 게다가 그들의 감정과 사고, 행동은 왕성하다. 그들은 성과 관련된 문제에 대해 물러서길 원하지도 않는다. 그래서 종종 이해되지 않는 개념과 해결하기 힘든 문제들을 다뤄야 하는 상황에 놓이기도 한다.[5]

따라서 20세기 후반에는 성을 이해한다는 것이 상당히 어려운 일이었으며, 앞으로도 이에 관한 교육이 쉽지는 않을 것이다. 그러나 성교육은 반드시 이루어져야 한다. 무지와 잘못된 정보, 혼란스러운 사고, 두려움과 선입견이 '성'과 관련된 이슈를 둘러싸고 있기 때문이다. 이제 우리는 이런 장애물이 무섭고 비극적인 결과를 낳을 수 있는 시대에 살고 있다. 성 문제에 대해 생각하고 이야기할 때, 사람들은 곧잘 감정과 의견에 사로잡히곤 한다. 따라서 더 많은 이해와 포용은 어려운 일이지만 시급한 과제이기도 하다.

우리가 탐구공동체에서 성에 대해 다룰 때 가장 먼저 생각해야 할 점은 철학적, 심리학적, 이론적 측면과 함께 개인적인 견해를 사실적인 내용과 구분하는 것이다. 이 과정에서 그것이 무엇이고 어떻게 아는가는 논리적인 문제이면서 동시에 철학적인 문제이다. 따라서 그 과정은 교실에서 공동의 탐구로 이루어지는 것이 적절하다.

이 과정에는 언제 공동체 외부에서 정보나 전문지식을 구해야 하는지가 포함될 것이다. 아이들이 관련된 복잡한 문제를 어느 정도 이해하려면, 면역 결핍 바이러스의 번식이나 역학만을 생각해서는 안 된다. 반면에, 사실적인 지식만으로는 아이들의 올바른 윤리적 판단을 이끌기

---

5 어느 수업에서나 성과 관련된 주제를 다룰 때면, 불가피하게도, 넓은 범위의 인식과 이해 수준이 존재할 것이다. 이것이 교사의 역할을 어렵게 만드는 이유이다.

어렵다. 어떠한 상황인가 하는 기술적인 주장은 그 상황에서 어떻게 해야 하는가 하는 규범적인 주장과 반드시 구분되어야 한다. 이런 맥락에서 건전한 윤리적 판단을 내리기 위해서는 성, 자유, 권력, 책임, 믿음, 배려, 신체적 건강, 정신적 건강, 타인에 대한 존경, 남성성, 여성성 등의 이슈와 관련하여 신중하게 탐구해야 한다. 이런 주제들은 아이들이 중요하게 생각하는 질문들에서 자연스럽게 드러난다.

그간 성적인 주제는 신성시되거나 금기시되었다. 특히 학교가 세속적인 목표를 추구할 경우, 성적인 주제는 학교 시간표에 들어가기 매우 힘들어진다. 그러나 성적인 주제에는 무지에 따른 혼란스러움만이 아닌 소중하고 신비스러운 어떤 것도 있음을 인정해야 한다. 무지의 극복은 가장 기본적인 교육의 목표이다. 아이들이 실제 삶에서 성과 관련된 위험에 직면하기 전에, 성에 대한 제대로 된 교육을 시행할 필요가 있다.

우리가 '소중한', '신비스러운' 같은 단어들을 선택하든 안 하든, 우리는 생물학적 성과 성에 관련된 다양한 주제들 속에는 반드시 존중되어야 할 본질적으로 사적인 측면도 있다는 것을 인정해야 한다. 예를 들면, 성행위와 관련된 개념들을 지적인 분석 대상으로 축소해서는 안 된다. 그렇다고 교육과정에서 배제해서도 안 된다. 우리는 탐구공동체의 구조화된 환경이 학생들에게 성과 관련된 주제에 관해 탐구해 나갈 수 있는 길을 열어줄 수 있다고 믿는다.

철학은 윤리학의 모든 주제와 마찬가지로 성적인 주제를 토론하는 데에 필요한 배경과 맥락을 제공한다. 아이들은 교실에서 각자의 사적인 삶의 세밀한 부분까지 꼬치꼬치 캐묻지 않고도 서로를 존중하면서 토론을 이끌어 갈 수 있어야 한다. 성과 관련된 사적인 경험을 드러내지 않고도 성과 관련된 주제나 개념에 대해 토론할 수 있다. 그런 교실 공동체는 아이들이 자신의 삶을 살아가는 데 필요한 사생활과 자유를 존중해 줄 뿐만 아니라 삶을 살아가는 데 필수적인 기술과 도구도 제공한다.

언제나 그렇듯이 우리는 토론과 대화의 힘을 강조한다. 아이들이 교실로 가져오는 이질적인 생각들을 함께 엮어내고, 통일된 관점은 아니더라도 다양한 관점에 대해 더 명확히 이해하는 것을 목표로 한다. 아이들은 성적 언어들이 편향되고 충동적이며 잠재적으로 악용될 수 있다는 점을 이해할 필요가 있다. 때때로 그것은 인간을 성적 대상으로 취급하면서 생물학적인 수준으로 전락시키기도 한다. 청소년들은 다채로운 어휘와 다양한 성적 농담과 풍자를 마음껏 사용한다. 이러한 어휘들은 종종 정서적으로 강한 자극을 줄 뿐 아니라 진정한 탐구에 장애가 되기도 한다. 성과 관련된 문제를 다룰 때, 열린 결말과 토론적 구조로 이루어진 탐구공동체는 아이들이 제시한 다양한 대안을 환영한다.

성적인 문제를 포함한 모든 윤리적 탐구의 근본적인 목표는 아이들의 삶을 있는 그대로 수용하는 것도 아니고, 단순히 혼란스러운 상태에서 벗어나게 하는 것도 아니다. 잘못된 것도 수용한다는 인상을 주어서도 안 된다. 윤리적 탐구의 근본적인 목적은 아이들이 자신과 부모, 교사가 중요하다고 판단하는 문제에 대해 스스로 생각할 수 있도록 가르치고 격려하여, 자신과 타인에 대해 책임감 있게 행동할 수 있게 하는 것이다.

탐구공동체가 성과 관련된 문제들을 탐구하기 위해서는 우선 다음의 내용을 유념해야 한다. 우리는 교사가 어린이철학의 핵심에 놓여 있는 절차들을 적용해 보기 바란다.

◆ 논쟁적이면서도 인지적, 정서적 자극을 줄 수 있는 나이에 적절한 이야기로 시작하라. 이러한 이야기는 학급 구성원들과 직접 관련이 없기 때문에, 탐구에 위협적이지 않다. 또한 아이들의 관심과 경험에 연결되어 있으면서도 적절한 거리를 두고 있다.

◆ 아이들의 관심과 질문을 자극하여, 스스로 토론 질문을 만들도록 초대하라.

◆ 만약 학생들이 토론을 주도하지 않는다면, 윤리적이고 성적인 행동의 핵심에

놓여 있는 개념들과 절차들에 관해서 신중하게 생각하도록 토론을 이끌어라.

이제 이 절을 마무리하면서 성과 관련된 토론에서 학생들이 사용할 수 있는 문제 몇 가지를 제시하고자 한다.

가. 다음의 질문에서 사실과 설명을 의견이나 도덕적 처방과 구별하라.

- ▶ 일부일처제는 인간의 자연스러운 상태인가?
- ▶ 이성을 사랑하는 것은 인간의 자연스러운 상태인가?
- ▶ 자연스럽다는 것은 무엇인가?
- ▶ 태아는 인간인가?
- ▶ 매춘은 언제나 잘못인가?
- ▶ 포르노는 언제나 인간을 성적 대상으로 대하는가?
- ▶ 결혼한 후에 바람을 피우는 것은 잘못인가?
- ▶ TV 광고 또는 온라인 게임은 성적인 고정관념을 반영하거나 강화하는가?

나. 다음의 주장에서 논쟁적인 가정을 찾아보라.

- ▶ 일부다처제는 비윤리적이다.
- ▶ 양성애자들은 환자이다.
- ▶ 동성애자와 마약 중독자들만이 에이즈(AIDS)에 걸린다.
- ▶ 여성만이 모성 본능을 가지고 있다.
- ▶ 몸을 파는 것은 그 사람의 인격을 파는 것이다.

다. 개념을 분석하라. 성과 관련된 탐구에서는 다음과 같은 용어

들의 의미에 대해 주의를 기울일 필요가 있다.

인격, 관계, 상호성, 남성다움과 여성다움, 힘, 친밀함, 관심, 자유, 권리, 존중, 자기 신체에 대한 주인의식 등

라. 다음과 같이 서로 다른 관점을 상상해 보고 표현해 보라.

▶ 남자는 여자의 관점에서 보기, 여자는 남자의 관점에서 보기
▶ 어른은 아이의 관점에서 보기, 아이는 어른의 관점에서 보기
▶ 자신의 성 정체성 때문에 비난받는다면 어떨지 상상해 보기
▶ 노인이 되어 보기
▶ 장애인이 되어 보기

마. 다음 논증의 논리적 구조를 분석하라. 그리고 숨겨진 전제들을 찾아보고, 오류도 확인해 보라.

▶ 근친상간과 매춘은 선사시대부터 존재해 왔다. 따라서 그것을 받아들이고 즐겨도 된다. 왜냐하면, 우리는 그것을 막을 수 없기 때문이다.
▶ 완전한 금욕은 사람들이 에이즈(AIDS)에 걸리는 것을 막을 수 있다. 따라서 성행위를 통해 바이러스에 감염된 사람들이 에이즈에 걸리는 것은 마땅한 대가를 치루는 것이다.
▶ 여성들은 자연적으로 아기를 가지도록 태어났다. 그래서 아이를 갖지 못하는 여자는 불완전한 존재이다. 그리고 여성이 성인이 되어서도 아이 갖는 것을 원치 않는다면 그 여자는 이상한 존재이다.
▶ 태아는 사람이다. 따라서 낙태는 언제나 잘못이다.
▶ 태아는 사람이 아니다. 따라서 낙태는 항상 허용되어야 한다.
▶ 자위는 '자기학대'라고 할 수 있다. 그리고 자신을 학대하는 사람은 미친 사람

이 틀림없다. 왜냐하면……

▶ 나는 어제 크리스와 레슬리가 꼭 껴안고 있는 것을 보았다. 그들은 틀림없이 동성애자다.

바. 다음 행동의 동기와 결과를 생각해 보라.

▶ 생각 없는 짧은 순간의 쾌락
▶ 친구를 잔혹하게 괴롭히는 것
▶ 성행위와 폭력에 관한 몽상
▶ 성행위와 폭력이 많이 포함된 온라인 게임이나 영화를 고르기 등

3. 평화와 폭력

폭력은 오늘날뿐만 아니라 역사적으로도 매우 복잡한 현상이다. 폭력의 원인에는 본능적인 인간의 충동(특히 남성), 제도적인 압력, 주변 동료들의 압력, 경제적, 사회적, 문화적 환경 등이 있다. 폭력은 다양한 원인의 복잡한 조합 속에서 일어나기 때문에 정확히 이해되기 힘들다. 많은 사람은 괴로워하면서도 폭력적인 묘사에 이끌린다. 최근에는 목적을 달성하기 위하여 폭력적 수단을 사용하는 온라인 게임들과 영화들이 압도적인 인기를 끌고 있다. 극단적인 정치집단이 경찰에 덤벼드는 것을 보기 위해 몰려드는 수많은 군중도 그 증거이다. 가장 시청률이 높은 시간대의 뉴스에서 그러한 사실이 자극적으로 보도되면, 우리는 그런 폭력 장면을 보지 않을 수 없다.

이러한 간접적인 묘사보다 더 심각한 것은 신체적, 정신적 폭력으로 가득 찬 일상을 살아가는 사람들의 실제 삶이다. 보통 인간관계에서 갈등이 벌어지면, 가장 먼저 폭력적인 수단을 사용하는 경우가 많다. 불리

한 조건에 놓여 있는 아이, 여성, 장애인이 희생당하는 경우가 많다는 점과 조직 폭력배와 같은 현상은 이러한 사실에 뚜렷한 증거이다. 미국 청소년들 사이의 폭력과 인종차별주의에 대한 최근의 논문은 전체 응답자의 반 이상이 이질적 문화 간의 폭력 또는 반정부적 폭력에 참여하였거나 혹은 그런 폭력을 묵인했다고 응답했다(Heller and Lipmans, 1994, p.339). 이러한 폭력에 대한 집착은 우리에게 무엇을 말해 주는가?

> 한편으로 폭력은 삶이 형언할 수 없을 정도로 지루할 때, 그리고 현재보다 훨씬 강렬하고 즐겁고 풍부한 삶의 질감을 갈망할 때, 사람들이 필사적으로 의지할 수 있는 수단이라는 것을 암시한다. 다른 한편으로는 소외되고 희망이 좌절되어 자신의 힘이 소진되었다고 느끼는 사람은 자신의 억압된 괴로움과 원한을 표현하기 위한 수단으로서 폭력에 대한 환상에 빠지기 쉽다.
>
> 사람들은 자신의 삶에서 의미를 찾기 위해 고군분투한다. 그리고 의미를 찾지 못할 때에는 그것을 만들기 위해 몸부림친다. 그러나 이러한 그들의 노력은 자주 실패한다. 왜냐하면 그들은 폭력의 이미지가 자신을 둘러싸고 있을 때 느끼는 짜릿한 스릴과 질적으로 풍부하고 건설적인 인간관계가 넘쳐나는 삶을 살아갈 때의 흥분을 구분하지 못하기 때문이다[6].

우리는 립맨이 언급한 것처럼, 탐구공동체가 개인적 의미와 성취를 위하여 '풍부한 질감을 가진 삶의 경험(richly textured life-experience)'과 기회를 제공할 수 있다고 확신한다. 따라서 탐구공동체는 평화교육을 위한 적절한 환경이다. 이러한 공동체를 구축하는 데 참여해 왔던 교육자들은 이 점에 대해 애써 설득할 필요가 없다. 하지만 일반적으로 탐구공동체 안에서 이루어지는 평화교육은 논쟁의 여지가 있다. 왜냐하면 그것은 명백하면서도 논쟁적인 것으로 보이기 때문이다. 명백하다고

---

6 Lipman, 출판 예정

하는 이유는 평화, 폭력, 그리고 갈등과 같은 명백한 도덕적 개념들은 아이들이 스스로 윤리적 탐구를 통해 쉽게 증명할 수 있기 때문이다. 반대로 논쟁적이라고 하는 이유는 폭력에 의한 좌절과 부당한 갈등, 인종차별과 같은 제도화된 폭력, 그리고 그에 수반되는 태도는 궁극적으로 '탐구가 이끄는 대로 따라가야 하는' 탐구공동체에 맡기기에는 부적절한, 빨리 대안을 찾아야 하는 시급한 문제로 보일 수 있기 때문이다.

여기서 '선취된 결론의 문제'가 다시 등장한다(제5장). 처음부터 '평화는 찾고 폭력은 피하라'는 기본적인 원칙에 동의한다면, 어떻게 탐구공동체가 평화와 폭력에 관해 심사숙고할 수 있겠는가?

첫째, 애초에 평화와 폭력에 관한 실질적 원칙에 대한 합의도 없고, 심지어 어느 쪽을 다른 쪽보다 더 선호한다는 합의도 없다. 실제로 문제가 있다는 가정도 없다.[7] 정부, 영화감독, 스포츠팀 그리고 그 밖에 권위와 영향력을 가진 사람들은 이러한 대원칙과 다르게 행동한다. 설사 그러한 행위들이 가치 있는 목적에 이르는 수단으로 옹호받는다고 하더라도 말이다. 우리는 가족과 학교 내에서 얼마나 빈번하게 폭력이 수단과 목적(폭력을 통한 교화, 매를 아끼면 아이를 망친다, 겁쟁이가 아니라 사나이가 되라 등)에 근거하여 정당화되는지 인식할 필요가 있다. 이런 맥락에서 탐구공동체는 학생들에게 평화교육의 영역 안에서 상당히 논쟁적인 주제들에 관해 탐구할 기회를 제공한다.

둘째, 자유, 정의, 권력, 전쟁, 평등, 명예, 자부심, 인내, 포용, 관용, 권위, 권리와 권력의 남용과 같은 평화나 폭력과 연관된 개념들은 그 자체로 논쟁적이다. 이와 같은 개념들이 실제로 무엇을 의미하는지에 대한 합의는 거의 존재하지 않는다.[8] 탐구공동체가 이 개념들을 다시 탐

---

7 Heller와 Hawkins가 지적한 것처럼, 사회가 인종주의는 문제라는 사실을 인정하지 않으려 한다면, 학교가 인종주의와 같은 문제들에 대해 올바른 대응을 하려는 시도는 어려울 것이다 (1994, p.357). '폭력'이란 말이 부정적인 의미를 수반하지 않는다고 생각하는 학생들이 증가하는 것에 진지하게 주의를 기울일 필요가 있다.

8 예를 들면, 관용이 수용을 함축한다면, 치한과 강간범까지도 받아들일 수 있는가? 어떤 교육

구를 위한 출발점으로 삼는다면, 다양한 수준에서 연관된 이슈들을 지속적으로 심사숙고할 수 있는 것이다. 가정에서의 권력 남용에서부터 학교 운동장에서 벌어지는 괴롭힘, 지역사회에서의 인종차별, 국가의 대내외적인 갈등까지 말이다.

셋째, 아이들은 평화와 폭력에 대한 다양한 관점들을 가지고 교실로 들어온다. 더 나은 사회를 위해 폭력을 지지하는 부모나 폭력적인 행위를 하는 부모를 둔 아이들은 폭력과 갈등 중심의 세계관을 아주 강력히 형성하고 있을지도 모른다. 최소한 교실은 이러한 견해조차도 함께 토론되고, 자세히 검토될 수 있는, 대립적이지 않고 협력적인 환경을 제공해야 한다. 만약 다른 문화에 배타적인 폭력 범죄자가 어린 시절에 탐구공동체를 경험할 수 있었다면, 그는 심사숙고하는 사람이 되었을지도 모른다. 만약 그가 토론에 참여하여 타인에 대한 존중과 차이에 대한 포용, 그리고 진리에 대한 사랑, 다른 의견에 귀 기울이려는 태도, 감정이입, 일관성 같은 기본적 인지 도구와 성향을 획득했다면, 그는 자신의 관점이 대중적이지 않으며 합리적으로 방어될 수도 없다는 것을 깨달았을지 모른다.[9] 그러나 아무도 그가 실제 토론에 참여할 수 있도록 애쓰지 않았으며, 결국 그는 타인의 관점과 감정을 이해하지 못하고, 자기수정을 위한 의지와 능력도 갖추지 못한 사람이 된 것이다. 단순하게 말해서 그에게는 자신의 관점 외에 다른 관점이 존재하지 않는다. 제3장에서 우리가 논의했던 구분의 연장선에서, 이런 사람은 자신의 행동에 대한 의견은 가지고 있지만, 더 나은 탐구에 열려 있는 진정한 관점과 신념이 결여된 것이다.

어른들이 평화와 폭력에 대한 전문가라 하더라도, 아이들은 쉽게 어

과정도 실제로 그런 경우에 관용을 옹호하지 않는다(Heller & Hawkins, 1994, p.344)고 말하지만, 그들의 대답은 초점을 놓치고 있다. 불관용은 특정 집단이 전적으로 다르다는 사실이 아니라, 그들이 공격과 피해를 유발한다는 사실을 의미한다.

9 성향에 대한 언급은 여기에서 매우 중요하다. 아마 폭력적인 행동은 자기 자신이나 다른 사람들에 대한 믿음과 태도 그리고 느낌 모두에 밀접한 관련이 있을 것이다.

른의 충고를 따르지 않는다. 충고는 일방적인 전달이기 때문이다. 학교 안팎에서 접하는 수많은 정보와 아이들의 견해를 고려하지 않은 채, 그들에게 깊이 뿌리박힌 태도와 행동을 수정하려는 시도는 무의미하다.[10]

만약 폭력이 아닌 평화를 선호하도록 아이들을 설득하려고 한다면, 어른의 경험과 권위에 호소하기 전에 다음의 두 가지를 먼저 생각해야 한다. 첫째는 우리의 경험이 아이들의 경험을 충분히 대체할 수 없다는 것이고, 둘째는 역사적 교훈에 근거하여 설득하는 것은 오히려 역효과가 일어날 수도 있다는 점이다. '평화적인 행위가 폭력보다도 더 효과적이다' 또는 '평화에 더 많은 가치를 부여하는 사람들이 그렇지 않은 사람보다도 더 오래 의미 있는 삶을 산다'라는 주장을 입증하기는 쉬운 일이 아니다. 왜냐하면, 역사 전반에 걸친 구조적 폭력의 확장과 평소 어른들이 말하는 도덕적 선입견들을 보아 온 아이들에게는 극단적인 위선으로 치부될 수 있기 때문이다.

마찬가지로 저명한 전문가의 강연과 발표가 단기적으로 관심을 끌고 흥미를 줄 수 있지만, 그것은 아이들이 사람과 세계에 미치는 폭력의 영향에 맞서야 할 때, 탐구하는 공동체의 힘에 미치지 못한다.

우리는 공동체에서 일어나는 범죄나 폭력에 대항하기 위해서 검열, 인종 비하에 관한 법률, 강력한 처벌과 같은 입법을 추진해야 한다는 의견에 어느 정도 동의한다. 그러나 이런 엄격한 처벌들은 종종 무고한 사람들의 권리를 위협하기도 한다. 그리고 스스로 생각하고 정당하게 판단할 수 있도록 장려되어야 할 개인적 자유를 침해할 수도 있다. 한편으로는 강력한 처벌과 법률이 희생자를 보호하는 데 필요하다는 점에는 의심의 여지가 없지만(정확히 희생자가 누구인지에 대해서는 종종 논쟁거리

---

10 여기서 우리는 어린이들의 공식적인 학습의 결과인 '내면화된 지식'과 그들의 믿음, 가치, 행위들 뒤에서 실질적인 힘을 행사하는 '활성화된 무지' 간에 치열한 경쟁이 이루어지고 있다는 사실을 알고 있다. 이 구별은 제3장에서 이미 논의되었다.

가 된다), 그것이 실제로 가해자들의 가치관이나 태도, 신념에 거의 영향을 주지 않는다는 점도 알아야 한다. 기껏해야 치료 역할만을 할 뿐이다. 폭력과 착취, 학대가 개인의 가치관과 태도, 행동에 스며들어 있다면, 장기적인 관점을 가지고 접근할 필요가 있다. 이런 장기적인 관점을 고려한다면, 결국 이 문제는 법률적인 영역을 떠나 정확히 교육적인 영역으로 돌아가게 된다.

평화나 폭력과 관련된 개념들에 정서적인 요소가 강하기 때문에, 우리는 아이들이 단순하게 평화를 칭송하고 폭력을 비난하는 무조건적 반응의 수준을 넘어설 수 있게 도와줘야 한다. 물론 어떤 이유에서든 폭력을 묵인하고 평화를 옹호하는 것을 허약하다면서 거부하는 아이들에게도 마찬가지이다.

폭력에 대항하기 위한 수단으로써 법률적인 접근을 생각하다 보면 항상 검열의 문제가 언급된다. 왜냐하면 우리 사회에는 TV와 영화, 온라인 게임에서의 폭력묘사와(특히 성적 폭력일 경우에) 현실적인 폭력 사이에 직접적인 연관이 있다고 믿는 사람들이 많기 때문이다. 그렇지만 제도화된 검열제도는 몇 가지 이유에서 문제가 있다.

무엇보다도 첫째, 검열과 금지의 역사를 조금만 들여다보면, 사회구성원이 필사적으로 추구하는 행위를 막기 위해 법률을 제정하는 것이 얼마나 실효성이 없는지 알 수 있다. 암시장, 합법적 통제 부재, 고물가, 관련자 고통 가중은 모두 너무나도 익숙한 결과이다.

둘째, 검열제도는 그것이 무엇이든지 적법성을 주기 때문에 사악한 입법자의 손안에서 강력한 파괴의 무기가 되기 쉽다.[11] '당신이 내가 읽거나 봐도 되는 것과 그러지 말아야 할 것을 결정할 권리가 있는가?'라

---

11 이 문제는 입법자들에게만 관련되는 것이 아니다. 어린이와 검열제도라는 주제를 다룰 때, 부모, 교사들은 아이들에게 노출되어도 되는 것과 노출되면 안 되는 것을 결정하는 책임을 떠맡는다. 최근의 한 신문은 도서관 사서의 관점에서 바라본 이 문제의 흥미로운 측면에 초점을 맞추었다(Melbourne Age, 1993, p.10).

는 항변은 쉽게 무시된다. 묘사와 행위 사이의 인과관계를 주장하는 논거는 지나치게 확장될 수 있다. 아이들이 가족용 술 창고나 자동차 운전대에서 놀고 있다고 해서 술을 금지하거나 자동차 운전을 금지하지는 않는다.

아마도 검열에 대한 가장 명백한 문제는 묘사와 행동 간의 인과적인 연관성일 것이다. 이 인과적인 연관은 이해하기가 힘들다. 심지어 상관관계가 분명한 경우에도 마찬가지이다. 표현의 자유가 허용될수록 사회가 더 폭력적으로 변한다고 가정해 보자. 그다음은 무엇이겠는가. 우리는 너무도 단순하고 편리한 방식으로 자유가 폭력의 일차적인 원인이라고 단정할 것이다. 이러한 전략은 실제와 환상을 잘 구별하지 못하는 몇 사람에게는 실효성이 있을 수 있다. 그러나 사회의 법은 극단적인 몇 가지 경우들에 기초해서는 안 된다. 한 사회가 폭력적이라면, 그 구성원들이 폭력적으로 행동하고 폭력적인 묘사를 '즐긴'다고 가정하는 것이 더 합리적이지 않을까? 많은 아이들이 소위 '죽음의 전투(Mortal Combat)'와 같은 온라인 게임을 즐긴다. 이 게임에는 끔찍한 폭력, 성차별, 인종차별 등이 묘사된다. 우리가 정말로 걱정하는 것은 아이들이 실제 현실에서 그들의 환상을 행하는 것이 아니라, 환상과 실제 모두가 폭력, 섹스 그리고 인종차별 등에 아무런 도전을 하지 않는 모습을 보여준다는 점이다. 이는 아이들을 포함, 우리가 직면해야 하는 문제이다. 검열에 관한 주장을 받아들이는 것은, 우리 관점에서 볼 때, 거칠고 어려운 문제를 덮어둔 채 너무 쉬운 방법을 택하는 것과 같다.

바람직하지 않은 가치와 태도에 대항하기 위해 입법을 추진하는 것에 의문을 제기한다고 해서 곧 법률이 개인의 행동에 영향을 주지 못한다고 말하는 건 아니다. 다소 아이러니한 예로, 현대의 총기 문화를 신봉하는 사람들은 '법'에 대한 과장된 존경심을 가지고 있는 것 같다. 그러나 이 법은 치명적인 무기에 의해 야기될 수 있는 비극을 막기 위한 것이다. 심리적이거나 도덕적인 폭력에 비해 주먹과 칼에 의한 물리적 폭력은 오히려 덜 치명적이다. 폭력적인 행동을 하는 사람들은 자기 감정의 분출구를 찾는 것이다. 그러한 행동의 이면에 있는 인지적이고 정서적인 상태 역시 여전히 폭력적이다. 단지 행동만을 금지한다고 해서 끝나는 게 아니다. 따라서 우리는 그 행동의 이면에 놓인 폭력적 문화를 강화하는 가치에 관해서 탐구할 필요가 있다. 아이들은 이러한 가치와 태도에 대해 체계적으로 검토할 수 있는 탐구 과정으로 들어와야 한다. 왜냐하면 이러한 문제는 아이들의 삶과 긴밀하게 연관되어 있기 때문이다.

아이들이 폭력에 지속해서 노출되면, 그들은 폭력에 대해 무감각해질 것이다. 이는 폭력이 묵인되고 승인되는 환경을 계속 유지한다. 하지만 불완전한 세상에서 폭력적인 요소들을 모두 제거한다는 것은 불가능한 일이다. 오히려 폭력에 대한 아이들의 민감성을 키워주는 것이 더 효과적일 수 있다. 아이들에게 느낌과 사고 사이의 연결성을 강화할 수 있는 대안적 환경을 제공하는 것이다. 물론 가정과 학교 모두 여기에 포함된다.

윤리적 탐구공동체는 폭력으로부터 아이들을 보호하기 위한 수단으로써 입법과 검열뿐만 아니라 다양한 대안을 환영한다. 이러한 환경은 지성적인 것과 정서적인 민감성 사이의 연관성에 집중한다. 스스로 생각할 수 있고, 실제와 환상에 대한 건강한 이해를 가진 아이들은 어른들의 제약으로 보호받을 필요가 없다.

탐구공동체에서 평화와 폭력과 관련된 핵심적인 개념이나 원리들을 탐색하는 것은 도덕적 실천의 절차들을 검토하는 것과 긴밀하게 관련되어 있다. 우리는 여기서 다음과 같은 윤리적이고 교육적인 요소들을 생각해 볼 수 있다.

◆ 개인적이고 경쟁적인 활동보다는 협력적인 활동이 더 적절하다.
◆ 의심, 무관심, 혐오보다는 신뢰와 배려에 바탕을 두고 행동해야 한다.

◆ 공감을 표현해야 한다(특히 반대 견해를 가진 사람에 대해서는 더욱 그렇다).

◆ 자신의 아이디어가 경청되고 존중받는다는 사실에서 자부심과 존엄성, 안정감을 느낄 수 있어야 한다.

◆ 선입견을 은폐하고 고정관념을 형성시킬 수 있는 성급한 결론이나 일반화를 피해야 한다.

◆ 특정 행동의 결과를 고려해야 한다.

◆ 공정한 활동을 위한 규칙들을 준수해야 한다.

◆ 비판 정신과 '오류 가능'의 정신을 보여주어야 한다(너도 알겠지만, 우리는 늘 틀릴 수 있어).[12]

탐구공동체로 전환된 교실은 아이들에게 서로의 차이점과 공통점에 대해 반성적으로 사고하고 토론하며 행동할 기회를 준다. 실제로 오늘날 아이들의 교실은 다인종적이고 다문화적이다.[13] 아이들은 이러한 다문화 사회에서 살기 위한 방법과 태도를 배워야 한다. 그리고 이러한 환경에서는 모든 구성원의 인격에 대한 존중을 바탕으로 성찰과 질문이 이루어져야 한다. 만약 이러한 반성적 실천이 인간에 대한 존중과 관용의 습관을 기르는 핵심적인 열쇠라면, 탐구공동체는 평등하고 공정하며 민주적인 사회제도의 모델일 수 있다.

교실을 탐구공동체로 전환하는 데 있어, 교실이 가지는 다양하고 이질적인 본성은 커다란 도전이다. 하지만 이러한 상황은 오히려 탐구공동체로의 전환이 매우 절실하고, 잠재적으로 커다란 장점이 될 수 있다는 점을 보여준다. 학생들은 공통점과 차이점 속에서 생동감 넘치는 경험을 가질 뿐 아니라, 그들이 마주하게 될 인종적, 종교적, 성적 다양성

---

12 '비판 정신'에 관한 좋은 토론은(Passmore, 1980)와 (Siegel, 1988)에 있다.

13 아마, 호주는, 인구의 50%가 다민족 출신일 정도로 지구상에서 가장 다문화적인 국가일 것이다. 최근 미국의 이민 비율에 대한 예측에 따르면 유럽계 백인들이 2050년쯤이면 소수 민족이 될 것이라고 암시하고 있다(Heller & Hawkins, 1993, p.339).

간의 균형을 통해, 자기 인식과 자존감을 강화할 수 있다. 앨리스 워크 (Alicee Walk)의 말을 빌리자면, 타인의 문화를 더 깊이 들여다볼수록 자신의 문화를 더욱 반성적으로 볼 수 있는 것이다(Heller and Hawkins 1994, p.345).

탐구공동체에 참여하는 것은 폭력과 갈등에 대응하는 강력한 방법이다. 이러한 대응은 반드시 해결해야 하는 특정한 토론 주제와 상관없이 언제든 일어난다. 쉽게 말해 평화교육은 평화가 정식 토론의 주제가 아니더라도 모든 교실에서 이루어질 수 있다.

윤리적 탐구공동체는 폭력과 관련된 문제에 대해 다차원적으로 반응한다. 이것은 학생들이 폭력과 관계되는 개념과 원칙에 대해 진지하게 생각할 수 있도록 이끈다. 즉, 윤리적 탐구공동체 안에서 아이들은 자신의 사고 과정에 대해 반성적이고 비판적으로 생각하고, 상호 존중과 신뢰와 배려의 태도를 키운다. 나아가 교사나 학급 친구들의 부정적 반응을 두려워하지 않고 자기 의견을 편하게 말할 수 있는 안정감을 느낀다.

탐구공동체는 아이들이 관심 있어 하는 주제에 대하여 자유롭게 질문을 할 수 있게 한다. 가장 좋은 질문은 교사나 교재가 아니라 학생들이 주도하여 만든 질문이다. 이렇게 만들어진 질문은 탐구를 위한 단순한 예비 작업이 아니라 탐구를 시작하게 하고 지속시키는 결정적 요소이다. 여기에 평화와 폭력에 관한 탐구에서 다루어볼 만한 질문 몇 가지를 소개한다.[14]

◆ 폭력이 정당화된 적이 있는가? (그때 폭력은 어떤 의미인가? 어떤 식으로 정당화

---

14 이 목록은 출판 예정인 Lipman의 원고에서 확장한 것이다. 이 질문들이 모든 연령의 아이들에게 적절하다는 것은 논쟁의 여지가 있다. 이 반복되는 우려에 대한 우리의 답변은 탐구는 탐구에 참여하는 아이들의 흥미에 의해 시작되어야 하고, 그 흥미와 결부되어야 한다는 점을 지적하는 것이다. 너무 오랫동안, 어린이들은, 그들이 진심으로 관심을 갖고 있는 탐구에서 배제되어 왔다. 제2장에서 우리는 탐구를 막기보다는 오히려 자극할 수 있는 질문들의 성격을 논했다.

하는가? 정당화의 조건은 무엇인가?)

◆ 폭력적인 규칙으로 진행되는 게임이 공정할 수 있는가?

◆ 권리가 없는 곳에 폭력이 있을 수 있는가?

◆ 개선의 여지가 없는 곳에 권리가 있을 수 있는가?

◆ 개인은 어떠한 수단을 써서라도 자기를 방어할 권리를 가지고 있는가? 비폭력적인 대응이 더 효과적일 수 있는가?

◆ 동물을 사냥하는 스포츠 이면에는 어떠한 가치와 권리의 문제가 있는가?

◆ 모든 가치와 권리는 문화에 따라 상대적인가?

◆ 폭력적인 사람들이 폭력을 행사할 필요가 없도록 하려면 사회를 어떻게 변화시켜야 할까?

◆ '자부심'과 '명예'는 무엇이며, 내가 다른 사람들과 관계하는 방식에 어떻게 영향을 주는가?

◆ 인종적이고 국가적인 우월감은 성숙한 관용 및 존중과 양립할 수 있는가?

◆ 나는 나를 위협하는 누군가에게 복종해야 하는가?

◆ 어떤 행위가 괴롭힘인가? 괴롭힘에 대해 적절한 대응은 무엇인가?

◆ 다른 사람이 내 몸에 손댈 권리가 있는가?

◆ 합의가 신중히 고려되어야 할 상황은 언제이고 무시되어야 할 상황은 언제인가?

◆ 처벌의 목적은 무엇이어야 하는가? 신체적 처벌은 정당화될 수 있는가?

◆ 다른 사람을 죽이는 것이 용납되는 경우가 있는가?

◆ '사람이 된다는 것'은 진정 무엇을 의미하는가?

◆ 말로 누군가에게 상처를 주는 것도 폭력인가?

◆ 정당한 전쟁은 존재하는가?

◆ 무엇이 사람들을 대량 학살로 이끄는가?[15]

---

15 이 글을 쓰는 지금, 이 순간에도 르완다에서 벌어진 대량 학살에 대한 세부적인 사실들이 드러나고 있다. 역사상 찾아보기 힘든, 이 갈등의 가장 비참한 측면 중 하나는 인간이 자신과 많은 것을 공유하는 같은 인간을 그렇게 쉽게 학살할 수 있다는 사실이었다.

우리는 이 질문들이 가진 중요한 특징에 관심을 가져야 한다. 따라서 이 질문들이 불러일으킬 수 있는 또 다른 질문에도 관심을 가져야 한다. 보통 이러한 질문은 질문하는 사람의 관심과 경험에서 비롯된다. 하지만 우리는 특정 행위와 상황을 넘어 그러한 사건의 근간이 되는 개념과 규범에 대해 비판적으로 탐구해야 한다. 교사는 보통 아이들이 토론에 흥미를 느끼게 하려고 특정한 폭력 상황을 제시한다. 하지만 탐구공동체의 역할은 그러한 상황과 관련하여 '폭력'에 대해 더 나은 이해를 탐구하도록 하는 것이며, 아이들이 자기 생각과 행동에 대해 책임감을 갖추도록 돕는 것이다. 위와 같은 질문들이 제기되면 아이들은 인간관계와 관련된 핵심 가치와 관점에 대해 탐색하게 된다. 이런 점에서 윤리학을 포함하는 학문으로서 철학이 일반적인 평화교육의 영역에서 강력한 역할을 하는 것이다. 윤리적 탐구는 이에 참여하고 있는 아이들에게 가치 및 원칙 그리고 특정 상황과 관련하여 사고하고 느끼는 방식에 영향을 미친다. 게다가 윤리적 탐구를 통해 아이들은 그들의 삶에서 처음으로 공동체의 윤리적 판단을 고려하여 자기 행동을 수정하도록 요구받을 것이다.

특정 가치에 따라 합당하게 행동해야 한다는 신념을 내면화한 학교폭력 가해자는 공동체의 숙고와 자기 행동을 적절히 연결할 수 있을 것이다.[16] 탐구공동체는 개인이 주목받는 만남의 장이 되어서는 안 된다. 다시 한번 강조하지만, 탐구는 치료와 다르다. 교실에서 교사가 윤리적 탐구를 직접 이끌고 모범을 보여줄 수는 있지만, 아이들 행동의 변화는 대부분 교사의 전문성 너머에 있다.

---

16 학교폭력에 대한 전통적이고 일시적인 대처와는 다르게 탐구공동체는 비폭력적인 대안과 행동을 교실 안팎에서 매일 연습하고 강화하는 모델을 제공해 준다.

가. 폭력의 도덕적 코드

폭력에 대응하기 위한 전략으로써 탐구공동체의 역할을 명확히 하고 강화하기 위해, 집단 폭행, 청소년 범죄 등과 같은 현상의 원인에 대한 기존의 통념에 도전하는 최근 연구를 몇 가지 인용하고자 한다.[17] 이러한 연구들은 실직이나 사회-경제적 배경과 같은 '외부' 요인들이 폭력의 원인에 대한 일부일 뿐이라는 것을 보여준다. 만약 폭력의 '도덕적 코드(code)'에 대해 숙고한다면, 우리는 폭력의 원인에 대해 좀 더 잘 이해할 수 있을 것이다. 청소년들과 그들이 폭력을 행한 이유에 대해 면담했을 때, 대다수는 일대일의 싸움이나 패싸움과 같은 것들이 자신의 윤리적, 개인적 정체성을 결정하는 중대한 요인이라고 설명했다. 일대일 싸움의 경우에, 개인적 자존심과 힘, 명예 그리고 남자다움이 주요한 요인이었다. 두 사람 간의 유혈 싸움은 단단한 우정을 맺는 하나의 방법이 될 수도 있다(Bessant and Watts, 1993). 패싸움의 경우에 중요한 요인들은 충성, 신뢰 그리고 자기 영역의 보호와 밀접한 관련이 있었고, 때때로 인종적 차이 때문에 일어나기도 했다. 일반적인 요인은 감정 즉, 폭력적인 위법 행위에 직접 참여하거나 이를 구경할 때 느껴지는 전율과 같은 것으로, 이는 일상생활의 따분함에 대한 저항에서 비롯된 것으로 보인다.

이러한 생각을 따라가 보면, 청소년들 사이에서 통용되는 폭력의 도덕적 코드는 전쟁 중에 벌어지는 조직적인 강간, 체계화된 고문, 인종 청소, 기업 합병 등과 같은 인간 행위의 일부라는 것을 알 수 있다. 이와 같은 일들이 왜 발생하는지를 이해하고자 한다면, 그 상황에 있는 소외된 청소년들의 행위를 잘 보아야 한다(Bessant and Watts, 1993). '법과 질서'를 설교하고, 사회는 항상 피해자일 뿐 가해자가 될 수 없다는 의

---

17 Bessant & Watts(1993).

미를 내포하는 고삐 풀린 정책은 해답이 될 수 없다.

이 시점에서 우리는 인간이 동물이라는 생물학적 사실과 인간의 폭력적인 행위는 생물학적 본성을 반영하는 것이라는 주장에 강하게 이끌린다. 이에 대한 적절한 교육적 대응은 학교가 청소년들이 타고난 본능적 성향을 뛰어넘어 도덕적 주체가 될 수 있도록 도와주는 것이다. 이 맥락에서 '도와준다'와 '뛰어넘는다'와 같은 말은 정확히 무엇을 의미하는가? 사회가 싫어하는 가치, 태도, 신념 체계를 청소년들 사이에서 쉽게 없앨 수 있다고 상상하는 것은 현실적이지 않다. 많은 아이들은 학교에서 배운 것을 자신들이 이미 믿고 느끼는 것과 통합시키는 방법을 찾지 못하고 있다. 아이들은 비록 본능적이기는 하지만 더 확고하게 자리 잡은 기존의 가치관과 신념에 더 크게 영향을 받을 것이다. 요점은 폭력적인 문화에 둘러싸인 청소년들은 이미 그들의 태도와 행동을 이끌고 지배하는 신념과 '가치'를 포용하는 나름의 도덕적 코드를 가지고 있다는 것이다. 이에 대해 적절하고 효과적인 교육적 대응을 찾기 위해 우리는 우선 이러한 현실을 인정해야만 한다.

동족 의식, 명예, 힘, 충성 등과 같은 개념을 중심으로 하는 폭력의 도덕적 코드는 본질적으로 결함이 많다. 왜냐하면 혐오감을 주거나 용납될 수 없는 행동을 일으킬 뿐 아니라 반성과 비판, 그리고 자기수정적 범주가 부족하기 때문이다. 그것은 인간의 윤리와 정글의 법칙을 구별해 주는 요소이다. 해가 될 수도 있는 과학에 대한 아이들의 순진한 관점처럼, 폭력의 도덕적 코드는 그것을 지지하는 사람들을 조종하는 '활성화된 무지'의 형태이다. 그래서 대안적인 관점에 대해 숙고하거나 이를 수용하는 것을 방해한다.

우리의 주장이 옳다면, 자기 집단에 대한 충성심과 우월감을 중요하게 생각하는 아이들을 탐구공동체에 참여하게 하는 것은 중요하다.[18]

---

18 Heller & Hawkins(1994, p.363)는 '저학년 어린이들의 인종적인 태도는 고학년 학생 및 어른들의 태도보다 훨씬 더 쉽게 수정된다'는 것을 확증하는 보고서를 인용한다.

왜냐하면 탐구공동체는 중요한 개념과 관점에 대한 비판적 탐구에 열려 있으며, 아이들이 좋아하는 방식으로 대안적인 도덕적 삶을 만들어 나갈 수 있도록 도와주기 때문이다. 그런 의미에서 탐구공동체는 매우 매력적이다. 아이들은 그 속에서 인격적이고 지적인 힘을 키울 수 있다. 그 힘은 신체적인 힘이나 외부적 위협에서 오는 것이 아니다. 그 힘은 각자가 다른 사람들의 생각이나 아이디어를 잘 경청하고 소중히 여기는 태도에서 나온다. 나아가 탐구공동체에서는 행위의 규범, 자기 집단에 대한 충성, 공정한 대우, 지루함 등과 같은 주제들을 충분히 다룰 수 있다. 이렇게 강화된 인격적이고 지적인 힘은 무기력 대신에 언제 어디서든 의미와 흥미를 찾아갈 수 있도록 이끌어 준다.[19]

탐구공동체는 무비판적이고 무반성적으로 갖게 되는 견해와 태도들에 도전하도록 이끈다. 공동체의 구성원들은 비판과 자기수정의 성향이 자신에게 어떤 힘을 준다는 것을 발견한다. 아이들은 이러한 성향들을 발휘하면서, 그들의 행위에 내포된 의미와 결과에 대해 생각하기 시작한다. 예를 들면, 아이들은 개인적인 자존심과 우월감에 의한 폭력의 본질적인 공허함이나, 폭력 집단의 사고방식이 나의 주체적 사고를 대체할 때 느껴지는 허무함 등을 발견할 수 있다. 그들은 스스로 생각하는 법을 배울 뿐 아니라, 그것의 가치도 알게 될 것이다. 왜냐하면 탐구공동체는 주체적인 사고를 가치 있게 여기기 때문이다.

그러면 탐구공동체는 폭력 예방을 보장할 수 있는가? 물론 그렇지는 않다. 특히 일부 학생들은 탐구를 거부할 수도 있다. 이러한 문제는 특히 고학년이나 어른들에게 잘 발생한다. 그들은 실질적인 문제에 대해 이미 나름의 답을 가지고 있다. 왜냐하면 그들은 기존 공동체 안에

---

19 신체적, 정서적 혼란, 불평등한 권력 상황 등으로 인해 허무감이 생길 수 있다. 그것은 종종 폭력적인 힘으로 상쇄되기도 한다(Bessan & Watts 1993 참고). 이와는 대조적으로, 탐구공동체는 그 속에서 개인적인 성장과 개인 상호 간의 성장이 의미의 구성과 함께 이루어지는 환경이다. 그 결과 완전히 다른, 훨씬 더 건설적인 종류의 권한 부여가 이루어진다.

서 동일한 도덕적 코드를 공유했기 때문이다. 하지만 한편으로 안전하고 신뢰할 수 있는 환경에서 자신의 도덕적 코드에 대해 공개적으로 토론하고 그 행동이 초래할 결과를 탐색할 기회를 제공하면 적어도 상황이 악화될 가능성은 적어질 것이다.

폭력적인 성향의 학생을 맡아야 하는 교사와 학교는 그들이 좋아하지 않는 방식으로 작동되는 국가의 압력에 직면해야 한다. 30년 전 스푸트니크호 발사 당시 미국 정치인들은 열정적으로 수학과 과학 교육을 강화해야 한다고 주장했다. 그 때문에 교육과정은 일부 과목에 집중되었고, 가치 있는 다른 영역이나 과목은 희생되었다. 국가의 경제적, 정치적 지위를 국내외적으로 향상하기 위한 돌진 속에서, 우리의 교육 체제는 훨씬 더 기술주의적이고 비인간화되어 버렸다. 하지만 우리는 여전히 학교폭력에 대한 해법들이 쉽게 측정되거나 상세히 설명될 수 없다는 것을 알고 있다. 그러한 문제들은 인간관계의 복잡성에 초점을 맞출 수 있는 환경 안에서 논의되어야 한다. 바로 여기에 학교폭력 문제에 대응할 수 있는 탐구공동체의 미덕이 있다. 교실에서 탐구공동체는 학생이 상품이나 자원이 아니라는 사실을 일깨워 주는 중요한 역할을 한다. 따라서 교수학습을 위한 환경으로써 탐구공동체는 과학과 기술 과목을 포함하여 교육과정의 전반에 걸쳐 중요하게 고려되어야 한다. 물론 그렇다고 해서 탐구공동체가 학교폭력 같은 문제를 해결하기 위한 목적으로 구성된 특정한 방법론이라고 말하는 것은 아니다.

탐구공동체는 사회적 문제들에 대한 즉각적인 해답을 제공하지 않는다. 그것은 불경기 때 직업을 제공할 수도 없고, 민주주의를 전복시키려는 폭력적인 열망을 가라앉힐 수도 없다. 하지만 전 세계의 편견과 혐오를 조장하는 사람들은 자기들의 말에 솔깃해하면서 맹목적으로 지지해 줄 사람들을 원한다. 이런 상황은 교실을 탐구공동체로 전환하려는 이유가 된다. 그것은 아이들에게 말하고, 듣고, 생각하고, 가치를 평가할 기회를 제공하고, 무엇이 공정하고 합당한 것인지 스스로 판단할 수 있는 능력을 길러주기 위해서이다.

폭력을 영속화하는 데 있어 남성의 책임을 부인하기는 어렵다. 따라서 학교 교육의 맥락 안에서 성차별적인 문제에 관심을 기울이는 것은 교육적으로 매우 중요하다.

4. 성, 성적 편견, 차별

어린이철학과 현대 페미니스트 철학은 서로 가깝다. 둘 다 1960년대 격동의 산물이며, 우리 사회에서 억압된 집단의 권리를 강조하면서 이어져 왔다(특히 어린이와 여성). 두 이론 모두, 탐구의 출발점으로 개인적 사회적 경험의 중요성을 강조한다. 그리고 두 이론은 포용적이고 다원주의적인 헌신을 공유하고 있다.

어린이철학과 페미니스트 철학은 배려와 대화, 그리고 의미 추구를 위한 교육학을 강조한다. 또한, 감정과 이성, 아는 사람과 모르는 사람, 육체와 정신, 이론과 실천 사이의 엄밀한 이분법을 거부한다. 그리고 이 두 이론은 구체적인 상황에 주의를 기울이고, 철학적 범주와 가치 판단의 방법론을 연결하는 것을 중시한다. 그리고 마지막으로 가치 중립적 이론의 가능성과 순수하고 중립적인 객관적 실재를 부인한다.

절차적 관점에서 보면, 두 철학 운동은 분열된 개인주의적인 사고를 넘어 공동의 탐구와 공유된 이해를 가치 있게 여긴다.[20] 각자의 관점과 세계관을 공유하는 평등주의적 토론의 형태는 20세기 철학을 지배했던 적대적인 상호작용 방식을 거부했다.

나아가, 두 입장은 모두 비공식적이고 비유적이며, 불명확함과 모호

---

20   Beverley Wildung Harrison: '상호협력적인 삶의 양식을 받아들이지 않고는 페미니스트 윤리학을 만드는 것은 가능하지 않다'(Harrison, 1985, p.v).

함을 가진 일상적인 대화에 주의를 기울인다. 이론은 매일의 반성적 실천을 통해 성장하고 끊임없이 수정되도록 장려된다.[21] 어린이철학과 페미니스트 철학은 특정 집단에 불리하게 작용하는 문화를 비판했던 듀이의 관점을 공유하고 있다. 듀이는 철학이 항상 자기수정에 열려 있는 협력적이고 자율적인 규범에 따라 사회를 재구성할 가능성을 가지고 있다고 생각했다. 듀이는 철학에 대한 이러한 관점을 다음과 같이 표현한 적이 있다.

> 철학은 비판이다. 문화의 토대를 이루고 있는 영향력 있는 신념들에 대한 비판이다. 비판은 가능한 그 신념을 만들어 내는 근본 조건을 추적한다. 그리고 비판은 신념의 총체적인 구조를 이루는 요소들의 양립 가능성에 대해 숙고하고, 그 신념의 결과까지 추적한다. 그 탐구는 의도했든 의도하지 않았든 새로운 관점으로 신념을 투영하여 새로운 가능성에 관한 탐구로 이어진다(Dewey, 1931-1932, p.19).

어린이철학과 페미니스트 철학은, 엄밀한 규칙들에 지배받으려고 애쓰지 않는다. 그보다는 지속적이고 발전적인 탐구로서 윤리교육의 관점을 공유한다. 이러한 윤리교육은 여성들과 어린이들이 이상적인 세계를 발명하는 것의 가치와 그것을 우리의 존재와 삶 속에서 실현할 방법을 배우는 것으로 확장된다. 이러한 관점은 듀이와 리처드 로티와 같은 철학자들의 전통 위에 있다. 예를 들어, 로티는 인간의 행동을 이끄는 '이상'은 주어진 것이 아니라 도덕적 상상력을 통해 만들어지는 것이라고 주장한다.[22] 반면에 듀이는 다음과 같이 경고한다.

---

21 일상 언어에 대한 수용은 페미니스트 철학에만 있는 독특한 특징은 아니다. 1950년대의 분석철학은 Wittgenstein, Gilbert Ryle, 그리고 J.L.Austin의 '후기 일상 언어' 학파가 우세했다.
22 Rorty(1991, p.6). 여기서 Rorty는 '덜 고통스럽고 희미하게 보이는 미래'를 제공하는 대안적 공동체를 상상하고 심지어 창조하는 것에 대한 실용주의적 관심에 관해 이야기한다.

[이러한 이상들은] 단지 상상의 산물이 아니다. 그것은 자연적이고 사회적인 경험의 세계 안에서 어렵게 만들어지는 것이다. 그 새로운 비전은 무에서 떠오르는 것이 아니라 가능성에 대한 이해를 통해 나타난다. 그 가능성이란 새로운 관계 속에서 옛것들이 하나의 새로운 결말로 이어지게 하는 상상력이다. 그 새로운 결말은 또 다른 새로운 결말을 창조하는 데 도움을 준다(Dewey, 1934a, p.49).

높은 지위의 사람에게 문제를 제기하거나 실질적인 사회적 변화를 희망하는 사람들은 늘 어려움에 직면한다. 특히 자기반성의 필요성을 이해하지 못하는 사람들이 사회 변화를 가로막을 권력을 갖고 있을 때 더욱 그렇다. 게다가 그들은 이상적인 사회의 청사진이 실제로 실현되기를 기다리는 것도 아니다. 이러한 맥락에서 보면, 새로운 세계관을 제시하는 사람들의 언어와 이상들은 때때로 모호하고 단순하게 보일 수도 있다. 나아가 터무니없게 생각될 수도 있다. 실제로 이런 이유로 새로운 의견이나 생각을 반대하기도 한다. 그러나 듀이의 말처럼 현재 있는 것과 있을 수 있는 것 사이의 긴장감은 다행히도 인간의 필연적인 조건이다.

창조의 과정은 실험적이고 연속적이다. 예술가, 과학자, 훌륭한 시민들은 다른 사람들이 이전에 해 왔던 일과 현재 자기 주변에서 하고 있는 일들에 의존한다. 실현해야 할 목적이 되는 새로운 가치의 의미도 처음에는 희미하고 불확실한 형태이다. 그러나 그 가치를 마음에 새기고 행동으로 실천하면서, 그것은 점점 확실성과 정합성을 갖게 된다. 목표와 현재 조건 사이의 상호작용은 이상을 개선하고 시험한다. 동시에 조건들도 수정된다. 이상은 현재 조건에 적용됨에 따라 변화한다. 이 과정은 인류의 삶과 함께 지속되고 진보한다(Dewey, 1934a, pp.49-50).

성차별(sexism) 문제에 대응하는 일에서 어린이철학과 페미니스트 철학은 공통의 기반을 공유한다. 두 운동은 (남성과 여성을 이성과 감성으로 나누어 생각하는) 깊숙이 뿌리박힌 편견을 포함하여, 성적 편견에 근거를 두는 가치들과 태도들이 의심받고 수정될 수 있는 교육시스템을 마련할 필요가 있다고 생각한다. 그리고 두 입장은 모두 유년기 때부터 시작되는 성차별적 생각과 행동은 생물학적 요인과는 상관없이 사회 문화적 요인에 의해 강화된다고 가정한다. 나아가 두 이론 다 성역할과 성 정체성 개념을 평가하고 재구성하는 데 있어서 교사와 교육과정을 중시한다.[23]

성(Gender)과 관련된 쟁점들은 교실에서부터 놀이터, 체육관, 운동장에 이르기까지 실질적으로 학교의 모든 활동에 영향을 준다. 교사들은 성이 가치와 태도의 형성에 주요한 결정 요인이라는 것을 알고 있다. 그리고 그들은 그 근본적인 원인이 유전적, 신경 병리학적, 생리적, 환경적 요인과 이러한 요인들의 결합이며, 이는 아이들이 학교에 오기 훨씬 이전부터 결정되어 있다는 것을 알고 있다.

다양한 연구 결과들은 성차별에 반대하는 것이 얼마나 어려운지를 알려줄 뿐 아니라 낮은 자존감이나 의사소통 문제와도 밀접히 관련되어 있다는 것을 보여준다. 예를 들면, 교사들은 최선의 노력을 다했음에도 불구하고 자기 교실에서 여학생보다 남학생들에게 더 관심을 두고 있다는 사실을 발견하고 놀란다.[24] 과연 탐구공동체가 성차별과 관련된 문제 중 최소한 일부라도 해결할 가능성을 가지고 있을까?

우리는 문제를 발견하고 무시할 수 있다. 예를 들어 일부 사람들은 남학생들이 천성적으로 공격적이기 때문에, 우리가 할 수 있는 것이 없다고 말한다. 그래서 교육 제도를 남학생들의 선천적인 성향에 맞추는

---

23 『Thinking』 저널의 두 가지 특별 주제는 '여성, 페미니즘과 어린이를 위한 철학'이었다 (Sharp, 1994).

24 이러한 불균형에 대응하는 것이 완전히 불가능하다는 것은 아니다. 우리는 교실에서 남학생의 어떤 행동이나 기여도 무시한다는 담임 교사의 이야기를 들었다. 물론 대부분 교사는 그러한 극단적인 반응을 거부할 것이다. 하지만 근본적인 문제는 지속한다.

것이 더 좋다고 생각하기도 한다. 이러한 생각은 억압과 학대, 성적 차별 그리고 강간의 희생자들을 더 고통스럽게 할 것이다. 우리가 태도와 행위의 원인에 대해 좀 더 생각해 본다면, 그것을 변화시킬 수 있는 약간의 통찰력을 얻을 수 있을지도 모른다. 이를 위해 '자연적인 것으로 받아들여야 하거나 적어도 불가피하다'와 같은 모든 주장은 거부되어야 한다. 의학에서는 청각장애나 근시 같은 선천적인 장애에 대해 이러한 입장을 가지지 않는다. 더욱이 현대의 많은 교육자도 전통적으로 수학이나 과학과 같이 '남성적인' 과목이라고 생각해 온 것을 여학생들에게 가르치면서 그렇게 생각하지 않는다.[25] 그리고 우리도 마찬가지이다. 교육은 자연의 법칙이라고 불리는 것에 도전해야 하는 충분한 이유를 가진다. 앞장에서 강조한 것처럼, '사실'이 '당위'를 필연적으로 수반하는 것은 아니다.

성차별주의자의 특성과 행동은 성에 대한 부족한 이해에서 비롯된 것이다.[26] 명백히 해로운 태도와 행동을 줄이기 위해 완전한 지식을 기다릴 필요도 없고 그럴 여유도 없다.

우리는 윤리적 탐구공동체를 통해 성차별 문제를 해결하기 위한 절차와 실질적 내용에 초점을 맞출 수 있다. 윤리적 탐구공동체는 성차별적 행동에 도전한다. 그리고 시간이 지나면서 공감, 인간에 대한 존중,

---

25 예를 들어, 수학에 있어 남성과 여성의 성취에 대한 연구 결과는 다소 애매하다. 초등학교에서 남학생과 여학생의 수준은 동등한 것으로 나타나지만, 중, 고등학교에서 남학생들은 여학생들을 능가한다(Ainley et al.,1990, p.78 참고), (Ainley & Sheret, 1992, p.67). 또한, 많은 여학생의 허약해진 자존감은 빈약한 성취의 결정적 요인이 된다는 주제에 대해서는 (Marsh et al.,1988)을 참고하기 바람. 이것은 여학생들이 수학과 같은 과목들이 그들에게 맞지 않는다는 것을 점점 내면화하고 그에 따라 그렇게 행동한다는 것을 암시한다.

26 Code(1991), 제6장은 남성과 여성의 '본성'에 대한 '이다(is)'와 '해야 하다(ought)'에 대해 언급한다. 다만, 인간의 유전적, 진화적 조건의 특징 때문에 수컷이 암컷보다 선천적으로 더 공격적일 수 있다고 생각한다. 우리는 '본성적인' 유전에 대해 반대하지는 않지만, 그 존재의 가능성을 거부하는 것은 어리석은 짓이다. 남성과 여성은 태어나는 바로 그 순간부터 다르게 대접받아야 한다는 페미니스트의 주장과 일치한다는 것에 주목할 필요가 있다. 탐구공동체는 '본성 대 교육' 간의 논쟁에 포함되는 내용과 논리를 모두 탐구할 수 있다.

자신의 신념과 가치에 대해 비판적으로 사고하는 태도 등의 원칙에 기반한 반성적 습관을 형성하는 데 도움을 준다. 이러한 습관, 절차 그리고 원칙들은 좋은 판단의 중요한 기반이다. 이 공동체는 신뢰와 배려의 시간과 공간을 제공한다. 또한 공격적이고 집단적인 아이들이 자신을 공동체의 구성원으로서 바라보게 하면서 타인의 의견을 경청하고 자기 수정을 할 수 있도록 이끈다. 나아가 소심하거나 목소리가 작은 아이들도 자신이 필요하다고 생각되면 타인의 의견에 대해 질문을 하거나 자신의 의견을 용기 내어 말할 수 있게 돕는다. 그것은 좀 더 개인적이고 적극적으로 행동하는 것을 의미한다.[27] 말할 것도 없이 이러한 전략은 공동체의 모든 구성원이 기꺼이 협조할 때 가장 효과적이다.

그러나 폭력 문제를 다룰 때, 교실 내의 성차별 문제가 묻히는 것은 단지 절차의 문제만은 아니다. 교실은 인격과 평등, 그리고 성차별적 언어, 비합리적인 선입견과 고정관념에 대해 반성적으로 생각할 기회를 제공해야 한다. 성차별적인 태도는 무엇이 남자와 여자에게 '적절한' 행동인지에 대한 고착된 이미지를 바탕으로 하는데, 만약 아이들이 이러한 성차별적 태도를 검토하고 수정하고 싶어 한다면, 신중하고 지속적인 탐구와 성찰이 꼭 필요하다. 우리는 최근 한 TV 토론에서 어떤 소년이 고정관념에 기초한 언어 표현에 대해 문제를 제기하는 것을 보고 안심한 적이 있었다. 그 아이는 '남자는 항상 …'이나 '여자는 언제나 …'와 같은 진술들 이면을 보지 못하는 친구들에게 그러한 진술들 자체가 문제의 본질이라고 지적했다. 우리는 언어에 좀 더 신중해져야 한다. 만약 우리가 진실로 서로 이해하기를 원한다면, 다른 사람을 하나의 일반적인 틀 안에 쉽게 밀어 넣는 것은 바람직하지 않다.[28]

---

27 교사는 전자에게는 자신의 의견을 말하기 전에 다시 생각해 보거나 적어 보도록 권유하고, 후자에게는 '하지만 그렇게 말하는 이유는 무엇입니까?'와 같은 표현을 연습하도록 할 수 있다.

28 호주 어린이들에게 '아시아인'에 대한 '이미지'를 표현해 달라는 설문 조사를 통해 언어의 문제를 무의식적으로 드러낸 바 있다. 그리고 나서 '시대에 뒤떨어지고 인종차별적인' 고정관념에 충분히 도전하지 않는 교육시스템을 비판했다.

탐구공동체에서 학생들은 쉴 새 없이 쏟아지는 다음과 같은 이미지들에 의문을 품기 시작한다.

◆ 예쁜 여자들이 화려한 차 위에 어울리지 않는 옷을 입고 앉아 있거나 하얀 코트를 입은 남자가 가리키는 새로운 세제 브랜드를 사려는 주부들로 가득 찬 상업 광고
◆ 인류를 상대로 전쟁 게임을 하고 싶어 하는 정치인, 독재자, 전쟁광들, 그리고 이들을 영웅으로 부르는 사람들
◆ 경제 침체의 시대에 자신이 욕망하는, 그래서 개인적, 사회적 불행을 초래할 수도 있는 직업에서 자기 정체성과 자존감을 찾으려는 모든 연령대의 남성들[29]
◆ 단순한 고정관념을 강화하고 비현실적 환상을 불러일으키는 싸구려 소설과 대중 잡지들
◆ 순종적으로 보이는 여성이 굴욕과 학대를 당하는 음란물[30]

아이들이 스스로 질문을 제기한다면, 위와 같은 예시를 굳이 던져줄 필요가 없다. 교사는 성차별적 태도와 고정관념을 강화할 수 있는 학교 및 교실의 구조와 운영에 대해 신중하게 생각해 볼 필요가 있다.

탐구의 과정에서 교사를 포함한 모두는 자신의 자아 개념이 확장되고 풍부해지는 모습을 발견할 것이다. 전통적인 성별의 경계도 넘어설 것이다. 예를 들어, 여학생들은 적극적으로 대안적 관점과 숨은 전제를 이야기할 수 있게 된다. 남학생은 타인의 감정에 더 배려적이고 민감해지며, 여학생들의 진지한 주장을 기꺼이 받아들이고, 이를 자기 경험 속에서 검토하게 된다. 탐구공동체는 성별에 구애되지 않는 관용과 배려,

---

29 특히, 청소년들 중에, 이런 결과들은 자살과 같은 매우 위험한 행위를 불러오기도 한다.
30 이러한 현상과 관련하여 나쁘다고 느끼지만, 지금까지 논의한 다양한 이유로 검열을 옹호하지는 않는다. 검열이나 입법에 대한 요구는 우리의 관심을 왜 사회가 애초에 이러한 이미지를 투영하는지와 같은 더 근본적인 문제에서 벗어나게 한다.

그리고 우정을 형성하는 환경이 되어준다. 모든 참가자를 존중하고 그들의 생각을 진지하게 대하는 것을 배우지 않고는 이러한 탐구공동체에 참여할 수 없다.[31]

아래의 발언들은 대부분의 불법적인 차별을 포괄하고 있다. 타인을 차별하는 사람들의 주장과 감정을 지배하는 핵심에는 자신과 거리두기가 있다. 타인의 인격 자체를 극단적으로 거부하는 것이다. 다음을 살펴보자.

◆ 나치의 잔혹한 행동에 대해 문제를 제기하면, 그들은 악랄한 변명을 한다. 그들의 희생자들은 진짜 인간이 아니라고 말이다.

◆ 여성들과 동성애자들에 대한 차별은 여성 중 일부 또는 동성애자 전부가 정신적으로 장애가 있다는 생각으로 정당화된다. 그들은 정상적인 인간이 아니라는 거다.

◆ 흑인 노예 또는 그들의 후손에 대한 차별은 근본적으로 그들의 인격이 의심스럽거나 아예 존재하지 않는다는 생각으로 정당화되어 왔다.

◆ 많은 나라에서 이루어지고 있는 원주민 탄압도 마찬가지이다. 그것은 서구가 에이즈에 더딘 반응을 보인 이유도 될 수 있다. 처음에 그 병은 '오직' 아프리카인들과 동성애자들 그리고 마약 중독자들만 걸리는 것으로 생각되었기 때문이다.

◆ 지체 장애인, 뚱뚱한 사람, 노인 등은 '타자'로 낙인찍혀 차별을 당해왔다.[32]

---

31 교실이 탐구공동체로 기능하면서 학교를 분리 교육이 아닌 남녀공학으로 유지해야 한다는 주장이 힘을 얻고 있다. 교실 공동체에서 성차별의 극복은 교실을 넘어선 삶에 대한 하나의 모델을 제공한다.

32 Bessant & Watts(1993)는 사춘기의 한 학생이 소수 민족의 언어를 일종의 '명명 짓는 소리' 즉 실제 사람들이 사용하지 않는 어떤 것으로 묘사한 것에 대해 언급한다. Young(1992, p.27)은, 비판 이론가 Adorno를 인용하면서, '아우슈비츠는 인간은 가능하다면 다른 사람도 사물로 만들 수 있다는 인간 행동에 대한 관점이 있었기에 가능했다'고 말한다. 놀랄 것도 없이, 어린이를 위한 철학은 사람과 사물 간의 구분에 상당히 주의한다. 예를 들면, 제6장에 있는 H/N과 P/N에서 인용 참고.

좀 더 구체적인 성찰은 역사를 관통하는 차별과 억압의 현상 뒤에 존재하는 도덕적 타락과 타인에 대한 편의적인 관점(타인의 인격을 부정하는 것도 포함)을 드러낼 것이다.[33]

탐구공동체는 '타인'이나 '비인간(non-person)'에 대한 개념들에 직접적으로 문제를 제기한다. 왜냐하면 탐구공동체의 모든 절차와 숙고 속에는 인격과 상호존중, 배려, 공감이 존재하기 때문이다.[34] 윤리적 탐구공동체가 잘 작동하고 있느냐의 여부는 부분적으로 정당하지 못한 차별에 대해 구성원들이 어떤 태도를 보이느냐에 달려 있다.

차별: 몇 가지 사례

1) 『해리 스토틀마이어의 발견』은 '모든 A는 B이다'와 같은 형식 문장에 대한 토론으로 시작한다. 이 소설은 '모든', '어느 것도' 그리고 '어떤'과 같은 양화사의 의미가 우리가 말하고 생각하는 논리에 어떻게 영향을 미치는지에 대한 검토로 이루어져 있다. 이는 우리가 아무 생각 없이 양화사를 사용하는 것이 어떻게 성급한 일반화와 고정관념으로 나아갈 수 있는지에 대한 검토이다.[35] 제5장에서 발췌한 다음의 내용에 대해 생각해 보자.

마리아가 물었다. '만약 화성인들이 지금 우리 눈앞에 있는데, 그들이 모두 키

---

33 Fuller는 자연과 인류의 관계에서 배려의 윤리를 제안한다. 그는 '타인의 감정과 필요에 대하여 우리 모두가 고통받는 것과 같이 배려하는 존재로서의 우리의 본성과 관련된 특정한 '무지'를 언급한다(Fuller, 1992, p.72).' 이러한 무지는 또한 차별하는 사람들이 자신을 온전한 의미의 사람으로 보지 못하게 한다. (James, 1962)도 참고하라.

34 호주와 미국에서, 원주민과 그들의 땅 사이의 특수한 관계를 이해하려는 노력은 문화 교차적인 공감과 존중에 대한 요구의 좋은 예가 된다.

35 예를 들면, 만약 우리가 모든 원주민이 억압받고 있으며 호주 원주민이라는 것을 알았다면, 우리는 호주 원주민도 억압받고 있다는 것을 합리적으로 추론할 것이다. 그러나 만약 우리가 알고 있는 것이 몇몇 원주민들이 억압받고 있다는 것이라면, 이런 추론은 합리적이지 않을 것이다.

가 크고 코가 여섯 개야. 그렇다면 다른 화성인들도 모두 키가 크고 코가 여섯 개라고 말할 수 있을까?'

'그렇다는 결론도, 그렇지 않다는 결론도 나오지는 않지' 하고 해리가 대답했다.

'너는 정확히 알 수 없다는 거지?' 마리아가 묻고는 생각에 잠시 잠겼다가 말을 이었다. '하지만 사람들은 항상 결론으로 비약하잖아. 그리스 사람이나, 유대인, 원주민 몇 명을 만나고는 모든 그리스 사람이 이렇다거나 모든 유대인이, 또는 모든 원주민이 그렇다는 식으로 비약하거든.'

'맞아.' 하고 해리가 말했다. '어떤 사람들은 한 가지 경험만을 가지고도 결론으로 비약해 버리지.'

'다른 사람에게 일반화시키기도 하잖아.' 마리아가 덧붙여 말했다.

H/N p.22

2) 『리자』는 의도적인 불완전성이 있긴 하지만, 다양한 윤리적 탐구의 실례를 보여준다. 야구 게임에 대한 에피소드에서 발췌한 다음 이야기는 무엇이 올바르고 공정한가와 특정한 행동에 대한 좋은 이유를 어떻게 제시하느냐에 대한 중요한 문제를 제기한다.

다음 타자는 리자였다. 이미 투 아웃 상황이었다. 그런데 갑자기 미키가 리자의 방망이를 빼앗더니 타석으로 걸어갔다. 리자는 한마디 말도 못 하고 가만히 있었다.

"잠깐!" 프란이 소리쳤다. "공정하지 않잖아! 리자가 여자라고 공격할 기회를 빼앗는 것은 옳지 않아. 만약 리자가 남자라면 그렇게 하진 않았을 거 아니야!"

미키는 아무 말도 하지 않았다. 타석에서 방망이만 휘두를 뿐이었다.

그러자 샌디가 투수석에서 말했다. "미키야, 그럴 순 없어. 그건 소프트 볼 규칙에 어긋나잖아. 순서를 바꿔서 치면 안 돼. 넌 리자가 한 번도 치지 못하는 동안 두 번이나 치려 하잖아!"

샌디네 팀의 토니도 말했다. "맞아, 미키야. 규칙은 규칙이니까."

조용히 방망이만 휘두르던 미키가 말문을 열었다. "내가 이러는 첫째 이유는, 리자가 잘 치지 못하기 때문이야. 둘째 이유는 이건 내 팀이잖아."

"네 팀이라니?" 프란이 되물었다.

"왜냐하면 이건 내 글러브니까, 그리고 방망이는 샌디의 것이고, 공은 빌의 것이니까. 이건 우리 경기야. 그리고 너희들은 얹혀서 하는 거지."

L/N p.47[36]

3) 연습 문제[37]

〈성역할(Gender roles)〉

만약 여러분이 남자와 여자가 특정한 역할을 하는 연극 극본을 쓰는 중이라면, 어떻게 쓰고 싶나요?

(a) 남자는 전통적인 남성의 역할로, 여자는 전통적인 여성의 역할로 그린다.

(b) 남자는 전통적인 여성의 역할로, 여자는 전통적인 남성의 역할로 그린다.

(c) 남성과 여성 모두에게 아무렇게나 역할을 부여한다.

(d) 뭔가 다르게 하고 싶은가요? 모두 평등하게 자기 자신이 될 자유를 가져야 할까요?

〈고정관념에 대해 추론하기〉

다음 각 사람들의 말이 합당한지, 아닌지에 대해 생각해 봅시다.

---

36 L/M, pp.196-218을 보라. 권리, 공정, 규칙, 법에 대한 연습 문제와 토론 계획이 있다. 그리고 이 에피소드에서 미키와 그의 친구들이 보여주는 추론 구조가 포함되어 있다.

37 Splitter, 미발행 원고.

신디: 태양이 내일 뜰지 어떻게 아냐고요? 지금까지 매일 태양이 떴기 때문이죠.

콜린: 오스트레일리아 원주민들이 알코올 중독 문제를 겪고 있는지 어떻게 확신하냐고요? 지금까지 내가 만나 본 오스트레일리아 원주민들이 모두 그랬기 때문이죠.

배리: 나는 한 인종이 모두 같은 지역에 모여 사는 것은 좋지 않다고 생각해요. 우리 사회는 다문화적이에요. 이것은 모든 사람이 섞여서 살아가야 한다는 것을 의미해요. 게토 같은 특정한 거주지역을 정하는 것은 올바르지 않아요.

브레트: 나는 그것에 대해 확신이 없어요. 집단마다 요구와 관심이 다르고, 그러한 요구와 관심은 모두가 같은 지역에 살 때 더 쉽게 제공되겠죠.

칼린: 난 제프가 동성애자라는 걸 알고 있어요. 우리가 그와 음식을 나누어 먹어도 될까요?

찰스: 난 제프가 에이즈에 걸렸다는 걸 알고 있어요. 우리가 그와 음식을 나누어 먹어도 될까요?

크리스: 벨린다에게는 동성애자 친구가 많아요. 나는 벨린다도 동성애자라는 데에 내기를 걸었어요.

크레그: 어떤 나라에서는 우리 사회에서 여자들이 하는 것처럼 남자들끼리도 공공연히 애정 표현을 해요. 그런 남자들은 양성애자인가요?

콘: 나는 그가 동성애자라고 확신해요. 그는 미용사이고 내가 만나 본 유일한 미용사가 동성애자였거든요.

벨린다: 나는 동성애자 친구들은 많고 이성애자 친구들은 거의 없어요. 이건 심사숙고해서 선택한 거예요. 남성 동성애자들은 나를 성적 대상으로 느끼지 않거든요.

〈어떤 차이가 '차별을 만드나요'?〉

다음 각각의 항목에 대해 문제의 차이를 확인하고, 이 차이가 아래 세 가지 중에서 어디에 해당하는지 선택해 봅시다.

(a) 차이가 전혀 문제가 되지 않는다.

(b) 차이가 문제는 되지만 윤리적인 함축은 없다.

(c) 차이가 문제도 되고 윤리적인 함축도 있다.

제시카: 나는 단지 말을 더듬을 뿐인데, 왜 내가 뉴스 앵커가 될 수 없는지 이해할 수 없어. ABC 방송국은 누구에게나 평등한 기회를 줄 거라고 기대했는데 말이야.

존: 이 대학은 동등한 기회를 주장하지만, 건물의 절반은 엘리베이터가 없어. 나는 휠체어를 타고 있는데 말이지. 그건 다른 학생들이 갈 수 있는 장소를 나는 갈 수 없다는 뜻이야. 이게 무슨 기회의 평등이야?

레온: 서로 다른 문화와 인종의 사람들이 서로의 차이를 수용하는 것을 배운다면 멋지지 않을까?

링: 차이는 집단 간에 일어나는 모든 분쟁의 원인이야. 문화와 인종적 차이를 결혼을 통해 없애 나간다면, 훨씬 좋아질 거야.

레슬리: 남자와 여자 중에 아이 돌보는 일을 누가 할 것인지를 정해야 한다면, 나는 여자를 선택하겠어. 남자보다 여자가 아이와 더 잘 지내는 방법을 알고 있기 때문이야.

로렌: 동성애자와 이성애자 중에 아이 돌보는 일을 누가 할 것인지를 정해야 한다면, 나는 이성애자를 선택하겠어. 요즘에는 아무리 조심해도 지나치지 않아.

여러분은 지금까지 몇 가지 사례들에 대해 생각해 보았습니다. 언제 차이가 '차별을 만드는지'를 결정하는 규칙이나 기준을 찾았나요?

〈토론: 차별〉

◆ 모든 차별은 잘못된 것인가요?

◆ 피부색, 국적 또는 종교에 의한 차별이 허용되는 상황이 있을 수 있나요?

◆ 사회적, 신체적 성에 의한 차별이 허용되는 상황이 있을 수 있나요?

◆ 편견과 차별의 차이점은 무엇인가요?

◆ 모든 차별은 고정관념과 관련이 있나요?

◆ 과거에 인종차별을 당한 사람들은 이제 특별한 대우를 받아야 할까요?

◆ 만약 여러분의 조상이 잘못된 차별을 했다면, 지금 여러분은 그에 대해 책임을 져야 할까요?

◆ 그렇다면 과거의 차별은 오늘날 어떻게 고쳐져야 할까요?

성별, 인종, 종교, 민족, 성, 나이, 외모에 기반을 둔 폭력과 편견이나 차별에 의한 고통과 불행은 시간이 지나면서 줄어들고 있는지도 모른다. 하지만 그것들은 여전히 모든 사회에 널리 퍼져 있고, 특히 몇몇 사회에서는 만연되어 있다. 우리는 전 세계적으로 노예제도와 아동 학대에 저항하고 있는 것처럼, 전 세계의 합당한 사람들이 모든 형태의 부당한 차별에 저항하기를 희망한다. 그때가 오면 눈 색깔이나 코 모양에 따른 차별도 독재와 학대로 보일 것이다. 이에 대한 역사적 사례도 있다.[38]

그러나 학교 교육의 전환 없이 이러한 변화는 어렵다. 결국, 21세기 사회 변화와 발전의 부담을 짊어져야 할 이들은 지금 학교에 있다. 그들은 역사가 건전하고 합리적이라고 박수를 보낼지 아니면 결함이 있고 비합리적이라고 비난할지 판단을 내리게 될 사람들이다. 그래서 우리는 아이들이 좀 더 합당한 사람이 되도록 도와주는 정책과 실행의 문제에 초점을 맞추는 것이 오늘날 교육자들의 과제라고 생각한다.

---

38 '너무 많은 사람들이 우리가 피부색과 신념은 다르지만, 우리를 갈라놓는 요소와 힘보다 훨씬 더 많은 것으로 단결된 같은 인류의 일원이라는 사실을 잊고 있는 것 같다.' Arthur Ashe가 현명한 말로 표현하고 있다(Ashe & Rampersad, 1993, p.220).

5. 삶과 죽음의 문제

가. 에이즈 교육

에이즈(AIDS, 후천성 면역 결핍증)는 1980년대 초, 그 증상들이 처음 보고된 이후 매우 논쟁적이고 복잡한 문제가 되어 왔다.[39] 의학 분야에서는 그 발생과 확산, 그리고 치료 방법에 대한 나름의 답을 가지고 있다. 하지만 에이즈는 사회적, 경제적, 심리학적, 윤리적 그리고 미학적 차원의 문제들을 초래했고, 그 모두는 에이즈에 관한 교육 프로그램에서 고려되어야 한다고 생각한다.[40]

대중의 관심을 끌었던 논쟁적인 쟁점에서 볼 수 있었던 것처럼 공포와 무지 그리고 선입견은 합리적인 탐구와 토론을 방해한다. 최근 동성애자, 성매매 여성, 그리고 의학 전문가와 같은 주요 단체들이 에이즈에 대한 논쟁에 적극적으로 참여하고 서로 대화하고 듣고 존중하기 시작하면서, 문제를 좀 더 명확하게 이해할 수 있게 되었다.

비록 명확한 치료법이나 백신이 없다고 하더라도, 과학자들은 에이즈가 어떻게 감염되는지, 그리고 어떻게 감염을 피할 수 있는지 알고 있다. 그러나 이러한 정보를 가지고 있다고 해서 사람들의 행동이 변한다는 보장은 없다.[41] 에이즈에 대한 정보가 있더라도 그에 관한 교육이 필요한 이유이다. 그것은 단순한 정보 제공 그 이상의 교육이어야 한다. 이러한 상황은 교사가 학생에게 항상 '지식'의 전달 그 이상의 교육을

---

39 에이즈에 대한 우리의 논의는 우리 자신의 지식과 경험에 의해 제한될 필요가 있다. 우리는 아시아와 아프리카의 바이러스 확산 공포를 둘러싼 이슈에 대한 토론에 모험하지 않는다. 우리는 포괄적인 이해를 제공할 필요도 느끼지 않는다. 우리의 목적은 에이즈와 관련된 문제와 교실 탐구공동체의 교육적 잠재력 사이의 중요한 몇 가지 관련성을 살펴보는 것이다.

40 지난 몇 년 동안 에이즈와 젠더 관련 이슈를 다룬 예술, 드라마, 문학작품이 등장하면서 미학적 차원이 부각되고 있다.

41 호주와 미국에서 나온 연구 결과는 이를 잘 보여주고 있다. 1983년 이후로, 이 분야의 연구는 대학뿐만 아니라 민간 후원 및 정부 에이즈 단체에서 수행해 왔다.

해야 하는 것과 다르지 않다. 우리는 학생들이 무엇을 알고, 믿고, 가치 있게 여기고, 느끼는지를 고려해야 하며, 학생들을 위협하거나 소외시키지 않으면서 문제에 대해 다시 생각할 수 있도록 동기를 부여할 방법을 찾아야 한다.

어떤 관점에서 보면, 성적으로 해방되었던 1960, 70년대는 성장과 열광의 시대이자 난잡과 수치의 시대였다. 따라서 1980, 90년대의 보수주의적 흐름은 비난받기도 하고 환영받기도 했다. 우리가 여기서 판단을 내릴 필요는 없다. 하지만 우리는 이때 보수적인 흐름이 교육에서 관심 가져야 할 중요한 질문을 토론 주제에서 완전히 배제했다고 생각한다.

에이즈의 비극은 분명 좋은 소식이 아니다. 그에 따른 많은 고통과 괴로움은 제쳐두고라도, 청소년들이 불편한 질문 없이 시키는 대로 했던 시절로 돌아가야 한다는 핑계를 주었다. 그러나 몇 가지 이점은 있다. 전에는 사회에서 주변화되었던 사람들이 공동체와 자신의 관계에 대해 생각하게 되었다. 그리고 성적 행위에 대해 생리학, 전염병학, 그리고 면역학적으로 더 잘 이해할 수 있게 되었다.

청소년 관점에서 보면, 에이즈와 관련된 문제들은 10대 임신 문제와 많이 관련되어 있다. 둘 다 성행위, 삶과 죽음에 밀접하고, 이를 통해 우리는 신비하면서도 두려운 인간성의 많은 측면을 볼 수 있게 되었다. 둘 다 개인과 주변 사람들에게 비극을 불러올 수 있다. 또한 두 가지 모두 충분히 이해하지만 제대로 실천은 안 되는 몇 가지 조치를 통해 예방할 수 있다. 예를 들어, 성적 금욕이나 콘돔의 올바른 사용이 중요하다. 하지만 많은 청소년이 이에 대해 알지 못하거나 받아들이려고 하지 않는다. 아마도 그들은 에이즈와 임신 같은 문제들이 자신들에게는 일어나지 않으리라 자신하는 듯하다. 청소년기는 불확실성과 투쟁의 시기이자 어린이 대 어른의 이분법을 선뜻 적용하지 못하는 변화의 시기이다. 그리고 어른들의 규칙과 행동이 모순되고 위선적인 것처럼 보이는 시기이기도 하다. 이러한 맥락에서 청소년의 반항은 매우 익숙하다. 하지만 또래 집단의 압력과 미디어에 의해 더욱 심화된 반항심은 많은 청소년들이 자신의 이익을 위해 정해진 법과 규제를 의도적으로 위반하도록 이끈다.

여기서 우리는 어른들의 관점에서는 반항적인 행동이 또래 집단의 관점에서 보면 생각 없는 순응처럼 보일 수 있다는 것에 주목한다. 또래들의 영향은 그 자체로 좋은 것도 나쁜 것도 아니다. 하지만 스스로 생각하려 하지 않거나 그러한 능력이 없을 때는 나쁜 영향을 줄 수 있다.

이러한 현실에서 에이즈 교육은 청소년들에게 선택 가능한 대안의 범위를 넓혀준다. 예를 들어 에이즈와 10대 임신이 바람직하지 못하다고 가정한다면(다른 것은 고려하지 않고 결과에 대해서만 보면), 성행위를 자제하도록 하든지 아니면 안전하게 성행위하는 방법을 알려주는 것이 합리적인 것처럼 보인다. '이렇게 하든지 아니면 저렇게 하든지'라는 문장과 '만약 … 하면 … 다'라는 문장 사이의 논리적 연관성을 염두에 두고, 우리는 한편으로는 청소년들에게 성행위를 절제할 것을 제안하고, 다른 한편으로 '만약 네가 성행위를 한다면, … 식으로 안전하게 하라'는 형태의 조건문을 계속 권장해야 할 것이다.[42] 이러한 전략은 결국 성행위와 관련하여 청소년의 몸과 마음에 상당한 책임감을 남길 것이다. 따라서 책임 있는 사람이라면 절제와 표현 사이에서 스스로 선택해야 한다.[43]

탐구공동체에서 에이즈라는 주제를 다루기 위해서는 다음과 같은 핵심적인 요소를 고려해야 한다.

---

42 이 문제에 대한 논리적 연관성은 다음과 같이 만들 수 있다 : P와 Q 중 하나가 참이다. 만약 P가 참이 아니라면 Q는 참이다.

43 Arthur Ashe는 이러한 전략을 지지한다.

> 평범한 십 대에게 실천적인 맥락에서 성의 도덕적 측면을 보라고 요구하는 것은 무의미한 일이다. '단지 아니오라고 말해라(Just say No)'라는 것은 눈길은 끌지만, 기괴한 슬로건이다. 나이키의 '그냥 해라(Just do it)'는 대부분의 십 대들이 응답하기를 요구한다. 평범한 도심의 아이들에게 금욕에 관해 이야기하면 그들은 당신의 얼굴에 킥킥거릴 것이다. 대부분의 교외 청소년들도 마찬가지라고 생각한다. 그렇기 때문에 나는 주님을 찬양하지만 이 경우에는 콘돔과 성에 대한 철저한 교육으로 구성된 정보를 전달한다.

첫째, 효과적인 에이즈 교육이 되기 위해서는 솔직하게 자기 생각을 말하는 것이 허용되어야 한다. 에이즈와 관련된 일부 문제(특히 성행위 및 불법 약물 사용)는 당연히 민감할 수 있지만, 탐구공동체는 이러한 문제를 탐구할 수 있도록 준비되어 있다. 그리고 에이즈 교육이 전체 교육과정에서 고립되어 이루어질 때보다 전체 교육과정의 일부로서 가르쳐질 때, 성(sexuality)과 인간의 관계를 훨씬 더 잘 다룰 수 있다는 점도 유념해야 한다.

둘째, 탐구공동체의 임무 중 하나는 공동체 내에서 추가로 검토가 필요한 문제와 외부의 설명이 필요한 문제를 결정하는 것이다. 학생들도 에이즈에 대해 일반적인 내용은 알아야 할 필요가 있다. 이를 위해 교사는 학생들에게 도움이 될 만한 다양한 자료를 추천해야 한다. 학생들의 경험에 근거한 약간의 이해만으로는 (출혈을 수반하는 바이러스와 연관이 있다거나, 일반적으로 징후가 나타나기까지는 몇 년이 걸린다는 것 등) 에이즈에 대해 충분히 토론할 수 없다.[44] 그러한 지식이 상식이라고 여겨지면 안 된다.

셋째, 탐구공동체는 에이즈와 연관된 쟁점들을 논의하기 위한 적절한 환경이다. 왜냐하면, 탐구공동체의 많은 특징이 에이즈를 이해하는 데 필요한 요소들과 일치하기 때문이다. 이에는 다음과 같은 것들이 있다.

◆ 다른 사람들과 함께 토론하려는 욕구와 역량
◆ 자기 행위에 대해 개인적, 협력적 책임을 수용하는 데에서 오는 권한 분배의 감각
◆ 집단의 압력과 관련된 위험의 인식

---

44 Arthur Ashe처럼, 우리는 성관계의 욕망에 처음 휩싸인 청소년들이 음경, 질뿐만 아니라 혈액, 정자, 점막에 대해 과학적으로 알기를 바란다. 그리고 임신, 바이러스, 에이즈의 치명성에 대해서도 과학적으로 인식하기를 희망한다(Ashe & Rampersad, 1993, p.241).

◆ 방종을 조장하지 않으면서, 각 개인을 지지해 주는 존중과 관용과 신뢰와 배려의 분위기

이미 에이즈의 문제에 대하여 광범위한 교육을 시작하겠다는 결정과 함께 그에 필요한 재원을 마련한 나라도 있다. 예를 들면 호주와 미국에서는 동성애자와 관련된 기구가 10년 이상 활동해 오고 있다. 이러한 활동이 에이즈 감염을 줄이는 데 효과적이라는 평가다. 그러나 에이즈가 사회에 퍼지기 시작하면서, 에이즈 관련 기구들은 점점 늘어나는 면담자들과 소통에 문제를 겪고 있다. 이러한 기관들이 했던 여러 역할은 탐구공동체가 어떻게 진행될 수 있는지에 대해 중요한 시사점을 준다. 도움이 필요한 사람들에게 1차 의료 서비스를 제공하는 것(정서적 또는 신체적) 외에도 다음과 같은 역할을 할 수 있다.

◆ 다양한 배경을 가진 사람들이 이해할 수 있는 용어로 에이즈에 대한 신뢰할 수 있는 정보를 무료로 제공한다.
◆ 바이러스와 전염병학에 대한 새로운 이해를 토대로 에이즈에 대한 공적 토론의 토대를 조성한다. (예를 들면, '위험성이 높은 집단'이라는 용어를 '위험성이 높은 행위들'로 대체하는 것)
◆ 에이즈 감염자들에 대해 '죄인'이나 '희생자'와 같은 꼬리표를 붙이지 않음으로써 두려움과 무력감을 줄이고 자존감을 유지할 수 있게 된다.
◆ 에이즈에 대해 가장 직접적으로 영향을 받는 개인 및 집단과 역사적으로 소외된 계층에 관한 관심에 반감을 갖고 있는 사람들(의사, 정치인 등) 사이의 가교 역할을 하고 편견을 완화하기 위해 노력한다.

에이즈 관련 단체들과 탐구공동체의 목적 사이에는 연관성이 많다. 에이즈에 대한 정보는 무지로 인한 편견과 공포를 극복하는 데 도움을

준다.[45] 하지만 정보만으로는 부족하다. 자존감 강화를 위한 교육 프로그램도 함께 이루어져야 한다. 관련 단체의 사람들은 위험성이 높은 성행위와 낮은 자존감 사이에는 직접적인 상호 관련성이 있다는 것을 잘 알고 있다. 그래서 에이즈 교육 프로그램은 다양한 방식으로 자존감 문제를 다루고 있다. 특히 토론, 시뮬레이션 및 기타 활동을 통해 생명을 구하는 판단과 결정을 내려야 하는 사람들에게 항상 선택과 대안이 있다는 인식을 심어주는 데 중점을 둔다. 주저 없이 '아니오'라고 말할 수 있는 권리와 권한은 그러한 선택 사항 중 하나이다. 나아가 우리는 아이들이 자신의 관점과 관심에 따라 진행되는 탐구에 참여하면서 자존감을 키워나간다는 것도 경험을 통해 알고 있다.

에이즈 관련 단체들이 하는 일에 대한 사회 일반의 지지와 공감의 수준은 1980년대 초반부터 현저하게 높아지고 있다. 이는 에이즈 쟁점에 대한 폭넓은 이해를 포함한 몇 가지 요인들이 가져다준 결과이다. 또한 동성애자, 혈우병 환자, 성매매 여성들도 연민과 존중의 대상이며, 하나의 인격으로 대우받아야 한다는 인식이 증가하고 있다.

이 단체들의 성취에 주목해야 하는 이유는 관련자들이 지금까지 경험하지 못한 수준의 인간적인 고통과 위기에 직면해 있다는 사실 때문이다. 탐구공동체 교실로 다시 돌아오면, 탐구는 경험으로부터 독립되어서는 안 되지만, 그 경험과 직접적으로 관련이 없는 사람들에 의해서도 시작될 수 있다는 점을 기억해야 한다. 학생들의 삶이 어떻게 흘러갈 것인가에 대해 예측할 필요는 없다. 그보다는 오히려 추론과 판단 능력을 강화함으로써 학생들이 삶의 위기에 준비할 수 있도록 도와주어야 한다.

이에 대해 다음의 두 가지 이유에서 이의 제기를 할 수도 있다.

---

45 이에 대한 좋은 예는 1987년 호주에서 방영된 텔레비전 캠페인 '저승사자(Grim Reaper)'이다. 신뢰할 수 있고 균형 잡힌 정보보다는 공포 전술에 기반한 이 광고는 히스테리의 물결을 일으켰고 고위험군에 속하는 것으로 인식되는 사람들을 더욱 소외시켰다.

◆ 아이들이 성행위와 같은 문제에 대해 생각하도록 이끄는 것은 불법적이거나 부적절한 행위를 암묵적으로 승인하고 조장하는 것이다. 그래서 아이들은 어른이 되기 전까지 그러한 부적절한 문제들에 대해 생각할 필요가 없다.

◆ 이러한 문제들이 이미 기존 교육과정에 포함되어 있다.

첫 번째 이의 제기에 관해, 우리는 탐구공동체가 아이들의 관심사를 무시해서는 안 된다는 점을 다시 한번 강조한다. 설사 성과 관련된 주제라도 말이다. 어른들이 중요하다고 생각하는 것으로 탐구가 진행되면, 그 탐구는 아이들의 경험이 가지는 본질적인 진정성을 위반할 수 있다. 또한, 아이들이 특정한 주제에 대해 생각하고 토론하도록 장려하는 것이 그 행위에 대한 허락이나 승인은 아니다. 사실 이런 관련성은 아이들의 자유로운 생각의 흐름을 억압하려는 사람들이 만들어 낸다. 그들은 아이들이 스스로 생각할 수 있는 능력이 없다고 여긴다. 그것은 우리가 앞에서 주목했던 자연주의 오류에 기초한다. 탐구공동체의 아이들은 허락이나 승인과 관련된 규범적인 결론이 좋은 이유에 근거해야 한다는 것을 잘 이해하고 있다. '만약 네가 X를 한다면, (또는 하지 않는다면) … 이다'와 같은 말에서 '나는 X를 승인한다'라는 말이 ('너는 X를 해야만 한다/해도 좋다'는 등) 자동으로 도출되지 않는다는 것도 이해하고 있다.

우리는 아이들이 인간성에 도전하는 모든 쟁점과 문제에 맞서야 한다고 말하는 것이 아니다. 그러나 이러한 문제가 만연된 사회에서, 탐구공동체는 교사나 학부모와 함께 아이들이 관심 있어 하는 주제를 스스로 선택할 수 있도록 도와주어야 한다고 생각한다. 역사는, 준비되지 않거나 좋은 판단을 내릴 능력과 의지가 부족한 사람들이 큰 위험을 겪어왔다는 것을 말해 준다.

어떤 주제에 대한 숙고가 바람직하지 않은 행동에 대한 암묵적 승인으로 여겨질 수 있다고 생각된다면, 가장 좋은 방법은 탐구공동체에서 검토될 수 있도록 그 주제를 열어 놓는 것이다. 만약 그 행위를 하지 말아야 하는 이유가 충분하다면, 공동체는 반드시 밝혀낼 것이다. 아이들이 그 주제에 대해 스스로 생각해 볼 기회도 주지 않고서, 주입하는 것은 매우 위험하다. 그것은 아이들이 스스로 생각할 수 있도록 도와주지 않는 것이다. 그리고 아이들이 다른 대안에 대해 생각하는 것을 막는 것이다.

다음으로 교육과정이 이미 성과 에이즈 같은 문제들을 포함하고 있다고 주장하는 두 번째 이의 제기에 대해 생각해 보자. 우리는 어린이 철학과 사고력을 길러주는 수업에 대한 익숙한 반대가 떠오른다. 즉, 사고력을 길러주고자 하는 시도가 이미 기존 교육과정에 포함되어 있다는 것이다. 기존 교육과정에 포함되어 있다는 주장에 대한 하나의 예시를 살펴보자. 최근의 한 보고서에 따르면 '호주에서 가장 건전한 교육 프로그램(most Health Education programs in Australis)'에는 다음의 역량들이 포함되어 있으며, 에이즈를 교육 내용으로 명시하고 있다.

◆ 의사소통하기
◆ 결정하기
◆ 자신의 행위에 대한 책임 수용하기
◆ 주장하기, 특히 동료들의 강요에 저항하는 방법 알기
◆ 좋은 인간관계를 유지하고 관계의 변화에 대처하기
◆ 자존감, 자신의 판단에 대해 자신감 가지기
◆ 관계 속에서 문제 해결하기
◆ 행동을 안내하는 가치 형성하기[46]

이 보고서는 다음과 같은 유의 사항을 덧붙인다.

---

46 Goldman & Goldman(1992, pp.12-13)을 보라. 이 보고서는 성적인 문제와 관련하여 이러한 기술의 발달에 관심을 기울이는 것이 나중이 아닌 조기에 이루어져야 함을 올바르게 지적하고 있다.

우리가 제시하는 내용은 권장 사항이다. 호주 교육은 중앙에서 지시하는 '강의 요목'을 벗어나 '학교 중심 교육과정 개발(SBCD)'이라는 과정을 거치기 때문에, 많은 교육 당국에서는 '강의 요목'이라는 용어조차 금기시한다.

중앙집중적 관리 없이 운영되는 학교 중심 교육과정은 위의 목록표에 있는 구성 요소와 실제 활동 간의 간격을 벌려 왔다.[47] 이것이 바로 우리의 요점이다. 우리는 여기에서 역량의 중요성이 강조되고 있다는 것을 인정한다. 실제로 그 역량들은 탐구공동체의 측면을 잘 나타내고 있으며, 심지어 가치 형성하기와 같은 일부 역량은 철학과도 깊은 관련성을 보여주고 있다. 하지만 이에 대해 다음과 같이 질문해 볼 필요가 있다.

◆ 이 기술들이 실제로 가르쳐지고 계발되고 있는가? 아니면 단지 그것들을 반복해서 말하고 있을 뿐인가?
◆ 교사들이 이러한 문제를 다룰 수 있도록 교육받았는가?
◆ 교사들은 효과적이고 지속적으로 교실에서 실천하고 있는가?

저어도 호주에서의 경험적 증거들은 다음과 같은 문제들을 보여주고 있다. 우선 위와 같은 역량이 부족한 채로 학교를 떠나는 아이들이 많다는 것이다. 그리고 어떤 경우에는 효과적인 에이즈 교육이 학교 밖에서 일어나기도 한다.[48]

---

47 특히 중앙에 있는 사람들이 자금을 제어하더라도 SBCD가 중앙 집중화된 제어를 자동으로 반영하지 않는 것을 관찰할 수도 있다.
48 에이즈에 관한 어린이철학 형식의 몇몇 이야기가 이미 출판되었거나 출판을 기다리고 있다. Lipman(발간)과 Splitter(미발간)를 참고하라.

나. 마약과 약물 남용

근대의 거의 모든 사회는 합법적 약물과 불법적 약물을 구분하는 법률을 가지고 있었다. 이는 특정한 약물에 대한 이해를 기반으로 하며, 대개 과학적, 의학적 정보와 다를 수도 있는 논쟁적인 도덕적 코드에 기초해 있다.

환경과 건강에 대한 이해가 강조되는 최근에는 심각한 해를 끼치는 약물과 그렇지 않은 약물의 구분이 모호해졌다. '해악'이라는 개념은 사람들이 옳음과 그름을 판단할 때 매우 중요하다. 그 때문에 윤리적 관점에서 약물 남용이라는 주제는 더 복잡해지고 혼란스러워진다.

많은 사람들은 나이와 관계없이 모든 마약을 완전히 금지해야 한다고 주장한다. 왜냐하면 마약은 반드시 필요한 것도 아닐 뿐만 아니라, 최악의 경우 재앙을 초래할 수 있기 때문이다. 특히 주사를 통한 마약 사용과 에이즈의 치명적인 조합을 고려하면 더욱 그렇다. 반면 마리화나와 다른 마약에 관한 법률 개정을 지지하는 사람들은 그것이 지극히 개인적 선택의 문제라고 말한다. 그리고 법률적 처벌은 마약 복용을 막는 데 거의 도움이 되지 않는다고 주장한다.

많은 청소년에게 마약이 가지는 가장 큰 매력은 바로 불법성이다. 따라서 법을 개정하면 마약복용자들이 줄어들 것이라는 생각도 가능하다. 하지만 이는 역효과를 낼 수 있는 위험한 조치이다. 법에 명시된 대로 도덕적 코드가 현세대와 미래 세대의 이익을 위해서 강력한 메시지를 전달해야 한다고 생각하는 사람들은 분명히 반대할 것이다. 게다가 과도한 음주, 거식증/폭식증, 합법적인 약 처방의 남용 등에서 볼 수 있듯이, 약물 남용과 관련된 건강 및 사회 문제는 거의 법과 관련이 없다. 여기에는 남성의 경우에 무엇이 남성적인 행동으로 간주되는지에 대한 인식, 여성의 경우에는 신체적으로 매력적이라는 것이 무엇을 의미하는지에 대한 인식, 위험을 감수하고 관심을 끌려는 경향 등 특정 맥락을 벗어나서는 제대로 이해할 수 없는 남용 및 의존의 사례가 많다. 이러한 현상과 관련하여 탐구공동체는 또래들의 영향, 광고와 유행의 영향, 개인적인 관점, 자유의 표현, 삶을 더 재미있게 만드는 방법 등과 함께 정말 중요한 것이 무엇인지와 같은 보편적인 문제를 탐구한다. 또한, 탐구공동체는 이러한 과정에서 아이들 개개인을 둘러싼 독특한 환경과 맥락도 민감하게 고려한다.

이제 우리는 교육적 관점에서 약물 남용의 문제에 관해 탐구해 보려고 한다. 이 주제는 '무엇을 마약으로 간주하는가?'와 같은 정의에 대한 질문 외에도 많은 질문을 제기한다. 우선 화학적, 정신적 중독이 기준이라고 생각해 보자. 이러한 기준은 개인의 자율성 측면에서 마약을 금지하는 이유로 충분히 고려해 볼 만하다. 하지만 그러면 차, 커피, 콜라 등도 문제가 된다. 그리고 마리화나는 아마도 논쟁이 되긴 하겠지만, 기준을 통과할 확률이 있다. 더 나아가 이러한 질문들도 제기될 수 있다.

◆ 건강을 포함한 넓은 의미에서 특정한 약물의 실제적인 효과는 무엇인가?[49]
◆ 합법적인 약물과 불법적인 약물을 구별하는 것이 얼마만큼 중요한가?
◆ 왜 사람들이 마약을 복용하거나 약물을 남용할까?

마지막 질문은 사회가 시민들에게 삶의 목표와 희망을 불어넣지 못한 것에 대해 개인의 책임과 사회의 영향을 비교하게 하면서 고민하게 한다.

---

49 알코올과 마리화나와 같은 약물의 경우, 이러한 경험적 질문은 과학 및 의학계에서 여전히 논쟁의 여지가 있다. 사람들이 다른 맥락에서 이러한 일을 하는 방법을 알고 있더라도 자신의 행동에 대해 올바른 판단을 내리고 합리적인 결정을 내리기는 쉽지 않은 일이다. 사실 담배에 관한 주장은 적어도 제1세계 국가에서는 '간접흡연'과 같은 문제로 논점이 이동하면서 대부분 허용되고 있다. 담배 회사들은 개인의 권리에 관한 주장과 '특정 사건이 규칙적으로 결합해 있다고 해서 인과관계가 있다고 볼 수 없다'는 잘못된 인과관계의 오류를 자신에게 유리하게 활용하는 데 비교적 성공적이었다는 점에 주목할 필요가 있다.

많은 교사는 법률을 강화해야 한다는 의견을 가지고 있다. 그리고 대부분의 학교는 불법적인 약물 남용을 처벌하는 교칙을 가지고 있다. 여기서 우리는 학생들이 교칙과 법률을 강화하려는 이유를 제대로 이해하고 있느냐의 여부를 중요하게 생각한다. 그리고 학생들은 그 이유에 관해 스스로 판단할 기회를 가져야 한다고 생각한다. 이러한 맥락에서 단순히 불법성에 호소하는 것은 아이들에게 그다지 설득력이 없어 보이며, 많은 반론이 예상된다. 암묵적이든 혹은 명시적이든 아이들은 교사의 흡연, 담배나 주류 회사의 스포츠 경기 후원 등을 통해 인식되는 모순에 대해 대응할 책임이 있다. 스스로 생각하도록 배운 아이들은 법률과 교칙 등의 사회적, 윤리적, 정치적 근거에 대해 질문하기를 원할 것이다. 아이들은 점점 더 기대에 미치지 못하는 세상에서 자신의 위치에 관해 토론할 기회를 가질 자격이 있다. 과다한 음주와 그로 인한 폭력적인 행동은 아이들 사이에서 당연히 문제가 될 수도 있다. 그러나 우리가 강조했듯이, 사회 구성원 모두에 대해 진심으로 관심을 두는 사회는 희생자와 가해자라는 단순한 이분법에 만족하지 않는다. 아이들이 약물 남용으로 상처 입고 병들어 방황할 때, 우리 모두는 희생자의 아픔과 가해자의 책임을 공유할 필요가 있다.

6. 판단 강화 : 일반적인 의견

탐구공동체를 형성할 때 진지하게 고려해야 할 것은 탐구의 방향이 어디로 가든 그 흐름을 따라갈 준비를 보여주는 것이다. 만약 아이들이 가장 관심 있어 하는 지점에서 탐구를 시작하라는 주장에 반대하는 사람이 있다면, 그들은 어린이들도 민감한 판단과 결정을 내릴 수 있는 능력이 있다는 것을 인정할 필요가 있다. 교육자라면 열린 질문, 토론, 추론, 배려, 존중, 그 밖에 판단을 강화하는 몇 가지 요소들이 우선적인 교육적 의제라는 것을 확신해야 한다.

앞서 우리가 논의한 에이즈 및 약물중독에 대한 교육 프로그램은 질문과 토론을 장려하는 것을 넘어 아이들의 이해와 인식 수준을 높여 스스로 에이즈에 감염되거나 약물 남용에 빠질 위험을 줄이려는 분명한 목표를 가지고 있다. 이는 다시 한번 '선취된 결론의 문제'를 제기한다. 만약 궁극적인 결론이나 결과가 실제로 문제가 되지 않는다면, 많은 사람의 생사가 달린 문제에 관한 탐구의 진정성을 어떻게 유지할 수 있을까?

우리가 제5장에서 강조한 것처럼 탐구공동체는 그 본성상 학생들이 관심을 갖고 흥미를 느끼는 주제에 대해 다양한 견해를 제공한다. 예를 들어, 에이즈나 약물 남용에 대한 다양한 관점이 제시될 것이다. 이러한 다양성은 그것이 탐구 과정의 일부로 간주될 때에는 전혀 위험하지 않다[50]. 사실 다양성은 새로운 이해와 통찰력을 제공하는 창조적 모험에서 매우 중요한 요소이다. 행복한 삶을 살아야 한다는 궁극적인 목표에는 동의할 수 있지만, 이를 달성하는 방법에 대해서는 다양한 답변이 나올 수밖에 없다. 물론 일부 답변은 매우 극단적일지도 모른다. 예를 들어 성(性)과 관련된 문제에 대해 근본주의자는 완벽한 금욕을 주장할 것이고, 자유 지상주의자는 선택의 자유를 주장할 것이다. 그러나 극단적인 관점에 대한 신중한 검토는 탐구공동체의 중요한 임무 중 하나이다. 특히 그러한 견해는 다소 독단적으로 표현되고 옹호되는 경우가 많다는 점을 고려할 때 더욱 그렇다. 공동체가 진짜 경계해야 할 것은 견해 그 자체가 아니라, 극단적인 견해를 가지고도 다른 가능성을 고려하거나 자기수정을 하지 않으려는 사람들임을 명심할 필요가 있다.

또한 탐구공동체는 특정한 관점들이 비타협적으로 보이는 경우에 오히려 중요한 역할을 해낼 수 있다는 점을 반드시 기억할 필요가 있다.

---

50 다양성을 액면 그대로 받아들이면 혼란스러울 수 있다. 학생에게는 제시된 내용을 숙고하고 평가할 수 있는 시간과 기술이 모두 필요하다.

그리고 공동체를 자극하는 질문이나 문제에 대해 공유된 인식이 있어야만 탐구가 시작될 수 있다는 점도 염두에 두어야 한다. 교사는 많은 사람이 매우 위험한 행동을 계속하고 있다는 점을 지적하여, 학생들에게 닥칠 수 있는 문제를 확인시켜 주어야 한다(예를 들어 성행위 동안 청소년들을 보호해 줄 수 있는 피임 도구의 사용이 아직 널리 퍼져 있지 않다는 문제). 이런 경우 문제 선정에 대한 합의가 해결책에 대한 합의로 이어지지는 않는다. 이러한 현상은 가치교육에서 흔히 볼 수 있는데, 자신의 추론과 결론이 행동으로 이어지지 않는 것이다. 실천적 추론(행동으로 이어지는 추론)에서 일관성을 유지하는 것은 모든 윤리적 탐구의 주요한 목표 중 하나이다.

약물 남용은 자기 경험의 한계에서 비롯된다. 많은 아이들이 약물 남용과 관련된 상황에 갇혀 있는 이유는 자신의 선택과 대안이 극히 제한적이기 때문이다. 가족이나 친구들을 역할모델로 여기는 것도 매우 위험하다. 특히 서로가 비슷한 문제를 가진 경우에는 더욱 그렇다. 이러한 상황에서 아이들은 무엇보다 안전하고 배려하는 환경 안에서 비판적 성찰을 경험할 수 있어야 한다. 그리고 자신의 삶이 나아가야 할 방향에 대해 숙고할 수 있는 탐구의 경험을 가져야 한다.[51]

일반적인 목적은 아이들이 중요한 문제에 대해 합당한 판단을 내릴 수 있도록 준비시키는 것이다. 아무리 긴급한 쟁점이더라도, 아이들에게는 판단을 위해 중요한 이유나 근거에 대해 탐구하고 협의할 시간이 주어져야 한다. 아이들은 그들의 경험에 대해 말할 수 있어야 하며, 그

---

[51] Silin(1992)은 아이들이 그들의 충동적인 행동을 조절할 수 있는 핵심적인 요소로서 경험에 대한 반성적 절차를 교육에 포함해야 하는 듀이의 주장을 인용한다. 그는 다음과 같이 쓴다.

'에이즈', '노숙자', '약물 남용'과 같은 현상은 시간이 지남에 따라 새롭게 구성되는 방향으로 연구하는 것이 가장 좋다. 처음에는 너무나 거대하고 명백하게 실재하는 것처럼 보일 수 있다. 불행히도 윤리적 담론의 공백으로 인해 사회적 문제가 전면에 부각되고 있다…(p.268).

이에 더하여 우리는 이러한 공백을 어린이철학을 통해 채울 수 있다고 생각한다.

경험에 근거하여 스스로 기준을 구성할 수 있어야 한다. 그것은 더 좋은 판단으로 이어질 것이며, 더 가치 있는 경험으로 나아갈 것이다. 지속적인 탐구공동체 참여로 판단력이 강화된 아이들은 논쟁적인 문제에 대해 훨씬 더 잘 대응할 것이다. 아이들이 탐구공동체에 참여하면서 기준과 판단을 스스로 형성하는 경험은 매우 긍정적이고 의미 있는 경험이다.

다음은 에이즈 및 약물 남용과 관련된 문제에서 아이들이 내릴 수 있거나 아이들에게 제공할 수 있는 주장들이다. 이러한 판단은 의사 결정과 행동에 있어 주요한 고려 요인으로 작용한다. 따라서 탐구공동체에서 유용하게 사용될 것이다.

◆ 피임 도구 없는 성행위는 피해야 한다.
◆ 순간적인 쾌락은 나 자신뿐만 아니라 남에게도 치명적인 피해를 줄 수 있다.
◆ 다른 약물은 괜찮지만, 특정한 약물(마약)은 분명 혐오스럽다. 합당한 선택을 하기 위해서는 우선 그 차이점을 구별할 수 있도록 배워야 한다.
◆ 에이즈 감염자(임신한 청소년과 마약 중독자도 마찬가지)는 자기 행동에 대한 대가를 받고 있는 것이다.
◆ 단 한 번의 성관계로는 에이즈에 걸리지 않을 것이라고 확신한다.
◆ 체중계를 보지 않아도 나는 항상 뚱뚱하다. 나는 비용이 얼마나 들든지 몸무게를 줄이겠다.

탐구 과정에서 학생들은 위와 같은 주장이 분석이 필요한 개념과 검토가 필요한 다른 판단에 의존해 있다는 점을 알게 될 것이다. 예를 들어, 다음과 같은 주장에 대해 생각해 보자.

'다른 약물은 괜찮지만 특정한 약물(마약)은 분명 혐오스럽다. 합당한 선택을 하기 위해서는 우선 그 차이점을 구별할 수 있도록 배워야

한다.'

이러한 추측에 근거한 판단은 교실공동체가 심사숙고해 볼 수 있는 다른 판단들을 이끈다. 이러한 '매개 판단'[52]에는 다음과 같은 것들이 포함될 수 있다.

◆ 나는 나쁜 약물로부터 좋은 약물을 구별해 내는 방법을 알고 있다.
◆ 만약 어떤 것이 나에게 혐오스럽다면, 그것은 누구에게도 좋은 것이 아니다.
◆ 내가 하는 일은 다른 사람에게 영향을 미치지 않거나 적어도 영향을 미쳐서는 안 된다.
◆ 나는 약물을 복용했던 사람에게 어떤 일이 생겼는지 안다. 그러나 그런 일이 나에게는 발생하지 않을 것이다.
◆ 커피나 차는 괜찮은데 약물은 나쁜 것으로 간주한다. 그렇지만 그것들은 모두 약물이다.
◆ 모든 약물은 나쁘다 … 어떤 약물은 나쁘지 않다 … 모든 약물은 나쁘지 않다.
◆ 만약 내가 '그래'라고 말하지 않으면, 아이들은 나를 겁쟁이라고 생각할 것이다.
◆ 나는 꼭 '그래'라고 하지 않아도 된다. '아니오'라고 말하는 건 언제나 나의 선택이다.

위에서 나열된 주장에는 사실의 문제도 있고, 논리 또는 결과, 가정에 대한 숙고도 있다. 옳고 그름에 대한 일반화 문제도 있다. 그 논리적 구조와 문장 형태는 주제가 바뀌더라도 계속 유지될 것이다. 각 주장은 모든 연령대의 아이들이 공감하고 자신들만의 예를 찾을 수 있는 다양한 내용에 적용될 수 있다(패스트푸드 먹기, 수업 빼먹기, 야생화 꺾기 등). 따라서 다른 판단이 의존하는 매개 판단에 대한 검토는 이 장에서 논의한

---

52 '매개 판단'이라는 용어는 Lipman(1991, 9장)을 참고하였음.

문제 이외에도 광범위한 문제에 걸쳐 이루어질 수 있다.

이 마지막 부분은 특별히 강조해 둘 필요가 있다. 철학적 탐구공동체는 판단을 강화하도록 이끄는 반성과 숙고를 위한 이상적 기회를 제공한다. 그 과정에서 우리는 또래의 영향력을 잘 활용할 수 있다. 그러나 위험한 행위와 관련된 복잡하고 논쟁적인 쟁점을 다룰 경우에는, 단순히 협력적인 공동체의 일원이 되는 것뿐 아니라 그 이상을 해야 한다. 개인적 위기 상황에 처한 아이들은 해당 문제에 대해 신중하고 지속적으로 탐구하는 성향을 보이지 않을 가능성이 크다. 게다가 그 아이들은 이러한 탐구에 참여하는 데 필요한 기술을 가지지 못했을 확률이 높다. 결국 그들은 자신을 속이거나 자신과 다른 의견을 극단적으로 거부하게 될 것이다. 게다가 시급히 해결해야 할 문제에 마주하게 되면, 잠시 맛보았던 반성적 탐구도 단지 사치품에 불과하게 될 것이다. 이러한 이유로 우리는 아이들이 위기 상황에 마주하기 훨씬 전부터 탐구공동체에 참여할 필요가 있다고 주장했던 것이다. 그러면 절박한 긴박감에 방해받지 않고 탐구를 진행할 수 있을 뿐 아니라, 에이즈 및 약물 남용과 같은 문제에 대해 다양한 측면에서 생각할 기회를 얻을 수 있다. 사실, 탐구할 가치가 있는 문제는 아이들에게 중요한 문제를 다루는 데 필요한 연습을 하게 하는 잠재력을 가지고 있다. 탐구공동체에서 기억해야만 하는 것은, 아이들은 삶의 문제들을 다룰 준비가 되어 있을 뿐 아니라, 한 사람의 인격으로서 삶을 경험하고 있다는 것이다. 그런 사람은 자율적으로 자신의 판단을 구성하고 이에 대해 평가한다.[53].

지속적으로 판단을 형성하고 평가하는 연습을 해 온 아이들은 특정

---

53 이러한 연관성에 대해 Lipman은 다음과 같이 말한다.

판단은, 기술과 달리, 그것을 수행하는 사람들의 축소 버전이다. 이는 각각의 판단이 판단을 내리는 사람을 표현함과 동시에 그 판단이 이루어지는 상황이나 세계를 평가한다는 의미에서 그렇다. 우리는 우리의 판단이고 판단은 곧 우리이다. 이것이 판단력을 향상시키는 것이 곧 자신을 성장시키는 방법이라고 할 수 있는 이유이다.

한 판단의 수용 여부를 잘 결정한다. 이 과정에서 학생들은 개념이나 다른 탐구 도구들과 마찬가지로 판단들도 다양한 방식으로 상호 연관되어 있다는 사실을 깨닫게 될 것이다. 그리고 학생들이 우리가 다룬 문제해결의 열쇠가 될 만한 판단을 내릴 때쯤이면, 그 판단의 옳고 그름, 혹은 중요성이 좀 더 분명해질 것이다.

7. 환경윤리[54]

가. 환경 문제의 범위

제6장에서 우리는 세계 내에서 한 사람이 된다는 것이 어떤 의미가 있는지에 대한 윤리학과 가치교육의 틀을 구성해 보았다. 우리가 살펴보았듯이, 인격은 우리가 다른 사람들과 맺고 있는 상호 호혜성에 기초한다. 다른 사람과의 관계에서 공감, 탈자기중심화, 도덕적 상상력, 판단하기와 같은 윤리적 전략은 매우 중요하다. 이런 전략들은 우리가 자신과 타인에 대해 가지는 감정의 균형을 잡도록 도와준다. 탐구공동체는 인격 발달을 위한 이상적인 환경이다. 왜냐하면, 위와 같은 윤리적 전략을 연습해 볼 수많은 기회를 제공하기 때문이다.

문득 이런 질문이 떠오른다. 상호 관계성의 그물 내에서 환경윤리를 다룰 수 있는가? 그것은 개인들이 지니는 동물, 나무, 강, 산 등에 대한 배려와 존중의 차원을 넘어선다. 그것은 자연과 세상에 관한 관심을 의미한다. 이 질문에 대해 만약 '그렇다'라고 대답한다면, 탐구공동체가

---

54 우리는 1990년 브라질 어린이철학 센터에서 유네스코에 제출한 제안서에서 어린이철학과 환경에 대한 관심 사이의 기본적인 연관성을 밝혀낸 Catherine Young Silva의 업적에 큰 빚을 지고 있다. 그녀의 짧은 이야기 『어린이 목소리의 메아리(The echo of the voice)』라는 제목의 단편소설이 최근 출간되었다.(Young Silva, 1994) 참고.

어떻게 점점 압박해 오는 환경 교육의 영역에 이바지할 수 있을까? 우리는 이 두 번째 질문에 대한 답을 찾기 위해, 아이들은 어떻게 환경과의 관계 속에서 자신과 타인을 바라보는지 질문해 보고자 한다.

환경에 관한 관심과 걱정은 우리 세대에서만 유별난 것이 아니다. 하지만 오늘날 그 긴박감과 복잡성은 정말로 전과는 비교할 수 없을 정도로 광범위해지고 있다. 거의 모든 국가와 지역에서 산업과 인구 증가로 인한 자연 파괴와 천연자원 보존을 위한 정책들이 심각한 갈등을 겪고 있다.

지구의 허파로서 열대 우림을 보존해야 한다고 주장하는 사람들은 농부와 벌목공의 생계를 위협하는 사람들처럼 보인다. 고래의 생존권을 소중히 여겨 고래를 보호해야 한다고 주장하는 사람들은 생선과 고래 판매로 생계를 이어가고 있는 어민들을 위협하는 사람들처럼 보인다. 이전에는 의심하지 않았던 새로운 형태의 오염에 대한 경고가 매일 쏟아지고 있다. 이에 대한 대중의 인식은 이러한 문제에 효과적으로 대응할 수 있는 선택지가 얼마나 제한적인지 깨닫게 해준다.

우리는 아마존 열대 우림 지역과 체르노빌과 같은 핵오염 지역으로부터 들려오는 심각한 통계 수치에 점차 무뎌져 가고 있다. 지금도 여전히 가난한 사람에게는 환경 문제보다 일자리와 음식이 더욱 긴박한 요구라고 주장하는 사람이 있다. 새로운 도로는 동식물에 영향을 주는 생태 시스템을 파괴하지만 생활 공간의 확장이라는 측면에서 정당화된다. 유전공학은 자연이 지금까지 계속해서 지속시켜 온 불가침의 법칙을 바꾸고 있다. 유전공학은 현재와 미래에 걸쳐 고통받는 수백만의 사람들에게 희망을 주지만, 한편으로는 인구 성장을 가속하는 위협을 초래할 것이다. 저명한 환경 보호론자들은 돌이킬 수 없는 자원 파괴를 지적한다. 반면에 저명한 과학자나 경제학자들은 만약 필요하다면, 인간의 창의성은 반드시 적절한 대안을 만들어 낼 것이라고 주장한다. 환경 논쟁의 양극단에 서 있는 사람들은 함께 제대로 토론하지 못한다.

그만큼 양극화가 심각하다. 게다가 정부는 장기적인 전망에 근거한 결정보다는 권력을 유지하는 데 더 관심이 많다. 한편 환경 문제에 있어서 개발도상국들은 선진국들보다 더 많은 고통과 인내를 요구받고 있다. 우리는 이러한 정치적인 차원에 더하여 극단적인 입장 간의 갈등을 건설적인 대화로 변화시키는 도전을 해야 한다.

대부분의 환경 문제는 전 세계에 영향을 준다. 침식, 사막화, 산성화는 지구촌 전체에 걸쳐 발생하고 있다. 인종이나 국가적인 차원에서는 지구 온난화에 대해 아무것도 알아낼 수 없다. 아이러니하게도, 우리는 많은 것을 소유했지만 지난 시절(적은 인구와 적은 공동체에서 자연과 조화를 이루면서 유순하게 살았던 때)의 특징이었던 자연에 대한 존중을 잃었다. 이런 점은 존중이 윤리나 가치에 대한 숙고에서 매우 중요하다는 점을 생각할 때 정말 나쁜 조짐이다.

예를 들어, 요즈음 대도시들의 경우를 생각해 보자. 그곳의 아이들은 자연의 미적 측면과 마주칠 경험을 거의 갖지 못한다. 그래서 자연에 감사하는 마음을 가지기가 더욱 힘들다. 물론 자연에 감사하는 마음을 갖지 못한다고 해서 그들을 비난할 수는 없다. 자연을 소중히 여기는 마음을 배우지도 못했는데, 어떻게 자연을 존중할 수 있겠는가? 그들의 삶에서 경험하지 못한 것을 어떻게 인식하고 이해할 수 있겠는가? 오늘날 대부분의 아이들은 산업화로 인해 매우 오염된 지역에 살고 있으며, 그들 주위는 산업화된 삶의 양식들로 가득 차 있다.[55] 흡연이 비흡연자에게 미치는 영향과 자동차 배기가스가 이를 흡입하는 사람들에게 미치는 영향에 대한 이해는 이제 막 시작되고 있다. 농사 역시 점점 기계화되면서 자연과의 연관성은 점점 흐릿해지고 있다. 그러면서 아이들은 점점 더 경제적 가치의 원천으로서 자연을 이해하기 어려워하고 있다. 도시에 사는 아이들은 더 이상 공원, 숲, 산, 바다와 관련된 여가

---

55 한 가지 예를 들자면, 나이지리아의 마을과 도시는 석유산업으로 인한 경제적 혜택은 전혀 받지 못한 채 악취 나는 석유 굴착 시설과 정유 공장의 그늘에서 생존을 위해 고군분투하고 있다.

활동을 좋아하지 않는다. 그 대신에 콘크리트로 만들어진 놀이공원, 쇼핑몰, TV, 온라인 게임 등을 더 좋아한다.[56]

아이들은 환경오염의 당사자이자 직접적인 피해자이기도 하다. 많은 나라의 어린이들은 희망이라곤 없는 지저분하고 북적대는 환경에서 태어난다. 그리고 거의 모든 나라에서 쓰레기 산은 자꾸만 높아가는데, 이 문제에 대해서 아무도 해답을 가지고 있지 않다. 그들이 즐기는 해변은 급속도로 오염되고 있고, 여행을 다니기 위해 타는 차는 유례없는 대기오염을 일으키고 있다.[57] 교육 단체들은 실제로 환경오염을 일으키는 주된 원인이 무엇인지를 파악하는 데 많은 어려움을 겪고 있다. 게다가 교사들은 환경 문제와 관련 있어 보이는 방대한 양의 정보를 이해해야 한다는 부담도 안고 있다. 게다가 교사는 학생들에게 문제를 제시하기 전에 그 해결 방안을 제시해야 한다는 부담까지 떠안고 있다. 이러한 인식은 교사가 중요한 문제에 대해서는 반드시 답을 가지고 있어야 한다는 '교육의 오래된 모델'을 상기시킨다.

어떤 사람들은 앞의 문단이 최악의 경우를 가정한 감정적 오류를 묘사하고 있다고 말한다. 공정성과 거리가 먼 조잡한 겁주기 전술이라는 것이다. 확실히 해야 할 것은 환경에 관한 관심은 중립적일 수 없다는 점이다. '관심'이란 단어 자체가 균형을 무너뜨리기에 충분하다. 실제로 모든 환경에 관한 논쟁은 윤리적 중립성과는 거리가 먼 전제를 기반으로 하고 있다. 그럼에도 현재 상황과 징후는 앞에서 제시한 것보다 훨씬 나빠질 것으로 예측하는 연구도 많이 있다. 설사 우리 사회가 환경 문제와 관련된 모든 정보를 가지고 있다고 하더라도, 일반 시민이 이 상황

---

56 Singer(1993, 제3장)는 경제적 부와 소비에 대한 현대의 집착이 환경적으로 지속 불가능할 뿐만 아니라 깊은 의미에서 우리의 욕망을 충족시키지 못한다고 주장한다.

57 독립성과 이동성의 가장 특징적인 상징인 자동차는 환경 논쟁의 문제점을 잘 보여준다. 자동차는 오염을 일으키고 사람들의 집착을 불러일으킨다. 하지만 무연 석유 사용 및 더 효율적인 엔진 개발 등을 통해 '자정 능력'을 갖춘 경이로운 기술이기도 하다. 자동차는 우리를 지역사회 안팎으로 이동할 수 있게 하면서도 고립된 개인으로 행동하려는 우리의 의지를 상징하기도 한다.

을 전체적으로 이해하고 그 지식을 욕망이나 의도, 행동 등과 일치시킨 다는 것은 쉬운 일이 아니다. 여기에서 중요한 것은 우리가 중요하다고 생각하는 논증을 정리하고 지식과 사고와 행동을 연결하는 것 등이 바로 탐구공동체에 잘 어울리는 활동이라는 점이다.

나. 탐구공동체 교실의 대응

환경 교육의 영역에서 다음과 같은 것은 하지 말아야 한다. 첫째, 이성적이고 체계적인 방법으로 생각해 봐야 할 문제들이 지나치게 많은 갈등과 정책과 감정을 조장한다는 이유로 이 쟁점을 아예 무시하는 것이다. 그렇게 하는 것은 좋든 싫든 사실상 아이들에게 특정 종류의 '가치'를 전달하는 것으로, 교육자의 책임을 포기하는 것과 같다.[58] 이와 똑같은 익숙한 전략이 떠오른다. 환경보호를 위해 해야 할 것과 하지 말아야 할 것을 규정한 십계명을 만들거나, 아이들에게 환경과 관련된 사실을 가능한 한 많이 전달하는 것이다. 그와 관련된 가치, 주장, 개념, 가정의 이면에 놓인 논의는 하지 않은 채 말이다. 물론 환경보호에 대한 입장은 늘 혼란스럽다. 예를 들어, 단기적으로 일자리를 늘리는 것과 장기적으로 환경과의 조화를 추구하는 것 같은 갈등 상황에서 아이들은 어떻게 대처해야 할까?

아이들이 환경 논쟁의 핵심 요소를 이해하지 못하는 현실을 고려할 때, 스스로 문제와 정보를 파악하고, 생각하고, 이해할 기회를 주는 것은 매우 중요하다. 그러한 맥락에서 환경에 대한 정보도 전달할 방법을 찾아야 한다. 이러한 기회 없이 아이들이 환경 문제에 대해 사려 깊고 합당한 판단을 내릴 것이라고 기대할 수는 없다.

환경 문제와 관련된 주제는 교실에서 진행되는 탐구를 통해 다루어

---

58 여기서 '가치'라는 용어를 강조한 이유는 독자들에게 진정한 가치는 변질될 수 없다는 점을 상기시키기 위해서이다.

야 한다. 인간과 자연 간의 관계는 점점 더 위태로워지고 있다. 따라서 우리는 토론의 질을 높이고 탐구공동체에 아이들을 참여시키는 일을 더 이상 미룰 수 없다. 불과 몇 년만 지나면 오늘의 이 아이들은 지구의 보호자, 문지기, 관리인이 될 것이다. 우리는 이 아이들이 지구 전체에 영향을 미칠 수 있는 문제에 대해 이성적이고 지혜로운 판단을 하길 바란다. 그리고 아이들이 자연과 인류의 요구들에 대해 잘 알고 친숙해지기를 바란다. 우리는 아이들이 환경 문제에 대한 지식 없이 그에 대해 좋은 판단을 내릴 수 없다는 것을 인정한다. 그럼에도 우리는 아이들이 환경 문제에 관해 탐구해 보아야 한다고 생각한다. 환경 문제는 윤리적이면서도 논쟁의 여지가 있는 개념(배려, 책임, 동물권, 지속가능한 발전)과 사고전략(결과 파악하기, 가능한 대안 상상하기, 전체의 부분으로써 현상을 바라보기, 가치 있는 목적을 위한 수단 찾기, 모든 것들을 고려하기 등)에 대한 탐구로 우리를 초대한다.

탐구의 본질을 생각할 때, 우리는 아이들이 환경과 관련된 문제를 쉽게 명료화할 것이라고 기대해서는 안 된다. 그리고 환경 문제에 대한 갈등의 다양한 측면을 당연히 파악할 수 있을 거라고 생각해서도 안 된다. 균형 잡힌 이해에 도달해야 아이들은 다양한 대안을 찾아낼 수 있다. 이런 점에서 우리는 학교가 이러한 역할을 할 수 있고, 또 해야만 한다고 생각한다. 환경 문제에 관해 신중한 탐구와 면밀한 검토가 이루어지는 토론을 제공할 수 있는 또 다른 교육기관이 있을까? 실제로 학교와 교실이 환경과 관련하여 인류가 직면하는 질문, 쟁점, 문제들을 토론할 수 있는 환경적 탐구공동체로 전환되지 않는 한, 학교가 할 수 있는 것은 거의 없다.

환경적 탐구공동체에 참여하는 것은 환경 문제에 관련된 쟁점뿐 아니라 그동안 환경 문제를 해결하기 위해 해왔거나 해나갈 다양한 논쟁에 대한 아이들의 이해를 높이는 데에도 도움을 줄 것이다. 여기서 우리는 다시 한번 아이들의 추론능력과 판단능력을 길러주어야 한다는 점을 강조한다. 왜냐하면 그것은 환경 논쟁의 내용과 절차를 이해하고, 다양한 관점에 대해 검토하고 숙고하는 구조화된 열린 토론에 참여하기 위해서 반드시 필요하기 때문이다.

환경적 탐구공동체는 환경에 대한 성찰의 결과로 자연스럽게 떠오르는 개념, 문제, 질문들을 중요한 주제로 다룰 것이다. 탐구의 도구, 절차, 성향이 자리 잡은 탐구공동체는 환경적 쟁점이 가지고 있는 복잡한 맥락과 관점들을 다룰 수 있다. 그 구성원들은 환경과 관련된 쟁점에 대해 신중하게 생각하는 법을 연습할 것이며, 성급한 결론이나 잘못된 판단으로 이끌려 가지 않는 법을 배울 것이다. 그래야만 사방에서 쏟아지는 이미지와 정보의 홍수 속에서 아이들이 이 모든 것을 이해하고 스스로 합당한 결론을 내릴 수 있기 때문이다.

이런 면에서 어린이철학은 환경 교육에 시의적절하게 기여할 수 있다. 우리는 전 세계적으로 성장하고 있는 탐구공동체의 경험을 통해 협력적 탐구가 반드시 경쟁적인 탐구일 필요는 없다는 점을 잘 알고 있다. 그리고 반론을 제기하고, 잘못된 추론을 밝히고, 반례를 제공하는 것과 같은 전통적인 '비판적 사고' 전략이 서로의 입장에 대해 상호 이해하게 하는 공감에도 도움을 준다는 것을 알고 있다. 우리는 특히 서로가 아이디어를 수정하거나 질문을 형성하도록 돕고, 입장을 바꾸어 상대방의 관점에서 사물을 바라보고(환경 문제에 관한 토론에서 많이 필요함), 상대방의 입장을 이해할 기회가 있을 때까지 잘못된 것으로 보이는 것에 대한 비판을 자제하는 등의 전략을 중요하게 생각한다. 이런 전략들은 탐구공동체 토론에 내재해 있으며, 우리가 매일 보는 환경 문제에 관한 다른 찬반 토론이나 논쟁들보다 질적으로 수준 높은 토론을 가능하게 한다.

우리가 철학을 윤리적, 인식론적, 형이상학적, 미적 질문에 대한 새로운 관점을 만들어 내는 탐구의 실험적 과정으로 생각한다면, 환경윤리에 미치는 영향은 상당히 크다. 지금까지는 비판적, 분석적 차원의 철학이 지배적이었다. 그러나 철학적 토론에서 그간 제외되었던 아이들이 참여하게 됨에 따라 비판적, 분석적 차원의 철학이 창조적이고 구성적인 철학으로 변화될 수 있게 되었다. 환경적 딜레마와 위기가 우리를 짓누르는 가운데, 자연과 우리의 관계에 대한 새로운 시각에 관한 창의적인 탐구의 필요성이 최우선 과제로 떠오르고 있다.

아이들이 자연과 그들이 사는 곳에 관해 궁금해할 만한 질문들을 생각해 보자.

◆ 우리는 자신의 이익을 넘어서 타인의 이익에 대해서도 생각해야 하는가? 그리고 태어나지 않은 다음 세대들의 이익도 고려해야 하는가?

◆ 그리고 인간이 아닌 동물, 새, 벌레, 강, 숲에 관해서도 관심을 가져야 할까?

◆ 우리가 특별히 친근하다고 느끼는 대상에 관한 관심과 감정은 어떻게 설명되고 정당화될 수 있을까?

◆ 그런 느낌은 환경에 대한 진정한 배려, 관심과 일치하는 것인가?

◆ 인류와 인류를 제외한 자연은 어떠한 관계일까?

◆ 강이나 박쥐가 되는 것은 어떤 느낌일까?

◆ 현재 우리 삶의 방식은 어떤 결과를 초래할까?

◆ 자연은 인류의 복지를 위해 존재하는가?

◆ 자연은 그 자체로 선하고 아름다운가? 아니면 사람들이 자연에 선함/아름다움을 부여하는가?

◆ 담배를 피우지 않는 사람 근처에서 담배를 피울 권리가 있는가?

◆ 동물들은 권리가 있는가? 산과 꽃들도 권리가 있는가?

◆ 사람은 고기를 먹을 권리가 있는가? 우리가 절대로 먹어서는 안 되는 고기도 있는가?

◆ 사람들은 강과 해양을 오염시키는 직업에 종사할 권리가 있는가?

◆ 쓰레기를 어떻게 처리해야 할까? 그것을 사람이 살지 않는 섬 또는 다른 행성

에 보내는 것은 괜찮을까?

◆ 어떤 종류의 성장을 추구해야 하는가? 성장은 소비를 줄이는 것과 양립할 수 있는가?

◆ 사람들은 많든 적든 자유롭게 아기를 낳아도 괜찮을까?

◆ 국가에서 사람들에게 아기를 조금만 낳으라고 권고할 수 있는가?

◆ 사람들이 이익을 얻기 위해 합법적으로 행하는 동물 사냥 및 도축, 삼림 파괴, 대기오염과 같은 행위들은 환경에 관한 관심과 어떻게 조율할 수 있을까?

◆ 부유한 나라들은 심지어 자신의 생활 수준을 희생하면서까지 더 가난한 나라를 도와줘야 하는 책임이 있는가?

◆ 우리는 어떤 종류의 도시/사회/세계에서 살기를 원하는가?

◆ 우리가 원하는 세상을 만들기 위해 나는 어떤 역할을 해야 하는가?[59]

아이들의 관심사를 적절히 고려한 이러한 질문들은 '무언가를 해야한다'고 강하게 느끼고 있지만 어디서부터 어떻게 시작해야 할지 모르는 교사들에게 초점을 제공한다. 또한, 이러한 질문들은 철학의 다른 측면을 반영한다. 특히 형이상학, 인식론, 윤리학, 미학은 생물학, 지리학, 역사학, 사회학 등과 같은 다른 학문에서 나온 주제들과 긴밀히 연결된다. 이러한 탐구는 학교에서 이미 환경 교육적 차원에서 하고 있는 다양한 교수학습전략과도 조화될 수 있다.

우리는 여기에 나열된 질문이 주관적이거나, 해결될 수 없거나, 무의미하다는 이유로 수업 시간에 다룰 수 없다는 견해에 반대한다. 이 질문들은 특정한 정보가 아니라 아이들이 가지고 환경적 관심에 초점과 구조를 부여한다.

---

59 윤리적 갈등이 있는 대부분 영역에서와 마찬가지로, 환경 논쟁에서 사용되는 언어도 중립적이지 않다. 어린이들에게 '죽이기'를 '수확' 또는 '도태'로, '소비 수준을 낮추는 것'을 '낮은 생활 수준을 받아들이는 것' 등으로 바꾸면 어떤 차이가 있는지 생각해 보게 할 수 있다.

환경: 두 가지 예화

1) "너는 이웃집 꽃을 꺾을 권리가 없단다. 브래드쇼 부인은 그 꽃을 기르기 위해 거름을 준비하고 씨를 심는데 많은 시간을 들였어. 그 꽃들은 그 부인의 소유란다."

"엄마, 왜요? 이 꽃들이 브래드쇼 부인의 소유인 이유가 뭐예요?"

"그 꽃들은 그녀의 재산이야. 제시야, 넌 다른 사람의 재산에 관해서는 어떤 권리도 없단다."

"그럼, 숲에서 야생화를 꺾어 집에 가져오는 것은 괜찮아요? 야생화까지 브래드쇼 부인이 심지는 않았으니까요. 누구도 그걸 심지는 않았어요. 그리고 숲은 모두의 것이에요."

"숲이 모두의 것인지는 잘 모르겠구나. 난 숲은 그 마을 사람들의 것이라고 생각해."

"저도 마을 사람이에요. 그러니깐 마을에 있는 다른 사람들이 가질 수 있는 만큼은 저도 야생화를 가질 수 있어요. 그 꽃들은 꺾어도 괜찮죠?"

"글쎄 확신할 수는 없구나. 제시야, 모든 마을 사람이 야생화를 꺾어 버린다면 어떻게 되겠니?"

"그야 꽃들이 금방 사라져 버리겠죠. 그렇지만 아마 엄마와 나만큼 꽃을 좋아하는 사람은 얼마 되지 않을 거예요."

"숲속의 꽃들을 감상할 수 있는 마을 사람들의 권리에 대해서는 어떻게 생각하니?"

"왜요? 마을 사람들이 숲을 소유하고 있지는 않잖아요."

"어떤 면에서는 소유하고 있다고 볼 수 있어. 그들도 세금을 내고 있잖니?"

"그게 나무와 야생화를 소유하고 있다는 의미가 되나요? 그러면 마을 사람들은 그것들을 파괴할 수 있는 권리도 있는 거예요?"

문득 엄마와 나는 야생화의 입장에 관해선 어떤 생각도 하지 않았다는 것이 떠올랐다. 바로 다음 날 나는 새로 오신 선생님이 학생에게 말하는 것을 들었다.

"방금 로렌 에셀리의 글을 읽었는데 생각해 볼 만한 내용이 있었어요."

"그게 뭐죠, 선생님?" 학생들이 물었다.

"별을 괴롭히지 않고는 야생화를 꺾을 순 없다는 거예요."

나는 문득 궁금해졌다. "야생화도 사람처럼 권리를 가지고 있을까? 만약 야생
화가 말을 할 수 있다면, 무슨 말을 할까?"[60]

2) 기오가 말했다. "난 전 세계 사람들이 매일 수백만 마리의 닭을 먹고 있다고
생각해요."

기오의 할아버지가 말했다. "사실이야. 하지만 이 세상의 모든 닭을 죽이지는
않을 거야. 나는 멸종 위기 동물들이 죽어가는 것이 걱정이란다."

"예를 들면요?" 기오가 물었다.

"코뿔소나 고래처럼 말이다! 그리고 우리가 매년 아기 물개를 어떻게 죽이는지
보렴"

수키가 말했다. "사람들은 트럼펫 백조를 보호하기 노력해 왔어. 그랬더니 몇
마리밖에 없던 백조들이 지금은 수천 마리가 되었대."

수키의 할아버지는 차이콥스키처럼 씩씩거리면서 말했다.

"사람들이 한 종류의 트럼펫 백조를 모두 죽였다면, 다른 종류의 트럼펫 백조
는 계속 남아 있었을지도 몰라. 그렇지만 사람들은 한 종류의 코뿔소 혹은 고
래만 죽이고 있는 게 아니라고! 사람들은 그들 모두를 죽이고 있단 말이야!"

"지금까지는 말이죠." 기오의 할머니가 말했다.

"하지만 고래만 큰 위험에 처해 있는 것은 아니란다"

"아니라고?" 기오의 할아버지는 말했다.

"그럼 무슨 동물이 고래보다도 더 멸종 위기에 처해 있는 거지?"

(K/N pp.27-28)

---

60 야생화는 누구의 것입니까? (Sharp, 1995c)

다. 환경오염에 대한 선취된 결론

환경 교육은 환경에 관한 관심으로 주도되며, 적어도 그중 일부는 답이 미리 정해져 있다고 가정하는 것이 합당할 것이다. 우리 세대에 무언가를 하지 않는다면, 환경파괴의 범위와 정도가 곧 자연의 자정 능력을 벗어나게 될 것이라고 많은 사람이 걱정하지 않는가? 우리는 이미 생명의 섬세한 본질과 그 상호관계에 대해 토론과 탐구뿐 아니라 행동을 촉구할 만큼 충분히 알고 있지 않은가? 이미 도덕적으로 중요한 가정이 주어져 있는데, 진정한 탐구가 이루어질 수 있는 여지가 남아 있을까?

선취된 결론의 문제는 주로 아이들이 도덕적, 사회적으로 민감한 문제에 마주하거나, 교사들이 확고한 관점을 가지고 있는 문제일 경우에 발생한다. 그러나 이러한 문제에 관해 탐구공동체는 다음과 같은 해결의 실마리를 가지고 있다. 첫째, 탐구공동체는 모든 질문에 대한 대답을 더 진전된 탐구를 위한 발판으로 다룬다. 심지어 누군가가 정당한 정답을 알고 있다고 주장하는 경우에도 마찬가지이다. 둘째, 탐구공동체는 어떤 사람의 생각이나 견해에 특별한 권위를 부여하지 않는다. 교사는 한 문제에 관해 자기 생각이나 사회의 관점을 자유롭게 이야기할 수 있다. 그러나 마찬가지로 탐구공동체는 그 견해들을 자유롭게 수용할 수도 있고 거부할 수도 있다. 셋째, 탐구공동체는 자신의 관점에서 이의를 제기할 수 있다. 그리고 더 많은 탐구를 자극할 수 있는 문제에 관해 질문하고 탐구하려는 경향이 강하다. 환경 문제에 대해 가장 넓게 합의되고 있는 것에 대해 생각해 보면(예를 들어, 우리는 환경을 돌보고 있는가?), 거기엔 다양한 견해들이 제시될 수 있는 여지가 매우 많다. 어떤 것도 당연한 것으로 받아들이지 않는 탐구공동체에서는 위와 같은 질문들이 활발한 토론을 불러일으킬 것이다.

더구나 교실 너머 세상에서 이루어지는 환경에 대한 논쟁들은 전반적인 합의점이 거의 없이 분열과 비난으로 점철되고 있다. 탐구공동체는 이렇게 심화되고 있는 전 세계적인 논쟁에 대해 서로 비난하지 않으면서 다양한 견해들을 표현하고 재구성하고 평가할 방법을 찾으려고 한다. 우리는 미래에 다가올 불확실한 문제들과 그에 대한 희망적인 해결책들이 우리 아이들의 손에 달려 있다는 점을 기억해야 한다. 그리고 더 나은 미래는 건강한 환경을 위해 논의해야 할 중요한 문제에 대해 스스로 생각할 수 있는 시민들에게 달려 있다는 점도 잊어서는 안 된다.

라. 상호성, 공동체, 환경

탐구공동체 교실이 환경 교육에 어떻게 기여할 수 있는가에 관한 몇 가지 제안을 하면서 우리는 위에서 제기한 질문으로 돌아가 보려고 한다. 탐구공동체에는 인간과 자연과의 상호적 관계의 그물망 속에서 진정한 환경윤리를 발전시킬 수 있는 여지가 있는가? 자연과 세상에 관한 관심은 사람에 관한 관심을 넘어 동물, 나무, 강, 산 등에 대한 배려와 존중을 포용하고 궁극적으로 자연 그 자체에 관한 관심으로 확장된다. 결국 이 질문은 '아이들이 어떻게 자연과의 연관성 속에서 자신과 타인을 볼 수 있을 것인가'라는 질문으로 이어질 수 있다. 지금부터 우리는 환경윤리에 대해 좀 더 깊이 생각하기 위해 '생명 중심주의(biocentrism)'를 살펴보고자 한다.

생태 중심주의 혹은 생명 중심주의는 인간의 복지만이 윤리적 고려 대상이라는 인간 중심적인(anthropocentric) 인식을 전면적으로 거부하는 것으로 보인다. 생명 중심주의적 접근은 '환경보호는 인간이 아닌 자연 그 자체를 위해 지지된다'고 생각한다.[61]

생명 중심주의는 인간 중심주의와 다르다. 생명 중심주의는 인간을 자연의 지배자가 아니라 자연의 관리인, 문지기로 생각하는 매우 이타

---

61 이 장에서 다룬 문제를 좀 더 포괄적으로 생각해 내려면 다음을 참고하기 바람(Mathews, 1990, p.3).

적인 성격을 지닌다. 생명 중심주의적 윤리는 인류뿐 아니라 자연의 모든 생명체가 내재적이고 본질적인 도덕적 가치를 갖고 있다는 입장이다. 이는 자연 그 자체의 도덕적 가치를 강조하며, 인간에게 특별하거나 우월한 지위를 부여하지 않는다.

생명 중심주의는 고대 그리스 철학(특히 아리스토텔레스), 유대-기독교의 전통, 17세기 뉴턴과 데카르트의 기계론적 철학 등을 통해 오랫동안 다양한 형태로 이어져 온 세계에 대한 형이상학적 견해를 거부한다. 이러한 전통은 근본적으로 정신(인간의 이성)과 신체(자연)를 구별한다. 전자는 의도성, 자율성, 의미, 목적, 가치의 개념을 표현하는 데 매력적이다. 반면 후자는 '자연법칙'이라 불리는 양적이고 보편적인 일반화와 연결된다.[62]

생명 중심주의의 관점에 서 있는 생태 페미니스트는 전통적으로 정신-신체의 구별을 여성과 남성을 구별하는 것과 동일시해 왔다는 점을 지적한다. 이는 남성은 정신과 이성을 대변하며, 여성은 신체와 감정을 대변한다는 것이다. 윤리적, 역사적 관점에서 볼 때, 위에서 살펴본 세 가지 전통은 가부장적이고 여성 혐오적이라는 비판을 많이 받아왔다.

생태 페미니즘은 생명 중심주의의 한 형태이다. 더욱 극단적인 접근으로는 '심층 생태학(deep ecology)'이 있다. 이 입장의 특징은 세상을 상호 연관된 전체로서 바라본다는 점이다. 따라서 개별 종과 유기체들은 오직 전체를 통해서만 정의될 수 있다. 이러한 전체론적 관점에서 보면, 인간의 간섭으로부터 자연을 보호하는 것은 곧 자기보존과 같은 것을 의미한다. 자연은 자신의 이익을 가장 잘 돌볼 수 있으며, 인간이 개입할 때만 생태 문제가 발생한다는 관점도 이 입장에서 나왔다(Mathews, 1994).

그러나 윤리학에서 이런 종류의 전체론적 접근은 문제가 될 수 있

---

62 Lioyd(1984, p.118) '이성은 … 남성적인 것으로 평가되는 속성을 통합하고 그것에 따라 정의되는 이상으로서 지속된다.' 이 논문과 관련된 논의는 Code(1991)를 참고하기 바람.

다. 예를 들어 자연스러운 것은 좋은 것이어야만 한다는 견해로 비칠 수 있다. 이러한 이유에 대해서는 앞에서 이미 여러 차례 의문을 제기한 바 있다. 게다가 자연의 일부가 되거나 하나가 되는 모든 행위는 '자연적'인 일이고 따라서 좋은 일이 되고 만다. 이러한 견해에 따르면, 오히려 생태계 파괴 및 남용을 윤리적으로 허용할 수 있는 판단이 가능할 수도 있다. 그것이 심지어 다른 환경윤리와 조화를 이룰 수 없더라도 말이다[63].

생태 페미니즘은 이러한 극단을 피한다. 실제로 생태 페미니즘은 적어도 표면적으로는 어린이철학과 매우 흡사하다. 자연 안에서 각 개인을 비롯한 공기, 물, 토양과 같은 무생물도 서로 관계를 통해 정의되며, 그러한 관계와 구조를 통해 공동체는 유지된다고 생각한다(Mathews, 1990). 자연 속에서 개별적 존재들의 권리와 요구를 강조하는 사람들과는 달리 생태 페미니스트들은 개개인 그 자체보다는 생태학적 관계들을 훨씬 중요한 요소로서 강조한다(Mathews, 1991, p.10). 그래서 그들은 비록 인간이 다른 동식물들과 관계를 맺고 있는 방식에 대해 문제를 제기하더라도, 먹기 위해 동물을 죽이는 것에 대해서는 노골적으로 비난하지는 않는다.

프레야 매튜스(Freya Mathews)의 이야기는 환경철학과 어린이철학 사이의 유사성과 긴장감을 보여준다. 매튜스는 공동체를 강조한다. 그는 각 개인은 다른 개인들과의 관계를 통해 정의된다는 입장을 분명히 한다. 탐구공동체 안에서 이러한 관계는 정의와 의무에 대한 감각, 권리의 인정, 이성의 관계적이고 인지적인 성격, 토론뿐 아니라 성숙한 존중, 배려, 신뢰라는 관점으로 특징지어진다. 탐구공동체 안에서 사고와 정서는 조화를 이룬다. 이러한 규칙과 원칙은 구체적인 경험과 관계 속에서 우리의 생각을 인도하며, 균형을 이루게 한다.

---

63 Mathews(1994).

한편으로 생태 페미니스트는 어린이철학의 중심 개념과는 꽤 달라 보이는 공동체 개념을 가지고 있기도 하다. 왜냐하면 생태 페미니스트는 인간뿐만 아니라 자연 전체에 관심이 있기 때문이다. 자연 안에서 각 개인을 비롯한 공기, 물, 토양과 같은 무생물도 서로 관계를 통해 정의되며, 그러한 관계와 구조를 통해 공동체는 유지된다고 매튜스는 말한다. 모든 자연적 실체와의 관계 속에서 개인을 정의해야 한다는 아이디어는 훌륭한 생태학적 순환을 표현하지만, 그것이 윤리적 측면에서 특별히 무엇을 의미하는지는 분명하지 않다. 나아가 자신을 정의하는 생태학적 관점이 중요하다고 생각한다면, 오직 인간으로만 구성된 탐구 공동체라는 아이디어 자체에 의문을 제기할 수 있다.

우리는 다른 동식물과의 관계보다 인간과의 관계를 중시하는 인간 중심적 편향이 우연이 아니라는 점을 염두에 두어야 한다. 이러한 상호관계는 개인이 그 자신을 세계에서 고유한 인간으로서 여길 수 있도록 해준다. 사람들 사이에는 특별한 연관성에 대한 감각이 있다. 이러한 연관성은 탐구공동체 속에서 토론을 통해 성찰되고 강화된다(환경에 대한 생태 페미니즘적 관점처럼, 자아 정체성 문제에 대한 이런 접근은 반데카르트적이다. 데카르트에 의하면, 우리가 지식을 형성할 수 있는 것은 자기 정신에 대한 근본적인 확실성이 있기 때문이다). 하지만 사람들 사이의 상호관계를 더 중요시하는 것은 여기서 고려하고 있는 더 넓은 생태학적 관점과 일치하지 않는 것 같다.

탐구공동체에서 사람들 사이의 상호성이 의무, 사랑, 존중, 배려에 기초한 자연에 대한 태도를 발달시키는 것에 방해가 되지는 않는다. 그러나 사람과의 상호성은 개인의 정체성과 직접적으로 연결됨으로써 다른 동식물과의 관계보다 더 특별한 지위를 차지하게 되는데, 아마도 생명 중심주의자는 자연 전체에 걸쳐 보다 일반적이고 균형 잡힌 관점을 선호했던 것으로 보인다.

여기서 우리는 생태 페미니스트의 자연과 인간의 관계에 대한 관점이 탐구공동체에 왜 문제가 될 수 있는지 알 수 있다. 자아와 타자 사이의 근본적인 관계의 측면에서, 생태 페미니즘은 '타자'의 개념 속에 자연 전체를 포용할 방법을 찾는다. 다음 매튜스의 분석에 대해 살펴보자.

> 내 생각에 생태 윤리의 기본 형이상학적 전제가 받아들여진다면, 어떤 유기체의 본질적 속성을 이유로 특권을 부여하지 않는 평등주의는 정당화된다 ⋯ 한 종의 속성은 실제로 수많은 다른 종과의 관계 속에서 결정된다 ⋯ 각 개체는 자신의 본성과 자아를 다른 개체와의 관계망에 빚지고 있다. 이러한 측면에서 가치 역시 관계적이다. 그것은 전체적인 생태적 관계망을 통해서 규정된다. 이런 식으로 상호 연결성은 평등주의를 내포하고 있다.
>
> (Mathews, 1991, p.11)[64]

이러한 관점에 따르면, 탐구공동체는 비대화적 형태에 기반을 둔 상호 관계성을 위해 생태계의 동식물도 포용하도록 확장되어야 한다. 교실 속 탐구공동체는 확장된 공동체 개념의 진정한 의미를 넓은 의미의 생태 중심주의와 생태 페미니즘의 주장과 함께 고려해 가면서 판단할 것이다. 아이들은 자연이 인간의 노력에 보답하는 방식에 대해 검토할 수 있다. 예를 들면, 안정적인 자원 보장, 미적인 만족감, 미래 세대들에 대한 배려와 존중 등이다.[65] 그러나 분명 어떤 아이는 정말로 동물, 나

---

64 생태학자 알도 레오폴드는 1949년 고전적인 작품에서 '생물 공동체는 무결성, 안정성, 아름다움을 보존하는 경향이 있으며 그것은 옳은 것이다'고 주장함으로써 윤리학과의 연관성을 더욱 명백히 드러냈다. 그것과 다른 경향을 보일 때 그것은 잘못된 것이다(Aldo Leopold, 1949, p.225, p.118).

65 Mathews는 환경 중심적 접근 방식에 기반한 윤리에 대해 어느 정도의 양면성을 드러낸다. 그는 '생태적 범죄자'가 스스로 생존을 포기함으로써 '그들의 죄에 대한 대가를 지불할 것이다'라고 주장한다(Mathews, 1994, p.241). 이것은 자연의 상호성의 '단점'이다. 반면에, 그는 그러한 고상한 세계관이 행동을 비난하거나 칭찬하는 복잡한 규칙과 절차에 의해 거의 정당화되지 않는다는 것을 인식한다. 그것은 인도주의적 윤리 틀의 많은 부분인 고통과 고통의 현실적인 문제들을 건드리지 않는 것처럼 보인다. 예를 들어, 그는 우리가 자연스럽게 다른 지각 있는 존재들, 특히 다른 동물들에 대해 특별한 관심과 책임감을 느낀다는 것을 인정한다. 왜냐하면, 그들은 곧

무, 흙, 산, 지구와 소통할 수 있다는 생각을 품게 되지만, 다른 아이는 이런 점에 대해 더욱 회의적으로 될 수도 있다. 그들은 인간이 아닌 다른 실체들은 인격체가 아니며 탐구공동체의 준비된 구성원이 될 수 없다고 판단할지도 모른다. 세 번째 대안으로, 아이들은 인간과 동물의 친밀도에 따라서 동물을 인격체로 분류할 수도 있다.

교실공동체는 자연과 인간의 관계에 대한 다른 개념들도 탐구해 볼수 있다. 예를 들어, 학생들은 원칙적으로 토론과 탐구를 통해 상호관계를 맺을 수 있는 존재에 대해서만 개념적, 윤리적으로 특별한 위치를 부여할 수도 있다. 그러나 어떤 아이들은 이러한 관계를 집에서 기르는 고양이와 개뿐만 아니라 곤충, 식물, 숲, 지구 즉, 자연 전체를 포함하는 데까지 비유적으로 확장하려고 노력할 수도 있다. 우리는 적어도 이러한 관계를 통해 아이들이 자연에 대한 사랑, 의무, 배려의 태도를 가질수 있을 거라고 예상한다.[66]

자연과의 관계에서 이러한 '확장주의자(extensionalist)'의 관점은 다시금 인간 중심주의의 책임을 요구한다. 그것은 확장주의가 인류에게 자연의 위계질서에서 특별한 지위를 부여하기 때문이 아니라, 인간에만 국한되지 않는 상호교변적(transaction) 관계 윤리를 수용하기 때문이다.

로버트. C. 풀러는 『배려의 생태학(the Ecology of Care)』이라는 책에서 배려의 개념에 기초한 생태 중심 윤리를 구축한다. 배려의 개념은 탐구공동체 활동에서 매우 중요한 요소이다. 풀러는 우리가 도덕적 행동이라고 부르는 것은 더 큰 생태계에 대한 배려를 위한 공적 요구라고 말

충과 나무보다는 우리와 더 닮았기 때문이다(Mathews, 1991a, p.11). 그러한 편애는 우리가 관찰한 바와 같이 자연스럽게 발생한다. 자신의 아이를 사랑하는 부모의 감정이 결코 종족을 초월한 우리의 우월감을 정당화하지 않는다(제6장의 주석 8을 참고).

66 틀림없이 이러한 관점은 John Passmore의 영향력 있는 환경에 대한 철학적 작품을 통해 확인할 수 있다(Passmore, 1974). 여기서 우리는 오직 인간만이 자연을 소중히 여길 수 있는 능력을 보유하고, 인간만이 자연에서 진정한 가치를 지니고 있기 때문이라는 추론을 신중하게 피해야 한다. Fuller(1992, p.62)에서 인용된 Anthony Weston의 의견을 참고하기 바람.

한다(Fuller, 1992, p.65). 이러한 관점에서 보면 인간은 때로는 적대적이고 경쟁적인 자연환경에서 살아남고 번성하려고 애쓰는 자연의 모든 존재를 배려해야 하는 중요한 의무를 지고 있다. 풀러는 다음과 같이 쓴다 (p.64).

> 어떤 행동이 도덕적 행위인가를 구별해 주는 것은 시간이 지날수록 공동체를 강하고 풍요롭게 해주는 방식으로 선에 기여하고 있는가 하는 점이다. 도덕적 합리성은 그들이 거주하는 생태계와 개인들의 이익에 장기적으로 도움을 주는 '선'의 명확한 우선순위를 정립하는 의무와 헌신에 대한 인간의 배려로 해석된다.

이와 비슷한 맥락에서 호주의 환경 과학자인 프랭크 피셔(Frank Fisher)는 사회적으로 구조화되어야만 하는 책임감의 개념에 대하여 다음과 같이 쓴다.

> 사회적 책임감은 지식에 대한 배려, 발전에 대한 배려, 행위에 대한 배려를 의미하며, 이는 환경과 우리 자신 사이의 대화적 혹은 성찰적 관계를 포함하고 있다. 그러므로, 지속가능한 발전은 명시적으로 배려를 포함하고, 그러한 배려는 발전을 통해 명확히 드러나는 구조 속에서 이루어질 수 있다.
>
> (Fisher, 1994)

생태적 탐구공동체는 이러한 환경 문제와 관련된 쟁점들에 대해 생각해 볼 수 있도록 준비되어야 한다. 사실, 환경 문제와 관련된 쟁점 탐구를 피하기는 어렵다. 왜냐하면 이러한 쟁점은 우리와 자연과의 관계뿐 아니라 다른 사람과의 관계, 심지어 자아 정체성에 대한 질문으로부터 필연적으로 뒤따라오기 때문이다. 우리는 이미 탐구공동체가 '왜 다른 사람을 공정하게 대우해야 하는가?', '왜 우리는 합당해져야 하는가?'와 같은 절차와 관련된 질문을 자유롭게 할 수 있다는 것을 살펴보았다. 그리고 우리가 누구인지를 정의하는 상호관계의 본질과 범위에 대한 질문도 같은 방식으로 생각할 수 있다는 것도 알아보았다. 우리는 생태 페미니스트들이 공동체와 관계성을 강조하는 것을 지지한다. 그 것은 탐구공동체가 인간성과 자연 간의 관계에 대해 정의하고, 이를 존 중하는 일에 참여할 수 있도록 해주기 때문이다. 최소한 탐구공동체 안 에서 아이들은 그들 자신을 다른 사람과의 관계(과거, 현재, 미래 또는 가족, 친구, 낯선 사람) 속에서 보게 될 것이고, 세계에 대한 책임을 지는 사람이 된다는 것이 무엇을 함축하는지 알아내려고 할 것이다.

우리는 사람 간의 관계에 국한된 차원을 넘어 더 확장된 윤리가 가 능하기 위해서는 환경 문제에 내재한 철학적 영역에 대해 숙고해야 한 다고 생각한다. 그러한 윤리에서는 더 이상 사람이 우월한 위치를 차지 하지는 않을 것이다. 윤리학은 전통적으로 우리가 주장하는 개인적이 고 집단적인 권리와 서로를 향한 의무를 다루어 왔다. 그동안 우리는 자연이 할 수도 있는 주장, 자연이 가지고 있을 수도 있는 관심, 자연에 대해 가져야 할 의무, 자연이 보여주는 가치 등을 다룰 준비를 거의 하 지 않고 있었다. 지금까지 살펴본 것처럼 우리는 '확장(extending)'의 진정 한 의미도 명확하게 알지 못한다. 인간과의 관계에만 국한되지 않은 대 안적인 윤리 체계를 구축할 수 있을지도 모른다. 이러한 것은 생태적 탐 구공동체에서 아이들이 심사숙고해 볼 수 있는 문제들이다.

인식론에 대한 생태학적 틀을 옹호하면서, 로레인 코드(Lorraine Code) 는 생각과 앎은 생각하는 사람과 아는 사람 그리고 '그 당시에 아는 사 람과 그 앎을 만드는 무수한 관계, 사건, 상황, 그리고 역사' 사이의 상호 관계의 맥락에서 보아야 한다고 주장한다(Code, 1991, p.269). 이러한 상호 관계성은 물리적인 환경을 넘어 역사적, 물질적, 지리적, 사회적, 문화적, 인종적, 제도적 환경을 구성한다(p.270). 이 관점은 환경에 대한 탐구가 우리의 생각과 지식의 중심을 차지하고, 나아가 교실 속 아이들 삶의 중 심을 차지해야 한다는 것을 말해 준다.

인격에 대한 생태 페미니스트의 개념을 언급하면서, 코드는 다음과 같이 강조한다. '구성원들의 좋은 삶에 이바지하는 공동체를 구성할 때에는 관계성이 매우 중요하다(p.270).' 이런 관점에서 보면, 좋은 삶을 가장 크게 위협하는 것은 바로 우리 인간에게서 나온다. 따라서 생태 페미니즘이 강조하는 모든 관계에 대한 관심과 배려의 핵심에는 인간관계가 있다. 코드는 '해체의 위협 앞에 서 있는 사회를 유지하기 위해서는 인간관계에 관심을 기울여야 한다'라는 버지니아 헬드(virginia Held)의 견해를 인용한다. 코드는 다음과 같이 쓴다.

> 해체의 위협은 핵폐기물, 환경오염, 자원 고갈과 같은 위험뿐만 아니라 구조적으로 불공평하고 차별적인 사회 구조와 그러한 제도에서 비롯된다. 그리고 불리한 여건에 있는 소수자들을 희생시켜 몇몇 사람에게 특권을 주게 하는 경쟁, 지배, 이기심의 원리를 기반으로 하고 있다. (pp.270-271)

또한, 특별히 코드는 생태학과 세계 평화 사이의 관계에 대해 언급한다.

> 자연을 보전하고 다른 존재들과 창조적으로 함께 조화를 이루는 것에 중심을 두는 가치는 생태적 사고를 높이 평가하며, 전 세계에 걸쳐 지속해서 평화 운동과 생태 운동을 만들어 내고 있다. (p.271)[67]

---

67 생태 페미니즘에 대한 Code의 비판은 다음에 언급된 몇 가지 관점을 포함한다(Code, 1991, pp.271-284). 우리는 그녀가 여기서 여성에 대해 말하는 것이 어린이에게도 적용될 수 있다고 본다.
　가) 여성과 '자연'의 동일시는 '지구는 어머니'라는 고정관념을 뒷받침한다. 이는 감정적이며, 지적인 가치가 없는 형상을 나타낸다. 이는 여성(또는 남성)의 '본질'에 대한 일반적인 주장에 경고한다.
　나) 생태계가 균형을 위협하는 구성원들의 희생으로 유지된다는 사실을 감안할 때, 여성들은 자율성과 개인주의를 거부하는 전통적인 가부장제에 맞서 자신의 개성을 포기하지 않도록 노력해야 한다.
　다) 생태 페미니즘의 생각을 지지하는 공동체의 개념은 신중하게 검토되어야 한다. 사람이

이러한 연속성은 탐구공동체에 의해 교실 안팎으로 확장된다.

새로운 세기를 맞이하고 있는 시점에서, 개인과 공동체, 생태계 사이의 관계에 대해 생각하는 것보다 더 중요한 일은 없다고 생각한다.

8. 결론

마지막 두 장에서 우리는 철학적 탐구공동체가 윤리적, 개인적, 사회적 관심과 주제에 대한 교육적 틀을 제공할 수 있다는 점을 보여주려고 노력했다. 개인의 자유가 타인과 세상에 대한 관심과 조화를 이루는 민주사회의 이상을 소중히 여기는 사람들이라면, 이러한 주제(자기 인식과 개인적 발달, 자기존중, 윤리교육, 우정, 성, 평화와 폭력, 성차별과 인종차별, 에이즈와 약물 남용, 환경 윤리학)에 관심을 가져야 한다.

우리는 '완벽한 사회'의 모습이나 그것을 위한 처방을 제공하려는 것이 아니다. 모든 사회와 그 구성원들은 주어진 여건에 맞게 일해야 하고, 각자의 기준에 기반해서 더 나은 세상을 위해 노력해야 한다. 우리는 영성이 설 자리가 없는 세속적 인본주의를 강요하지 않는다. 실제로 우리는 전통과 문화, 종교가 모든 사회 구조 안에서 중심적 위치에 있다는 것을 인정한다. 동시에 우리는 아이들이 좋은 판단을 강요받는 것이 아니라, 참여하도록 초대받았다는 느낌이 들 수 있기를 간절히 바란다. 그러기 위해서는 우리들의 열린 마음이 무엇보다 중요하다.

아이들을 해악으로부터 보호하고, 그들에게 미래에 대한 희망과 관심을 정착시키기 위한 최선의 방안은 탐구공동체가 제공하는 신뢰, 존

살 수 있을 만하고 도덕적, 정치적으로 지지할 수 있는 공동체를 어떻게 만들 수 있는지에 대한 평가적이고 대화적이며 자기 비판적인 열린 토론에 참여해야만 한다(pp.277-278). 이것은 우리의 도덕적 코드(Code)를 좋은 우정에 필수적인 배려, 존중, 신뢰에 기반한 생태적 공동체 모델로 이끈다(p.278).

중, 배려의 환경 속에서 중요한 문제에 대해 말하고 생각할 기회를 제공해 주는 것이다. 우리는 아이들에게 해를 주거나 줄 수 있는 경험으로부터 그들을 보호하는 데 최선을 다할 것이다. 그러나 궁극적으로 부모와 교사들은 아이들이 스스로 이유에 근거한 사려 깊은 판단과 분명한 결정, 합당한 사고를 할 수 있도록 도와야 할 책임을 지니고 있다. 이를 위해서는 다양한 관심 분야에 대해 생각하고 연습할 수 있는 시간이 필요하다. 이것이 우리가 유치원부터 교실을 탐구공동체로 전환해야 한다고 주장한 주된 이유이다.

어린이철학과 지구촌 공동체

1. '자유'의 재검토

우리는 제4장에서 철학의 자유로움에 관해 이야기했다. 그러나 자유는 굉장히 논쟁적인 개념이다. 다음의 대화에 대해 생각해 보자.

> **진:** 넌 픽시가 "자유, 자유, 자유!"라고 말했을 때, 픽시가 어떤 의미로 그 말을 했다고 생각하니? 모든 것이 가능하다는 뜻일까?[1]
>
> **레온:** 네가 자유롭다면, 무엇이든지 할 수 있다는 뜻이겠지. 왜냐하면, 자유가 바로 그런 뜻이니까.
>
> **진:** 그럼, 넌 네가 자유롭다고 생각하니?
>
> **레온:** 글쎄, 그렇지 않은 것 같아. 내가 하지 못하는 것들도 많아.
>
> **진:** 예를 들면?
>
> **레온:** 달나라까지 뛰어오를 수도 없고, 열쇠 구멍으로 들어갈 수도 없어.
>
> **진:** 알겠어. 그런 일들은 물리적으로 불가능하지, 중력의 법칙이 작용하고 있으니

---

1 P/N p.49.

까. 그럼, 규칙 때문에 할 수 없는 일도 있니?

필립: 음. 난 주중에는 TV를 볼 수 없어. 그래서 난 자유롭지 않아!

수지: 그렇지만, 넌 네가 원하기만 하면 볼 수 있잖아. 그러니까 넌 어떤 의미에선 여전히 자유로운거야.

필립: 그래, 난 TV를 볼 수는 있어. 하지만 그렇게 하면 아빠는 화를 내고 일주일 동안 밖에 나가지 못하게 할 거야. 그때에는 정말 더 자유롭지 못하게 되는 거라고!!

알리다: 아니야. 넌 그래도 그것을 할 수 있는 자유가 있잖아. 단지 그 결과를 감수할 수만 있다면 말이야.

마틴: 그렇다면, 자유를 정의하는 방식은 두 가지가 있는 거네. 구속당하지 않는다는 의미에서의 자유와 선택을 할 수 있다는 의미에서의 자유. 그래서 비록 누군가 내가 하는 일을 막지 않더라도, 난 나를 제한하기도 하고 원하지 않는 선택을 할 수도 있는 거네.

앤드류: 반대로 생각해 볼 수도 있어. 그렇지 않니? 정말로 상상력이 풍부한 어떤 사람을 생각해 봐. 비록, 그가 감옥 같은 곳에 감금되어 있어도, 그는 자신을 자유롭다고 생각할 수 있을 거야.

왕: 하지만 그 두 종류의 자유 역시 서로 연관되어 있어. 언론의 자유가 없는 곳에서 굶주림에 고통받는 사람들은 어떤 선택도 할 수 없을 거야. 왜냐하면 그들의 삶은 정말로 구속되어 있기 때문이지 …

'이 세상에서 정말로 자유로운 사람은 누구인가?'라는 질문으로 위 대화를 확장시켜 보자. 기근으로 국가와 사회가 황폐해진 적이 있는 사람들인가? 아니면 민족 분쟁이나 종족 간의 싸움으로 분열된 적이 있는 사람들인가? 자신들이 사는 도시가 이방인이나 폭도들이 지배하는 정글로 변해서, 매일 두려움에 떨며 살아가는 사람들인가? 극빈층이 길거리에서 구걸하는 동안 소수의 특권층이 더 부유해지는 것을 지켜보는 사람들인가? 공산주의 체제하에서 고통받다가 이제 냉정한 시장 경제 체제하에서 생존을 위해 투쟁해야 하는 사람들인가? 독재 정부 밑에서 자신들이 살고 싶은 곳에서 살고 싶다고 항의하거나 비판하는 사람들인가? 자기 스스로 생각하는 것에 실패해서, 삶의 선택권이 줄어든 사람들인가?

자유에 대한 사유에서 긴장감을 불러일으키는 원인 중 하나는 개인과 사회 사이에 권리와 이해관계의 균형이 필요하다는 점이다. 진정한 자유는 궁극적으로 모든 사람의 자유를 포함하며, 한 사람이 자유롭지 않으면 그 누구도 자유로울 수 없다는 말도 있다. 이것은 미국이나 호주 같은 자유민주주의 국가에서 행해지는 그런 종류의 자유는 아니다. 그곳에서는 누군가의 자유로운 행위가 필연적으로 그것을 막으려는 다른 사람들의 자유를 침해하기 마련이다.[2] 정부와 시민 간의 올바른 관계가 부모와 자녀 간의 관계와 유사하다고 믿는 사람들은 이러한 왜곡된 형태의 자유를 거부한다. 따라서 그들은 자유에 관해 함께 이야기하는 것을 포기한다. 우리는 다음의 양쪽 모두에 대해 매우 회의적이다. 하나는 합당하고 책임 있는 행위를 할 수 없고 하려고도 하지 않는 사람들, 그리고 타인에 대한 존중과 배려가 부족한 사람들에게 자유를 던져주는 것이다. 또 다른 하나는 시민들이 합당하게 행동할 수 없고, 스스로 생각하는 능력도 부족하다는 이유에서 강제적으로 지배하려는 정부이다. 특히 그들은 사회적, 윤리적 문제에 대해 시민들이 합당하게 판단할 수 없다고 간주한다.

최근의 한 연구에 따르면, 미국의 10대들이 1950년대에 방송된 할리우드 영화와 상업 광고에 대해 예상치 못한 반응을 보였다고 한다. 놀랍게도, 대다수의 반응은 지나간 시대에 대한 조롱이 아니라, 그 영화 속에서 보았던 사회 구조와 분위기에 대한 동경이었으며, 자신의 삶에 대해 어떤 결핍을 느끼게 되었다는 반응이었다. 현대 청소년들은 자유

---

2 여기서 '자유'라는 용어를 강조하는 이유는 자유를 제대로 이해하려면 책임감이나 목적의식 같은 개념을 이해할 수 있는 사회적 맥락이 필요하다는 점을 상기시키기 위해서이다.

를 소중히 여기기보다는 거부하는 것처럼 보인다. 이런 현상에 대한 우리의 해석은, 청소년들이 진정한 자유를 경험해 본 적이 없으며, 지금도 경험하지 못하고 있다는 것이다. 즉 그들은 자유보다는 오히려 외로움을 느끼고 있다. 왜냐하면 그들은 자신이 직면한 문제와 도전에 자율적으로 대처할 수 있는 신념과 도구를 계발하지 못했기 때문이다.

물론 이전 시대의 답답함, 성 고정관념, 경직된 관습을 경험한 많은 사람들은 결코 돌아가려고 하지 않을 것이다. 그들은 자유를 포기하기보다 자유에 도전하고 책임지기를 더 선호한다.[3]

여기에는 개인 대 집단/민족/사회/국가라는 위험하고 오해의 소지가 있는 이분법에 의존하는 잘못된 딜레마가 있다. 즉, 규칙이나 원칙도 없는 무정부 상태의 사회를 받아들이거나, 그렇지 않다면 엄격한 집단과 계급 또는 사회 구조하에 개인의 자유와 판단을 제한해야 한다는 것이다. 무정부 상태의 사회에서 개인들은 자신의 이익 외에는 어디에도 관심을 두지 않는다. 개인주의는 육체적으로는 아니지만, 윤리적, 정신적으로 개인이 사라지는 사회주의적 집단체제에 대한 유일한 대안으로 여겨진다. 하지만 개인주의는 끊임없는 부의 추구, 노골적인 이기심, 협력보다는 경쟁에 대한 선호, 가치에 대한 비판적이고 반성적인 시스템의 부재로 특징지어진다.

이는 우리가 이 책에서 보여준 많은 이미지와 은유를 상기시킨다. 아무런 의견이 없는 아이, 의견은 많은데 실질적인 관점이 없는 아이, 자신을 타인의 판단 대상으로 간주하는 아이, 폭력 조직의 일원으로서 존중과 가치를 찾는 아이, 다른 사람과 대화하고 생각하는 것의 장점을 즐기지 못해서 스스로 생각하고 수정하려고 하지 않는 아이, 다른 사

---

3 스스로 생각하는 자유가 한때 소수의 특권층에게만 주어졌던 사회 구조의 좋은 예는 1989년 Kazuo Ishiguro의 저서 『그날의 잔상(Remains of the Day)』(동명의 영화 '상인-아이보리(Merchant-Ivory)'에도 등장)에 묘사되어 있다. 집사이자 중심인물인 Stevens는 자신의 전문 분야 외에는 어떤 판단도 내릴 수 없는 무력한 관찰자이다. Stevens는 어느 순간 '내가 의견을 말할 자리가 아니다'라고 말한다. 실제로 그것이 자신을 바라보는 방식이었다.

람에 관해서는 판단을 내리면서도 스스로에 대해서는 합리적인 판단을 내리지 못하는 아이, 마지막으로 대학 진학이나 높은 보수의 직업을 확보하기 위한 경쟁에서 개인과 개인을 대립시키는 교육시스템 등이다.

이러한 이미지들의 힘에 저항해야 한다. 따라서 우리는 아이들을 탐구자로 보는 비전을 제안한다. 이는 아이들을 기꺼이 자신의 생각을 수정하려는 비판적, 창의적, 배려적인 사색가이자 의미와 지식을 구성하기 위해 타인들과 협력적인 탐구를 시도하는 사람으로 생각하는 것이다.

우리는 개인 대 집단/민족/사회/국가라는 이분법에 반대한다. 교육적인 측면뿐 아니라 보다 일반적인 사회 정치적인 측면에서도 이런 이분법은 불쾌한 선택을 강요한다. 이는 자신의 선택에 책임지지 않는 개인과, 구성원들을 존중하지 않고 배려하지 않는 사회(여기에는 교실과 학교도 포함될 수 있다) 사이의 선택을 강요한다. 아마도 지금 그 어느 때보다 절실하게 필요한 것은 실행 가능하고 의미 있는 대안일 것이다. 그것은 관계 속에 개인들을 배치하는 일이다. 개인들은 집단의 목표와 이상에 영향을 받으면서도 개성과 고유성을 유지한다. 이 대안적인 틀에서 개인의 성장과 사고는 타인의 대화와 사고, 성장과 관련하여 적절히 이해될 수 있다.

우리가 추구하는 대안을 한 단어로 요약할 수 있다. 그것은 이 책의 전체 내용 속에 면면히 흐르고 있다. 그 단어는 '공동체'이다. 참된 공동체는 진정한 자유와 삶의 의미를 찾고자 노력하는 사람들에게 최고의 희망을 보여준다. 우리가 주장했듯이, 자신을 세계 속의 한 사람으로 간주하는 것은 교육과정의 핵심이다. 그리고 자기 자신을 '다른 사람 중의 한 사람', 즉 공동체에 속하는 것으로 간주하는 것은 사람이 된다는 것의 핵심이다.[4]

---

4 Peter Singer는 공동체(Gemeinschaft)의 상실과 관련하여 각 개인이 자신이 누구이며 어디로 가고 있는지에 대한 확실한 감각을 제공하는 '도덕적 그물망'에 주목한다(Singer, 1993, pp.28-30). Lorraine Code는 (상호) 의존 관계가 무시될 때, 자율성이라는 가치 있는 이상은 조

이렇게 공동체와 개인을 연결하는 것은, 그렇지 않으면 이해할 수 없는 근본적인 진리를 설명하는 데 도움을 준다. 개인들이 주체적으로 사고하고 자신의 삶에 책임을 질 수 있도록 해주는 가장 효과적인 방법은 다른 사람들과 협력적이고 반성적으로 사고하고 토론하는 데 몰입할 수 있는 환경을 조성하는 것이다.[5]

특히 정치적, 경제적, 철학적으로 개인주의가 계속해서 지배하고 있는 현대 사회에서 이러한 점을 간과하는 것은 젊은 세대들의 삶을 완전히 파괴하는 것과 같다. 젊은이들에게 파편화되고 외롭고 진정한 의미나 목적이 결여된 삶을 살도록 강요하는 것이다.

이러한 공동체의 개념이 학교 교실에 적용되면, 교실 전체는 탐구공동체로 전환된다. 이는 구조화된 열린 환경을 제공하며, 모든 아이가 자신의 자연적인 호기심과 에너지를 지식과 탐구에 대한 더 나은 이해로 향하게 도와준다. 그리고 그 과정에서 교육과정은 재구성된다. 나아가 교실이 철학적 탐구공동체로 작동하게 되면, 아이들은 지식을 반성적이고 자기수정적인 방식으로 구성하고 적용할 수 있게 된다.

◆ 건전한 추론과 좋은 판단을 위해 필요한 절차들
◆ 이해하기 어렵고 설명이 필요한 질문들
◆ 경험에서 나왔지만, 자신의 경험을 재구성하고 그것을 의미 있게 만들어, 건전한 판단과 결정을 내릴 수 있도록 준비시키는 개념들

잡한 개인주의로 나아간다고 했다(Code, 1991, 3장). Josiah Royce는 '성스러운' 의미에서 공동체를 우리의 사회 및 정치 철학의 중심에 두어야 한다고 주장했다(Royce, 1918). 현대 작가인 Conell West도 비슷한 견해를 표명한다. 그는 다음과 같이 말했다. '우리는 공동체를 통해 구원받는다. 공동체는 인간으로서 우리 모두가 필요로 하는 충성심에 대한 구체적이고 살아있는 초점으로써 필요하기 때문이다. 이러한 초점이 없으면 인간 개인은 길을 잃게 된다(West, 1989).'

5 Code(1991, p.78)는 철학자 루소가 자율(스스로 생각하는 것)과 개인주의를 혼동하고 있다는 Jane Martin의 비판을 지지한다. 이러한 혼동은 개인주의를 어리석은 획일주의에 대한 유일한 대안으로 밀고 나가려는 사람들에 의해 재연된다.

여기서, 아이들이 의미를 구성하도록 이끄는 도전에 대한 양날에 주목해 보자. 탐구공동체의 인지적이고 정서적인 구조는 중요하다. 하지만 철학함에서 오는 개념적인 내용 역시 그만큼 중요하다. 교육과 사고에서 철학의 역할에 대한 진정한 인식이 없다면, 의미를 찾는 일은 대부분의 사람들에게 무의미하거나 일관성이 없는 것으로 비칠 수 있다. 이 책에서 보여주고자 하는 바와 같이, 철학은 중요한 문제에 관해 탐구를 진행하기 위한 틀을 제공한다. 또한 철학은 학생과 교사 모두에게 의미라는 방대한 문제에 '진입'할 수 있는 방법을 제공한다. 철학을 하는 동안에 아이들은 세계를 이해하고 싶어 하는 그들의 욕구에서 나온 수많은 질문이나 문제를 확인하고 구성한다.[6] 그들은 근거와 기준을 찾고, 결과를 검증하고, 자기수정적인 사고를 하는 등 지적인 감각을 훈련한다. 그리고 아이들에게 그들의 삶에 방향성을 주는 개념 즉 진리, 공정 그리고 자유 등에 대해 주인의식을 가지게 해준다. 게다가 이러한 발달이 탐구공동체의 맥락 속에서 이루어지게 되면, 아이들도 그것을 신뢰하고 중요한 것으로 판단한다.

아이들이 철학 여행을 하면서 만나게 될 문제와 절차, 개념들은 일상에 이미 내재해 있는 것들이다. 그중에는 일부 사회에서는 매우 지배적인 것처럼 보이는 비즈니스 및 경제 영역도 포함된다. 만약 자신의 이상과 목표를 구성하고 재구성하는 작업이 좋은 삶을 사는 데 필요한 본질적인 요소라면, 교육과정의 핵심에 철학적 탐구공동체가 있어야 함을 다시 한번 강조할 필요가 있다.

---

6 우리는 선진국에서 증가하는 10대 청소년 자살 현상이 공동체 의식과 철학의 부재로 인한 의미와 방향성, 연결성의 상실과 관련이 있다고 생각한다. 한 교육 심리학자는 다음과 같이 말했다.

그러나 저는 계속해서 '큰 질문'과 씨름하는 청소년들의 지적 굶주림을 어떻게 충족시킬 수 있는지와 관련하여 철학 이론에 관심을 가지고 있습니다. 저는 10대 청소년 자살의 상당 부분이 무의미함의 문제와 관련이 있다고 생각합니다. 이러한 맥락에서 학교에서의 철학교육은 단순히 지적 운동 그 이상입니다.

Glen Stenhouse, 개인 서신 1989년

아이들이 미술, 역사, 연극, 수학, 과학, 국어, 사회, 음악, 철학, 또는 문학에서 생각하기, 말하기, 만들기 등에 참여할 때, 탐구공동체는 공통점이 전혀 없고 심지어는 서로 대립하는 다양한 관점들을 포용하며, 그로부터 새로운 관점과 지평을 창조할 가능성을 제공한다. 게다가, 부분의 합보다 훨씬 더 많은 것을 만들어 내는 이 창조의 행위는 감수성이 예민한 아이들에게 순응을 강요하지 않는다. 이것이 탐구공동체가 개인의 윤리적, 인지적, 사회적 성장을 위한 적절한 환경인 이유이다. 궁극적으로, 성장은 공동체와 그 구성원들 간 관계의 산물이다.

탐구공동체에서 아이들은 모든 과목에 내재한 고유한 철학적 문제들을 탐구하고 밝혀내는 데 집중할 것이다. 윤리학, 논리학, 인식론이 미술과 역사, 연극 속에서 발견되는 것처럼, 미적인 이해와 창의성은 수학의 한 부분이 된다. 따라서 복잡한 교육과정의 다양한 요소들이 수업에서 발견되고 창조되는 많은 관계 속에서 통합되고 일관된 틀로 정리될 수 있다.

다양한 나라에서 나타나는 철학 교육과정의 성장은 철학이 기존 학교 교과목과의 관계에서 적절한 위치를 찾아야 할 필요성을 보여준다. 우리는 이미 매튜 립맨이 만든 기본 틀에 대한 다양한 확장을 목격하고 있다. 현존하는 교과들과 함께 '철학함'을 위한 시간을 확보하기 위해 노력하기도 하고, 그러한 과목들 속에 고유하게 내재되어 있는 인식론적이고 윤리적이고 미적이고 논리적이며 형이상학적인 차원을 밝혀내는 작업을 하기도 한다. 우리는 이런 목표와 과업들이 마찰 없이 공존할 수 있으며, 서로를 더욱 풍부하게 해줄 것으로 확신한다. 또한, 철학이 교육과정에서 중요한 위치를 차지해야 한다고 믿는 만큼, 교사들은 모든 과목 속에 서로 얽혀 있는 철학적인 문제들과 개념, 절차들에 학생들이 접근할 수 있도록 해주어야 한다. 그렇게 함으로써 교사는 학생들이 스스로를 아이디어의 발견자, 창조자, 말하자면 탐구자로 바라볼 수 있도록 해줄 수 있다.

교실 그 자체는 본질적인 차원과 도구적인 차원을 동시에 갖는다. 교실이 탐구공동체로 전환되면, 아이들의 개인적, 공동체적 삶은 더욱 풍요롭고 활력이 넘치는 삶의 형태로 재구성된다. 단순히 기술과 전략들의 집합 이상으로, 탐구공동체는 아이들이 윤리적이고 미적인 경험의 세계에서 세상을 바라보고 존재하게 하는 확실한 방법이다.[7] 탐구공동체는 협력적이고 참여적이며 반성적인 '정신'을 환영한다. 그것은 자연스러운 정신의 표현이며, 생각하고 배려하며 합리적인 사람이 된다는 것이 무엇을 의미하는지를 찾는 작업이다. 하지만 이 내재한 고유한 특성 때문에, 탐구공동체는 그 자체를 넘어 삶을 위한 준비이자 실천이기도 하다. 그것은 아이들에게 삶을 어떻게 살아야 하는가에 대한 견해를 구성하도록 도와주며, 그와 같은 이상과 목표와 기준들이 그들의 손에 있다고 믿게 해준다. 토론, 합리성, 좋은 판단, 배려와 존중을 키우고 각자가 자신의 특정한 관심과 의견(사회적, 정치적, 문화적 등)을 초월할 수 있도록 함으로써, 탐구공동체는 복잡하고 문제가 많은 세상에서 생존하고 성장하는 법을 가르쳐준다. 나아가 탐구공동체는 교실에서 민주주의를 구현함으로써, 아이들이 특정한 사회적, 국가적 맥락에서 폭넓은 시민성을 기를 수 있게 한다.

우리가 여기에서 묘사하고 있는 교육의 관점은 교육과 직업훈련 사이의 혼동처럼 협소하고 배타적인 준비 개념과는 다르다. 여기서 제3장의 앞부분에서 인용했던 듀이의 개념들을 다시 한번 강조할 필요가 있다.

우리는 항상 미래와 과거가 아닌 현재를 살아가고 있다. 그리고 미래를 준비하는 일은 현재의 경험에서 충분한 의미를 발견하는 것뿐이다. 장기적으로 볼 때, 이것이 유일한 준비이다.

---

7 Dewey는 경험의 미적 차원을 발견하고 이에 대해 탐구할 필요가 있다고 말한다(Dewey, 1934b). 진정성(Authenticity)은 어린 시절의 핵심이며, 그것은 되어야 할 상태일 뿐만 아니라 현재의 상태이다(Cahn, 1993, p.41).

우리는 아이들이 교실공동체의 의미를 재발견하고 재창조할 수 있기를 희망한다. 그들이 불가피하게 운동장에, 수업이 끝난 교실에, 그리고 학교를 떠나면서 남겨놓은 의미들 말이다. 그러한 의미들이 그들 자신의 행위 속에 내면화될 때, 그들은 사회에 속해 있는 다양한 가치를 훨씬 잘 파악하게 될 것이다. 나아가 전 세계적인 탐구공동체를 만들기 위해 노력하는 자신을 보게 될 것이다.

2. 전 지구적 탐구공동체를 향하여

지구촌, 세계 시민성[8]과 같은 지구적 공동체 개념은 다양한 공동체와 그러한 공동체들을 분리하는 경계선들이 점점 모호해지면서 만들어졌다. 공동체에서 살아가는 다양한 사람들은 서로 독립적으로 존재하면서도 동시에 연결되어 있다. 이러한 개념과 지각은 배려, 우정, 생태학적 조화와 연결되어 있다. 그리고 그것은 우리가 이 책에서 언급했던 페미니스트, 환경이나 평화 운동가, 그리고 어린이철학의 대표적인 주제이다. 지구적 공동체는 다른 사람들을 지배하고 통제하려는 마음에서 생겨나는 것도 아니고, 다양성을 인정하지 않는 마음에서 생겨나는 것도 아니다. 그것은 다름이 더 깊은 통합과 화합을 위한 척도임을 환대할 수 있는 마음에서 비롯된다. 각 개인의 자아의식이 다른 사람과의 관계에 의존한다는 점에서, (굳이 인간만이 아니라) 진정으로 풍부한 자아 개념을 얻는 길은 세계적인 연관성과 공동체의 방향으로 굳세게 나아가는 길이다.

---

8 Tudball(1993)은 세계 시민 의식과 관련된 많은 주제를 제공하는 데, 그중 대다수는 철학 수업에서 발견할 수 있다. 다음과 같은 것이 포함된다. 호기심, 윤리적 자각, 가치와 기술, 정의감, 듣기, 토론, 다른 사람과 함께하는 일, 옳음과 그름은 무엇인가?, 나는 어떻게 삶의 의미, 목적 그리고 성취를 발견할 수 있는가?, 인간의 권리와 의무는 무엇인가?, 다른 생명체들과 지구가 가져야 할 권리는 무엇인가?

교실에서 지구 공동체의 개념을 구성하려고 할 때, 그 교실이 철학적 탐구공동체로 잘 작동하고 있다면 더 효과적이지 않을까? 이에 대한 답은 부분적으로는 절차에 의해, 그리고 부분적으로는 내용에 의해 가늠될 수 있다. 만약 교실 공동체가 존중, 배려, 관용, 감정이입 그리고 합당성과 같은 구조적인 특징들을 보여준다면, 교실이 사회적이고 지구 공동체적인 차원으로 운영되고 있다고 볼 수 있다. 만약 오늘날 전 세계의 어린이들이 지구 공동체의 문제에 대해 스스로 질문을 제기하고 자신의 관점을 구성하지 않는다면, 미래의 세대들이 환경, 기아, 인구 증가, 내전과 국가 간의 전쟁, 그리고 원주민의 권리 등과 같은 문제들을 해결하거나 막을 수 있다고 기대할 수는 없을 것이다.

지구 공동체의 도전에 대응하기 위해서 우리는 학교에서 현대 기술의 역할을 인정하고 더 배워야만 한다. 컴퓨터와 온라인 기술의 발달은 다른 문화와 다른 국가의 아이들이 서로 대화할 방법을 열어 준다. 거리와 언어, 그리고 문화의 장벽에도 불구하고, 아이들은 다른 사람들과 관계를 형성할 수 있으며, 자신들을 지구 공동체의 구성원으로 바라볼 수 있다. 이는 세계를 구성하고 있는 문화적이고 국가적인 정체성을 희석하거나 왜곡시키는 것이 아니라 더욱 밝게 빛내 준다. 지구촌 공동체가 형성됨에 따라 아이들은 자신과 더 넓은 세계에 대해 새로운 이해를 얻을 뿐만 아니라, 이러한 이해를 바탕으로 자신의 세계관을 수정하고 재구성하려고 할 것이다. 이와 관련하여, 공간과 시간의 장벽들을 포괄하는 철학적인 문제와 아이디어는 지구 전체의 철학적 탐구공동체를 창조하고 지속시킬 수 있다는 전망을 보여준다.

다문화적인 다양성은 관용과 존중이 바탕인데, 그렇지 않은 경우가 많다. 인종, 민족, 종교, 성별이 다른 집단과 공존하기 위해 노력하는 나라도 있지만, 여전히 그런 다양성을 억압하고 지배적인 신분과 특권을 강요하는 정치적 환경도 있다. 우리는 다양한 문화와 민족이 섞여 있는 교실을 상상해 볼 수 있다. (이러한 교실에서는 하나의 탐구공동체를 형성하고 유지하는 작업이 어렵다) 하지만 전 세계 2/3의 어린이들이 겪고 있는 가난과 굶주림에 대해 무지하고, 문화적 인종적 다양성에 대해 무지한 나라들도 많다. 지구촌 탐구공동체가 만들어진다면, 이해와 공감과 상호 성장을 위한 잠재력이 엄청나게 커질 것이다. 지구적 탐구공동체에서 아이들은 자기 행동의 결과를 고려함으로써 다른 사람들의 관심과 관점들을 포함하는 더 넓은 자아 개념과 더 넓은 비전 그리고 더 넓은 목적의식을 구성할 기회를 가지는 것이다.

우리가 이미 언급했던 바와 같이, 사람들이 세계를 바라보고 해석하는 방식은 그들의 신념과 태도에 큰 영향을 받는다. 그리고 신념과 태도는 각종 미디어나 다양한 인간관계에서 경험한 것들에 영향을 받는다. 교육자로서 우리의 임무는 아이들을 도와 그들 자신의 경험과 그들이 직면한 문제들에 대해 더욱 비판적으로, 더욱 창조적으로 그리고 더욱 명료하게 생각하게 하는 것이다. 민족주의, 다문화 등 세계적인 관심이 개인의 정체성이나 의미에 관한 질문과 긴밀히 맞닿아 있는 한, 이것보다 더 중요한 것은 없을 것이다.

아이들은 다른 문화에서 온 친구들과 함께 협력적인 토론과 탐구에 참여함으로써 그들의 지평을 넓혀간다. 그들은 자신의 생각, 태도, 행동에 영향을 주는 세계와 조화를 이루기 위해 새로운 가치를 창조해 나갈 것이다. 지구적 탐구공동체는 관점과 견해의 동일성과 공통성을 요구하지 않는다. 그러나 모든 탐구공동체의 본질적인 부분인 공동의 목표 의식과 상호존중, 배려 등은 반드시 필요하다. 물론 지구적 탐구공동체의 구성원이 서로의 생각에 모두 동의하지는 않을 것이다. 하지만 그렇다고 해서 서로를 미워하고 괴롭히고 심지어 죽일 수 있다는 것은 매우 부적절한 생각이다.[9]

---

9 공정성과 정의와 관련된 가치는 필연적으로 지구적 탐구공동체 안에서 재구성될 것이며, 그 구성원들은 선진국과 개발도상국을 구분하는 불평등과 불균형에 대해 의문을 제기할 수 있다. 한 가지 예로, Ashe and Rampersad(1993, pp.268-269)는 새로운 에이즈 사례의 80%가 개발도

교실을 철학적 탐구공동체로 전환하는 것은 교육의 새로운 패러다임을 보여주는 것이다. 그것은 교수(교사 교육을 포함하여), 학습(교실 문화를 포함하여), 교육과정과 평가에 광범위한 영향을 미치며, 높은 수준의 엄격함과 규율을 가진다. 세계의 교육 행정가들이 이러한 교육 패러다임에 관심을 가지는 것은 쉬운 일이 아니다. 그래서 우리는 좀 더 실제적인 전략으로써, 학교 공동체가 각각의 고유한 상황을 고려하여 혁신적인 변화를 이끌어가길 바란다. 아이들의 정신적이고 윤리적인 행복은 너무나 중요하다. 따라서 자신들의 정책 방향과 목표만을 주장하는 정부와 관료에게만 의존할 수는 없다.

우리는 어린이철학에 대해 충분히 이해하지 못하는 사람들이 우리가 말하는 변화와 혁신을 지지하거나 그 가능성을 인정하리라고 생각하지 않는다. 아마도 현장의 교사와 교장은 충분히 잘 운영되고 있는 기존의 학교 시스템에 대해 참견받는 것을 싫어할 것이다. 그리고 표면적으로 수업과 평가의 문제를 악화시키는 듯이 보이는 이러한 혁신을 쉽게 받아들이기 힘들 것이다. 부모들은 그들의 자녀들이 단단한 성벽에 둘러싸인 가치들과 가족의 전통에 도전하는 것을 달가워하지 않을 것이다. 일반적으로, 어른들은 미성숙하고 현명하지 않은 어린이들의 손에 힘을 넘겨주는 것을 좋아하지 않는다. 결국, 그들은 우리가 그리는 변화와 혁신이 정말 성공할 가능성이 있는지 의심한다.

이 책은 이런 의심과 질문에 대한 우리의 대답이다. 우리는 교사들의 전문적인 기술과 직업적인 진정성, 그리고 부모들의 특권을 인정하고 존중한다. 사실, 우리는 철학적 탐구공동체를 건설한다는 것이 그들의 필요와 관심이 만나는 하나의 방법이라고 생각한다. 아이들이 교실

상국에서 발생하지만 에이즈 환자 치료를 위한 자금의 94%는 선진국에서 지출된다고 지적한다. 이러한 불균등은 수정되어야만 하며, 인종, 국적, 지역과 상관없이 세계 시민 모두는 에이즈를 우리의 문제로 다루어야 한다. 두 번째 예로 미국이나 오스트레일리아와 같이 상대적으로 부유한 국가들의 윤리적 지위를 생각해 보라, 그 나라들의 과세 수준은 선진국 중에서 최저 수준에 속한다(출처: OECD, 1993, Table R16, p.216).

속에서 보여주는 것처럼 말이다.

게다가 우리는 철학적 탐구공동체가 보여주는, 아이들과 사고에 대한 새로운 관점에 동의하는 교사와 학부모들을 점점 더 많이 만나고 있다. 우리는 교육과 철학의 문제들이 제기되고 토론되는 교실이나 가정, 친구 모임 등에 아이들을 탐구자로서 참여시키고 배려하는 모든 사람들을 응원한다. 그리고 우리는 아이들이 공동체 속에서 함께 탐구해 나가야 한다는 우리의 비전을 공유한 사람들을 환영한다. 우리는 이들과 함께 이러한 비전을 실현해 나갈 것이다.

아이들의 손과 정신, 그리고 마음속에서 철학적 탐구는 굉장히 흥미로운 가능성이다. 지금 당장 아이들에게 질문을 던져보라.

◆ 참고문헌 ◆

Specialist journals in Philosophy for Children

- Analytic Teaching. Richard Morehouse. Department of Psychology, Viterbo College, 815 South 9th Street, La Crosse WI 54601, USA.
- Aprender a Pensar. Ediciones de la Torre. Felix Garcia Moriyon, Espronceda, 20 Madrid 28003, ESPANA.
- Bulletin of the International Council for Philosophical Inquiry with Children (ICPIC). c/- ACER Private Bag 55, Camberwell, VIC 3124, AUSTRALIA.
- Critical and Creative Thinking: The Australasian Journal of Philosophy for Children. Clive Lindop, School of Social Inquiry, Deakin University, Warrnambool, VIC 3280, AUSTRALIA.
- Thinking: The Journal of Philosophy for Children. Matthew Lipman, IAPC, Montclair State University, Upper Montclair, NJ 07043, USA.

Adams, Marilyn Jager (1989) Thinking skills curricula: Their promise and progress. Educational Psychologist 24:1. 25-77.

Adams, Raymond, Doig, Brian and Rosier, Malcolm (1991) The Victorian Science Achievement Study 1990. ACER Research Monograph no. 41. Melbourne, Australia: Australian Council for Educational Research.

Addelson, Kathryn P. (1993) Knowers/doers and their moral problems. In Linda Alcoff and Elizabeth Potter (eds) Feminist Epistemologies. New York: Routledge. 265-94.

Ainley, John and Sheret, Michael (1992) Progress through High School. ACER Research Monograph no. 43. Melbourne Australia: Australian Council for Educational Research.

Ainley, John, Goldman, Juliette and Reed, Rodney (1990) Primary Schooling in Victoria. ACER Research Monograph no. 37. Melbourne, Australia:

Australian Council for Educational Research.

Alderman, Harold (1973) Dialectic as philosophical care. Man and World 6:2. 206-20.

Alvino, James (ed.) (1990) Building better thinkers. Learning 90, 40-55.

Arendt, Hannah (1958) The Human Condition. Chicago: University of Chicago Press.

Arendt, Hannah (1971) The Life of the Mind. vol. 1: Thinking. New York: Harcourt Brace Jovanovich 1978.

Ashe, Arthur and Rampersad, Arnold (1993) Days of Grace: A Memoir. New York: Alfred A. Knopf Inc.

Baier, Annette (1985) Postures of the Mind: Essays on Mind and Morals. Minneapolis, Minnesota: University of Minnesota Press.

Baron, Joan B. and Sternberg, Robert J. (eds) (1987) Teaching Thinking Skills: Theory and Practice. New York: W. H. Freeman and Co.

Bateson, Mary Catherine (1988) Thinking AIDS. With Richard Goldsby. Reading, Mass.: Addison-Wesley.

Bateson, Mary Catherine (1990) Composing a Life. New York: Penguin (Plume). Bateson, Mary Catherine (1994) Peripheral Visions: Learning Along the Way. New York: Harper Collins.

Bellah, Robert et al. 1985) Habits of the Heart: Individualism and Commitment in American Life Berkeley, Cal.: University of California Press.

Benhabib, Seyla (1987) The generalized and the concrete other. In Benhabib and Cornell 1987, 77 96.

Benhabib, Seyla and Cornell, Drucilla (eds) (1987) Feminism as Critique: Essays on the Politics of Gender in Late-Capitalist Societies. Minneapolis, Minnesota: University of Minnesota Press.

Benjamin, David and Scott, Jeremy (1988) Review of T. Nagel What does it all mean? (Oxford University Press 1987). Thinking: The Journal of Philosophy for Children 7:4. 28-9.

Benjamin, Martin and Echeverria, Eugenio (1992) Knowledge and the classroom. In Sharp and Reed (1992). 64-78.

Berlak, A. and Berlak, K. (1981) Dilemmas of Schooling: Teaching and Social Change. London: Methuen.

Bernstein, Richard (1965) Perspectives on Peirce. New Haven, Connecticutt: Yale

University Press.

Bernstein, Richard (1983) Beyond Objectivism and Relativism. Oxford: Basil Blackwell Ltd.

Bessant, J. and Watts, R. (1993) Young people and violence: A focus on schools. A report of a pilot study presented to Australian Institute of Criminology National Conference on Violence, June 1993. Discourse: The Australian Journal of Educational Studies. 15:2. 1995 (forthcoming).

Boole, Mary E. (1981) Preparing children to study science. Thinking: The Journal of Philosophy for Children 2:3/4. 72-5.

Bordo, Suzanne (1987) The Flight to Objectivity. Albany, NY: State University of New York Press.

Braaten, Jane (1990) Toward a feminist reassessment of intellectual virtue. Hypatia 5:3, Fall. 1-14.

Bruner, Jerome S. (1960) The Process of Education. Reprinted with additional Preface. Cambridge, Mass.: Harvard University Press. 1977.

Bruner, Jerome S. (1986) Actual Minds, Possible Worlds. Cambridge, Mass.: Harvard University Press.

Bruner, Jerome S. (1990) Acts of Meaning. Cambridge, Mass.: Harvard University Press.

Brutian, Lilit (1993) Children's philosophy and wisdom through their discourse. Thinking: The Journal of Philosophy for Children 11:1. 22-8.

Buber, Martin (1947) Between Man and Man. New York: Macmillan. 1965. Buber, Martin (1966) The way of response. In N. Glatzer (ed.) Martin Buber: Selections from his Writings. New York: Schoken Books.

Buchler, Justus (1951) Toward a General Theory of Human Judgment. New York: Columbia University Press.

Buchler, Justus (1955) Nature and Judgment. New York: Columbia University Press.

Cahn, Edmond (1994) The right to be young. Thinking: The Journal of Philosophy for Children 11:2. 41-2.

Cam, Philip (ed.) (1993a) Thinking Stories I: Philosophical Inquiry for Children. Sydney: Hale & Iremonger.

Cam, Philip (1993b) Thinking Stories I: Teacher Resource/Activity Book: Philosophical Inquiry for Children. Sydney: Hale & Iremonger.

Cam, Philip (ed.) (1994a) Thinking Stories II: Philosophical Inquiry for Children. Sydney: Hale & Iremonger.

Cam, Philip (1994b) Thinking Stories II: Teacher Resource/Activity Book: Philosophical Inquiry for Children. Sydney: Hale & Iremonger.

Cam, Philip (1995) Thinking Together: Philosophical Inquiry for the Classroom. Sydney: Hale & Iremonger/ Primary English Teaching Association. Cherednichenko, Brenda and Wilks, Susan (1992) Observed Changes in Thinking Skills following Training in the 'Community of Inquiry' Approach. Research Report. Unpublished manuscript. Institute of Education, University of Melbourne.

Chiu, Sou-yung (1991) Philosophy for children and mathematical thinking. Thinking: The Journal of Philosophy for Children 9:4. 47-8.

Code, Lorraine (1991) What can she Know: Feminist Theory and the Construction of Knowledge. Ithaca, New York: Cornell University Press.

Coles, Robert (1977) The Children of Crisis. 5 volumes. Boston: Atlantic-Little, Brown.

Coles, Robert (1986a) The Inner Life of Children: The Moral Life of Children. Boston: Little Brown.

Coles, Robert (1986b) The Inner Life of Children: The Political Life of Children. Boston: Little Brown.

Coles, Robert (1990) The Inner Life of Children: The Spiritual Life of Children. Boston: Houghton Mifflin.

Coles, Robert (1992) Their Eyes Meeting the World. Boston: Houghton Mifflin. Collingwood, R. G. (1938) Principles of Art. Oxford: The Clarendon Press. Compayre, Gabriel (1994) Montaigne's pedagogy of judgment. Thinking: The Journal of Philosophy for Children 11.2. 2-9.

Costa, Arthur L. (1991) Teaching for, of, and about thinking. In Costa (ed.) 1991. 31-4.

Costa, Arthur L. (ed.) (1991) Developing Minds: A Resource Book for Teaching Thinking. Revised edn, vol. 1. Alexandria, Virginia: Association for Supervision and Curriculum Development.

Crawford, Marisa and Rossiter, Graham (1993) The future of holistic education: The recession we had to have. Curriculum Perspectives 13:1. 37-46. Crawshay-Williams, Rupert (1986) The words 'same' and 'different'.

Thinking: The Journal of Philosophy for Children 6:3. 38-9.

Crittenden, Brian et al. (1992) Report of the Ministerial Task Force on Excellence. Chaired by B. Crittenden. Melbourne: Victorian State Government.

Dalton, Joan (1985) Adventures in Thinking: Creative Thinking and Co-operative Talk in Small Groups. Melbourne: Thomas Nelson.

Daniel, Marie France (1994) Reflections on the notion of co-operation. Analytic Teaching 14:2. 11-20.

Daniel, Marie France et al. (1994) A primary school curriculum to foster thinking about mathematics. Analytic Teaching 15:1. 29-40.

Dantonio, Marylou. (1990) How can we Create Thinkers? Bloomington, Indiana: National Educational Service.

De Haan, Chris, MacColl, San and McCutcheon, Lucy (1995a,b,c,d) Philosophy with Kids. Books 1-3. Activities for Strengthening a Community of Inquiry. Melbourne: Longman Cheshire.

Dewey, John (1916) Democracy and Education. New York: The Free Press (Macmillan) 1966.

Dewey, John (1931-32) Context and thought. In Joanne Boydston (ed.) John Dewey: The Later Works. volume 6. Carbondale, Illinois: Southern Illinois University Press. 1981/1985. 3-21.

Dewey, John (1932) Theory of the Moral Life. New York: Holt, Rinehart & Winston 1960.

Dewey, John (1933) How we Think. Buffalo, New York: Prometheus Books. 1991. Dewey, John (1934a) A Common Faith. New Haven, Conn.: Yale University Press. 1967.

Dewey, John (1934b) Art as Experience. New York: Capricorn Books. 1958.

Dewey, John (1938a) Logic: The Theory of Inquiry. New York: Henry Holt & Co. Dewey, John (1938b) Experience and Education. New York: Collier Books, Macmillan Publishing Company. 1963.

Dewey, John (1989) My pedagogic creed. In J. J. Mc.Dermott (ed.) The Philosophy of John Dewey. Chicago: University of Chicago Press.

Doig, Brian et al. (1993) Conceptual Understanding in Social Education. ACER Research Monograph no. 45. Melbourne: Australian Council for Educational Research.

Drabman, Randy (1986) A philosopher's stone in the hands of children: Using classical philosophy to teach children mathematical concepts. Thinking: The Journal of Philosophy for Children 6:4. 19-27.

Du Puis, Adrian (1979) Philosophy, religion and religious education. Thinking: The Journal of Philosophy for Children 1:3/4. 60-3.

Dupont, Didier (1987) Translating and adapting Lisa: A rewriting of the paths of thought. Thinking: The Journal of Philosophy for Children 7:2. 20-3.

Echeverria, Eugenio (1992) Learning and using critical thinking: An ethnographic research. Aprender a Pensar. Madrid: Ediciones de la Torre. 60-71.

Egan, Kieran (1987) The other half of the child. Thinking: The Journal of Philosophy for Children 7:1. 2-5. Reprinted in Lipman (ed.) 1993. 301-05.

Egan, Kieran (1988) Teaching as Story-telling: An Alternative Approach to Teaching and the Curriculum. London: Routledge.

English, Lyn (1992) Philosophy for children and mathematics education. Thinking: The Journal of Philosophy for Children 10:1. 15-18.

English, Lyn (1993) Using philosophical inquiry to enhance mathematical communication. Critical and Creative Thinking: The Australasian Journal of Philosophy for Children 1:2. 57-61.

Erikson, Erik H. (1963) Childhood and Society. New York: Norton Press.

Erikson, Erik H. (1964) Insight and Responsibility: Lectures on the Ethical Implications of Psychoanalytic Insight. New York: Norton Press.

Erikson, Erik H. (1968) Identity, Youth and Crisis. New York: Norton Press.

Evans, Clyde (1994) Philosophical thinking: An ally for parental values. In Lipman and Sharp 1994. 368 76.

Fisher, Frank (1994) Crossing thought borders. The Australian. 8 June. 26.

Fisher, Robert (1990) Teaching Children to Think. Oxford: Basil Blackwell Ltd. Foucault, Michel (1970) The Order of Things: An Archaeology of the Human Sciences. Translated from the French. London: Tavistock Publications Ltd. Frankfurt, Harry (1988) The importance of what we care about. In Frankfurt The Importance of What we Care About: Philosophical Essays. New York: Cambridge University Press. 80-94.

Fuller, Robert C. (1992) Ecology of Care: An Interdisciplinary Analysis of the Self and Moral Obligation. Louisville, Kentucky: Westminster/John Knox Press. Garcia Moriyon, Felix. and Lardner, Tom (1992) Bringing Inquiry into the Schools: An Overall Framework for Teacher Guides. Unpublished manuscript.

Gardner, Howard (1985) Frames of Mind: The Theory of Multiple Intelligences. New York: Basic Books.

Gardner, Howard (1989) To Open Minds: Chinese Clues to the Dilemma of Contemporary Education. New York: Basic Books.

Gardner, Howard (1991) The Unschooled Mind: How Children Think and How Schools should Teach. New York: Basic Books.

Gazzard, Ann (1986a) A discussion by fourth-graders of similar and different relationships. Thinking: The Journal of Philosophy for Children 6:3. 40-45.

Gazzard, Ann (1986b) The Theoretical Underpinnings of Philosophy for Children. Unpublished doctoral dissertation. University of Newcastle.

Gazzard, Ann (1988a) Thinking skills in science and philosophy for children. Thinking: The Journal of Philosophy for Children 7:3. 32-40.

Gazzard, Ann (1988b) Evidence of effectiveness of the philosophy for children program: Quantitative studies -- 1987-88. In Lipman and Gazzard 1988b. S13- $14.

Gazzard, Ann (1990) Some more ideas about the relation between philosophy for children and self-esteem. Thinking: The Journal of Philosophy for Children 9:1. 17-20.

Geisser, Maura J. (1994) Imagination: process and possibility. Analytic Teaching 15:1.51-62.

Gilligan, Carol. (1982) In a Different Voice: Psychological Theory and Women's Development. Cambridge, Mass.: Harvard University Press.

Glaser, Jennifer (1988) Reports. Philosophy for Children in Australia: The Newsletter of the Australian Institute of Philosophy for Children 3:1. 14-15.

Glaser, Jennifer (1992a) Reason and the reasoner. Thinking: The Journal of Philosophy for Children 10:2. 23-9.

Glaser, Jennifer (1992b) What's so special about this story anyhow? Analytic Teaching 12:2. 45-52.

Glaser, Jennifer (1993) Is Pixie reasonable?: Social and ethical themes in Pixie. Critical and Creative Thinking: The Australasian Journal of Philosophy for Children 1:2. 41-8.

Glaser, Robert (1992) Expert knowledge and processes of thinking. In Halpern (ed.) 1992.63-75.

Goldman, Ronald and Goldman, Juliette (1992) An Overview of School-Based HIV/AIDS Educational Programs in Australia. University of Queensland, Australia: The National Centre for HIV Social Research.

Greeno, James (1992) Mathematical and scientific thinking in classrooms and other situations. In Halpern 1992. 39-61.

Guin, Philip C. (1991) Coaching: Who needs it and what is it? Thinking: The Journal of Philosophy for Children 9:3, 36-9.

Guin, Philip C. (1992) Thinking for Oneself. In Sharp and Reed 1992. 79-86. Guin, Philip C. (1993a) Reflections on Karl Popper and philosophy for children. Critical and Creative Thinking: The Australasian Journal of Philosophy for Children 1:2. 2-9.

Guin, Philip C. (1993b) The growth of self-esteem within a community of inquiry. Analytic Teaching 14:1. 63-8.

Hagaman, Sally (1990) Philosophical aesthetics to art education: A further look toward implementation. Art Education 43:4. 22-4.

Hager, Paul (1991) The critical thinking debate: Editorial introduction. In Hager 1991. 1-6.

Hager, Paul (1992) Recent arguments about the generalisability of critical thinking. In P. D. Jewell (ed.) On the Same Premises: Proc. 2nd. National Conference on Reasoning, 1991. Adelaide, Australia: The Flinders University of South Australia. 157-73.

Hager, Paul (ed.) (1991 Educational Philosophy and Theory 23:1. Special issue: The critical thinking debate.

Halpern, Diane F. (ed.) (1992) Enhancing Thinking Skills in the Sciences and Mathematics. Hillsdale, New Jersey: Lawrence Erlbaum Associates.

Hamrick, William S. (1987) Some concrete approaches to nature in Kio and Gus. Thinking: The Journal of Philosophy for Children 7:2. 40-45.

Hamrick, William S. (1989) Philosophy for children and aesthetic education. Journal of Aesthetic Education 23:2. 55-67.

Hare, Richard M. (1976) Value education in a pluralist society. In Lipman and Sharp 1994. 376-91.

Harré, Rom (1966) The formal analysis of concepts. In H. J. Klausmeier and C. W. Harris (eds.) Analysis of Concept Learning. New York: Academic Press. 3-17.

Harrison, Beverley Wildung (1985) Making the Connections: Essays in Feminist Social Ethics. Edited by Carol S. Robb. Boston: Beacon Press.

Hart, W. A. (1983) Against skills. Thinking: The Journal of Philosophy for Children 5:1. 35-44.

Heidegger, Martin (1927) Being and Time. Translated by J. Macquarrie and E. Robinson. New York: Harper & Row. 1962.

Heinegg, James (1989) The role of discussion in the moral education of children. Analytic Teaching 9:2. 22-31.

Heller, Carol and Hawkins, Joseph A. (1994) Teaching tolerance: Notes from the front line. Teachers College Record 95:3. 337-68.

Hetzler, Florence M. (1988) The person and The Little Prince of St. Exupéry. Thinking: The Journal of Philosophy for Children 7:3.2-7.

Hostetler, Karl (1991) Community and neutrality in critical thought: A nonobjectivist view on the conduct and teaching of critical thinking. Educational Theory 41:1.1-12.

Hostetler, Karl (1992) Rorty and collaborative inquiry in education: Consensus, conflict and conversation. Educational Theory 42:3. 285-298.

Hume, David (1748) Dialogues Concerning Natural Religion. New York: Hafner Press 1948.

Institute for the Advancement of Philosophy for Children (1990) Cognitive Behavior Checklist. Montclair State College, New Jersey.

Ishiguro, Kazuo (1989) The Remains of the Day. London: Faber & Faber Ltd.

Jackson, Thomas (1990) Teacher training: The 'preferred format'. Analytic Teaching 10:2. 34-8.

Jackson, Thomas (1993) 1990-1991 evaluation report of philosophy for children in Hawaii. Thinking: The Journal of Philosophy for Children 10:4. 36-42.

James, Henry (1907) The Art of the Novel: Critical Prefaces. New York: Scribner 1962.

James, William (1950) The Principles of Psychology. New York: Dover Publishing Company.

James, William (1956) The sentiment of rationality. In William James The Will to Believe. New York: Dover Publications. 63-110.

James, William (1962) On a certain blindness in human beings. In William James Essays on Faith and Morals. New York: Meridian Books. 283-4.

Johnson, D. W. and Johnson, R. T. (1975) Learning Together and Alone. Englewood
    Cliffs, New Jersey: Prentice-Hall.
Johnson, Tony W. (1984) Philosophy for Children: An Approach to Critical
    Thinking. Bloomington, Indiana: Phi Delta Kapa Educational Foundation.
    Johnson, Tony W. (1989) Teaching as translation: The philosophical
    dimension. Thinking: The Journal of Philosophy for Children 8:3. 34-8.
Kant, Immanuel (1787) Critique of Pure Reason. Translated by Norman Kemp
    Smith. London: Macmillan 1933.
Katzner, Louis I. (1994) Social philosophy and children. In Lipman and Sharp
    1994. 194-206.
Kennedy, David (1993) Why philosophy for children now? Thinking: The Journal
    of Philosophy for Children 10:3. 2-6.
Kleinig, John (1982) Philosophical Issues in Education. London: Croom Helm.
    Kohan, Walter O. (1994) The origin, nature and aim of philosophy in
    relation to philosophy for children. Paper submitted to Iberoamericana
    University as part of Doctoral Program in Philosophy for Children.
Lago Bornstein, Juan Carlos (1990) The community of inquiry and the develop-
    ment of self-esteem. Thinking: The Journal of Philosophy for Children
    9:1.12-16.
Lago Bornstein, Juan Carlos (1992) Dialogue in the classroom and the communi-
    ty of inquiry. In Reed 1992d. 157-80.
Langer, Judith (1989) Literate thinking and schooling. Thinking: The Journal of
    Philosophy for Children 8:3. 29-30.
Lardner, A. Thomas (1989) Some notes on p4c in Ecuador. Thinking: The Journal
    of Philosophy for Children 8:3. 15-17.
Leopold, Aldo (1949) A Sand County Almanac. New York: Oxford University
    Press.
Lipman, Matthew (1980) Mark. Montclair, New Jersey: Institute for the
    Advancement of Philosophy for Children. Cited in the text as M/N.
Lipman, Matthew (1981) Pixie. Montclair, New Jersey: Institute for the
    Advancement of Philosophy for Children. Published in Australia by the
    Australian Council for Educational Research. Cited in the text as P/N.
Lipman, Matthew (1982) Harry Stottlemeier's Discovery. Montclair, New Jersey:

Institute for the Advancement of Philosophy for Children. Australian edi- tion by L. J. Splitter and published by the Australian Council for Educational Research in 1992. Cited in the text as H/N.

Lipman, Matthew (1984) The cultivation of reasoning through philosophy. Educational Leadership 42:1. 51-6.

Lipman, Matthew (1985) Lisa. Montclair, New Jersey: Institute for the Advancement of Philosophy for Children. Published in Australia by the Australian Council for Educational Research. Cited in the text as L/N.

Lipman, Matthew (1986) Kio and Gus. Montclair, New Jersey: Institute for the Advancement of Philosophy for Children. Published in Australia by the Australian Council for Educational Research. Cited in the text as K/N.
Lipman, Matthew (1987a) Some thoughts on the foundations of reflective edu- cation. In Baron and Sternberg 1987. 151-61.

Lipman, Matthew (1987b) Suki. Montclair, New Jersey: Institute for the Advancement of Philosophy for Children. Cited in the text as S/N.

Lipman, Matthew (1988a) Elfie. Montclair, New Jersey: Institute for the Advancement of Philosophy for Children. Cited in the text as E/N.

Lipman, Matthew (1988b) Philosophy goes to School. Philadelphia, Pennsylvania: Temple University Press.

Lipman, Matthew (1991) Thinking in Education. New York: Cambridge, University Press.

Lipman, Matthew (1992) About questions and questioning. Inquiry: Critical Thinking Across the Disciplines 9:2. 10-11.

Lipman, Matthew (1993) Promoting better classroom thinking. Educational Psychology 13:3/4.291-304.

Lipman, Matthew (1995) Moral education, higher-order thinking and philoso- phy for children. Early Child Development and Care. Special edition. Forthcoming.

Lipman, Matthew (ed.) (1993) Thinking Children and Education. Duboque, Iowa: Kendall Hunt.

Lipman, Matthew (forthcoming) Educating for violence reduction and peace development. In Proceedings of the 2nd World Congress on Violence (held at the University of Montreal, 13-17 July, 1992).

Lipman, Matthew (in press) Marty and Eddie. Montclair, New Jersey: Institute for the Advancement of Philosophy for Children.

Lipman, Matthew and Gazzard, Ann (1986) Where we are now. Supplement no. 1. Thinking: The Journal of Philosophy for Children 6:4. S1-S12.

Lipman, Matthew and Gazzard, Ann (1988a) Getting our Thoughts Together. Instructional Manual to Accompany Elfie. Montclair, New Jersey: Institute for the Advancement of Philosophy for Children (with University Press of America). Cited in the text as E/M.

Lipman, Matthew and Gazzard, Ann (1988b) Where we are now. Supplement no. 2. Thinking: The Journal of Philosophy for Children 7:4. S1-S20. Lipman, Matthew and Sharp, Ann M. (1984) Looking for Meaning: Instructional Manual to Accompany Pixie. Montclair, New Jersey: Institute for the Advancement of Philosophy for Children (with University Press of America). Cited in the text as P/M.

Lipman, Matthew and Sharp, Ann M. (1985) Ethical Inquiry: Instructional Manual to Accompany Lisa. Second Edition. Montclair, New Jersey: Institute for the Advancement of Philosophy for Children (with University Press of America). Cited in the text as L/M.

Lipman, Matthew and Sharp, Ann M. (1986) Wondering at the World: Instructional Manual to Accompany Kio and Gus. Montclair, New Jersey: Institute for the Advancement of Philosophy for Children (with University Press of America). Cited in the text as K/M.

Lipman, Matthew and Sharp, Ann M. (1994) Growing up with Philosophy. (Reprinted). Duboque, Iowa: Kendall Hunt Publishing Company. Lipman, Matthew with Sharp, Ann M. (1980a) Writing: How and Why: Instructional Manual to Accompany Suki. Montclair, New Jersey: Institute for the Advancement of Philosophy for Children. Cited in the text as S/M. Lipman, Matthew with Sharp, Ann M. (1980b) Social Inquiry: Instructional Manual to Accompany Mark. Montclair, New Jersey: Institute for the Advancement of Philosophy for Children. Cited in the text as M/M.

Lipman, M., Sharp, A. M. and Oscanyan, F. S. (1980) Philosophy in the Classroom. Philadelphia Pennsylvania: Temple University Press.

Lipman, M., Sharp, A. M. and Oscanyan, F. S. (1984) Philosophical Inquiry: Instructional Manual to Accompany Harry. Second Edition. Montclair, New Jersey: Institute for the Advancement of Philosophy for Children. Cited in the text as H/M.

Lloyd, Genevieve (1984) The Man of Reason: 'Male' and 'Female' in Western Philosophy. London: Methuen.

MacColl, San (1992) Conversation and dialogue - not just what you say but how you say it. In Reed 1992d. 75-85.

Macintyre, Alasdaire (1984) Relativism, power and philosophy. 81st Annual Eastern Division Meeting of the American Philosophical Association. Proceedings and Addresses of the APA. Newark, Delaware. 5-22.

Macmillan, C. J. B. and Garrison, James W. (1988) A Logical Theory of Teaching: Erotetics and Intentionality. Dordrecht, The Netherlands: Kluwer Academic Publishers.

Marsh, H. W., Byrne, B. M. and Shavelson, R. J. (1988) A multifaceted academic self-concept: Its hierarchical structure and its relation to academic achievement. Journal of Educational Psychology 80. 366-80.

Martin, Michael (1982) The goals of science education. Thinking: The Journal of Philosophy for Children 4:2. 20-21.

Marzano, Robert J., Pickering, Debra and McTighe, Jay (1993) Assessing Student Outcomes: Performance Assessment using the Dimensions of Learning Model. Alexandria, Virginia: Association for Supervision and Curriculum Development.

Masters, Geofferey N. and Mislevy, Robert J. (1993) New views of student learning: Implications for educational measurement. In N. Frederiksen, R. J. Mislevy and I. I. Bejar (eds) Test Theory for a New Generation of Tests. Hillsdale, New Jersey: Lawrence Erlbaum Associates. 219-42.

Mathews, Freya (1990) Submission on environmental inquiry. Forest and Timber Inquiry. Resource Assessment Commission. Australia.

Mathews, Freya (1991a) Fertility control in wildlife. Habitat Australia.February. 9-12.

Mathews, Freya (1991b) The Ecological Self. London: Routledge.

Mathews, Freya (1993) When the planet sings to us. Res Publica 2:1. 9-14.

Mathews, Freya (1994) Ecofeminism and deep ecology. In Carolyn Merchant (ed.) Key Concepts in Critical Theory: Ecology. Atlantic Heights, New Jersey: Humanities Press. 235-45.

Matthews, Gareth (1980) Philosophy and the Young Child. Cambridge, Mass.:

Harvard University Press.

Matthews, Gareth (1984) Dialogues with Children. Cambridge, Mass.: Harvard University Press.

Matthews, Gareth (1987) Concept formation and moral development. In James Russell (ed.) Philosophical Perspectives in Developmental Psychology. Oxford: Basil Blackwell. 175-90.

Maykut, Pamela and Morehouse, Richard (1995) Beginning Qualitative Research: A Philosophic and Practical Guide. London: The Falmer Press.

McArdle, Janelle A. (1994) A Study of the Effects of Young Children's Participation in a Critical Thinking Program. (Master of Education dissertation. Queensland University of Technology). Unpublished manuscript.

McCall, Catherine (1989) Young children generate philosophical ideas. Thinking: The Journal of Philosophy for Children 8:2. 22-41.

McDermott, John J. (1991) The importance of a cultural pedagogy. Thinking: The Journal of Philosophy for Children 9:3.2-4.

McGaw, Barry et al. (1992) Making Schools More Effective. Melbourne: The Australian Council for Educational Research.

McGinn, Colin (1993) Problems in Philosophy: The Limits of Inquiry. Oxford: Blackwell.

McPeck, John E. (1981) Critical Thinking and Education. New York: St. Martin's Press.

McPeck, John E. (1990) Teaching Critical Thinking: Dialogue and Dialectic. New York: Routledge.

Mead, George Herbert (1934) Mind, Self and Society. Chicago: University of Chicago Press.

Melbourne Age (1993) No nudes in the night kitchen. 16 November. 10.

Melbourne Age (1994a) Adam, Eve still rate with medical students. 11 April. 3.
Melbourne Age (1994b) UK test disaster a warning: professor. 26 April. 12.
Merleau-Ponty, Maurice (1973) The Prose of the World. Translated by John O'Neill. Evanston, Illinois: Northwestern University Press.

Millstone, David H. (1989) Oft-told tales. Thinking: The Journal of Philosophy for Children 8:3. 31-3.

Morehouse, Richard (1993) Philosophy for children: Curriculum and practice. Thinking: The Journal of Philosophy for Children 10:3. 7-12.

Murphy, John P. (1990) Pragmatism: From Peirce to Davidson. Boulder, Colorado: Westview Press.

Murris, Karin. (1992) Teaching Philosophy with Picture Books. London: Infonet Publications Ltd.

Nagel, Thomas (1986) The View from Nowhere. New York: Oxford University Press.

Nelson, Lynn Hankinson (1993) Epistemological communities. In Linda Alcoff and Elizabeth Potter (eds) Feminist Epistemologies. New York: Routledge. 121-59.

Nickerson, Raymond S. (1984) Kinds of thinking taught in current programs. Educational Leadership 42:1. 26-36.

Nickerson, Raymond S. (1988-89) On improving thinking through instruction. Review of Research in Education 15. 3-57.

Nicol, David (1991) An evaluation of the Lipman project in an English comprehensive school. Thinking: The Journal of Philosophy for Children 9:3. 28-31.

Noddings, Nel (1984) Caring: A Feminine Approach to Ethics and Moral Education. Berkeley, California: University of California Press.

Norman, Michael (1992) Coming alive: Putting the priority on the person in teaching and learning. Keynote address on teaching and learning. Australian Association for Research in Education annual conference.

Norris, Stephen P and Ennis, Robert H. (1989) Evaluating Critical Thinking. Pacific Grove, California: Midwest Publications (Critical Thinking Press). Northfield, Jeff and Symington.

David (eds) (1991) Learning in Science Viewed as a Personal Construction: An Australasian Perspective. Curtin University of Technology, Perth, Australia: National Key Centre for School Science and Mathematics (Especially for Women).

Norton, Robert (1991) Co-operative learning: Why isn't more of it going on? Analytic Teaching 12:1. 47-9.

Nowell, Linda (1992) 'At risk': Development of personhood. Thinking: The Journal of Philosophy for Children 10:1. 23-6.

Nussbaum, Martha C. (1988) Can philosophical literature deal with individu- als? Thinking: The Journal of Philosophy for Children 7:3. 31.

Nussbaum, Martha C. (1990) Love's Knowledge: Essays on Philosophy and Literature. New York: Oxford University Press.

Phillips, Ross (1994) A sincere word for the devil's advocate. Critical and Creative Thinking: The Australasian Journal of Philosophy for Children 2:1. 15-20.

Philosophy for Children Association of New South Wales (1993) Newsletter. vol. 4:1. November 1993.

Piaget, Jean (1928) Judgement and Reasoning in the Child. Totowa, New Jersey: Littlefield, Adams. 1976.

Plato The Collected Dialogues. E. Hamilton and H. Cairns (eds). Bollingen Series LXXI. Princeton, New Jersey: Princeton University Press. 1973.

Plumwood, Val (1991) Nature, self and gender: Feminism, environmental philosophy and the critique of rationalism. Hypatia 6.1 (Special Issue on Ecological Feminism). 3-27.

Plumwood, Val (1993) Feminism and the Mastery of Nature. London and New York: Routledge.

Popper, Karl. (1966) The Open Society and its Enemies. Vol. 2. The High Tide of Prophecy: Hegel, Marx and the Aftermath. London: Routledge and Kegan Paul.

Portelli, John P. (1989) The Socratic method and philosophy for children. Analytic Teaching 10:1. 22-38.

Portelli, John P. and Church, Susan R. (1994) Whole Language and Philosophy with Children: A Dialogue of Hope. Halifax Novia Scotia: Dialog Books.

Pritchard, Michael S. (1981) If all animals were cats. Thinking: The Journal of Philosophy for Children 3:1. 56-62.

Pritchard, Michael S. (1985) Philosophical Adventures with Children. Lanham, MD: University Press of America.

Pritchard, Michael S. (1989) Reciprocity revisited. Analytic Teaching 9:2. 54-62.

Pritchard, Michael S. (1991) STS, critical thinking, and philosophy for children. In P. T. Durbin (ed.) Europe, America and Technology: Philosophical Perspectives. The Netherlands: Kluwer Academic Publishers. 217-46.

Pritchard, Michael S. (1992) Moral education: From Aristotle to Harry Stottlemeier. In Sharp and Reed 1992. 15-31.

Quine, Willard van Orman (1953) Two dogmas of empiricism. In Quine (ed.)

From a Logical Point of View. 2nd edition revised. Cambridge, Mass.: Harvard University Press 1980. 20-46.

Quine, Willard van Orman (1960) Word and Object. Cambridge, Mass.: MIT Press 1964.

Raymond, Janice G. (1986) A Passion for Friends: Toward a Philosophy of Female Affection. Boston: Beacon Press.

Reed, Ronald F. (1983) Talking with Children. Denver, Colorado: Arden Press.

Reed, Ronald F. (1992a) Discussion and the varieties of authority. In Sharp and Reed 1992. 32-41.

Reed, Ronald F. (1992b) On the art and craft of dialogue. In Sharp and Reed 1992. 147-57.

Reed, Ronald F. (1992c) Inventing a classroom conversation. In Sharp and Reed 1992. 158-64.

Reed, Ronald F. (ed.) (1992d) When We Talk: Essays on Classroom Conversation. Fort Worth, Texas: Analytic Teaching Press.

Reed, Ronald F. (1992e) On the use of criteria: From anecdote to meta-criteria. In Reed 1992d. 87-96.

Reed, Ronald F. (1993) Text characters and lump characters. Thinking: The Journal of Philosophy for Children 10:4. 31-5.

Rembert, Ron B. (1983) Philosophy for children exercises and a social studies text. Thinking: The Journal of Philosophy for Children 5:1. 14-18.

Resnick, Lauren B. (1987) Education and Learning to Think. Washington, DC: National Academy Press.

Resnick, Lauren B. and Klopfer, Leopold E. (1989) Toward the thinking curriculum: An overview. In Resnick and Klopfer (eds) Toward the Thinking Curriculum: Current Cognitive Research. Year Book of the Association for Supervision and Curriculum Development. 1-18.

Rorty, Richard (1982) The Consequences of Pragmatism. Minneapolis, Minnesota: University of Minnesota Press.

Rorty, Richard (1989) Contingency, Irony and Solidarity. Cambridge, England: Cambridge University Press.

Rorty, Richard (1991) Feminism and pragmatism. Radical Philosophy 59.3-14.

Royce, Josiah (1918) The Problem of Christianity. Introduction by John E. Smith. Chicago: University of Chicago Press 1968.

Royce, Josiah (1969) The Basic Writings. Chicago: University of Chicago Press.

Royer, Ron (1987) Science begins with everyday thinking. Thinking: The Journal of Philosophy for Children 7:2. 46-9.

Ryan, Mary Melville (1988) Nature and philosophy for children. Thinking: The Journal of Philosophy for Children 7:4. 12-15.

Ryle, Gilbert (1979) Thinking and self-teaching. Thinking: The Journal of Philosophy for Children 1:3/4. 18-23.

Santi, Marina (1993) Philosophising and learning to think: Some proposals for a qualitative evaluation. Thinking: The Journal of Philosophy for Children 10:3. 16-22.

Sasseville, Michel (1994) Self-esteem, logical skills and philosophy for children. Thinking: The Journal of Philosophy for Children 11:2. 30-32.

Scheffler, Israel (1981) In praise of the cognitive emotions. Thinking: The Journal of Philosophy for Children 3:2. 16-23.

Scheffler, Israel (1985) Of Human Potential: An Essay in the Philosophy of Education. Boston: Routledge and Kegan Paul.

Scheffler, Israel (1989) Reason and Teaching. Indianapolis, Indiana: Hackett Publishing Company.

Schoenfeld, A. H. (1985) Mathematical Problem Solving. New York: Academic Press.

Schools Council, National Board of Employment, Education and Training (1992) A Snapshot of the Early Years of Schooling. Project Paper no. 2: Compulsory Years of Schooling Project. Canberra: Australian Government Publishiing Service.

Sellars, Wilfred (1963) Science, Perception and Reality. London: Routledge. Sharp, Ann M. (1973) Nietzche's Philosophy of Education. Unpublished doctoral thesis, University of Massachusetts, Amherst.

Sharp, Ann M. (1975a) The education of women. In F. Cordasco and W. Brikman (eds) A Bibliography of American Educational History. New York: AMS Press. Sharp, Ann M. (1975b) The teacher as liberator: Nietzche's view of the role of the teacher. Pedagogica Historica 15:2. 34-48.

Sharp, Ann M. (1975c) Education and culture. Humanitas XI:2. 18-39.

Sharp, Ann M. (1975d) Nietzche's view of sublimation. Journal of Educational Thought 9:2.98-106.

Sharp, Ann M. (1979) Simone Weil on friendship. Philosophy Today. Fall. 35-46.

Sharp, Ann M. (1983a) Education: A philosophical journey. Studies in Formative Spirituality IV:3. 351-88.

Sharp, Ann M. (1983b) Children's intellectual liberation. Educational Theory 31:2. 197-214.

Sharp, Ann M. (1983c) Education for autonomy. In D. Goiccechea (ed.) The Great Year of Zarathustra (1881-1981). Silver Springs, Maryland: University Press of America.

Sharp, Ann M. (1984) Philosophical teaching as moral education. Journal of Moral Education 13:1. 3-8.

Sharp, Ann M. (1986a) Is there an essence of education? Journal of Moral Education 15:3. 189-96.

Sharp, Ann M. (1986b) The development of personhood and philosophy for children. Analytic Teaching 6:2. 20-6.

Sharp, Ann M. (1987a) What is a community of inquiry? Journal of Moral Education 16:1. 22-30. Reprinted in Analytic Teaching 8.1, 1987. 13-18.

Sharp, Ann M. (1987b) The internalisation of self-correcting inquiry and philosophy for children. Translated into German by Rolf Sommermeier. Zeitschrift für Didaktik der Philosophie.

Sharp, Ann M. (1988) Critical thinking and communitites of inquiry. Inquiry 1:3. 3-7.

Sharp, Ann M. (1991) The community of inquiry: Education for democracy. Thinking: The Journal of Philosophy for Children 9:2. 31-7.

Sharp, Ann M. (1992a) Women, children and the evolution of philosophy for children. In Sharp and Reed (eds) 1992. 42-51.

Sharp, Ann M. (1992b) Discovering oneself a person. In Sharp and Reed (eds.) 1992.56-63.

Sharp, Ann M. (1992c) A letter to a novice teacher: Teaching Harry Stottlemeier's Discovery. In Sharp and Reed (eds) 1992. 165-72.

Sharp, Ann M. (1992d) Talking reality. Analytic Teaching. 13. 18-25.

Sharp, Ann M. (1993a) The ethics of translation. Critical and Creative Thinking: The Australasian Journal of Philosophy for Children 1:1. 10-17.

Sharp, Ann M. (1993b) Peirce, feminism and philosophy for children. Analytic Teaching 14:1. 51-62.

Sharp, Ann M. (1993c) Journey in time. Translated into Spanish by Juan Carlos Lago Bornstein. Aprender a Pensar 3:8.

Sharp, Ann M. (1993d) Gabriel's story. In Cam (ed.) 1993a. 68-78.

Sharp, Ann M. (1993e) A night under the stars. In Cam (ed.) 1993a. 38-41.

Sharp, Ann M. (1994a) Some philosophical presuppositions of philosophy for children. Unpublished manuscript.

Sharp, Ann M. (1994b) The religious dimension of philosophy for children. Critical and Creative Thinking: The Australasian Journal of Philosophy for Children 2:1 and 2:2. 2-14 and 1-18.

Sharp, Ann M. (1994c) Jesse's question. In Cam (ed.) 1994a. 26-36. Sharp, Ann M. (1994d) A mixed business. in Cam (ed.) 1994a. 55-66.

Sharp, Ann M. (1995a) Philosophy for Children and the development of ethical values. Early Child Development and Care. Special edition. Forthcoming.

Sharp, Ann M. (1995b) Letter writing: A tool in feminist inquiry. Inquiry 14:3. 54-63.

Sharp, Ann M. (1995c) Speech and silence in Pixie. In Sharp and Reed 1995.

Sharp, Ann M. (1995d) The educative value of childhood friendships. In Sharp and Reed 1995.

Sharp, Ann M. (1995e) Who owns the wildflowers? Critical and Creative Thinking: The Australasian Journal of Philosophy for Children 3:1.

Sharp, Ann M. (ed.) (1994) Women, Feminism and Philosophy for Children. Thinking: The Journal of Philosophy for Children. Special Double Issue 11:3/4. Sharp, Ann M. (in press)The Beginning of the End. London: Infonet.

Sharp, Ann M. (forthcoming) The Doll Hospital (with Making Sense of Our World: Instructional Manual).

Sharp, Ann M. (forthcoming) Self-transformation in the community of inquiry. In M. P. Doutrelepont (ed.) Democracy in Education.

Sharp, Ann M. with Lipman, M. (1978) Some educational presuppositions of philosophy for children. Oxford Review of Education 4:1. 40-58.

Sharp Ann M. and Reed, Ronald F. (eds) (1992) Studies in Philosophy for Children: Harry Stottlemeier's Discovery. Philadelphia: Temple University Press.

Sharp Ann M. and Reed, Ronald F. (eds) (1995) Studies in Philosophy for

Children: Pixie. Madrid, Spain: De La Torre.

Sheffer, Susannah (1989) The apprenticeship model: What we can learn from Gareth Matthews. Thinking: The Journal of Philosophy for Children 8:3.27-8.

Shipman, Virginia (1983) The New Jersey test of reasoning skills (revised 1985). Totowa, New Jersey: Totowa Board of Education.

Siegal, Michael (1991) Knowing Children: Experiments in Conversation and Cognition. Hove, UK.: Lawrence Erlbaum Associates.

Siegel, Harvey (1988) Educating Reason: Rationality, Critical Thinking and Education. New York: Routledge.

Silin, Jonathan G. (1992) What AIDS teaches us about the education of children. Educational Theory 42:3. 253-69.

Singer, Peter (1993) How are we to Live? Ethics in an Age of Self-interest. Melbourne, Australia: The Text Publishing Company.

Slade, Christina (1989) Logic in the classroom. Thinking: The Journal of Philosophy for Children 8:2. 14-20.

Slavin, Robert E. (1980) Co-operative learning. Review of Educational Research 50:2.315-42.

Slavin, Robert E. et al. (1985) Learning to Co-operate: Co-operating to Learn. New

York: Plenum Press.

Sober, Elliott (1991) Core Questions in Philosophy: A Text with Readings. New York: Macmillan Publishing Company.

Solomon, Robert C. (1983) Emotions as judgments. In R. Solomon The Passions. Notre Dame, Indiana: University of Notre Dame Press. 185-91.

Splitter, Laurance J. (1982) Natural Kinds and Biological Species. Unpublished Doctoral Thesis, University of Oxford.

Splitter, Laurance J. (1985a) Every child a philosopher. Education News 19:2. 35-8. Splitter, Laurance J. (1985b) Philosophy for children: An important curriculum innovation. Thinking: The Journal of Philosophy for Children 5:4. 47-53. Reprinted in Lipman 1993. 385-92.

Splitter, Laurance J. (1986) On thinking for yourself. Thinking: The Journal of Philosophy for Children 6:3.23-4.

Splitter, Laurance J. (1987) Educational reform through philosophy for chil- dren. Thinking: The Journal of Philosophy for Children 7:2. 32-9.

Splitter, Laurance J. (1988a) A guide to the logic in Harry Stottlemeier's Discovery. Analytic Teaching 8:2. 71-86. Revised in Sharp and Reed 1992. 107-24.

Splitter, Laurance J. (1988b) Education and thinking: The crucial connection. Address given on the Australian Broadcasting Corporation program Ockham's Razor.

Splitter, Laurance J. (1988c) On teaching children to be better thinkers. Unicorn: The Journal of the Australian College of Education 14:1. 40-47.

Splitter, Laurance J. (1988d) Philosophy for children and the making of meaning. In Looking Towards 2000: The First Years of School Conference Proceedings. Melbourne, April, 1988. 86-103.

Splitter, Laurance J. (1989a) Philosophy for children and social education. Ethos The Journal of the Victorian Association of Social Studies Teachers Inc. 39-52 Splitter, Laurance J. (1989b) X-Rated videos: What's at stake. The Bulletin. January. 28-9.

Splitter, Laurance J. (1991a) Critical thinking: What, why, when and how. Educational Philosophy and Theory 23:1. 89-109.

Splitter, Laurance J. (1991b) How low can you go? In P. D. Jewell (ed.) On the Same Premises: Proceedings of the Second National Conference on Reasoning. Philosophy Department, Flinders University of South Australia. 55-69.

Splitter, Laurance J. (1992a) Developing full personal awareness. Score: A Periodical Journal for the Teaching Professions. 2:2. 6-7.

Splitter, Laurance J. (1992b) Questioning as the stimulus to inquiry. In D. G. Camhy, (ed.) Das philosophische Denken von Kindern (Children: Thinking and Philosophy). Proceedings of the 5th International Philosophy for Children Conference, Graz, Austria, June 1992. Sankt Augustin: Academia Verlag 1994. 85-97.

Splitter, Laurance J. (1992c) Dialogue, thinking and the search for meaning. In Reed 1992d. 1-17.

Splitter, Laurance J. (1993a) Peace, violence, discrimination and the classroom community of inquiry. Ethos P-6: The Journal of the Victorian Social Studies Teachers Association. October. 8-19.

Splitter, Laurance J. (1993b) Philosophy for children in Australia: General background and rationale. Ethos P6: The Journal of the Victorian Social

Studies Teachers Association. October. 3-7.

Splitter, Laurance J. (1995a) Teaching thinking through philosophy for children. Unicorn: The Journal of the Australian College of Education 21:1. 14-26.

Splitter, Laurance J. (1995b) Philosophy and community: Thinking and mean- ing. Forthcoming in The Cappuccino Papers (an occasional series of papers published by Imagine the Future).

Splitter, Laurance J. (1995c) Reference and relationships in Pixie. In Sharp and Reed 1995.

Splitter, Laurance J. (unpublished) Simon: A Story about being the Same and being Different. With Thinking about Sexuality. Notes and exercises for teachers. Chapter 1 published in Critical and Creative Thinking: The Australasian Journal of Philosophy for Children 1:1 1993. 57-62; 1:2 1993. 66-75.

Sprod, Tim (1993) Books into Ideas. Australia: Hawker Brownlow Education.

Sprod, Tim (1994a) Developing Higher Order Thinking Through Whole Class Discussion in a Science Classroom. Master of Science Dissertation, unpub- lished. Department of Educational Studies, University of Oxford.

Sprod, Tim (1994b) An attempt to evaluate students' reactions to the implementation of p4c at Hutchins School, Tasmania. Critical and Creative Thinking: The Australasian Journal of Philosophy for Children 2:1. 59-65.

Sternberg, Robert J. (1984) How can we teach intelligence? Educational Leadership 42:1. 38-48.

Stokes, Margaret (1994) Philosophy for children: A bibliography. Unpublished manuscript. Department of Philosophy, La Trobe University.

Sullivan, Peter and Clarke, David (1991) Communication in the Classroom: The Importance of Good Questioning. Geelong, Victoria: Deakin University Press. Tamny, Martin (1994) Can children view science philosophically? In Lipman and Sharp 1994. 207-15.

Taylor, Paul W. (1961) Normative Discourse. Englewood Cliffs, New Jersey: Prentice-Hall Inc.

Thayer-Bacon, Barbara J. (1993) Caring and its relationship to critical thinking. Educational Theory 43:3. 323-40.

Thomas, John. C. (1992) The development of reasoning in children through community of inquiry. Studies in Philosophy for Children: Harry Stottlemeier's Discovery. Philadelphia: Temple University Press, 1992. 96-

104.

Treagust, David F. (1991) Implications for research. Northfield and Symington. 1991. 62-71.

Tudball, Libby (1993) Seeking global citizens. Ethos P-6: The Journal of the Victorian Association of Social Studies Teachers Inc. March. 9-12.

Turgeon, Wendy (1991) Pedagogy of the unimpressed: Philosophy for children and the adult learner. Thinking: The Journal of Philosophy for Children 9:3.40. Van der Leeuw, Karel (1993) Experiences with Kio and Gus. Thinking: The Journal of Philosophy for Children 11:1. 31-8.

Victorian Ministry of Education (1989) The Personal Development Framework: P-10. Office of Schools Administration, Melbourne, Victoria.

Vlastos, Gregory (1987) Socrates and moral inquiry. Thinking: The Journal of Philosophy for Children 7:1. 25.

Vygotsky, Lev Semenovich (1934) Thought and Language. Translated by Alex Kozulin. Cambridge, Mass.: MIT Press. 1986.

Vygotsky, Lev Semenovich (1978) Mind in Society. Edited by M. Cole, V. John-Steiner, S. Scribner, and E. Souberman. Cambridge, Mass.: Harvard University Press.

Wagner, Paul A. (1979) Philosophy, children and 'doing science'. Thinking: The Journal of Philosophy for Children 1:1. 55-7.

Wagner, Paul A. and Lucas, Christopher J. (1977) Philosophic inquiry and the logic of elementary school science education. Science Education 61:4. 549-58. Walzer, Michael (1989-90) A critique of philosophical conversation. The Philosophical Forum XXI (1-2). 182-96.

Warren, K. (1987) Feminism and ecology: Making the connections. Environmental Ethics 9. Spring. 3-20.

Warren, M. A. (1983) The rights of the nonhuman world. In R. Elliot and A. Gare (eds) Environmental Philosophy. St. Lucia, Queensland: University of Queensland Press. 109-34.

Weil, Simone (1952-1955) The Notebooks of Simone Weil vols. 1-3. Translated by Arthur Wills. London: Routledge and Kegan Paul 1956.

Weinstein, Mark (1988a) Critical thinking and moral education. Thinking: The Journal of Philosophy for Children 7:3. 42-9.

Weinstein, Mark (1988b) Extending philosophy for children into the standard curriculum. Analytic Teaching 8:2. 19-31.

West, Cornell (1989) The American Evasion of Philosophy: A Genealogy of Pragmatism. Madison, Wisconsin.: University of Wisconsin Press.

White, Richard T. (1991) An overview of the Australasian perspective. Northfield and Symington 1991. 1-15.

Whitehead, A. N. (1929) The Aims of Education and Other Essays. New York: Free
Press 1976.

Wilks, Susan E. (1992) An Evaluation of Lipman's Philosophy for Children Curriculum and its Implentation in Schools in Victoria, Australia. Master of Education, unpublished dissertation. Institute of Education, University of Melbourne.

Wilson, John (1992) Philosophy for children: A note of warning. Thinking: The Journal of Philosophy for Children 10:1. 17-18.

Wittgenstein, Ludwig (1953) Philosophical Investigations. Translated by G. E. M. Anscombe. New York: Macmillan 1968.

Woolcock, Peter. G. (1993) Skills-grouping as a teaching approach to the Philosophy for Children' program. Thinking: The Journal of Philosophy for
Children 10:3. 23-8.

Young Silva, Catherine (1994) Catherine's story: The echo of the voice of the children. In Sharp 1994. 92-6.

Young, Robert (1992) Critical Thinking and Classroom Talk. Clevedon, England: Multilingual Matters Ltd.

Yule, Sandy and Glaser, Jennifer (1994) Classroom Dialogue and the Teaching of Thinking. Research Report. Unpublished manuscript. Institute of Education, University of Melbourne.

◆ 역자 후기 ◆

참 오래 기다린 앤 샤프의 책입니다.

나는 이 책을 몹시 번역출판하고 싶었습니다. 그 마음을 참 오래 간직하고 나름 애쓰고 있었습니다. 10년 전에는 어린이철학에 관심 있는 선생님들을 모아 이 책으로 스터디를 한 적도 있습니다. 그만큼 이 책이 내게는 소중하고 또 의미가 있었습니다. 아니 제 개인적으로만이 아니라 좋은 수업을 고민하는 대한민국의 교육 현장에 꼭 필요한 책이라고 굳게 믿었습니다. 그런데 이제 드디어 이 책을 제대로 번역해서 출판하게 되었네요. 함께한 박상욱 선생님께도, 그리고 어려운 출판 사정에도 불구하고 이 책의 출판을 맡아 준 '살림터'에 감사한 마음이 하늘만큼, 땅만큼입니다.

이 책을 처음 만난 건 1990년대 말, 내가 석사 공부를 할 때입니다. 한국에서는 '어린이철학'이 생소해서 내가 아이들과 철학하는 일에 관심이 있다고 하면, 아이들에게 점을 가르치려는 거냐고 웃음을 사던 시절입니다. 당연히 어린이철학으로 학위 논문을 쓰고 싶었던 내게 마땅한 자료가 거의 없었습니다. 앤 샤프와 함께 어린이철학의 선구자라 불리는 매튜 립맨과 가렛 매튜스의 책 두 세권이 번역 출판되어 있을 뿐이었습니다. 그리고 석사과정 당시에 립맨과 샤프가 이끈 '어린이철학 발전연구소'의 초등용 철학교육프로그램을 번역하고 있어서 그게 제 공부자료의 거의 전부였습니다.

그렇게 자료 빈곤으로 헤매는 내게 경상대 교수로 계시던 박진환 선배님이 이 책의 원서, 'Teaching for Better Thinking'을 소개해 주셨고, 그 후 이 책은 내 석사논문뿐 아니라 박사논문의 중요한 자료가 되었습니다. 하지만 내가 이 책을 소중히 여기는 더 중요한 이유는 어린이철학의 구체적 실현 방식인 '철학적 탐구공동체'에 대해 탄탄한 이론뿐 아니라 실제적이고 구체적인 실천 방안을 안내해 주었기 때문입니다. 그것도 매우 꼼꼼히 말입니다.

외람되지만 초등교사로 25년 재직하는 동안 나는 교사로서 특히 아이들과의 수업에 있어서 외적으로나 내적으로 많은 보상을 받았던 거 같습니다. 수업 관련한 상도 여러 번 받았지만, 주위 동료 교사들은 늘 내 수업을 궁금해했고, 아이들은 내 수업에서 초롱초롱 반짝였으며 학부모들도 감사해했습니다. "선생님 반 아이들은 뭐가 좀 달라요.", "선생님, 선생님하고 공부하는 게 참 재밌어요.", "우리 아이가 선생님과 공부하면서 많이 성장한 거 같아요." 난 이것이 '어린이철학'이 내게 준 교육적 신념 때문이고, 그 신념을 아이들과 교실 속 만남에서 펼칠 수 있도록 끊임없이 나를 도와준, 이 책에 등장하는 '철학적 탐구공동체'의 기본 이론과 구체적인 절차들, 질문전략들, 그리고 철학적 윤리적 중심 아이디어들에 대한 수업 방향, 무엇보다 아이들을 어떻게 바라보아야 하는지, 교육은 어때야 하는지에 대한 이 책의 조언들 덕이라는 걸 너무나 잘 알고 있습니다.

그래서 난 이 책이 대한민국에 하루빨리 번역되어 나오길 오래 바랐던 겁니다.

사실 대한민국 공교육에서 어린이철학에 대한 관심은 1980년대 초에 시작되었지만 오래 가지 않았습니다. 함께 공부하던 선생님들이 공교육을 떠나거나 유행하는 다른 교육실행으로 관심을 돌렸고, 남은 사람들이 각자의 자리에서 나름 애를 썼으나 그 발전이나 확장은 미미했습니다. 저 역시 박사과정 후에 그저 대학이나 대학원 강의에서 혹은 교사 연수에서 다른 주제에 조금씩 곁들여 가면서 어린이철학과 철학적 탐구공동체를 언급할 수 있었을 뿐입니다. 하지만 그렇게 희미해지기에는 아이들과의 철학함이 너무나 중요하다고 생각되었습니다. 그래서 2017년에 철학적 탐구공동체에 관심을 가지고 있던 서울의 박인보, 울산의 이호중, 박상욱 선생님에게 철학적 탐구공동체를 함께 고민하는 전국교사모임을 만들어 보자고 제안했습니다. 그분들의 흔쾌한 동의로 2018년에 '한국철학적탐구공동체연구회'가 만들어졌고 지금까지 이어져 오고 있습니다. 최근 나의 개인적인 기쁨은 그 연구회 선생님들과 공부하는 일입니다. 가르친다는 일의 엄중함과 숭고함, 그리고 어려움을 아는 전국의 선생님들이 퇴근 후 줌(zoom)에 모여서 밤늦게까지 책을 읽고 토론합니다.

그래서 상상해 봅니다.

이 책의 출판을 누구보다 기다리는 연구회 선생님들과 함께 이 번역본을 읽고, 좀 더 나은 사고를 위한 수업에 대해 함께 질문하고 토론하는 장면을 마음속에 그려보는 겁니다. 그리고 이 책이 교실에서의 좋은 수업을 꿈꾸는 대한민국 많은 선생님과 학부모님의 손에 들리고, 그 길로 향하는 든든한 디딤돌이 되는 순간을 머릿속에 그려보는 겁니다. 너무나 고맙고 또 설레는 일입니다. 특히 교육이 아이들의 삶과 닿아 아이들에게 깊은 의미를 줄 수 있도록 기획되어야 한다는 취지의 현 교육과정 맥락에서도, 이 책은 여러 가지 다양한 통찰을 줄 겁니다. 정말 많은 교육실행이 유행을 타고 오고 가지만 아이들과의 철학함은 그 모든 실행의 내적 근거이면서 포괄적인 접근 방식입니다. 모든 교육이 지녀야 하는 토대이고 기둥입니다. 거꾸로 수업이든 하브루타든 IB든 개념기반수업이든 마찬가지입니다. 어떤 실행도 결국은 삶에 대한 중심개념과 그에 대한 아이들의 사고로부터 시작하기 때문입니다. 이 책은 그걸 찬찬히 보여주고 있습니다.

이 책이 번역되기까지 참 많은 선생님의 마음과 손이 닿았습니다. 우선 처음 제게 소개해 주셨던 박진환 교수님께 감사드립니다. 10년 전 함께 스터디를 시작했던 임일렬, 이거랑, 남진희, 나미영, 이승주, 박상욱 선생님도 기억합니다. 5년 전 이 스터디 내용을 정리해 주었던 배소현, 임우미 선생님도 참 고맙습니다. 강남역 작은 카페에 앉아 셋이 알콩달콩 정리하던 시간이 기억납니다. 그리고 누구보다 이번 출판을 위한 본격적인 윤문 작업에 함께해 준, '한국철학적탐구공동체연구회' 정회원인 김윤주, 권태임, 양지선, 남진희, 오우진, 정창규, 지정화, 이수진, 송한나 선생님의 노고도 오래 잊지 않겠습니다. 주말마다 줌에 모여서 이러쿵저러쿵 함께 논의한, 그야말로 소중한 탐구의 공동체였습니다. 이분들이 없었으면 많이 힘들었을 겁니다. 마지막으로, 미적거리는 나를 일으켜서 다시 해보자고 부추기고, 번역은 물론 여러 실제적인 일을 도모한, 나의 멋진 공동 역자이면서 대한민국 어린이철학의 미래인 박상욱 선생님에게 참으로 커다란 감사의 마음을 표합니다.

이로써 나는 어린이철학의 선구자인 세 분의 책을 모두 번역출판하는 영광을 개인적으로 갖게 되었습니다. 문득 앤 샤프가 돌아가시기 한해 전인 2009년 한국에 왔을 때, 함께 식사하고 이야기 나누었던 기억이 납니다. 건강이 좋지 않았음에도 초대를 거절하지 않고 우리나라에 와서 강연 등 여러 행사에 참여해 주셨지요. 이 책의 한국 출판을 하늘에 있는 앤 샤프가 기뻐해 주면 좋겠습니다. 당신의 열정이 여기서도 꽃 피우길, 그래서 아이들과의 철학함이라는 이 멋진 여정에 좀 더 많은 어른이 함께할 수 있도록 함께 꿈꿔 주십시오. 감사합니다.

2024년 11월 20일
아이들과 함께 철학하는 김혜숙

삶의 행복을 꿈꾸는 교육은
어디에서 오는가? ....

● **교육혁명을 앞당기는 배움책 이야기** 혁신교육의 철학과 잉걸진 미래를 만나다!

한국교육연구네트워크 총서

01 핀란드 교육혁명 · 한국교육연구네트워크 엮음 | 320쪽 | 값 18,000원

02 일제고사를 넘어서 · 한국교육연구네트워크 엮음 | 284쪽 | 값 13,000원

03 새로운 사회를 여는 교육혁명 · 한국교육연구네트워크 엮음 | 380쪽 | 값 17,000원

04 교장제도 혁명 · 한국교육연구네트워크 엮음 | 268쪽 | 값 14,000원

05 새로운 사회를 여는 교육자치 혁명 · 한국교육연구네트워크 엮음 | 312쪽 | 값 15,000원

06 혁신학교에 대한 교육학적 성찰 · 한국교육연구네트워크 엮음 | 308쪽 | 값 15,000원

07 진보주의 교육의 세계적 동향 · 한국교육연구네트워크 엮음 | 324쪽 | 값 17,000원

08 더 나은 세상을 위한 학교혁명 · 한국교육연구네트워크 엮음 | 404쪽 | 값 21,000원

09 비판적 실천을 위한 교육학 · 이윤미 외 지음 | 448쪽 | 값 23,000원

10 마을교육공동체운동: 세계적 동향과 전망 · 심성보 외 지음 | 376쪽 | 값 18,000원

11 학교 민주시민교육의 세계적 동향과 과제 · 심성보 외 지음 | 308쪽 | 값 16,000원

12 학교를 민주주의의 정원으로 가꿀 수 있을까? · 성열관 외 지음 | 272쪽 | 값 16,000원

13 교육사상가의 삶과 사상-서양 편 1 · 심성보 외 지음 | 420쪽 | 값 23,000원

14 교육사상가의 삶과 사상-서양 편 2 · 김누리 외 지음 | 432쪽 | 값 25,000원

한국교육연구네트워크 번역 총서

01 프레이리와 교육 · 존 엘리아스 지음 | 한국교육연구네트워크 옮김 | 276쪽 | 값 14,000원

02 교육은 사회를 바꿀 수 있을까? · 마이클 애플 지음 | 강희룡·김선우·박원순·이형빈 옮김 | 356쪽 | 값 16,000원

03 비판적 페다고지는 세상을 변화시킬 수 있는가? · Seewha Cho 지음 | 심성보·조시화 옮김 | 280쪽 | 값 14,000원

04 마이클 애플의 민주학교 · 마이클 애플·제임스 빈 엮음 | 강희룡 옮김 | 276쪽 | 값 14,000원

05 21세기 교육과 민주주의 · 넬 나딩스 지음 | 심성보 옮김 | 392쪽 | 값 18,000원

06 세계교육개혁 민영화 우선인가 공적 투자 강화인가? · 린다 달링-해먼드 외 지음 | 심성보 외 옮김 | 408쪽 | 값 21,000원

07 콩도르세, 공교육에 관한 다섯 논문 · 니콜라 드 콩도르세 지음 | 이주환 옮김 | 300쪽 | 값 16,000원

08 학교를 변론하다 · 얀 마스켈라인·마틴 시몬스 지음 | 윤선인 옮김 | 252쪽 | 값 15,000원

09 존 듀이와 교육 · 짐 개리슨 외 지음 | 심성보 외 옮김 | 376쪽 | 값 19,000원

10 진보주의 교육운동사 · 윌리엄 헤이스 지음 | 심성보 외 옮김 | 324쪽 | 값 18,000원

11 사랑의 교육학 · 안토니아 다더 지음 | 심성보 외 옮김 | 412쪽 | 값 22,000원

12 다시 읽는 민주주의와 교육 · 존 듀이 지음 | 심성보 옮김 | 620쪽 | 값 32,000원

● 비고츠키 선집 시리즈 발달과 협력의 교육학 어떻게 읽을 것인가?

01 생각과 말   L.S. 비고츠키 지음 | 배희철·김용호·D. 켈로그 옮김 | 690쪽 | 값 33,000원

02 도구와 기호   비고츠키·루리야 지음 | 비고츠키 연구회 옮김 | 336쪽 | 값 16,000원

03 어린이 자기행동숙달의 역사와 발달 I   L.S. 비고츠키 지음 | 비고츠키 연구회 옮김 | 564쪽 | 값 28,000원

04 어린이 자기행동숙달의 역사와 발달 II   L.S. 비고츠키 지음 | 비고츠키 연구회 옮김 | 552쪽 | 값 28,000원

05 어린이의 상상과 창조   L.S. 비고츠키 지음 | 비고츠키 연구회 옮김 | 280쪽 | 값 15,000원

06 성장과 분화   L.S. 비고츠키 지음 | 비고츠키 연구회 옮김 | 308쪽 | 값 15,000원

07 연령과 위기   L.S. 비고츠키 지음 | 비고츠키 연구회 옮김 | 336쪽 | 값 17,000원

08 의식과 숙달   L.S 비고츠키 | 비고츠키 연구회 옮김 | 348쪽 | 값 17,000원

09 분열과 사랑   L.S. 비고츠키 지음 | 비고츠키 연구회 옮김 | 260쪽 | 값 16,000원

10 성애와 갈등   L.S. 비고츠키 지음 | 비고츠키 연구회 옮김 | 268쪽 | 값 17,000원

11 흥미와 개념   L.S. 비고츠키 지음 | 비고츠키 연구회 옮김 | 408쪽 | 값 21,000원

12 인격과 세계관   L.S. 비고츠키 지음 | 비고츠키 연구회 옮김 | 372쪽 | 값 22,000원

13 정서 학설 I   L.S. 비고츠키 지음 | 비고츠키 연구회 옮김 | 584쪽 | 값 35,000원

14 정서 학설 II   L.S. 비고츠키 지음 | 비고츠키 연구회 옮김 | 480쪽 | 값 35,000원

15 심리학 위기의 역사적 의미   L.S. 비고츠키 지음 | 비고츠키 연구회 옮김 | 560쪽 | 값 38,000원

비고츠키와 인지 발달의 비밀   A.R. 루리야 지음 | 배희철 옮김 | 280쪽 | 값 15,000원

비고츠키의 발달교육이란 무엇인가?   비고츠키교육학실천연구모임 지음 | 412쪽 | 값 21,000원

비고츠키 철학으로 본 핀란드 교육과정   배희철 지음 | 456쪽 | 값 23,000원

비고츠키와 마르크스   앤디 블런던 외 지음 | 이성우 옮김 | 388쪽 | 값 19,000원

수업과 수업 사이   비고츠키 연구회 지음 | 196쪽 | 값 12,000원

관계의 교육학, 비고츠키   진보교육연구소 비고츠키교육학실천연구모임 지음 | 300쪽 | 값 15,000원

교사와 부모를 위한 발달교육이란 무엇인가?   현광일 지음 | 380쪽 | 값 18,000원

비고츠키 생각과 말 쉽게 읽기   진보교육연구소 비고츠키교육학실천연구모임 지음 | 316쪽 | 값 15,000원

교사와 부모를 위한 비고츠키 교육학   카르포프 지음 | 실천교사번역팀 옮김 | 308쪽 | 값 15,000원

레프 비고츠키   르네 반 데 비어 지음 | 배희철 옮김 | 296쪽 | 값 21,000원

혐오, 교실에 들어오다	이혜정 외 지음	232쪽	값 15,000원
수업, 슬로리딩과 함께	박경숙 외 지음	268쪽	값 15,000원
물질과의 새로운 만남	베로니카 파치니-케처바우 외 지음	이연선 외 옮김	240쪽	값 15,000원
그림책으로 만나는 인권교육	강진미 외 지음	272쪽	값 18,000원
수업 고수들 수업·교육과정·평가를 말하다	박현숙 외 지음	368쪽	값 17,000원
아이들의 배움은 어떻게 깊어지는가	이시이 쥰지 지음	방지현·이창희 옮김	200쪽 값 11,000원
미래, 공생교육	김환희 지음	244쪽	값 15,000원
들뢰즈와 가타리를 통해 유아교육 읽기	리세롯 마리엣 올슨 지음	이연선 외 옮김	328쪽	값 17,000원
혁신고등학교, 무엇이 다른가?	김현자 외 지음	344쪽	값 18,000원
시민이 만드는 교육 대전환	심성보·김태정 지음	248쪽	값 15,000원
평화교육 과거, 현재 그리고 미래를 그리다	모니샤 바자즈 외 지음	권순정 외 옮김	268쪽	값 18,000원
마을교육공동체란 무엇인가?	서용선 외 지음	360쪽	값 17,000원
강화도의 기억을 걷다	최보길 지음	276쪽	값 14,000원
체육 교사, 수업을 말하다	전용진 지음	304쪽	값 15,000원
평화의 교육과정 섬김의 리더십	이준원·이형빈 지음	292쪽	값 16,000원
마을로 걸어간 교사들, 마을교육과정을 그리다	백윤애 외 지음	336쪽	값 16,000원
혁신교육지구와 마을교육공동체는 어떻게 만들어지는가?	김태정 지음	376쪽	값 18,000원
서울대 10개 만들기	김종영 지음	348쪽	값 18,000원
선생님, 통일이 뭐예요?	정경호 지음	252쪽	값 13,000원
함께 배움 학생 주도 배움 중심 수업 이렇게 한다	니시카와 쥰 지음	백경석 옮김	280쪽	값 15,000원
다정한 교실에서 20,000시간	강정희 지음	296쪽	값 16,000원
즐거운 세계사 수업	김은석 지음	328쪽	값 13,000원
학교를 개선하는 교장 지속가능한 학교 혁신을 위한 실천 전략	마이클 풀란 지음	서동연·정효준 옮김	216쪽	값 13,000원
선생님, 민주시민교육이 뭐예요?	염경미 지음	244쪽	값 15,000원
교육혁신의 시대 배움의 공간을 상상하다	함영기 외 지음	264쪽	값 17,000원
도덕 수업, 책으로 묻고 윤리로 답하다	울산도덕교사모임 지음	320쪽	값 15,000원
교육과 민주주의	필라르 오카디즈 외 지음	유성상 옮김	420쪽	값 25,000원
교육회복과 적극적 시민교육	강순원 지음	228쪽	값 15,000원
비판적 미디어 리터러시 가이드	더글러스 켈너·제프 셰어 지음	여은호·원숙경 옮김	252쪽	값 18,000원
지속가능한 마을, 교육, 공동체를 위하여	강영택 지음	328쪽	값 18,000원

대전환 시대 변혁의 교육학	진보교육연구소 교육과정연구모임 지음	400쪽	값 23,000원
교육의 미래와 학교혁신	마크 터커 지음	전국교원양성대학교 총장협의회 옮김	336쪽	값 18,000원
남도 임진의병의 기억을 걷다	김남철 지음	288쪽	값 18,000원
프레이리에게 변혁의 길을 묻다	심성보 지음	672쪽	값 33,000원
다시, 혁신학교!	성기신 외 지음	300쪽	값 18,000원
백워드로 설계하고 피드백으로 완성하는 성장중심평가	이형빈·김성수 지음	356쪽	값 19,000원
우리 교육, 거장에게 묻다	표혜빈 외 지음	272쪽	값 17,000원
교사에게 강요된 침묵	설진성 지음	296쪽	값 18,000원
왜 체 게바라인가	송필경 지음	320쪽	값 19,000원
풀무의 삶과 배움	김현자 지음	352쪽	값 20,000원
비고츠키 아동학과 글쓰기 교육	한희정 지음	300쪽	값 18,000원
교사에게 강요된 침묵	설진성 지음	296쪽	값 18,000원
마을, 그 깊은 이야기 샘	문재현 외 지음	404쪽	값 23,000원
비난받는 교사	다이애나 폴레비치 지음	유성상 외 옮김	404쪽	값 23,000원
한국교육운동의 역사와 전망	하성환 지음	308쪽	값 18,000원
철학이 있는 교실살이	이성우 지음	272쪽	값 17,000원
왜 지속가능한 디지털 공동체인가	현광일 지음	280쪽	값 17,000원
선생님, 우리 영화로 세계시민 만나요!	변지윤 외 지음	328쪽	값 19,000원
아이를 함께 키울 온 마을은 어떻게 만들어야 할까?	차상진 지음	288쪽	값 17,000원
선생님, 제주 4·3이 뭐예요?	한강범 지음	308쪽	값 18,000원
마을배움길 학교 이야기	김명신, 김미자, 서영자, 윤재화, 이명순 지음	300쪽	값 18,000원
다시, 남도의 기억을 걷다	노성태 지음	332쪽	값 19,000원
세계의 혁신 대학을 찾아서	안문석 지음	284쪽	값 17,000원
소박한 자율의 사상가, 이반 일리치	박홍규 지음	328쪽	값 19,000원
선생님, 평가 어떻게 하세요?	성열관 외 지음	220쪽	값 15,000원
남도 한말의병의 기억을 걷다	김남철 지음	316쪽	값 19,000원
생태전환교육, 학교에서 어떻게 할까?	심지영 지음	236쪽	값 15,000원
어떻게 어린이를 사랑해야 하는가	야누쉬 코르착 지음	송순재, 안미현 옮김	396쪽	값 23,000원
북유럽의 교사와 교직	예스터 에크하트 라르센 외 엮음	유성상·김민조 옮김	412쪽	값 24,000원
산마을 너머 지금 뭐해?	최보길 외 지음	260쪽	값 17,000원
전문적 학습네트워크	크리스 브라운·신디 푸트먼 엮음	성기선·문은경 옮김	424쪽	값 24,000원

교육사상가의 삶과 사상 2	김누리 외 지음 ┃ 유성상 엮음 ┃ 432쪽 ┃ 값 25,000원
선생님이 왜 노조 해요?	윤미숙 외 지음 ┃ 교사노동조합연맹 기획 ┃ 328쪽 ┃ 값 18,000원
교실을 광장으로 만들기	윤철기 외 지음 ┃ 212쪽 ┃ 값 17,000원
초등 개념기반 탐구학습 설계와 실천 이야기	김병일 지음 ┃ 380쪽 ┃ 값 27,000원
다시 읽는 민주주의와 교육	존 듀이 지음 ┃ 심성보 옮김 ┃ 620쪽 ┃ 값 32,000원
자율성과 전문성을 지닌 교사되기	린다 달링 해몬드, 디온 번즈 지음 ┃ 전국교원양성대학교총장협의회 옮김 ┃ 412쪽 ┃ 값 25,000원
선생님, 완벽하지 않아도 괜찮아요	유승재 지음 ┃ 264쪽 ┃ 값 17,000원
지속가능한 리더십	앤디 하그리브스, 딘 핑크 지음 ┃ 정바울, 양성관, 이경호, 김재희 옮김 ┃ 352쪽 ┃ 값 21,000원
남도 명량의 기억을 걷다	이돈삼 지음 ┃ 280쪽 ┃ 값 17,000원
교사가 아프다	송원재 지음 ┃ 300쪽 ┃ 값 18,000원
존 듀이의 생명과 경험의 문화적 전환	현광일 지음 ┃ 272쪽 ┃ 값 17,000원
왜 읽고 쓰고 걸어야 하는가?	김태정 지음 ┃ 300쪽 ┃ 값 18,000원
미래 교직 디자인	캐럴 G. 베이즐 외 지음 ┃ 정바울 외 옮김 ┃ 192쪽 ┃ 값 17,000원
타일러 교육과정과 수업 설계의 기본 원리	랄프 타일러 지음 ┃ 이형빈 옮김 ┃ 176쪽 ┃ 값 15,000원
시로 읽는 교육의 풍경	강영택 지음 ┃ 212쪽 ┃ 값 17,000원
부산 교육의 미래 2026	이상철 외 지음 ┃ 384쪽 ┃ 값 22,000원
11권의 그림책으로 만나는 평화통일 수업	경기평화교육센터·곽인숙 외 지음 ┃ 304쪽 ┃ 값 19,000원
명량 10대 명량 챌린지	강정희 지음 ┃ 320쪽 ┃ 값 18,000원
교장이 바뀌면 학교가 바뀐다	홍제남 지음 ┃ 260쪽 ┃ 값 16,000원
교육성지학의 이론과 실천	김용일 지음 ┃ 308쪽 ┃ 값 18,000원
더 나은 사고를 위한 교육	앤 마가렛 샤프·로렌스 스플리터 지음 ┃ 김혜숙·박상욱 옮김 ┃ 432쪽 ┃ 값 25,000원
세계의 대안교육	넬 나딩스·헬렌 리즈 지음 ┃ 심성보 외 11인 옮김 ┃ 652쪽 ┃ 값 38,000원
더 좋은 교육과정 더 나은 수업	이형빈 지음 ┃ 290쪽 ┃ 값 18,000원
한나 아렌트와 교육	모르데하이 고든 지음 ┃ 조나영 옮김 ┃ 376쪽 ┃ 값 23,000원